LE PARTICIPE RETROUVÉ

Collection « Dixit Grammatica »
Dirigée par Fabrice Marsac et Rudolph Sock

La collection « Dixit Grammatica » entend promouvoir des travaux de recherche universitaires (ou assimilés), individuels ou collectifs, centrés sur la langue française examinée sous toutes ses coutures linguistiques, y compris de manière contrastive. Théoriques ou appliquées, systématiques ou expérimentales, contextuelles ou indépendantes, synchroniques ou diachroniques, prescriptives, descriptives ou programmatiques, intra ou interdisciplinaires, les études ainsi sollicitées s'inscrivent nécessairement dans au moins l'un des domaines fondamentaux des Sciences du langage. En somme, c'est un véritable hymne scientifique à la langue de Molière que se veut « Dixit Grammatica » !

Déjà parus

Jean-Paul MEYER, Mária PAĽOVÁ, Fabrice MARSAC (dir.), *Consécutivité et simultanéité en Linguistique, Langues et Parole. Tome 3 : Didactique, Traductologie-Interprétation*, 2018.

Angelina ALEKSANDROVA, Céline BENNINGER, Anne THEISSEN, Fabrice MARSAC, Jean-Paul MEYER (dir.), *Consécutivité et simultanéité en Linguistique, Langues et Parole. Tome 2 : Syntaxe, Sémantique*, 2018.

Camille FAUTH, Jean-Paul MEYER, Fabrice MARSAC, Rudolph SOCK (dir.), *Consécutivité et simultanéité en Linguistique, Langues et Parole. Tome 1 : Phonétique, Phonologie*, 2018.

Fabrice MARSAC, *Histoire d'S*, 2016.

Fabrice Marsac
Jean-Christophe Pellat

Le Participe retrouvé

*Grand corpus étiqueté
sur le participe passé*

Préface de Luc Fraisse

© L'HARMATTAN, 2018
5-7, rue de l'École-Polytechnique ; 75005 Paris

http://www.editions-harmattan.fr/

ISBN : 978-2-343-15182-3
EAN : 9782343151823

Marot, A ses disciples

Enfans, oyez vne Lecon :
Nostre Langue à ceste facon,
Que le terme, qui va deuant,
Voulentiers regist le suiuant.
Les vieilz Exemples ie suiuray
Pour le mieulz : car a dire vray,
La Chancon fut bien ordonnee,
Qui dit, m'Amour vous ay donnée :
Et du Basteau est estonné,
Qui dit, m'Amour vous ay donné.
Voyla la force, que possede
Le Femenin, quand il precede.
Or prouueray par bons Tesmoings,
Que tous Pluriers n'en font pas moins :
Il fault dire en termes parfaictz,
Dieu en ce Monde nous a faictz :
Fault dire en parolles parfaictes,
Dieu en ce monde, les a faictes.
Et ne fault point dire (en effect)
Dieu en ce Monde, les a faict :
Ne nous ha faict, pareillement :
Mais nous a faictz, tout rondement.
L'italien (dont la faconde
Passe les vulgaires du Monde)
Son langage a ainsi basty
En disant, *Dio noi a fatti*.
Parquoy (quand me suys aduisé)
Ou mes Iuges ont mal visé,
Ou en cela n'ont grand science,
Ou ilz ont dure conscience.[1]

---

[1] Ce texte suit exactement l'orthographe et la ponctuation (à l'exception des italiques) de celui de la première publication. L'épigramme célèbre, composée avant juillet 1538, a été publiée pour la première fois en 1538 à Lyon, par E. Dolet, dans le volume des *Œuvres* de Marot. Voir Marot, *Œuvres complètes*, vol. V, *Les Epigrammes*, C.A. Mayer éd., Genève, Slatkine Reprints, 1999 [1970] : C.A. Mayer lui donne le numéro LXXVI et suit le texte de S. Gryphius, 1538 (p. 155).

Préface

Par Luc FRAISSE
Université de Strasbourg, France
Institut universitaire de France

Les participes de Proust ont-ils « un fichu caractère » ?

La surabondance de la critique, consacrée à Proust depuis maintenant environ un siècle, pourrait nous inspirer, outre une pleine conscience de cette éminence dans le paysage littéraire français, deux conclusions latérales moins positives : que l'on peut tout dire, tout mettre en valeur, chez Proust et à propos de Proust ; et qu'à vrai dire Proust est et reste incernable.

Or, à ce stade, la linguistique intervient pour compenser ce risque. Par ses analyses rigoureuses – certains diront techniques, elle bannit, autant que faire se peut, les hypothèses précisément risquées. Mais surtout, elle fait apercevoir, sous la plume de l'écrivain, des lois – et des lois d'autant plus précieuses à cerner que cet écrivain les met en œuvre sans en mesurer les tenants et les aboutissants : un fait linguistique caractérisé, celui qui tient la plume en connaît le contenu, dans une certaine mesure l'intention, mais il n'aperçoit clairement ni son avant ni son après, ni son comment ni son pourquoi, ni sa fréquence sous sa plume, ni l'attitude générale qu'engage ce fait insistant dans sa phrase. C'est par cette échappée hors de la maîtrise consciente des formulations, que la linguistique laisse espérer au lecteur que même l'auteur, du moins que quelque chose de l'auteur le plus incernable, va être néanmoins cerné.

La linguistique pourtant est l'une de ces sciences humaines qui, dans les années 1960, ont été invoquées pour déstabiliser la notion d'auteur, et plus particulièrement la validité de ses intentions au moment d'interpréter son œuvre. En dépit de l'une des deux étymologies prêtées au mot, quelle autorité en effet accorder à l'auteur sur son œuvre, laquelle repose sur un vaste réseau de lois du langage, entièrement constituées avant que l'écrivain ne prenne la plume, et dont lui-même se forge empiriquement une pratique extraordinairement nuancée, mais de loin non totalement éclairée ; retournant la formule de Paul Valéry, le linguiste pourrait dire que si l'écrivain se crée *un langage dans le langage*, c'est donc que sa langue particulière se trouve environnée d'un système de langage qu'il ne cerne ni ne mesure, mais qui œuvre en lui au-delà de ses choix déterminés.

Et pourtant, en rassemblant toute la philosophie de langage que renferme, que suppose chaque fait linguistique, le linguiste nous fait entrer dans la plus grande intimité de l'auteur – de son originalité, de ce qui n'est qu'à lui, et d'autant plus à lui qu'il le livre sans vraiment le mesurer, en somme. Un écrivain tel que Proust, rendu incernable par le nombre, la subtilité, et d'abord le secret de ses intentions, a chance – court le risque – d'être cerné par ses prédilections stylistiques. Il se livre en se perdant dans les réseaux du langage pour y opérer intuitivement ses choix.

Dès lors, le lecteur, même non spécialiste, qui suit l'analyse du linguiste, nourrit en somme l'espoir de coincer l'auteur, de faire rendre gorge à son refus de livrer tel quel le secret de son originalité. Ce lecteur, dans cette prétention même, n'est cependant pas un prédateur, dans la mesure où il paraît légitime de vouloir sonder (fût-ce à tout prix) le mystère d'une création. Une indiscrétion, mais de l'ordre le plus élevé, lui inspire le souhait de faire exprimer au linguiste en quoi (et là où) l'écrivain livre le comment de son originalité. Fouiller, traquer s'avère permis quand il s'agit de vouloir atteindre au cœur d'une esthétique, en dépit des enveloppes dans lesquelles se dérobe devant nous cette esthétique.

Aussi, la sensibilité de Proust aux données linguistiques n'offre certes pas la moindre légitimation du travail du linguiste sur le texte d'*À la recherche du temps perdu*. Mais le prix singulier attaché aux enquêtes de ce genre est de révéler, avec une sûreté supérieure aux hypothèses purement spéculatives, les orientations primordiales, en même temps qu'elles demeurent continues, de l'attitude que l'écrivain adopte en présence du monde.

Depuis l'époque où Yvette Louria étudiait *La Convergence stylistique chez Proust*[2], jusqu'à l'étude récente, par Jean-Christophe Pellat et Stéphanie Fonvielle, de *L'Argumentation proustienne*[3], les travaux de linguistique et stylistique[4] ont commencé à s'attacher à aborder

---

[2] *La Convergence stylistique*, Genève, Droz, 1957, rééd. Paris, Nizet, 1971.

[3] Stéphanie Fonvielle et Jean-Christophe Pellat, *Préludes à l'argumentation proustienne. Perspectives linguistiques et stylistiques*, Paris, Classiques Garnier, « Bibliothèque proustienne », 2015.

[4] Concernant la stylistique, le spécialiste de Proust en ce domaine est Jean Milly. Voir notamment *La Phrase de Proust, des phrases de Bergotte aux phrases de*

le massif de la prose proustienne sous des angles essentiels : les modalités de la description pour Stéphane Chaudier[5], les séries adjectivales pour Marie-Corinne Vermoyal[6], l'omniprésence des comparaisons pour Ilaria Vidotto[7].

Ces angles de vue que l'on prend, sur l'organisation de la phrase sous la plume de Proust, usent certes d'un nécessaire outillage technique ; mais la technique est ici un lieu de passage donnant accès aux modalités par lesquelles les yeux de l'écrivain s'ouvrent sur le monde, puis organisent un monde. Par là, la linguistique se tient toute proche de ce courant qu'on a appelé la critique de la conscience, la critique de Georges Poulet notamment. C'est ce que montrerait l'admirable étude de la phrase proustienne par Leo Spitzer dans ses *Études de style*[8]. Car c'est une évidence, mais ô combien peu exploitée toutefois, que la subordination temporelle de la phrase est conditionnée par un rapport personnel de l'écrivain au temps, rapport qui d'ailleurs se refaçonne au fur et à mesure que s'amasse sa prose ; que la grappe d'adjectifs qu'agrège volontiers Proust à un nom se lie à une représentation mentale de l'espace réel.

La phrase, surtout pour un écrivain, est le lieu de passage d'une approche spatio-temporelle du monde environnant, intérieur aussi. Proust romancier a transposé ce mode de représentation mentale dans l'écoute par Swann de la sonate de Vinteuil, surtout lors de sa redécouverte finale véridique, au piano et au violon, non plus réduite au seul piano comme lors des soirées chez les Verdurin. Et par un scrupule en quelque sorte bergsonien, le narrateur d'« Un amour de Swann » analyse ce processus de spatialisation phrastique au prix d'une réserve, sans que la portée ni même la pertinence de cette réserve soient aisées à établir : « Il s'en représentait l'étendue, les groupements symétriques, la graphie, la valeur expressive ; il avait devant lui cette chose qui n'est plus de la musique pure, qui est du dessin, de l'architecture, de la pensée, et qui permet de se rappeler

---

Vinteuil, Paris, Larousse, 1975.
[5] *Proust ou le démon de la description*, Paris, Classiques Garnier, « Bibliothèque proustienne », sous presse.
[6] Thèse, Université de Paris-Sorbonne, novembre 1915, sous presse aux Classiques Garnier, « Bibliothèque proustienne ».
[7] Thèse, Universités de Bologne et de Mulhouse, avril 2018, sous presse aux Classiques Garnier, « Bibliothèque proustienne ».
[8] « Le style de Marcel Proust » (1961), *Études de style*, traduit par Éliane Kaufholz, Alain Coulon et Michel Foucault, Paris, Gallimard, « Tel », 1970, pp. 397-474.

la musique »⁹. Et ainsi des faits linguistiques, surtout lorsqu'ils s'avèrent récurrents.

C'est pourquoi les auteurs du présent ouvrage s'inscrivent, on le verra dans leur introduction, en faux contre le critique du quotidien *Le Temps*, Paul Souday, fulminant, à la parution de *Du côté de chez Swann*, contre cet auteur dont les participes ont « un fichu caractère »¹⁰. À court terme, c'est méconnaître, dans la compréhension de la phrase, ce que les éditeurs de textes de l'Antiquité appellent, avec une grande sagesse, la *lectio difficilior* ; nos auteurs notent en effet que, contrairement à ce que pense ce chroniqueur à l'esprit chagrin, l'usage par Proust des participes (question, on le sait, complexe de la syntaxe française) est conforme aux normes grammaticales établies ; que dès lors sous la plume de Proust, les particularités d'usage du participe relèvent, non d'une défaillance voire de l'ignorance, mais (pourquoi le critique du *Temps* n'y a-t-il pas pensé ?) de l'originalité. Mallarmé pourtant avait poussé, beaucoup plus loin que Proust, la langue française jusqu'à ses extrêmes limites, sans déborder les règles, mais sur le point de le faire. Proust, cinq ans avant la lecture réductrice de Souday, avait repris, sous une forme modérée mais explicite, pareille démarche linguistique, écrivant à une amie (Mme Straus) en 1908 : « Les seules personnes qui défendent la langue française [...], ce sont celles qui "l'attaquent". Cette idée qu'il y a une langue française, existant en dehors des écrivains, et qu'on protège, est inouïe. Chaque écrivain est obligé de se faire sa langue, comme chaque violoniste est obligé de se faire son *"son"*. Je ne veux pas dire que j'aime les écrivains originaux qui écrivent mal. Je préfère – et c'est peut-être une faiblesse – ceux qui écrivent bien. Mais ils ne commencent à écrire bien qu'à condition d'être originaux, de faire eux-mêmes leur langue »¹¹. Voilà pourquoi, à un autre contemporain lisant *Du côté de chez Swann* avant sa parution, et proposant de corriger une phrase, le romancier dans cet esprit objecte : « votre correction rend la phrase plus claire, mais je ne sais si je l'accepterai parce qu'elle a un inconvénient logique »¹².

---

⁹ *À la recherche du temps perdu*, édition réalisée sous la direction de Jean-Yves Tadié, Paris, Gallimard, « Bibliothèque de la Pléiade », 4 vol., 1987-1989, t. I, p. 206.

¹⁰ Voir *infra*, p. 17.

¹¹ *Correspondance de Marcel Proust*, établie, annotée et préfacée par Philip Kolb, Paris, Plon, 21 vol., 1970-1993, t. VIII, pp. 276-277.

¹² *Ibid.*, t. XII, p. 217.

Fabrice Marsac et Jean-Christophe Pellat, quand ils étudient le système des participes chez Proust, prennent pleinement en compte ce principe – c'est même tout leur objet d'étude. Ils rediraient des constructions proustiennes ce que Proust écrit du style de Chateaubriand : « on sent sous sa plume une autre réalité, transparente sous la phrase, et dont la physionomie se marque, sous les différents membres de la phrase, à leurs traits qui se correspondent »[13]. Mais ils pourraient, avec le recul qu'a acquis la science linguistique durant tout le XXe siècle, répliquer à Proust (pour son bien) qu'il existe une langue française, en dehors des écrivains. Cette langue, elle ne leur sert pas à juger celle de l'écrivain, pour évaluer les normes qu'il ne respecterait pas (le « fichu caractère »), mais en premier lieu à éclairer l'attitude face au monde qu'engage l'usage du participe[14], attitude générale confrontée à la visée de Proust ; en second lieu à évaluer les modalités particulières, dans l'usage du participe, qui se font jour chez Proust.

Oui, il faut cette confrontation, entre *la langue française, qui peut exister en dehors des écrivains*, et *la langue de Proust, qui n'existe que sous sa plume*, pour mesurer les inflexions qu'impose l'auteur de la *Recherche* à l'usage du participe. Nos linguistes pourront ainsi souligner que le participe renferme une richesse de signification que n'atteindrait pas toujours le nom correspondant (*La Disparition d'Albertine* n'offre à l'évidence pas les mêmes ressources qu'*Albertine disparue*) ; ils en soulignent le rôle rythmique (relevé par Proust chez Flaubert, et systématisé depuis chez Claude Simon en se greffant sur la phrase de Proust) ; que le participe, observent-ils encore, se glisse dans une série d'adjectifs ou se mêle à un système de subordination, il favorisera la construction, privilégiée à tous les niveaux chez Proust, au moyen de l'imbrication ; hissés en tête de la phrase, les participes proustiens introduisent un volontaire retardement du sens complet de la phrase (et de même s'ils justifient l'ouverture d'une parenthèse), et obligent le lecteur à un exercice de dissociation puis d'association (que l'on retrouverait dans le phénomène de la convergence stylistique déjà évoqué) ; associés enfin à une reformulation, ils ressortissent à un cheminement de pensée essentiel dans la démarche proustienne – l'*épanorthose*.

---

[13] *Essais et articles*, édition établie et annotée par Pierre Clarac et Yves Sandre, Paris, Gallimard, « Bibliothèque de la Pléiade », 1971, pp. 652-653.

[14] Voir l'ample bibliographie finale sur le fonctionnement du participe et ses enjeux.

Ici comme dans les tout récents travaux de linguistique mentionnés plus haut, les auteurs constituent un corpus de phrases à participes. Et comme le corpus des phrases à séries adjectivales, des phrases renfermant des maximes, des phrases comprenant une ou plusieurs comparaisons (celles qui sont de façon classique introduites par *comme*), rien comme un tel corpus n'aide à apercevoir que chaque fait linguistique, entre les mains de Proust, se modèle sur des usages particuliers ; et au plus profond dès lors, constitue la modalité d'un regard particulier sur le monde.

Le choix d'*Albertine disparue* pour établir et étudier un tel corpus place l'enquête sur le territoire des confins : dernière section de la *Recherche* âprement retravaillée par Proust au moment de sa mort, au point d'en esquisser de vastes modifications dont on lit les prémices sans en apercevoir les fins, texte pour cette raison problématique, parfois troué ou mité, mais partout habité par la pulsation d'une invention continue, donnant lieu à une âpre discussion, entre Robert Proust éditeur posthume de son frère et le jeune Jean Paulhan cheminant vers sa théorie linguistique des *Fleurs de Tarbes*, ce texte difficile a perdu depuis longtemps son prétendument *fichu caractère*. L'éclairage méthodique qu'y promènent les linguistes nous y découvre une caverne aux prodigieuses richesses.

Luc Fraisse

Introduction

Pendant des siècles, la France et la Grande Bretagne ont rivalisé en Europe et dans le monde, dans les domaines politiques, économiques, sportifs, etc. On le sait moins, elles rivalisent aussi dans le domaine linguistique pour le titre, sans doute moins envié que la coupe du monde de rugby, du pays utilisant l'orthographe la plus compliquée du monde. Sur ce point, la Grande Bretagne doit l'admettre avec tout son *fair play*, c'est la France qui gagne. Certes, l'orthographe anglaise présente de grandes difficultés dans les correspondances entre les lettres et les sons, mais l'orthographe française la bat largement par les complexités de son orthographe grammaticale. Tout s'accorde ou presque, les noms, les pronoms, les déterminants, les verbes, les adjectifs, suivant des règles subtiles qui requièrent une attention constante. Même un adverbe comme *tout*, en principe invariable, s'accorde dans certaines conditions. C'est ici une toute petite gêne, comparée à LA difficulté majeure du français, l'accord du participe passé, qui constitue un Mur plus difficile à escalader que celui de *Game of Thrones*. Mais comment en est-on arrivé à ce degré de complexité ?

Marot, Vaugelas et les autres

C'est en grande partie la faute à Clément Marot, excellent poète de la Renaissance, qui, dans une épigramme célèbre (1538), eut l'idée d'accorder le participe passé selon sa position : « Enfans, oyez vne Lecon : / Nostre Langue à ceste facon, / Que le terme, qui va deuant, / Voulentiers regist le suiuant ». Cette proposition, une plaisanterie selon certains, fut prise au sérieux par Vaugelas, qui, dans ses *Remarques*, lui donna force de loi. Vaugelas, vite suivi par les imprimeurs du XVIIe siècle, avait, sans le savoir, ouvert la boîte de Pandore de l'accord du participe passé (tous les maux se sont répandus sur Terre ; heureusement, il est resté l'Espérance – d'un meilleur accord !). Car, si, dans la formulation de Marot, la règle de position peut sembler plaisante, celle-ci aura provoqué une cascade d'autres règles et sous-règles pour aboutir, selon un décompte moderne (Farid, 2013), à quarante-quatre règles définissant tous les cas d'accord du participe passé employé avec un auxiliaire : avec *être*, avec *avoir* et avec les verbes pronominaux, sans compter les autres ! Si l'on excepte la question de l'accord du participe passé avec le verbe *être*, apparemment plus simple, on observe que les grammairiens et lexicographes ont contribué, chacun à sa façon, à l'inflation des règles. Vaugelas, lui-même, développait dix règles seulement, mais ses successeurs en ont ajouté d'autres, chaque fois qu'ils rencontraient un cas particulier, notamment quand le participe passé était suivi d'un infinitif. Le malheur est que face à des usages d'une redoutable complexité linguistique, les grammairiens classiques ne disposaient pas d'un arsenal grammatical à la hauteur ; autrement dit, ils ne pouvaient pas décrire exactement les phénomènes qu'ils voulaient régler. Par exemple, la norme n'accepte pas l'accord du participe passé avec le pronom *en* : « Voyez ces fleurs, en avez-vous cueilli ? » (Littré). Jusqu'aux analyses linguistiques très fines de Maurice Gross (1968), on avait du mal, en effet, à décrire le fonctionnement de *en*, longtemps appelé adverbe pronominal, puis pronom adverbial, et on ne pouvait pas percevoir que dans cet exemple, il avait bien le statut de complément d'objet direct. Pourquoi, alors, interdire l'accord du participe passé avec *en*, nécessairement antéposé ?

Tolérances, rectifications et autres et propositions de réforme

Ainsi, donc, depuis le XVIIIe siècle, on a enseigné la règle d'accord du participe passé en expliquant les cas particuliers avec les moyens grammaticaux insuffisants dont on disposait. Et, encore, la formulation grammaticale de la règle avec *avoir* est d'une complexité telle qu'elle ne peut pas être maîtrisée par les élèves ordinaires ; il faut au moins être étudiant de Lettres pour commencer à en percevoir toutes les subtilités.

Face à cette situation inextricable, qui faisait (et fait encore) perdre beaucoup de temps aux enseignants pour de maigres résultats, des Tolérances officielles ont été publiées, en 1901 et en 1976, pour adoucir la sanction des fautes les plus délicates, sans pour autant modifier quelque règle d'accord que ce fût. Diverses propositions de réforme ont été avancées, les plus importantes, actuellement, venant de la Belgique, d'une part, formulées par Marc Wilmet (1999) et Dan Van Raemdonck (2013), et de la France, d'autre part, formulées par Fabrice Marsac (2016). Car, avec les progrès de la recherche linguistique, nous disposons maintenant d'analyses fines et fiables, qui permettent de décrire exactement les phénomènes et, donc, de trouver des solutions pour réduire, autant que faire se peut, la complexité de l'accord du participe passé.

Évidemment, cela impliquerait la suppression de quelques accords existants (et délicats), le prix à payer, en somme, pour atteindre une forte cohérence de l'ensemble des règles. Après *Les Rectifications de l'orthographe* (1990), qui se sont peu appliquées à l'accord du participe passé (invariabilité du participe passé de *laisser* suivi d'un infinitif, comme cela était déjà le cas pour celui de *faire*), l'on peut ainsi espérer que de nouveaux ajustements de la norme officielle du français prendront en compte les propositions de réforme, réfléchies, de ces vingt dernières années, en général simples et réalistes.

Le Participe retrouvé ? Un grand corpus tagué

On l'aura compris, l'accord du participe passé français quel qu'il soit, construit sans auxiliaire, employé avec *avoir* ou auxilié par *être*, tel est l'objet d'étude du présent ouvrage.

La voie que nous avons décidé de suivre ici est celle, actuellement en vogue dans les Sciences du langage, des grands corpus étiquetés. Ce type de recueils de données étant (très) peu représenté s'agissant de l'accord du participe passé, en effet, c'est cette friche-là que nous avons donc entrepris, le 24 juin 2014 exactement, de rendre fertile. Et c'est ainsi que nous livrons aujourd'hui à la communauté scientifique francophone un corpus de quatre mille trois cent cinquante-trois items marqués d'une estampille grammaticale de type alphanumérique, où les lettres représentent les différents emplois du participe passé (comme verbe, adjectif, préposition, adverbe ou nom) et les chiffres, les divers accords (avec le sujet, le complément d'objet direct ou le nom (voire le pronom), y compris les cas de non-accord). Qui plus est, ledit corpus étant constitué de l'un des sept titres de *À la recherche du temps perdu* (1913-1927), à savoir *Albertine disparue* (ou *La Fugitive*, roman initialement paru en 1925, à titre posthume, chez Gallimard), nous avons tenu à en assortir la présentation grammaticale de remarques stylistiques portant sur l'emploi du participe passé par Marcel Proust (1871-1922).

Quels peuvent être les avantages d'un tel corpus ?

De notre point de vue, il s'en trouve de nombreux et divers, que nous ne présenterons ici que sommairement en les regroupant selon le(s) domaine(s) des Sciences du langage au(x)quel(s) ils ont trait.

Morphologie

Les morphologues, tout d'abord, et, plus généralement, tous ceux qui côtoient, à titre professionnel ou personnel, la morphologie trouveront dans ce corpus une base de données exceptionnelle s'agissant de la catégorie du participe passé : la plupart des variations flexionnelles de celle-ci y sont représentées, en effet, qu'elles soient relatives au groupe des verbes employés ou au genre et au nombre des donneurs d'accord engagés.

Syntaxe

Les syntacticiens, quant à eux, y trouveront un ensemble de données diversifié des points de vue distributionnel et fonctionnel : hormis celui employé comme adverbe, en effet, les différents emplois du participe passé (comme verbe, comme adjectif, comme préposition ou comme nom) y sont représentés, ainsi que les divers accords (avec le sujet, avec le complément d'objet direct ou avec le nom (voire le pronom), y compris les cas de non-accord).

Sémantique, interface sémantico-syntaxique

Par-delà la syntaxe, notons que *Le Participe retrouvé* contient aussi l'essentiel des cas de figure, dits « particuliers », où la configuration sémantique prend le pas sur l'architecture syntaxique pour en contrôler l'accord, comme cela est le cas, entre beaucoup d'autres, lorsque le participe passé (autre que celui de *faire* ou *laisser*) est suivi d'un infinitif – cas anxiogène, s'il en est, pour la plupart des scripteurs (et locuteurs) francophones.

Accords orthographiques

Les grammairiens, pour leur part, pourront voir dans ce corpus une véritable grammaire de l'accord du participe passé : d'un point de vue quantitatif, d'abord, puisque tout, de la norme orthographique, s'y retrouve, des règles aux exceptions en passant par les cas particuliers ; qualitativement parlant, ensuite, puisqu'étant donné l'auteur prélevé, Marcel Proust, ils sont assurés que les accords ainsi recueillis vérifient strictement les règles officielles de l'époque, lesquelles, soit dit en passant, n'ont guère évolué depuis.[15]

Anthropologie linguistique

Le Participe retrouvé constituant un corpus exclusivement attesté (exemples d'auteur) et important (près de quatre mille cinq cents occurrences) d'un fait de langue (l'accord du participe passé) saisi à un moment donné de son évolution (le français de l'époque de Marcel Proust, soit le français moderne), il nous paraît susceptible, par là même, d'intéresser également les ethnolinguistes, ainsi que les historiens et les épistémologues du français.

Français pratique

Finalement, ce sont les enseignants de la langue française dans un cadre pratique (FLM, FLE, FLS, FOS, etc.) qui trouveront dans ce corpus un terrain d'entraînement extraordinaire pour les apprenants. Dans leur programme d'enseignement du participe passé, ils pourront sélectionner, pour un niveau donné, les faits à étudier, et construire une progression d'exercices gradués, dans un ordre de difficultés croissantes. Globalement, on commence par l'accord du participe passé sans auxiliaire et par son emploi avec le verbe *être*, puis on aborde au collège (actuellement au cycle 4) l'accord du participe passé employé avec *avoir*, les élèves devant seulement savoir jusqu'au cycle 3 que le participe passé ne s'accorde pas avec le sujet. La précision de nos étiquetages permettra de fragmenter finement ces trois axes généraux d'apprentissage, en distinguant, par exemple, pour l'accord du participe passé employé avec l'auxiliaire *être*, les verbes actifs (*elle est partie*) et les verbes passifs (*elle est oubliée*). Ces études progressives de l'accord du participe passé pourront aussi

---

[15] Nous nous inscrivons en faux, à ce propos, contre l'affirmation de Paul Souday (1927), qui, après avoir lu *Du côté de chez Swann* (1913), faisait la chasse aux fautes de langue, s'attaquant entre autres aux participes : « ajoutez que les incorrections pullulent, que les participes de M. Proust ont, comme disait un personnage de Labiche, un fichu caractère, en d'autres termes qu'ils s'accordent mal […] » (Marcel Proust, « Les documentaires », Simon Kra, 3ᵉ éd., p. 9) ; notre analyse du participe passé dans *Albertine disparue* ne confirme pas ce jugement, bien au contraire.

être reliées à des activités de langue mettant en jeu la morphologie verbale et la syntaxe. La progression de l'étude en FLE sera construite suivant les niveaux du Cadre Européen Commun de Référence pour les Langues (CECRL).

S'agissant de l'organisation générale du présent ouvrage, pour finir, deux grands volets s'enchaînent : le premier raconte pas à pas la genèse de notre corpus, du texte d'origine au produit fini (1.1.), et décrit minutieusement l'encodage grammatical alphanumérique des tags établis (1.2.) avant de s'achever par une série de remarques d'ordre stylistique portant sur l'utilisation des participes passés propre à Marcel Proust (1.3.) ; le second est exclusivement constitué du corpus lui-même et de ses quatre mille trois cent cinquante-trois occurrences de participes passés, tagués à la fois en termes de type d'emploi et de type d'accord (2.).

Liste des étiquettes du corpus

« V-TempA »
→ participe passé en emploi verbal jouant le rôle d'auxilié temporel et construit avec l'auxiliaire *avoir* (voir 1.2.1.1.)

« V-TempE »
→ participe passé en emploi verbal jouant le rôle d'auxilié temporel et construit avec l'auxiliaire *être* (voir 1.2.1.1.)

« V-Pass »
→ participe passé en emploi verbal jouant le rôle d'auxilié passif (voir 1.2.1.2.)

« V-Sub-TempA »
→ participe passé en emploi verbal fonctionnant comme noyau de proposition subordonnée participiale, jouant le rôle d'auxilié temporel et construit avec l'auxiliaire *avoir* (voir 1.2.1.3.)

« V-Sub-TempE »
→ participe passé en emploi verbal fonctionnant comme noyau de proposition subordonnée participiale, jouant le rôle d'auxilié temporel et construit avec l'auxiliaire *être* (voir 1.2.1.3.)

« V-Sub-Pass »
→ participe passé en emploi verbal fonctionnant comme noyau de proposition subordonnée participiale et jouant le rôle d'auxilié passif (voir 1.2.1.3.)

« V-Sub-Adj-Attr »
→ participe passé en emploi verbal fonctionnant comme noyau de proposition subordonnée participiale et précédé d'une forme verbale attributive, qu'il s'agisse d'un verbe, d'une locution ou de la copule à proprement parler (voir 1.2.1.3.)

« Adj-Epith »
→ participe passé en emploi adjectival occupant la fonction d'épithète (liée ou détachée) du nom (voir 1.2.1.4.)

« Adj-Attr »
→ participe passé en emploi adjectival occupant la fonction d'attribut du sujet ou du complément d'objet direct (voir 1.2.1.4.)

« Adv »
→ participe passé employé comme adverbe (voir 1.2.1.5.)

« Prep »
→ participe passé employé comme préposition (voir 1.2.1.5.)

« N »
→ participe passé employé comme nom (commun) (voir 1.2.1.5.)

Chapitre 1

Présentation du corpus

1.1. Du texte source au corpus étiqueté

Le corpus ici présenté (1.) est constitué de l'un des sept tomes de *À la recherche du temps perdu* (1913-1927) de Marcel Proust (1871-1922) ; tantôt intitulé *Albertine disparue*, tantôt *La Fugitive*, ce roman est initialement paru en 1925, à titre posthume, chez l'éditeur parisien Gallimard.

Afin de nous épargner la fastidieuse et périlleuse transcription manuelle de l'œuvre dans un traitement de texte, nous sommes partis, quant à nous, de l'édition de la *Recherche* déjà numérisée par la Bibliothèque électronique du Québec[16], laquelle reprend le texte de l'édition Gallimard, Paris, 1946-1947 en quinze volumes[17], où *Albertine disparue*, le treizième, est divisé (comme dans l'édition originelle de 1925) en quatre chapitres titrés : Le chagrin et l'oubli ; Mademoiselle de Forcheville ; Séjour à Venise ; Nouvel aspect de Robert de Saint-Loup. Notons que le fichier électronique correspondant, que nous avons téléchargé (aux formats .doc et .pdf) sur le site officiel de la BeQ (volume n°551, collection *À tous les vents*) le 24 juin 2014, était alors dans sa version 1.01 et affichait un total de cinq cent soixante-cinq pages.

Le texte numérisé ainsi récupéré, nous en avons effectué une première lecture intégrale au semestre d'hiver 2014-2015, destinée à la fois au pointage des occurrences de participes passés (que nous portions alors en gras et numérotions en chiffres arabes

---

[16] Créée en 1998 et spécialisée dans l'édition en ligne de textes d'auteurs appartenant au domaine public, la BeQ a édité deux mille quatre cent quinze volumes à ce jour ; elle est la propriété exclusive de M. Jean-Yves Dupuis.

[17] 1. Du côté de chez Swann. Première partie ; 2. Du côté de chez Swann. Deuxième partie ; 3. À l'ombre des jeunes filles en fleurs. Première partie ; 4. À l'ombre des jeunes filles en fleurs. Deuxième partie ; 5. À l'ombre des jeunes filles en fleurs. Troisième partie ; 6. Le côté de Guermantes. Première partie ; 7. Le côté de Guermantes. Deuxième partie ; 8. Le côté de Guermantes. Troisième partie ; 9. Sodome et Gomorrhe. Première partie ; 10. Sodome et Gomorrhe. Deuxième partie ; 11. La Prisonnière. Première partie ; 12. La Prisonnière. Deuxième partie ; 13. Albertine disparue ; 14. Le temps retrouvé. Première partie ; 15. Le temps retrouvé. Deuxième partie.

dans l'ordre croissant) et à la rectification des inévitables erreurs typographiques en tout genre (une attention particulière ayant naturellement été portée, ce faisant, aux désinences des participes passés) – coquilles pour lesquelles nous nous reportions systématiquement, en cas de doute, à une édition papier témoin, en l'occurrence celle préfacée, établie et annotée par Luc Fraisse (*Albertine disparue*, Librairie Générale Française, « Le Livre de poche classique », Paris, 2009) ; précisons encore, à ce sujet, qu'aucune des fautes de frappe ainsi relevées (lesquelles furent d'ailleurs peu nombreuses) n'a en réalité eu trait à l'accord du participe passé, d'une part, et que nous avons bien entendu pris en compte, d'autre part, les corrections apportées par la BeQ elle-même dans les mises à jour ultérieures de son fichier[18] (jusqu'à la version 1.03 comprise, téléchargée le 15 juillet 2016). Une fois le contrôle typographique du texte et le marquage des participes passés derrière nous, enfin, c'est à l'étiquetage grammatical des quatre mille trois cent cinquante-trois items ainsi relevés que nous nous sommes alors attelés (1.2.), ce travail ayant été mené au semestre d'été 2015-2016.

1.2. Un étiquetage alphanumérique

La grille d'analyse que nous avons choisi d'appliquer à notre corpus est celle proposée par Marsac (2016, pp. 33-69), laquelle ne retient que deux critères (complémentaires) décisifs relativement à l'accord du participe passé, l'un distributionnel, l'autre fonctionnel : le type d'emploi (comme verbe, comme adjectif, comme préposition, comme adverbe ou comme nom) et le type d'accord (avec le sujet, avec le complément d'objet direct ou avec le nom (voire le pronom), y compris les cas de non-accord).

Aussi avons-nous expressément conçu une étiquette grammaticale qui fût adaptée à ce modèle, de type alphanumérique, où les lettres représentent tous les emplois du participe passé en français (1.2.1.) et les chiffres, tous ses accords (1.2.2.).

---

[18] Pour ce faire, nous avons utilisé le logiciel libre de comparaison de fichiers-textes Diff-Online, exploitable directement en ligne à l'adresse : < http://diff-online.com/fr >.

1.2.1. Encodage alphabétique

Le participe passé français connaissant cinq types d'emploi différents, nous avons établi autant de codes alphabétiques afin de les matérialiser dans le corpus, soit : « V » pour celui employé comme verbe, « Adj » pour celui en emploi adjectival, « Adv » pour celui employé de manière adverbiale, « Prép » pour celui en emploi prépositionnel et « N » pour celui employé nominalement. Ce type de signalement, transparent et qui constitue la première information mentionnée dans l'estampille grammaticale que nous avons définie (celle-ci suivant immédiatement le numéro d'item), indique donc la catégorie (ou nature) effective du participe passé en discours : ainsi, « 387 Adv » signalerait que le participe passé en question serait le trois cent quatre-vingt septième du corpus et qu'il s'agirait d'un emploi adverbial, par exemple.

Si le code catégoriel se résume à « Adv », « Prép » et « N » pour les participes passés respectivement adverbiaux, prépositionnels et nominaux, il sera sous-catégorisé, cependant, pour les verbaux (où il indiquera également le rôle (syntactico-)sémantique joué par le participe : celui d'auxilié temporel, noté « TempA » ou « TempE » selon l'auxiliaire, celui d'auxilié passif, noté « Pass »[19], ou celui de centre de proposition subordonnée participiale, noté « Sub »[20]) et pour les adjectivaux (où il précisera aussi la fonction grammaticale occupée par le participe : celle d'épithète (liée ou détachée), notée « Epith », ou celle d'attribut, notée « Attr »[21]).

Finalement, le type de code catégoriel que nous avons écrit pour l'étiquetage grammatical de notre corpus (2.) se décline en douze indications complémentaires, représentant l'ensemble des emplois possibles du participe passé en français et que nous allons maintenant passer en revue pour les expliquer et les illustrer par l'exemple.

---

[19] L'auxiliaire convoqué dans ce cas de figure étant toujours le même en français, à savoir *être*, la précision « PassE » nous a semblé inutilement redondante.

[20] Si le participe passé constitue le noyau verbal d'une participiale – et seulement dans ce cas, le code catégoriel s'allonge alors encore un peu, selon qu'il s'agit d'un auxilié temporel avec *avoir* (« V-Sub-TempA »), d'un auxilié temporel avec *être* (« V-Sub-TempE ») ou d'un auxilié passif (« V-Sub-Pass »).

[21] La notation « Attr » ne précise pas si le participe passé attribut l'est du sujet ou du complément d'objet direct, indication d'ordre fonctionnel que fournira ultérieurement, en effet, l'encodage numérique (1.2.2.).

1.2.1.1. « V-TempA » et « V-TempE »

L'étiquette générale « V-Temp » désigne un participe passé employé verbalement et jouant le rôle d'auxilié temporel, les lettres majuscules finales « A » dans « V-TempA » et « E » dans « V-TempE » venant en préciser le mode d'auxiliation[22], soit par *avoir* (1) ou par *être* (2) :

> (1) Elle me jura que non, qu'Aimé n'était pas très véridique et que, voulant paraître avoir bien **gagné** [1935 V-TempA-0] l'argent que je lui avais **donné** [1936 V-TempA-2], il n'avait pas **voulu** [1937 V-TempA-0] revenir bredouille et avait **fait** [1938 V-TempA-0] dire ce qu'il avait **voulu** [1939 V-TempA-2] à la blanchisseuse.
> (2) Ma pire crainte avait été qu'elle fût **restée** [244 V-TempE-1] à Paris, **partie** [245 V-TempE-1] à Amsterdam ou pour Montjouvain, c'est-à-dire qu'elle se fût **échappée** [246 V-TempE-1] pour se consacrer à quelque intrigue dont les préliminaires m'avaient échappé.

Dans cet emploi (à valeur verbale), le participe passé (de forme simple) sert à former les temps composés des verbes à l'actif, les différentes combinaisons mode-temps pouvant ainsi être obtenues étant le passé composé (3-4), le passé antérieur (5-6), le plus-que-parfait (7-8), le futur antérieur (9-10) et le conditionnel passé (11-12) de l'indicatif, le passé (13-14) et le plus-que-parfait (15-16) du subjonctif et le passé de l'infinitif (17-18) et du participe (19-20)[23] :

> (3) J'ai **dit** [706 V-TempA-0] que l'oubli commençait à faire son œuvre.
> (4) Mademoiselle Albertine est **partie** [1 V-TempE-1] !
> (5) Cette réflexion servit surtout à ne pas me faire considérer son insuccès comme une preuve que je ne pouvais pas réussir,

---

[22] La distribution des deux auxiliaires du français n'est pas aléatoire ; voir, notamment, Riegel, Pellat et Rioul (2018, p. 450) sur les conditions précises de leur répartition.

[23] Il y aurait également le passé de l'impératif (pour le verbe *partir*, par exemple : *sois parti(e)* ; *soyons parti(e)(s)* ; *soyez parti(e)(s)*), mais nous n'en avons pas trouvé d'occurrence dans notre corpus.

une fois qu'il m'eut **quitté** [855 V-TempA-2].

(6) Puis le train partit et nous vîmes Padoue et Vérone venir au-devant de nous, nous dire adieu presque jusqu'à la gare et, quand nous nous fûmes **éloignés** [3756 V-TempE-1], regagner – elles qui ne partaient pas et allaient reprendre leur vie – l'une sa plaine, l'autre sa colline.

(7) Certes je n'avais plus la force de renoncer à elle comme je l'avais **eue** [192 V-TempA-2] pour Gilberte.

(8) Mais moi, c'est du dehors, sans que je fusse prévenu, sans que je pusse moi-même les élaborer, c'est de la lettre d'Aimé que m'étaient **venues** [1729 V-TempE-1] les images d'Albertine arrivant à la douche et préparant son pourboire.

(9) Et les chagrins seront d'autant plus forts que le désir aura **été** [687 V-TempA-0] plus complètement accompli, plus impossibles à supporter que le bonheur aura **été** [689 V-TempA-0], contre la loi de nature, quelque temps prolongé, qu'il aura **reçu** [691 V-TempA-0] la consécration de l'habitude.

(10) On se dit : « Si celle qui vit pouvait comprendre tout cela et que, quand elle sera **morte** [2972 V-TempE-1], je saurai tout ce qu'elle me cache ! »

(11) C'étaient de ces femmes que n'auraient pas **regardées** [1432 V-TempA-2] des hommes qui de leur côté auraient **fait** [1433 V-TempA-0] des folies pour d'autres qui « ne me disaient rien ».

(12) Puis, dans la vie, Albertine, même physiquement, eût peu à peu changé, jour par jour je me serais **adapté** [1643 V-TempE-1] à ce changement.

(13) Et est-il beaucoup plus ridicule, en somme, de regretter qu'une femme qui n'est plus rien ignore que nous ayons **appris** [1773 V-TempA-0] ce qu'elle faisait il y a six ans que de désirer que de nous-même, qui serons mort, le public parle encore avec faveur dans un siècle ?

(14) Mais, séparé des lieux qu'il m'arrivait de retraverser par toute une vie différente, il n'y avait pas entre eux et moi cette contiguïté d'où naît, avant même qu'on s'en soit **aperçu** [4269 V-TempE-1], l'immédiate, délicieuse et totale déflagration du souvenir.

(15) Car sans doute son intelligence, sa gentillesse pour moi, si j'y revenais avec attendrissement, ce n'est pas qu'elles eussent

été [1303 V-TempA-0] plus grandes que celles d'autres personnes que j'avais connues.

(16) Il devait descendre à Châtellerault, se faire indiquer la maison de Mme Bontemps, attendre qu'Albertine fût **sortie** [330 V-TempE-1], car elle aurait pu le reconnaître.

(17) Chaumont m'avait fait penser aux Buttes-Chaumont où Mme Bontemps m'avait dit qu'Andrée allait souvent avec Albertine, tandis qu'Albertine m'avait dit n'avoir jamais **vu** [2140 V-TempA-0] les Buttes-Chaumont.

(18) Au fond, ce qui me rendait heureux, ce n'était pas de m'être **déchargé** [459 V-TempE-2] de mes indécisions sur Saint-Loup, comme je le croyais.

(19) Ce fut pourtant elle qui fut cause que je ne me contentai pas de les considérer un instant, mais, qu'ayant **pris** [2425 V-TempA-0] racine, je les contemplai avec ces regards qui, par leur fixité impossible à distraire, leur application comme à un problème, semblent avoir conscience qu'il s'agit d'aller bien au-delà de ce qu'on voit.

(20) Françoise me raconta bien ensuite qu'étant **entrée** [160 V-TempE-1] l'avant-veille du départ dans sa chambre elle n'y avait trouvé personne, les rideaux fermés, mais sentant à l'odeur de l'air et au bruit que la fenêtre était ouverte.

Et la forme composée ainsi obtenue d'exprimer l'aspect accompli qui « envisage le procès au-delà de son terme, comme étant réalisé, achevé » (Riegel *et al.*, 2018, p. 519) et parfois l'antériorité (notamment dans un système corrélatif temporel) ; sans oublier la valeur résultative que donne au passé composé Barbazan (2006).

Enfin, étant donné qu'il est en emploi verbal, le participe passé de type auxilié temporel n'occupe pas, par ailleurs, de fonction syntaxique dans la phrase, et ce, quel que soit l'auxiliaire engagé ; aussi, quand il est auxilié par *être*, il ne sera confondu ni avec le participe passé attribut du sujet, lequel est pronominalisable par *le* (21a-b), ni avec l'élément auxilié d'une forme passive, lequel est réversible (22a-b) :

(21) (a) Cette deuxième hypothèse n'était pas celle de l'intelligence, et la peur panique que j'avais eue le soir où Albertine ne m'avait pas embrassé, la nuit où j'avais entendu le bruit de la fenêtre, cette peur n'était pas **raisonnée** [78 Adj-Attr-1].

(b) ... cette peur n'était pas raisonnée, non, elle ne l'était vraiment pas.
(22) (a) Mais que par un départ l'être indifférent nous soit **retiré** [666 V-Pass-1], et nous ne pouvons plus vivre.
(b) Mais qu'un départ nous retire l'être indifférent, et ...

1.2.1.2. « V-Pass »

L'encodage « V-Pass » désigne un participe passé en emploi verbal jouant le rôle d'un auxilié passif.

Dans ce nouvel emploi à valeur verbale, le participe passé (toujours de forme simple) s'associe exclusivement à l'auxiliaire *être* (qui indiquera le mode, le temps, la personne et le nombre) pour former le passif des verbes dits « transitifs directs » :

(23) (a) Et, en effet, à ce moment-là, si on n'était pas **relancé** [1523 V-Pass-1] par l'infidèle, de bonnes distractions qui nous calmeraient physiquement le cœur suffiraient pour faire avorter l'amour.

Le complément d'agent (de la tournure passive), lequel « réalise la fonction du sujet actif et son rôle sémantique » (Riegel *et al.*, 2018, p. 733) (23a-b), n'est pas toujours introduit par la même préposition (23a, 24)[24] ni systématiquement exprimé (23a, 24-25) :

(23) (b) ... à ce moment-là, si l'infidèle ne nous relançait pas, de bonnes distractions ...
(24) Elle a été très sincèrement **touchée** [1704 V-Pass-1] d'apprendre qu'elle était morte.
(25) Un autre, grand écrivain cependant, parce qu'il avait été **acclamé** [1801 V-Pass-1] à sa descente d'un train, disait qu'il avait reçu là des témoignages *inoubliables*, alors que moi, si maintenant je les avais reçus, je n'y aurais même pas pensé un instant.[25]

---

[24] La distribution des prépositions *par* et *de* (les deux seules encore employées en français moderne) n'est pas aléatoire : sur les conditions précises de leur alternance, voir, notamment, Riegel *et al.* (2018, pp. 733-735).
[25] S'agissant des différentes raisons possibles à l'absence de complément d'agent dans les tours passifs, il est rare de pouvoir trancher avec certitude : ainsi paraît-il tout à la fois envisageable, dans le présent exemple, que le narrateur ne puisse pas,

Enfin, la forme passive peut avoir une interprétation soit processive (événementielle ou générique) – et il s'agit du passif dit « action », exprimant le procès en cours (26), soit résultative – et il s'agit du passif dit « état », exprimant l'état résultant de l'achèvement du procès (27) :

> (26) Ainsi la vie de Fabrice del Dongo fut **racontée** [2243 V-Pass-1] à Stendhal par un chanoine de Padoue.
> (27) Or cela était **inventé** [3132 V-Pass-1] de toutes pièces, jamais Andrée n'était allée dans ce camp d'aviation.

Le profil sémantique (processif ou résultatif) du tour passif dépendant tout à la fois du type aspectuel du verbe engagé (perfectif ou imperfectif), de la composition de l'auxiliaire *être* (forme simple ou composée) et de la réalisation du complément d'agent (exprimé ou non), nous renvoyons notamment à Riegel *et al.* (2018, pp. 735-737) pour des explications avancées sur les conditions précises d'émergence de telle ou telle interprétation.

1.2.1.3. « *V-Sub-TempA* », « *V-Sub-TempE* », « *V-Sub-Pass* » et « *V-Sub-Adj-Attr* »

La notation générale « V-Sub » désigne un participe passé (des deux formes, cette fois-ci) fonctionnant comme noyau verbal de proposition participiale, les adjonctions « TempA », « TempE » et « Pass » venant préciser les trois principaux rôles que celui-ci peut camper, à savoir, respectivement, celui d'auxilié temporel, tantôt construit avec *avoir* (28), tantôt avec *être* (29), et celui d'auxilié passif (30) :

> (28) Et en même temps, je calculais si j'avais le temps d'aller ce matin commander le yacht et la Rolls Royce qu'elle désirait, ne songeant même plus, toute hésitation ayant **disparu** [47 V-Sub-TempA-0], que j'avais pu trouver peu sage de les lui donner.

---

ne veuille pas identifier les référents du sujet de la version active correspondante ou qu'il estime que le contexte y suffit (le lecteur comprend sans peine, en effet, qu'il s'agit d'un attroupement de badauds, de passagers ou de journalistes de la presse locale).

(29) Tout à coup, le mariage de son neveu étant **venu** [3961 V-Sub-TempE-1] rejoindre entre eux ces tronçons lointains, Legrandin eut une situation mondaine à laquelle rétroactivement ses relations anciennes avec des gens qui ne l'avaient fréquenté que dans le particulier, mais intimement, donnèrent une sorte de solidité.

(30) Peut-être ne songent-ils pas non plus que cet accident ne servirait pas moins par ses effets que par ses causes à expliquer l'attitude ultérieure de Gilberte, la fréquentation des roturiers n'étant pas tout à fait **conçue** [4009 V-Sub-Pass-1] de la même façon qu'elle l'eût été par Mlle Swann par une dame à qui tout le monde dit « Madame la Duchesse » et ces duchesses qui l'ennuient « ma cousine ».[26]

Cela étant dit, il arrive également, mais de manière sporadique, que le participe passé en question soit précédé d'une forme verbale attributive (qu'il s'agisse d'un verbe, d'une locution ou de la copule à proprement parler) :

(31) C'est le lot d'un certain âge, qui peut venir très tôt, qu'on soit rendu moins amoureux par un être que par un abandon où de cet être on finit par ne plus savoir qu'une chose, sa figure étant **obscurcie** [1516 V-Sub-Adj-Attr-1], son âme inexistante, votre préférence toute récente et inexpliquée : c'est qu'on aurait besoin pour ne plus souffrir qu'il vous fît dire : « Me recevriez-vous ? »

Du point de vue morphosyntaxique, le caractère subordonné de ces propositions n'est pas complètement marqué (bien que séparées par une virgule, elles sont en effet dépourvues de terme introducteur) et, surtout, le sujet[27] du participe doit absolument en être exprimé et distinct de celui du verbe principal, comme cela est le cas

---

[26] Notons que l'auxiliaire des participiales de sens passif est souvent élidé en français : *L'indicateur **consulté** [425 V-Sub-Pass-1], il vit qu'il ne pourrait partir que le soir* ; *Mais aussitôt sa réponse **reçue** [961 V-Sub-Pass-1], si elle ne revenait pas j'irais la chercher ; de gré ou de force je l'arracherais à ses amies.*

[27] Il ne nous semble pas opportun de nous prononcer ici sur le problème terminologique du nom à donner à l'argument initial de ce participe passé-prédicat ; nous le désignerons donc indifféremment, quant à nous, par les trois étiquettes suivantes : *sujet, support nominal* ou *thème*.

dans les exemples ci-dessus (28-31) ; cet emploi, verbal, du participe passé ne sera donc pas confondu, notamment, avec celui d'épithète détachée, de type adjectival quant à lui :

> (32) **Atterré** [760 Adj-Epith-3], les deux bagues à la main, je regardais cet aigle impitoyable dont le bec me tenaillait le cœur, dont les ailes aux plumes en relief avaient emporté la confiance que je gardais dans mon amie […]

De plus, la proposition participiale à pivot verbal au passé se comporte d'ordinaire comme la subordonnée circonstancielle qu'elle est, c'est-à-dire de manière relativement autonome par rapport à la proposition qui la régit ; cela se traduit formellement par son détachement (virgule(s), tirets ou parenthèses à l'écrit, intonation particulière à l'oral), d'une part, et syntaxiquement par sa mobilité de part (a-b) et d'autre (c) de la principale, d'autre part :

> (33) (a) D'une part, son charme ayant depuis longtemps **gagné** [767 V-Sub-TempA-0] de proche en proche des objets qui finissaient par en être très éloignés, […], si quelque chose me faisait penser à Incarville ou aux Verdurin, ou à un nouveau rôle de Léa, un flux de souffrance venait me frapper.
> (b) … si quelque chose me faisait penser à Incarville ou aux Verdurin, ou à un nouveau rôle de Léa, son charme ayant depuis longtemps gagné de proche en proche des objets qui finissaient par en être très éloignés, […], un flux de souffrance venait me frapper.
> (c) … si quelque chose me faisait penser à Incarville ou aux Verdurin, ou à un nouveau rôle de Léa, un flux de souffrance venait me frapper, son charme ayant depuis longtemps gagné de proche en proche des objets qui finissaient par en être très éloignés …

Enfin, la participiale à participe passé subit d'ordinaire assez bien l'ellipse de l'auxiliaire *être*, qu'il soit de type temporel (34) ou passif (35), mais guère celle d'*avoir* (36) :

> (34) Et longtemps après, mon rêve **fini** [2085 V-Sub-TempE-1], je restais tourmenté de ce baiser qu'Albertine m'avait dit

avoir donné en des paroles que je croyais entendre encore.

(35) [...] mon action surgit enfin : je pris mes jambes à mon cou et j'arrivai, les portières déjà **fermées** [3755 V-Sub-Pass-1], mais à temps pour retrouver ma mère rouge d'émotion, se retenant pour ne pas pleurer, car elle croyait que je ne viendrais plus.

(36) (a) Je me souviens que cet après-midi-là elle demanda à Mme de Guermantes si elle ne pouvait pas connaître M. du Lau, et la duchesse ayant **répondu** [2753 V-Sub-TempA-0] qu'il était souffrant et ne sortait pas, Gilberte demanda comment il était, car, ajouta-t-elle en rougissant légèrement, elle en avait beaucoup entendu parler.
(b) *... et la duchesse répondu qu'il était souffrant et ne sortait pas, Gilberte demanda comment il était ...

Logiquement parlant, pour finir, dans cet emploi comme noyau de proposition participiale, le participe passé est avant tout prédicatif : il affirme de manière autonome quelque chose (le prédicat) à propos du thème auquel il s'applique, et avec lequel il constitue une proposition logique. Son rôle est comparable à celui du verbe conjugué (il est par conséquent impossible de lui attribuer une quelconque fonction syntaxique), même si, en tant que mode impersonnel du verbe, « il est inapte à situer à lui seul le procès dans la chronologie, mais tire du contexte sa coloration temporelle » (Denis & Sancier-Chateau, 2013, p. 386). La forme composée du participe passé, active ou passive, « marque l'antériorité par rapport au verbe principal, quel que soit le temps de celui-ci (présent, passé ou futur) » (Riegel *et al.*, 2018, p. 596). Sans compter ses valeurs aspectuelles : « à l'actif, il exprime l'accompli ; au passif, il exprime plutôt l'état résultant de l'achèvement du procès » (*ibid.*). Et à la manière des circonstancielles conjonctives correspondantes, enfin, les propositions participiales à noyau verbal au passé peuvent exprimer diverses valeurs logiques, tels le temps (37) et la cause (38) :

(37) (a) Et une fois le danger **passé** [1090 V-Sub-TempE-1], ce que nous retrouverons c'est la même vie morne où rien de tout cela n'existait pour nous.[28]

---

[28] Notons que la valeur temporelle, sans doute la plus fréquente de toutes, est souvent soulignée lexicalement à l'entrée de la participiale, comme ici par

(b) Et quand/dès que/aussitôt que le danger sera passé, ce que nous retrouverons ...

(38) (a) Elle souhaitait chaque jour un nouveau collier, une nouvelle robe brochée de brillants, une plus luxueuse automobile, mais elle avait peu de fortune, Forcheville ayant presque tout **mangé** [4193 V-Sub-TempA-0], et – quel ascendant israélite gouvernait en cela Gilberte ? – elle avait une fille adorable, mais affreusement avare, comptant l'argent à son mari et naturellement bien plus à sa mère.

(b) ... mais elle avait peu de fortune, comme/vu que/étant donné que Forcheville avait presque tout mangé, et ...

1.2.1.4. « Adj-Epith » et « Adj-Attr »

Dans ses emplois à valeur adjectivale, signalés par le marquage général « Adj », le participe passé (de forme simple ou composée) joue le rôle d'un adjectif qualificatif.

Employé sans auxiliaire, il s'interprètera comme la proposition relative correspondante, dont le verbe, auxilié par *être*, peut notamment constituer un temps composé actif (39), un temps simple passif d'un verbe transitif direct (40) ou une forme attributive (41) :

(39) (a) Car la question ne se pose plus entre un certain plaisir – **devenu** [177 Adj-Epith-3] par l'usage, et peut-être par la médiocrité de l'objet, presque nul – et d'autres plaisirs, ceux-là tentants, ravissants, mais entre ces plaisirs-là et quelque chose de bien plus fort qu'eux, la pitié pour la douleur.

(b) ... entre un certain plaisir – qui est devenu par l'usage, et peut-être par la médiocrité de l'objet, presque nul ...

(40) (a) Mais cette connaissance que ne m'avaient pas donnée les plus fines perceptions de l'esprit venait de m'être apportée, dure, éclatante, étrange, comme un sel **cristallisé** [21 Adj-Epith-3] par la brusque réaction de la douleur.

(b) ... comme un sel qui est cristallisé par la brusque réaction de la douleur.

(41) (a) Ce fut dans cet ordre d'idées que mon instinct de conservation chercha pour les mettre sur ma blessure

---

la locution *une fois*.

ouverte [8 Adj-Epith-3] les premiers calmants […]
(b) … pour les mettre sur ma blessure qui était ouverte les premiers calmants […]

Syntaxiquement parlant, par ailleurs, le participe passé en emploi adjectival est susceptible, selon sa forme, d'occuper les quatre fonctions connues de l'adjectif qualificatif. De forme simple, ainsi, c'est-à-dire employé sans auxiliaire, il peut prétendre à toutes les fonctions, de celle d'épithète (42[219]) à celle d'attribut du complément d'objet direct (44), en passant par celles d'apposé (42[220]) et d'attribut du sujet (43) :

(42) À chacun j'avais à apprendre mon chagrin, le chagrin qui n'est nullement une conclusion pessimiste librement **tirée** [219 Adj-Epith-3] d'un ensemble de circonstances funestes, mais la reviviscence intermittente et involontaire d'une impression spécifique, **venue** [220 Adj-Epith-3][29] du dehors, et que nous n'avons pas choisie.

(43) C'est en réalité notre prévision, notre espérance d'événements heureux qui nous gonfle d'une joie que nous attribuons à d'autres causes et qui cesse pour nous laisser retomber dans le chagrin si nous ne sommes plus si **assurés** [467 Adj-Attr-1] que ce que nous désirons se réalisera.[30]

(44) J'étais en ce moment celui qu'avait été Robert à Doncières

---

[29] En dehors des virgules (il n'y en a d'ailleurs parfois qu'une), le détachement du participe passé apposé peut également se faire au moyen de parenthèses (a) ou de tirets (b) : (a) *[...] d'abord un peu de la même manière que le jour où j'avais joué la fausse séparation, parce que, ces mots me représentant l'idée qu'ils m'exprimaient quoiqu'ils tendissent à un but contraire (**prononcés** [652 Adj-Epith-3] mensongèrement pour ne pas, par fierté, avouer que j'aimais), ils portaient en eux leur tristesse, mais aussi parce que je sentais que cette idée avait de la vérité* ; (b) *D'abord le départ a lieu souvent dans le moment où l'indifférence – réelle ou **crue** [119 Adj-Epith-3] – est la plus grande, au point extrême de l'oscillation du pendule.*

[30] En français, trois genres de formes verbales attributives différents sont susceptibles d'intégrer un attribut du sujet de type participe passé, à savoir les verbes (a) et les locutions verbales (b) d'état, ainsi que les verbes à élargissement attributif (c) : (a) *Alors la vie me parut **barrée** [482 Adj-Attr-1] de tous les côtés* ; (b) *Cette fois-ci la croyance de Françoise avait l'air **fondée** [786 Adj-Attr-1] sur autre chose [...]* ; (c) *Mais sans les regarder, je les voyais, mes forces m'abandonnèrent, je tombai **assis** [209 Adj-Attr-1] dans un de ces fauteuils de satin bleu [...]*

quand il s'était cru **quitté** [421 Adj-Attr-2] par Rachel.[31]

De forme composée, en revanche, et quel que soit l'auxiliaire, le participe passé employé de manière adjectivale ne semble plus pouvoir accéder qu'à la fonction d'épithète, liée (45) ou détachée (46-47) :

> (45) Cette promenade si simple, restituée à ma mémoire par un geste si humble, me fit le plaisir de ces objets intimes ayant **appartenu** [1968 Adj-Epith-3] à une morte chérie, que nous rapporte la vieille femme de chambre et qui ont tant de prix pour nous […]
>
> (46) Aussi pourquoi, ayant **remarqué** [3897 Adj-Epith-3] que l'amabilité, le côté plain-pied, « pair à compagnon » de l'aristocratie était une comédie, m'étonnais-je d'en être excepté ?
>
> (47) Et certains soirs m'étant **endormi** [1172 Adj-Epith-3] sans presque plus regretter Albertine – on ne peut regretter que ce qu'on se rappelle – au réveil je trouvais toute une flotte de souvenirs qui étaient venus croiser en moi dans ma plus claire conscience, et que je distinguais à merveille.

1.2.1.5. « Adv », « Prep » et « N »

Quand le participe passé n'est pas en emploi verbal (1.2.1.1.-1.2.1.3.) ni adjectival (1.2.1.4.), c'est qu'il a changé de nature – mais sans modification de sa forme (on parle alors, selon la terminologie adoptée, de « conversion lexicale » ou de « dérivation impropre »), les trois principales catégories grammaticales dans lesquelles il a ainsi pu basculer étant celles de l'adverbe (48), de la préposition (49) et du nom commun (50), respectivement signalées dans notre corpus par les étiquettes « Adv », « Prep » et « N » :

---

[31] En français, deux sortes de formes verbales attributives différentes sont susceptibles d'intégrer un attribut du complément d'objet direct de type participe passé, soit les verbes à attribut complétif (a) et ceux à élargissement attributif (b) : (a) *Dans un autre sens aussi, les deux tendances, dans l'espèce celle qui me faisait tenir à ce que ma lettre partît, et, quand je la croyais **partie** [692 Adj-Attr-2], à la regretter, ont l'une et l'autre en elles leur vérité* ; (b) *Je l'avais, les derniers mois, tenue **enfermée** [1217 Adj-Attr-2] dans ma maison.*

(48) (a) Le journal ne pouvait pas se dispenser de faire suivre un pareil éditorial de quelques commentaires, envoyés, bien **entendu** [3530 Adv], par M. de Norpois.
(b) ... de quelques commentaires, envoyés, bien évidemment, par M. de Norpois.

(49) (a) Mais il n'y a pas lieu de se presser étant **donné** [3431 Prép] les excellentes dispositions du marché.
(b) ... de se presser avec les excellentes dispositions du marché.

(50) (a) Ce que j'aurais voulu, c'est que la nouvelle **venue** [2300 N] vînt habiter chez moi et me donnât le soir avant de me quitter un baiser familial de sœur.
(b) ... c'est que la nouvelle fille vînt habiter chez moi ...

Ce faisant, le participe passé, qui n'en est d'ailleurs déjà plus un à ce stade, prend à son compte l'essentiel des caractéristiques morphosyntaxiques, distributionnelles et fonctionnelles de sa catégorie de destination (quelle qu'elle soit), comme cela est le propre de la recatégorisation grammaticale.

1.2.2. Encodage numérique

Après les codes alphabétiques sous-tendant l'étiquetage général de notre corpus, dont les lettres, rappelons-le, représentent les différents emplois possibles du participe passé (1.2.1.), ce sont maintenant les codes numériques que nous nous apprêtons à présenter, dont les chiffres représentent cette fois-ci, rappelons-le également, les divers accords envisageables dans ce cadre.

Le participe passé connaissant quatre types d'accord différents en français, nous avons créé autant de codes numériques : « 1 » pour l'accord s'établissant avec le sujet (1.2.2.1.), « 2 » quand il se fait avec le complément d'objet direct (1.2.2.2.), « 3 » pour l'accord avec le nom (1.2.2.3.) et « 0 » pour les cas de non-accord (1.2.2.4.). Ce chiffre, qui constitue la dernière information donnée dans l'étiquette linguistique que nous avons définie, suit immédiatement le code alphabétique (lui-même suivant le numéro d'item) et indique à la fois si le participe passé en question s'accorde ou non et, le cas échéant, avec quel donneur d'accord : ainsi, l'étiquette « 130 V-TempA-2 », par exemple, signale que le participe passé désigné est le cent trentième du corpus et qu'il s'agit d'un emploi verbal, de type auxilié temporel et construit avec l'auxiliaire *avoir*, où l'accord se fait avec le complément d'objet direct (nécessairement antéposé).

Finalement, notons que contrairement à l'alphabétique présenté plus tôt (1.2.1.), le code numérique que nous avons établi est unaire et ne compte aucune sous-catégorie.

1.2.2.1. « 1 »

L'accord avec le sujet concerne en tout quatre des sous-emplois du participe passé en français, les trois à valeur verbale (a-c) et l'un de ceux à valeur adjectivale (d).

a) Auxilié temporel

Dans cet emploi du participe passé (comme auxilié temporel), l'accord avec le sujet relève exclusivement de celui auxilié par *être*.

Deux grands cas de figure sont cependant à distinguer, selon que le verbe est ou n'est pas de forme pronominale. Quand il ne l'est pas, le participe passé s'accorde immuablement avec son sujet :

> (51) Il en vint un enfin, mais qui ne faisait que tout reculer, me disant : « Ces dames sont **parties** [503 V-TempE-1] pour trois jours. »

Quand il l'est, en revanche, le participe passé s'accorde avec son sujet si, et seulement si, le pronom réfléxif engagé est dépourvu de toute fonction syntaxique (et le verbe est alors de type essentiellement pronominal) :

> (52) Quelque impatience que j'eusse de lire la lettre de celle-ci, je ne pus n'empêcher de considérer un instant les yeux de Françoise d'où tous les espoirs s'étaient **enfuis** [802 V-TempE-1], en induisant de ce présage l'imminence du retour d'Albertine […]

b) Auxilié passif

Dans cet autre emploi du participe passé (comme auxilié passif), l'accord s'établit avec le sujet de la phrase :

(53) Elle a été **jetée** [982 V-Pass-1] par son cheval contre un arbre pendant une promenade.

Cette règle s'applique de manière systématique ; rien ne semble, en effet, pouvoir venir changer la donne, pas même les circonstances discursives les plus particulières, telles la non-expression du complément d'agent (54-55), l'ellipse de l'auxiliaire (56-57) ou la postposition du sujet (58-59) :

(54) Mais cette connaissance que ne m'avaient pas donnée les plus fines perceptions de l'esprit venait de m'être **apportée** [20 V-Pass-1], dure, éclatante, étrange, comme un sel cristallisé par la brusque réaction de la douleur.
(55) Les deux lettres d'Albertine avaient dû être **écrites** [1003 V-Pass-1] à quelques heures de distance, peut-être en même temps, et peu de temps avant la promenade où elle était morte.
(56) Qu'en dehors de cela deux ou trois mots eussent été mal lus, **pris** [3775 V-Pass-1] les uns dans les autres [...], cela était suffisant pour expliquer les détails de mon erreur et n'était même pas nécessaire.
(57) De sorte que la modification de mon état sentimental [...] me donna cette impression [...] du vide, de la suppression en moi de toute une portion de mes associations d'idées, qu'éprouve un homme dont une artère cérébrale depuis longtemps usée s'est rompue et chez lequel toute une partie de la mémoire est abolie ou **paralysée** [2836 V-Pass-1].
(58) Par le bruit de la pluie m'était **rendue** [1028 V-Pass-1] l'odeur des lilas de Combray [...]
(59) [...] aux moindres moments passés à parler avec elle de choses même insignifiantes, je sentais maintenant qu'était **ajoutée** [1265 V-Pass-1], **amalgamée** [1266 V-Pass-1] une volupté qui alors n'avait, il est vrai, pas été perçue par moi, mais qui était déjà cause que ces moments-là je les avais toujours si persévéramment recherchés à l'exclusion de tout le reste [...]

Il suffit, cependant, que l'auxilié passif soit pronominalisé par *le* pour que la question de l'accord disparaisse avec lui, y compris quand l'auxiliaire est lui-même composé (conventionnellement, en effet, la forme *été* ne peut pas varier en français) :

>   (60) [...] et qui fait que les hommes qui ont été quittés par plusieurs femmes l'ont **été** [128 V-TempA-0] presque toujours de la même manière à cause de leur caractère et de réactions toujours identiques qu'on peut calculer [...]

c) Centre de proposition participiale

En participiale à noyau verbal au passé, l'accord avec le sujet relève de tous les types de participes passés, à l'exception de celui auxilié par *avoir*.

Les cas du participe passé non auxilié (ou à auxiliaire non instancié) et de celui précédé d'une forme verbale attributive (quelle qu'elle soit) sont à traiter ensemble et à part, puisqu'ils s'accordent invariablement avec le sujet de la subordonnée :

>   (61) Et longtemps après, mon rêve **fini** [2085 V-Sub-TempE-1], je restais tourmenté de ce baiser qu'Albertine m'avait dit avoir donné en des paroles que je croyais entendre encore.
>   (62) C'est le lot d'un certain âge [...] qu'on soit rendu moins amoureux par un être que par un abandon où de cet être on finit par ne plus savoir qu'une chose, sa figure étant **obscurcie** [1516 V-Sub-Adj-Attr-1], son âme inexistante, votre préférence toute récente et inexpliquée : c'est qu'on aurait besoin pour ne plus souffrir qu'il vous fît dire : « Me recevriez-vous ? »

S'agissant du participe passé auxilié par *être*, maintenant, le même double cas de figure que pour l'auxilié temporel (1.2.2.1.(a)) se représente ici, selon, autrement dit, que le verbe est ou n'est pas de forme pronominale. Quand il ne l'est pas, le participe passé s'accorde obligatoirement avec son sujet, qu'il soit de forme active (63) ou passive (64) :

>   (63) Tout à coup, le mariage de son neveu étant **venu** [3961 V-Sub-TempE-1] rejoindre entre eux ces tronçons lointains, Legrandin eut une situation mondaine [...]
>   (64) Ma jalousie étant **tenue** [2398 V-Sub-Pass-1] à l'écart par l'impression de charme et de douce tristesse que je ressentais,

mes sens se réveillaient.

Mais quand il l'est, en revanche, il ne s'accorde avec son sujet que s'il est de type essentiellement pronominal (le pronom réflexif l'accompagnant étant alors dépourvu de toute fonction syntaxique) :

(65) Et, en revanche, plus tard mes souvenirs jaloux s'étant **éteints** [1987 V-Sub-TempE-1], tout d'un coup parfois une tendresse me remontait au cœur pour Albertine […]

Notons, pour finir, que l'accord avec le sujet du participe passé centre de proposition participiale se fait comme décrit ci-avant quel que soit l'emplacement de la subordonnée par rapport à sa proposition de rattachement :

(66) (a) Mais ce n'était rien qu'Aimé m'eût appris tout cela par la doucheuse, puisque Albertine devait éternellement ignorer qu'il me l'avait appris, le besoin de savoir ayant toujours été **surpassé** [1759 V-Sub-Pass-1], dans mon amour pour Albertine, par le besoin de lui montrer que je savais […]
(b) … le besoin de savoir ayant toujours été surpassé, dans mon amour pour Albertine, par le besoin de lui montrer que je savais, ce n'était rien qu'Aimé m'eût appris tout cela par la doucheuse …

d) Attribut du sujet

Parmi les emplois adjectivaux du participe passé, l'accord avec le sujet concerne, bien entendu, celui occupant la fonction d'attribut du sujet, ledit accord se faisant alors quelle que soit la position du participe attribut par rapport au sujet :

(67) Comme sur une plage où la marée descend irrégulièrement, j'étais assailli par la morsure de tel de mes soupçons quand déjà l'image de sa douce présence était **retirée** [2021 Adj-Attr-1] trop loin de moi pour pouvoir m'apporter son remède.
(68) Si j'apercevais une carte de France mes yeux effrayés s'arrangeaient à ne pas rencontrer la Touraine pour que je ne fusse pas jaloux, et, pour que je ne fusse pas malheureux, la Normandie où étaient **marqués** [2113 Adj-

Attr-1] au moins Balbec et Doncières [...]

1.2.2.2. « 2 »

L'accord avec le complément d'objet direct, quant à lui, ne concerne au total que trois des sous-emplois du participe passé en français, deux parmi ceux à valeur verbale (a-b) et l'un de ceux à valeur adjectivale (c).

a) Auxilié temporel

Aussi surprenant que cela puisse paraître, quand le participe passé est employé comme auxilié temporel, non seulement les deux modes d'auxiliation sont concernés par l'accord avec l'objet direct mais la règle est identique dans les deux cas !

Ainsi, qu'il suive l'auxiliaire *avoir* ou *être* (mais il relève alors d'un verbe en construction pronominale), le participe passé s'accorde avec son complément direct si, et seulement si, ce dernier le précède :

(69) Depuis sa mort je ne m'étais plus occupé des spéculations que j'avais **faites** [3549 V-TempA-2] afin d'avoir plus d'argent pour elle.

(70) On voudrait que la vérité nous fût révélée par des signes nouveaux, non par une phrase pareille à celles qu'on s'était **dites** [2970 V-TempE-2] tant de fois.[32]

b) Centre de proposition participiale

Dans ce cadre, seul le participe passé auxilié est concerné par l'accord avec le complément d'objet direct. Or, là encore, aussi surprenant que cela puisse paraître, non seulement les deux modes d'auxiliation sont concernés mais la consigne d'accord est toujours la même !

---

[32] D'un point de vue strictement syntaxique, dans les items (69) et (70), ce sont « que » et « qu' » qui constituent respectivement les compléments d'objet directs à proprement parler de « faites » et de « dites » : mais ne marquant eux-mêmes ni le genre ni le nombre, c'est de leur antécédent respectif, tantôt le groupe nominal « les spéculations », tantôt le pronom anaphorique « celles », que les pronoms relatifs les reçoivent pour les donner à leur participe passé respectif.

Ainsi, qu'il ait pour auxiliaire *avoir* ou *être* (mais il relève alors d'un verbe occasionnellement pronominal), le participe passé s'accorde exclusivement avec son objet direct et à condition que ce dernier le précède :

(71) Les parents des jeunes interpellés en Navarre se sont eux rendus chez le Défenseur du peuple [...]. Celui-ci ne <u>les</u> ayant pas **reçus**, ils ont dénoncé « la lâcheté et le silence » des autorités face à la torture. (Lejpb.com : « Juan Jose Ibarretxe sort de sa réserve et se prononce pour un dialogue sans conditions », 26/10/2010)[33]

(72) Un grand nombre de solutions (aides techniques / technologiques) équipent ces 2 logements, celles-ci ont été sélectionnées par les professionnels de santé eux-mêmes pour leurs caractéristiques techniques et leur adéquation aux besoins des patients, le centre de Kerpape se <u>les</u> étant **procurées** directement auprès des fournisseurs et distributeurs. (Themavision.fr : « Un living Lab Santé & Autonomie au sein du centre de rééducation de Kerpape », 05/01/2014)

c) Attribut du complément d'objet direct

Pour finir, parmi les emplois adjectivaux du participe passé, l'accord avec le complément d'objet direct concerne, pour sa part et bien entendu, celui occupant la fonction d'attribut correspondante ; et ce, là encore, quelle que soit la position du participe attribut par rapport au complément :

(73) Elles n'entraient jamais ensemble, mais (Mlle A.) entrait, en disant de laisser <u>la porte de la cabine</u> **ouverte** [1700 Adj-Attr-2] – qu'elle attendait une amie, et la personne avec qui j'ai parlé savait ce que cela voulait dire.

(74) [...] il était bien, me disais-je, qu'en me demandant sans cesse ce qu'elle pouvait faire, penser, vouloir, à chaque instant, si elle comptait, si elle allait revenir, je tinsse **ouverte** [532 Adj-Attr-2] <u>cette porte de communication que</u>

---

[33] Nous employons ici des exemples étrangers à notre corpus d'étude car celui-ci ne contient pas d'items correspondants aux constructions évoquées.

l'amour avait pratiquée en moi, et sentisse la vie d'une autre [...]

1.2.2.3. « 3 »

S'agissant de l'accord avec le nom, maintenant, celui-ci s'applique en tout et pour tout à deux sous-emplois du participe passé en français, tous deux à valeur adjectivale, à savoir ceux d'épithète (ou épithète liée) et d'apposé (ou épithète détachée), la consigne étant la même dans les deux cas de figure : accorder le participe avec son support nominal quel qu'il soit.

Ladite règle est d'ailleurs systématique, l'emplacement du participe passé par rapport à son support n'ayant aucune incidence sur l'accord à accomplir, qu'il s'agisse de l'épithète liée (75-76) ou détachée (77-78), pas plus, du reste, que la distance les séparant (79) :

(75) P.-S. – Je ne réponds pas à ce que vous me dites de **prétendues** [630 Adj-Epith-3] propositions que Saint-Loup (que je ne crois d'ailleurs nullement en Touraine) aurait faites à votre tante.

(76) – Mais non, justement, si j'avais su, je ne t'aurais pas envoyé, mais ta démarche **avortée** [932 Adj-Epith-3] m'empêche d'en faire une autre.

(77) Hélas ! quand Saint-Loup me dit aussi que dans ce salon il avait entendu chanter à tue-tête d'une chambre voisine et que c'était Albertine qui chantait, je compris avec désespoir que, **débarrassée** [878 Adj-Epith-3] enfin de moi, elle était heureuse !

(78) Aussi une de ces fins d'après-midi-là, comme je ne cachais pas assez rapidement ma souffrance, elle aperçut mes larmes, **servie** [1053 Adj-Epith-3] par son instinct d'ancienne petite paysanne qui autrefois lui faisait capturer et faire souffrir les animaux [...]

(79) [...] rapide et **penchée** [1178 Adj-Epith-3] sur la roue mythologique de sa bicyclette, **sanglée** [1179 Adj-Epith-3] les jours de pluie sous la tunique guerrière de caoutchouc qui faisait bomber ses seins, la tête enturbannée et coiffée de serpents, elle semait la terreur dans les rues de Balbec [...]

Précisons encore que le participe passé épithète ou apposé

s'accorde par ailleurs dans le strict respect de toutes les autres conventions grammaticales relatives à l'accord de l'adjectif qualificatif en tant que tel. Parmi celles-ci, en premier lieu, la fameuse règle de l'accord au masculin quand les noms ont des genres différents (80) – la question du nombre n'y changeant rien (81), ainsi que l'intercalation obligatoire du participe passé, le cas échéant, entre le nom et l'infinitif complément de ce nom (82-83) :

> (80) Et puis quand nous réclamons quelque chose de cette personne, nous recevons d'elle une lettre où même de la personne il reste très peu, comme, dans les lettres de l'algèbre, il ne reste plus la détermination des chiffres de l'arithmétique, lesquels déjà ne contiennent plus les qualités des fruits ou des fleurs **additionnés** [584 Adj-Epith-3].
> (81) Or maintenant que nous ne nous verrons plus jamais, comme je n'espère pas vous faire accepter le bateau ni la voiture (pour moi ils ne pourraient servir à rien), j'avais pensé [...] que vous pourriez peut-être en les décommandant, vous, m'éviter le yacht et cette voiture **devenus** [624 Adj-Epith-3] inutiles.
> (82) Car ce n'est pas le chagrin qui la fit partir, mais la résolution **prise** [170 Adj-Epith-3] de partir, de renoncer à la vie qu'elle avait rêvée qui lui donna cet air chagrin.
> (83) ... mais la résolution de partir *****prise**, de renoncer à la vie qu'elle avait rêvée ...

En situation d'accord à double option, ensuite, la voie suivie par l'auteur est alors révélatrice de la configuration sémantique (en l'occurrence, de l'image mentale) à laquelle va sa préférence – et, par là, vers laquelle il veut sans doute emmener son lecteur avec lui :

> (84) Mais tout de même, dans la personne, la pensée ne nous apparaît qu'après s'être diffusée dans cette corolle du visage **épanouie** [583 Adj-Epith-3] comme un nymphéa.
> (85) ... la pensée ne nous apparaît qu'après s'être diffusée dans cette corolle du visage **épanoui** comme un nymphéa.

Si le support nominal, finalement, est à référence multiple, la désinence au pluriel du participe passé indique alors que la qualité dénotée est attribuée à tous les référents ainsi désignés (comme dans l'exemple suivant, où, bien entendu, les deux prunelles d'Albertine sont jugées tristes et soumises) :

> (86) Le malheur imprévu avec lequel je me trouvais aux prises, il me semblait l'avoir lui aussi [...] déjà connu pour l'avoir lu dans tant de signes où [...] j'avais discerné la lassitude, l'horreur qu'elle avait de vivre ainsi en esclave, signes tracés comme avec de l'encre invisible à l'envers des prunelles tristes et **soumises** [87 Adj-Epith-3] d'Albertine [...]

1.2.2.4. « 0 »

Le code numérique « 0 », nous l'avons déjà dit, signifie que le participe passé désigné ne porte pas de marque d'accord. Or, cette absence pouvant relever de deux cas de figure si différents du point de vue grammatical, nous faisons le choix de les présenter séparément ici.

Aussi distinguerons-nous les cas d'invariabilité du participe passé (A), où l'absence d'accord, automatique, est intrinsèque à la catégorie grammaticale investie par le participe en discours, des cas de non-accord (B), où l'absence d'accord, non systématique cette fois-ci, n'est due, en réalité, qu'à l'architecture syntaxique du site d'accueil et au jeu des fonctions en cours.

A) Invariabilité

L'invariabilité ne touche que deux emplois du participe passé en français, l'adverbial et le prépositionnel, soit deux cas de conversion lexicale (1.2.1.5.).

Qu'il soit employé comme mot-phrase (87) ou comme expression intra-phrastique – dans une phrase verbale (88a-b) ou non (89), du point de vue de l'accord, en effet, le participe passé adverbialisé[34] demeure invariable :

> (87) Le principal risque de confusion porte, on l'aura compris, sur « au vu de » et « en vue de ». La première locution

---

[34] Exemples de participes passés concernés par cette conversion : *ci-annexé, ci-joint, ci-inclus, compris, entendu, terminé.*

signifie « en voyant », « en tenant compte de » et, de ce fait, repose sur quelque chose de bien réel. La seconde relève au contraire du projet : on pourrait lui substituer « pour », « dans l'intention de ». **Vu** ? (Projet-voltaire.fr : « vu » ou « vue » ?, 2017)

(88) (a) Le journal ne pouvait pas se dispenser de faire suivre un pareil éditorial de quelques commentaires, envoyés, bien **entendu** [3530 Adv], par M. de Norpois.

(b) Vous trouverez **ci-annexé** les grilles tarifaires pour des forfaits courts métrages et longs métrages. (Docteur-script.com : « Producteurs – Tarifs », 2015)

(89) René de Milleville est né à Dinan le 15 mars 1921 et il est décédé le 25 mars 2005. **Ci-joint** photocopies d'une lettre de 1996 et d'une autre de 2002. (Rhododendron.fr : « Le rhododendron René de Milleville », 2015)

S'agissant plus particulièrement des exemples (88b) et (89), maintenant, l'antéposition du participe passé (tantôt devant un groupe nominal, tantôt devant un substantif non déterminé) joue bien sûr un rôle important, pour ne pas dire déterminant, dans l'interprétation adverbiale du participe ; pour preuve, il suffit de faire passer ce dernier après le (groupe) nom(inal) pour qu'il ne soit plus perçu comme un adverbe mais comme un adjectif qualificatif (épithète ou apposé, selon le cas) – avec les conséquences que l'on sait sur l'accord :

(90) Aux antipodes du monde de ces grands auteurs, on pourra déjà remarquer que les textes sur lesquels s'appuient les quatre extraits **ci-joints** sont évocateurs surtout du familier, de l'intime, du quotidien de chacun […] (Penicheopera.com : « Autour de la musique de 100 miniatures, par Bruno Gillet », 2015)

(91) Monsieur le Président, Les pièces, **ci-incluses**, que nous nous empressons de vous adresser montreront dans tout son jour, à la Convention nationale, la conduite de l'Administration du district de Vouziers lors de l'invasion […] (Stanford.edu : French Revolution Digital Archive/Archives Parlementaires/52 », 2015)

Cependant, la condition nécessaire précédente n'est pas suffisante ;

il apparaît, en effet, que chaque fois que le co(n)texte s'y prête, le participe passé antéposé peut également être interprété comme un attribut du complément d'objet direct :

> (92) (a) Vous trouverez **ci-jointe** ma lettre de démission de la Fédération Anarchiste, datant de mai 2001. (Federationanar1997.fr : « Les libertaires et le féminisme (un exemple parmi d'autres) », 2015)[35]
> (b) Vous trouverez **attachée/jointe/annexée** ma lettre de démission …

Et dans cette interprétation à valeur attributive, il arrive même que le participe se loge après l'objet, surtout si celui-ci est un pronom relatif :

> (93) Compte tenu du délai de quelques jours qui a été donné à l'agence, je suis en mesure de vous adresser les éléments que vous trouverez **ci-joints**. (Sante.gouv.fr : « Conclusions : évaluation des missions de l'AFFSA mobilisées à travers cette étude de cas », 05/2004)

L'autre emploi du participe passé relevant d'une recatégorisation lexico-grammaticale et concerné par l'invariabilité en français est celui où le participe est converti en préposition[36], notamment devant un groupe nominal (94) ou un pronom (95) :

> (94) Les élèves de maternelle, **excepté** les enfants prenant le car, doivent être accompagnés dans la classe par les responsables légaux ou toute autre personne nommément désignée. (Ac-limoges.fr : « Règlement intérieur des écoles du R.P.I. Blessac/Saint-Marc-à-Frongier », 13/11/2012)
> (95) Il existe un certain nombre de situations limitées où il est possible de retirer des sommes immobilisées sous forme de montant forfaitaire, **y compris** celles-ci : Réduction de l'espérance de vie […] (Gov.mb.ca : « Déblocage de sommes

---

[35] Notons bien que dans ce cas de figure particulier, l'interprétation non adverbiale ne fait cependant jamais obligation en français : *Vous trouverez **ci-joint** ma lettre de démission de la Fédération …*
[36] Exemples de participes passés concernés par cette dérivation : *attendu, non compris, étant donné, mis à part, passé, supposé, excepté, vu* et *y compris*.

immobilisées », 2015)[37]

Or, là encore, l'architecture de la séquence en conditionnera l'interprétation, la postposition du participe passé déclenchant *de facto*, en effet, son analyse comme centre verbal de proposition participiale, avec les conséquences attendues relativement à l'accord :

> (96) Les enfants **exceptés**, les adultes collectionneurs depuis les années cinquante […] auront bien du mal à s'émerveiller pleinement face à ce spectacle pour le moins conventionnel. (Premiere.fr : « La Grande Aventure Lego : critiques », 2015)

B) Non-accord

Quand l'absence de marque d'accord (code numérique « 0 ») ne résulte pas de l'invariabilité (comme dans les deux cas de figure susmentionnés) du participe passé mais de son non-accord, c'est que celui-ci se prête au jeu des fonctions en cours dans le site syntactico-sémantique où il est engagé.

Or, en français, le non-accord concerne de nombreux et divers (sous-)emplois du participe passé : deux parmi ceux à valeur verbale (a-b) et – potentiellement – tous ceux à valeur adjectivale (c).

a) Auxilié temporel

Nous l'avons vu plus haut, qu'il soit auxilié par *avoir* ou par *être* (mais il relève alors d'un verbe occasionnellement pronominal), le participe passé verbal servant à former les temps composés des verbes à l'actif s'accorde avec son complément d'objet direct si, et seulement si, ce dernier le précède (1.2.2.2.a).

Il reste, par conséquent, au masculin singulier (forme, dite « invariée », représentant par défaut le non-accord en français) quand ledit complément le suit (97-98) ou qu'il n'en régit pas (99-100) :

> (97) […] pour cacher notre gêne, toutes les deux, sans avoir pu nous consulter, nous avions **eu** [2948 V-TempA-0] la même idée : faire semblant de craindre l'odeur du seringa,

---

[37] Riegel *et al.* (2018) relèvent toutefois : *passé(e) la cinquantaine* (p. 508).

que nous adorions au contraire.
- (98) Hélas, peut-être Albertine s'était-elle toujours **rappelé** [2327 V-TempE-0] cette phrase imprudente.
- (99) Maintenant que je pouvais supporter l'idée de son désir [...], j'aurais voulu que nous pussions nous y livrer ensemble, je me disais : « cette fille lui aurait **plu** [2283 V-TempA-0] » [...]
- (100) [...] pourtant le souvenir de tous les événements qui s'étaient **succédé** [2842 V-TempE-0] dans ma vie [...] me les avait fait paraître beaucoup plus longs qu'une année [...]

Autrement dit, le participe passé auxilié temporel, quel qu'il soit, est soumis au non-accord dès lors qu'il ne s'accorde pas avec son sujet ou son complément d'objet direct (antéposé).

b) Centre de proposition participiale

Nous l'avons également vu plus tôt, qu'il soit auxilié par *avoir* ou par *être* (mais il relève alors d'un verbe occasionnellement pronominal), le participe passé constituant le pivot verbal d'une subordonnée participiale (celui de forme composée, exclusivement) s'accorde avec son complément d'objet direct si, et seulement si, ce dernier le précède (1.2.2.2.b).

En conséquence, il reste invarié (ou non accordé), soit au masculin singulier, quand ledit objet le suit (101-102) ou qu'il n'y en a pas (103-104) :

- (101) Ce fut aussi parfois, le professeur ayant **quitté** la salle, un projectile volant dans la classe, frappant de temps à autre le tableau-cible ! (Lefigaro.fr : « Mais pourquoi fait-on la « rentrée » ? », 09/09/2017)
- (102) Ce succès permet d'offrir au bloc Porsche-TAG une fin de carrière en apothéose, McLaren s'étant **offert** les services de Honda pour la saison suivante. (F1i.com : « Les 10 plus belles victoires de... Alain Prost », 2017)
- (103) Sa fille, Catalina, fut amenée en 1880 à Guayama par l'épouse de Jean-Pierre Antongiorgi, se retrouvant pauvre et orpheline, ses parents et grands-parents ayant **décédé**. (Expocorsica.com : « Famille Orlandi », 2017)

(104) Les générations s'étant **succédé**, il est possible que l'enthousiasme initial se soit fortement émoussé. (Lignyadp.free.fr : « Les Amis du Patrimoine », 2017)

Autrement dit, comme l'auxilié temporel, le participe passé centre de proposition participiale (celui de forme composée, exclusivement) est soumis au non-accord dès lors qu'il ne s'accorde pas avec son sujet ou son complément d'objet direct (antéposé).

c) En emploi adjectival

S'agissant du participe passé à valeur adjectivale, finalement, il va sans dire que seuls les emplois auxiliés (le participe est alors de forme composée) sont susceptibles de ne pas prendre d'accord, et ce, que l'auxiliaire engagé soit *avoir* ou *être* (mais le participe relève alors d'un verbe occasionnellement pronominal).

Quant aux facteurs, syntactico-sémantiques, du non-accord, toujours les mêmes, soit le participe passé employé comme adjectif (et quelle que soit, alors, la fonction qu'il occupe) régit un complément d'objet direct qui le suit (105-110), soit il s'en trouve dépourvu (111-118) :

- épithète liée, COD postposé, auxiliaire *avoir* ou *être*

(105) Le président du syndicat a donné l'exemple d'un quotidien qui s'est demandé s'il ne fallait pas juger les députés n'ayant pas **voté** la loi antiterroriste, et d'une chaîne ayant **marqué** les six mois de l'élection du président Béji Caïd Essebsi. (Challenges.fr : « Menaces contre la liberté de la presse en Tunisie, avertit le syndicat des journalistes », 03/08/2015)

(106) Trois grues imposantes ont été placées sur la berge du fleuve et devaient tenter de soulever le navire de 76 mètres de long, qui transportait une majorité de retraités s'étant **offert** une croisière. (7sur7.be : « Le bilan du naufrage s'alourdit en Chine », 04/06/2015)

- épithète détachée, COD postposé, auxiliaire *avoir* ou *être*

(107) C'est ainsi que quelque temps après la mort de sa femme,

ayant **reçu** [4051 Adj-Epith-0] une lettre signée Léonor, prénom que je ne me rappelais pas être le sien, je compris seulement qui m'écrivait quand j'eus lu la formule finale : « Croyez à ma sympathie vraie », le « vraie », mis à sa place, ajoutait au prénom Léonor le nom de Cambremer.

(108) Ce fut pourtant elle qui fut cause que je ne me contentai pas de les considérer un instant, mais, qu'ayant **pris** [2425 Adj-Epith-0] racine, je les contemplai avec ces regards qui, par leur fixité impossible à distraire, leur application comme à un problème, semblent avoir conscience qu'il s'agit d'aller bien au-delà de ce qu'on voit.

(109) Tous deux, s'étant **serré** la main, entrent dans une maison en bordure de la route, où on les laisse seuls. (Napoleontrois.fr : « Napoléon III crée l'unité italienne », 05/04/2006)

(110) S'étant **livré** bataille avec détermination jusque-là, les deux formations ne se sont pas présentées avec le même désir de vaincre. (Old.liguemidgetaaa.ca : « Les Estacades éliminent les Gaulois », 08/04/2014)

- épithète liée, absence de COD, auxiliaire *avoir* ou *être*

(111) Cette promenade si simple, restituée à ma mémoire par un geste si humble, me fit le plaisir de ces objets intimes ayant **appartenu** [1968 Adj-Epith-0] à une morte chérie, que nous rapporte la vieille femme de chambre et qui ont tant de prix pour nous ; mon chagrin s'en trouvait enrichi, et d'autant plus que, ce foulard, je n'y avais jamais repensé.

(112) Et soit qu'elle pensât que cela accroissait mon désir (dans l'espoir de confidences je lui avais dit que j'aimerais avoir des relations avec une femme en ayant **eu** [2919 Adj-Epith-0] avec Albertine) ou mon chagrin, ou peut-être détruisait un sentiment de supériorité sur elle qu'elle pouvait croire que j'éprouvais d'avoir été le seul à entretenir des relations avec Albertine : « Ah ! nous avons passé toutes les deux de bonnes heures, elle était si caressante, si passionnée.

(113) L'École doit veiller à ce que tous les employés s'étant **vu** déléguer des pouvoirs financiers reçoivent une formation obligatoire avant d'exercer ces pouvoirs délégués,

et à ce que leurs connaissances soient validées de nouveau afin qu'ils puissent conserver ces pouvoirs. (Csps-efpc.gc.ca : « Audit des contrôles de base de l'École de la fonction publique du Canada – Plan d'action de la direction », 29/01/2016)

(114) Pourtant, la chronologie des évènements s'étant **succédé** au Rwanda et dans la région des Grands Lacs cadre mal avec l'idée d'un génocide exclusivement tutsi, singulier et planifié par un pouvoir central hutu (par ailleurs, la spontanéité dans l'exécution des massacres est incompatible avec la définition du génocide, quelle que soit leur ampleur). (Armenologie.blogspot.com : « L'opposition farouche d'Yves Ternon à la thèse du "double génocide" rwandais », 21/05/2012)

(115) Trois frères ne s'étant pas **parlé** depuis la mort de leur père décident d'initier un grand périple à travers l'Inde, à bord du Darjeeling Limited (train). (Blog.takaclic.com : « 10 Films pour voyager... », 11/05/2016)

- épithète détachée, absence de COD, auxiliaire *avoir* ou *être*

(116) La foule jusque-là bruyante, ayant **dansé** toute la nuit en signe de réjouissance, se dispersa en silence, comme terrifiée par l'épouvantable spectacle de la condamnation à mort. (Republicain-lorrain.fr : « Olley et Buzy, les nuits terribles de février 1846... », 30/07/2016)

(117) La Genèse ne s'est point demandé ce que le genre humain serait devenu si Adam et Ève, s'étant **déplu**, s'étaient tourné le dos, s'ils avaient pris des chemins divergents. (Metallatesta.blogspot.com : « Encyclopédie Anarchiste. La propriété, la famille », 2017)

- attribut du COD (fonction occupée par le participe passé relativement au COD du verbe principal), absence de COD (le participe passé ne régit pas lui-même de COD), auxiliaire *avoir* ou *être*

(118) Et la tristesse, morne comme un déménagement, amère comme une jalousie, que me causèrent par la brusquerie, par l'accident de leur choc, ces deux mariages fut si pro-

fonde, que plus tard on me la rappela, en m'en faisant absurdement gloire, comme ayant **été** [3923 Adj-Attr-0] tout le contraire de ce qu'elle fut au moment même, un double, triple, et même quadruple pressentiment.

Autrement dit, comme les participes passés auxilié temporel et centre de proposition participiale (celui de forme composée, exclusivement), celui employé de manière adjectivale est soumis au non-accord dès lors qu'il ne s'accorde pas avec son support nominal ou avec son complément d'objet direct (antéposé).

1.3. Remarques stylistiques sur l'emploi du participe passé dans *Albertine disparue*

Dès son titre, le participe passé est emblématique d'*Albertine disparue*. Après « Mademoiselle Albertine est **partie** » de Françoise, la forme « disparue » évoque le résultat d'une action passée achevée, tout en étant chargée d'une richesse de significations, que ne pourrait pas porter *La disparition d'Albertine*.

Dans la « dynamique de la phrase proustienne » (Milly, 1983, p. 163), le participe passé apposé est le support d'effets de style importants : le déploiement des phrases par duplication ou par subordination, cette dernière affectant le rythme de la phrase.

1.3.1. Duplication, subordination et disjonction

1.3.1.1. La duplication

La « marche en avant [des] phrases s'effectue fréquemment au moyen de paires » (Milly, 1983, p. 164), par une « ramification binaire » (*ibid.*) qui relève d'« une dynamique de l'expansion », « une dynamique de la perpétuelle mise en rapport » (*ibid.*, p. 165).

Les participes sont ainsi liés entre eux ou avec des adjectifs qualificatifs :

(119) Le malheur imprévu avec lequel je me trouvais aux prises, il me semblait l'avoir lui aussi […] déjà connu pour l'avoir lu dans tant de signes […] tracés comme avec de l'encre invisible à l'envers des prunelles tristes et

soumises [87 Adj-Epith-3] d'Albertine, sur ses joues brusquement enflammées par une inexplicable rougeur […]

(120) Si c'était vrai, ma version d'un départ momentané, **connu** [791 Adj-Epith-3] et **approuvé** [792 Adj-Epith-3] par moi, n'avait pu rencontrer qu'incrédulité chez Françoise.

(121) **Lâchée** [885 Adj-Epith-3] de nouveau, ayant **quitté** [886 Adj-Epith-0] la cage d'où chez moi je restais des jours entiers sans la faire venir dans ma chambre, Albertine avait repris pour moi toute sa valeur, elle était redevenue celle que tout le monde suivait […]

(122) Ces images de Balbec et de Paris, que j'aimais ainsi à revoir, c'étaient les pages encore si récentes, et si vite **tournées** [1375 Adj-Epith-3], de sa courte vie.

(123) C'est peut-être de la même manière qu'une sorte de bouture **prélevée** [1829 Adj-Epith-3] sur un être, et **greffée** [1830 Adj-Epith-3] au cœur d'un autre, continue à y poursuivre sa vie, même quand l'être d'où elle avait été détachée a péri.

(124) […] j'avais reconnu qu'elle [la lettre] était d'Aimé, car chaque personne même la plus humble, a sous sa dépendance ces petits êtres familiers, à la fois vivants et **couchés** [1839 Adj-Epith-3] dans une espèce d'engourdissement sur le papier, les caractères de son écriture que lui seul possède.

(125) […] de ces plaisirs qui, séparés les uns des autres par des nuances indiscernables, font de notre vie comme une suite de zones concentriques, contiguës, harmoniques et **dégradées** [2269 Adj-Epith-3], autour d'un désir premier qui a donné le ton […]

(126) Des belles-sœurs fidèles à l'éducation reçue et **réservées** [2796 Adj-Epith-3] dans leur corsage comme il faut, croient s'être épanchées dans le malheur et l'enthousiasme si elles ont écrit « mes meilleures pensées ».

(127) […] pourtant le souvenir de tous les événements qui s'étaient succédé dans ma vie […] détraquait, disloquait mon sentiment des distances dans le temps, là **rétrécies** [2850 Adj-Epith-3], ici **distendues** [2851 Adj-Epith-3], et me faisait me croire tantôt beaucoup plus loin, tantôt beaucoup plus près des choses que je ne l'étais en

réalité.
(128) En somme, si ce que disait Andrée était vrai, et je n'en doutai pas d'abord, l'Albertine réelle que je découvrais, après avoir connu tant d'apparences diverses d'Albertine, différait fort peu de la fille orgiaque **surgie** [3071 Adj-Epith-3] et **devinée** [3072 Adj-Epith-3], le premier jour, sur la digue de Balbec et qui m'avait successivement offert tant d'aspects […]
(129) Ma mère m'avait emmené passer quelques semaines à Venise et […] j'y goûtais des impressions analogues à celles que j'avais si souvent ressenties autrefois à Combray, mais **transposées** [3330 Adj-Epith-3] selon un mode entièrement différent et plus riche.
(130) Et elle cherchait toujours, poursuivant la vision **détestée** [3460 Adj-Epith-3], **adorée** [3461 Adj-Epith-3], qui habitait son imagination depuis si longtemps.
(131) Celle-ci, obligée de fréquenter la marquise, s'était aperçue […] que Mme de Cambremer était une femme **douée** [3974 Adj-Epith-3] d'une intelligence et **pourvue** [3975 Adj-Epith-3] d'une culture que, pour ma part, j'appréciais peu, mais qui parurent remarquables à la duchesse.

Autres occurrences : 80, 159, 1117-1118, 1180-1183, 1431, 1437, 1520-1521, 1671, 1730, 1741, 1848, 2162, 2180, 2608, 2743, 2867, 2956-2957, 3352, 3389, 3406, 3737, 3777-3778, 4036, 4216, 4228, 4232.

1.3.1.2. La subordination

Selon Milly (1983, p. 187), « le déploiement des phrases relève […] de l'expansion par subordination, par prolifération des compléments secondaires », dont les appositions. L'intérêt stylistique de cette fonction syntaxique est de constituer, sur le plan sémantique, une *prédication seconde*, qui s'insère dans la prédication première de la phrase. C'est à la fois un enrichissement de la phrase proustienne et un jeu subtil sur l'imbrication des prédications dans la phrase.

De nombreux participes sont ainsi apposés, constituant le plus souvent des groupes développés :

(132) […] cette résidence que je croyais désirer me sembla la plus affreuse de toutes, parce que celle-là était réelle et que pour la première fois, **torturé** [249 Adj-Epith-3] par la certitude du présent et l'incertitude de l'avenir, je me représentais Albertine commençant une vie qu'elle avait voulue séparée de moi […]

(133) Il s'arrêta, ayant tout à coup **pensé** [423 Adj-Epith-0], supposai-je alors, que si moi aussi je me mariais Albertine ne pourrait pas être pour sa femme une relation intime.

(134) Mais un des effets de l'oubli était précisément […] de me donner d'elle une image sommaire, **embellie** [707 Adj-Epith-3] de tout ce que j'avais éprouvé d'amour pour d'autres.

(135) Et maintenant, bien que très **montée** [3800 Adj-Epith-3] en graine et vieille fille, elle est une autre femme, mille fois plus parfaite.

<u>Autres occurrences</u> : 88, 102, 160, 220, 445, 461, 468, 512, 681, 730, 910, 1053, 1126, 1205, 1210, 1252, 1346, 1439, 1708, 1967, 2116, 2400, 2698, 2759, 2830, 2930, 2996, 3372, 3374, 3693, 3728.

Ces participes apposés sont souvent **placés en tête de phrase**, dépendant du sujet qui les suit. Milly (1983) considère cette antéposition comme un procédé de retardement à l'instar de la disjonction (*infra*) :

(136) M'étant **donné** [308 Adj-Epith-3] à moi-même l'affirmation que, quoi que je dusse faire, Albertine serait de retour à la maison le soir même, j'avais suspendu la douleur que Françoise m'avait causée […]

(137) Je le compris ; car n'ayant pas **reçu** [462 Adj-Epith-0] dès le premier jour de réponse de Saint-Loup, je recommençai à souffrir.

(138) Mais une fois **habitué** [869 Adj-Epith-3] à cette idée qu'elle était dans une maison de Touraine, je n'avais pas vu la maison.

(139) Et certains soirs m'étant **endormi** [1172 Adj-Epith-3] sans presque plus regretter Albertine […] au réveil je trouvais toute une flotte de souvenirs qui étaient venus croiser en moi […]

(140) **Maçonné** [2012 Adj-Epith-3] par la contiguïté des souvenirs qui se suivent l'un l'autre, le noir tunnel sous lequel ma pensée rêvassait depuis trop longtemps pour qu'elle prît même plus garde à lui s'interrompait brusquement d'un intervalle de soleil [...]
(141) Tandis qu'autrefois, **ramené** [2481 Adj-Epith-3] des Champs-Élysées par Françoise, nourrissant seul à la maison d'impuissants désirs, ne pouvant user des moyens pratiques de la civilisation, j'aimais comme un sauvage [...]

<u>Autres occurrences</u> : 448, 489, 542, 693, 760, 1005, 1458, 1560, 1682, 1735, 1813, 2186, 2275, 2415, 3421, 3708, 3811, 3897, 3989, 4051, 4079 et 4215 (groupes longs).

Parfois, le participe passé est introduit par *c'est-à-dire*, qui annonce une reformulation :

(142) Et ce n'est pas seulement elle qui était devenue un être d'imagination, c'est-à-dire désirable, mais la vie avec elle qui était devenue une vie imaginaire, c'est-à-dire **affranchie** [577 Adj-Epith-3] de toutes difficultés, de sorte que je me disais : « Comme nous allons être heureux ! »
(143) Albertine avait beau n'exister dans ma mémoire qu'à l'état où elle m'était successivement apparue au cours de la vie, c'est-à-dire **subdivisée** [1674 Adj-Epith-3] suivant une série de fractions de temps, ma pensée, rétablissant en elle l'unité, en refaisait un être [...]
(144) Celle-ci, obligée de fréquenter la marquise, s'était aperçue, comme il arrive chaque fois qu'on vit davantage avec des êtres humains, c'est-à-dire **mêlés** [3973 Adj-Epith-3] de qualités qu'on finit par découvrir et de défauts auxquels on finit par s'habituer, que Mme de Cambremer était une femme douée d'une intelligence et pourvue d'une culture [...]

1.3.1.3. La disjonction

« Un des effets frappants de l'abondance des éléments subordonnés dans la phrase est de disjoindre des termes étroitement solidaires [...]. L'un des termes étant retardé, une attente se crée, qui fait percevoir avec une attention accrue l'élément retardant, puis l'élément retardé » (Milly, 1983, p. 190).

Les principaux éléments disjoints sont « le sujet et le verbe » (145-147), notamment le relatif sujet *qui* (148-150), « le verbe et l'objet ou l'attribut » (151), « le verbe régissant et l'infinitif », « le nom et son complément » (152). Le groupe participial apposé est un des procédés de la disjonction, qui influence le rythme de la phrase et par conséquent la perception qu'en a le lecteur :

(145) Les noms de ces stations, Toutainville, Evreville, Incarville, **devenus** [1746 Adj-Epith-3] si familiers, si tranquillisants, quand je les entendais le soir en revenant de chez les Verdurin, maintenant que je pensais qu'Albertine avait habité l'une, s'était promenée jusqu'à l'autre, avait pu souvent aller à bicyclette à la troisième, excitaient en moi une anxiété plus cruelle que la première fois, où je les voyais avec tant de trouble avant d'arriver à Balbec que je ne connaissais pas encore.

(146) Mais toutes les réactions du désir, de l'anxiété, du coup mortel frappé par la peur de ne pas la voir si mon père m'emmenait, tout cela, **associé** [2493 Adj-Epith-3] à une image qu'en somme je ne connaissais pas et dont il suffisait que je la susse agréable, constituait déjà un amour.

(147) De sorte que la modification de mon état sentimental, **préparée** [2830 Adj-Epith-3] sans doute obscurément jour par jour par les désagrégations continues de l'oubli, mais réalisée brusquement dans son ensemble, me donna cette impression, que je me rappelle avoir éprouvée ce jour-là pour la première fois, du vide, de la suppression en moi de toute une portion de mes associations d'idées […]

(148) Pendant ce temps-là j'entendais Françoise qui, **indignée** [2513 Adj-Epith-3] qu'on l'eût chassée de ma chambre où elle considérait qu'elle avait ses grandes entrées, grommelait […]

(149) Swann, en mettant ainsi pour après sa mort un craintif et anxieux espoir de survivance dans sa fille, se trompait autant que le vieux banquier qui, ayant **fait** [2814 Adj-Epith-0] un testament pour une petite danseuse qu'il entretient et qui a très bonne tenue, se dit qu'il n'est pour elle qu'un grand ami […]

Deux groupes participiaux sont coordonnés :

> (150) [...] nous croisions les femmes les plus élégantes, presque toutes étrangères, et qui, mollement **appuyées** [3403 Adj-Epith-3] sur les coussins de leur équipage flottant, prenaient la file, s'arrêtaient devant un palais où elles avaient une amie à aller voir [...]
>
> (151) [...] je finissais par me demander si ce n'était pas pendant mon sommeil que s'était produit, dans un sombre morceau de cristallisation vénitienne, cet étrange flottement qui offrait une vaste place, **entourée** [3688 Adj-Epith-3] de palais romantiques, à la méditation du clair de lune.
>
> (152) [...] autant que la nouvelle – si ma mère avait pu la lui faire parvenir – qu'on était arrivé à résoudre le problème, **cru** [3850 Adj-Epith-3] par ma grand'mère insoluble, de la navigation aérienne et de la télégraphie sans fil.

<u>Autres occurrences</u> : 119, 122, 322, 336, 350, 465, 777, 878, 1098, 1477, 1563, 2014, 2072, 2085, 2268, 2351, 2852, 3149, 3164, 3682, 3736, 3747, 3971, 3983, 4022, 4025, 4044, 4205.

Le détachement peut être marqué par des **parenthèses**, qui suspendent plus nettement la phrase, soulignant la prédication seconde exprimée par le groupe participial apposé :

> (153) [...] parce que, ces mots me représentant l'idée qu'ils m'exprimaient quoiqu'ils tendissent à un but contraire (**prononcés** [652 Adj-Epith-3] mensongèrement pour ne pas, par fierté, avouer que j'aimais), ils portaient en eux leur tristesse [...]
>
> (154) Comme la constitution de l'imagination, restée rudimentaire, simpliste (n'ayant pas **passé** [1239 Adj-Epith-0] par les innombrables transformations qui remédient aux modèles primitifs des inventions humaines, à peine reconnaissables, qu'il s'agisse de baromètre, de ballon, de téléphone, etc., dans leurs perfectionnements ultérieurs), ne nous permet de voir que fort peu de choses à la fois, le souvenir de l'établissement de douches occupait tout le champ de ma vision intérieure.

Dans cette occurrence, le long groupe participial entre parenthèses apporte une explication aux deux adjectifs qui précèdent, reliés au nom par le participe « restée ».

> (155) En tous cas, à cette époque, à Balbec, les raisons qui faisaient désirer à moi de le connaître, à Albertine et ses amies que je ne le connusse pas, étaient également étrangères à sa valeur, et auraient pu seulement mettre en lumière l'éternel malentendu d'un « intellectuel » (**représenté** [3042 Adj-Epith-3] en l'espèce par moi) et des gens du monde (**représentés** [3043 Adj-Epith-3] par la petite bande) au sujet d'une personne mondaine (le jeune joueur de golf).

Ci-dessus, les parenthèses encadrent le même participe passé, base de deux groupes dont le sens s'oppose, comme les deux noms qu'ils déterminent.

Ces groupes participes peuvent aussi être détachés par des tirets, qui marquent une rupture énonciative avec le reste de la phrase moins forte que les parenthèses, tout en mettant en relief l'élément détaché :

> (156) Car la question ne se pose plus entre un certain plaisir – **devenu** [177 Adj-Epith-3] par l'usage, et peut-être par la médiocrité de l'objet, presque nul – et d'autres plaisirs, ceux-là tentants, ravissants, mais entre ces plaisirs-là et quelque chose de bien plus fort qu'eux, la pitié pour la douleur.
>
> (157) Il semblait que je dusse choisir entre deux faits, décider quel était le vrai, tant celui de la mort d'Albertine – **venu** [1194 Adj-Epith-3] pour moi d'une réalité que je n'avais pas connue : sa vie en Touraine – était en contradiction avec toutes mes pensées relatives à Albertine […]
>
> (158) […] de même je pris pour point de départ de mes autres idées la certitude – souvent **démentie** [2031 Adj-Epith-3] comme l'avait été l'idée contraire – la certitude de sa culpabilité tout en m'imaginant que je doutais encore.
>
> (159) Cela donnait parfois, malgré la frivolité de Mme de Guermantes, quelque chose d'assez noble – **mêlé** [2656 Adj-Epith-3] à beaucoup de bassesse – à sa conduite.

1.3.2. Tendances quantitatives des emplois du participe passé dans **Albertine disparue**

D'un point de vue quantitatif, la fréquence relative des emplois du participe passé manifeste quelques tendances contrastées.

L'emploi verbal est nettement dominant, à plus de 75%. Cet emploi inclut les emplois avec les auxiliaires *avoir* et *être* (V-Temp), les formes passives (V-Pass) et les subordonnées participiales (V-Sub). Dans les emplois dans les formes composées (V-Temp), l'auxiliaire *avoir* domine nettement, avec le non accord du participe (V-TempA-0). Cette dominante correspond sans doute à une tendance générale du français, où *avoir* est l'auxiliaire le plus employé. Pour le verbe *être*, les occurrences des formes actives (VTempE) sont légèrement plus nombreuses (54%) que celles des formes passives (V-Pass).

Les emplois adjectivaux (Adj) représentent moins de 25% des occurrences du participe passé. Parmi ceux-ci, le participe est le plus souvent (70%) un constituant de groupe nominal, épithète ou apposé (Adj-Epith), plus rarement attribut du sujet (22%) ou de l'objet (8%). Les cas de transcatégorisation sont négligeables (0,3%).

Il serait intéressant de confronter la répartition quantitative dans ce livre de Marcel Proust avec la répartition générale en français moderne, et aussi chez différents écrivains du XXe siècle, afin de discerner des particularités du style de Proust.

*

Chapitre 2

Corpus intégral annoté

Chapitre premier. *Le chagrin et l'oubli*

Mademoiselle Albertine est **partie** [1 V-TempE-1] ! Comme la souffrance va plus loin en psychologie que la psychologie ! Il y a un instant, en train de m'analyser, j'avais **cru** [2 V-TempA-0] que cette séparation sans s'être **revus** [3 V-TempE-2] était justement ce que je désirais, et comparant la médiocrité des plaisirs que me donnait Albertine à la richesse des désirs qu'elle me privait de réaliser, je m'étais **trouvé** [4 V-TempE-2] subtil, j'avais **conclu** [5 V-TempA-0] que je ne voulais plus la voir, que je ne l'aimais plus. Mais ces mots : « Mademoiselle Albertine est **partie** [6 V-TempE-1] » venaient de produire dans mon cœur une souffrance telle que je ne pourrais pas y résister plus longtemps. Ainsi ce que j'avais **cru** [7 V-TempA-2] n'être rien pour moi, c'était tout simplement toute ma vie. Comme on s'ignore ! Il fallait faire cesser immédiatement ma souffrance. Tendre pour moi-même comme ma mère pour ma grand'mère mourante, je me disais, avec cette même bonne volonté qu'on a de ne pas laisser souffrir ce qu'on aime : « Aie une seconde de patience, on va te trouver un remède, sois tranquille, on ne va pas te laisser souffrir comme cela. » Ce fut dans cet ordre d'idées que mon instinct de conservation chercha pour les mettre sur ma blessure **ouverte** [8 Adj-Epith-3] les premiers calmants : « Tout cela n'a aucune importance parce que je vais la faire revenir tout de suite. Je vais examiner les moyens, mais de toute façon elle sera ici ce soir. Par conséquent inutile de se tracasser. » « Tout cela n'a aucune importance », je ne m'étais pas **contenté** [9 V-TempE-1] de me le dire, j'avais **tâché** [10 V-TempA-0] d'en donner l'impression à Françoise en ne laissant pas paraître devant elle ma souffrance, parce que, même au moment où je l'éprouvais avec une telle violence, mon amour n'oubliait pas qu'il lui importait de sembler un amour heureux, un amour **partagé** [11 Adj-Epith-3], surtout aux yeux de Françoise qui, n'aimant pas Albertine, avait toujours **douté** [12 V-TempA-0] de sa sincérité. Oui, tout à l'heure, avant l'arrivée de Françoise, j'avais **cru** [13 V-TempA-0] que je n'aimais plus Albertine, j'avais **cru** [14 V-TempA-0] ne rien laisser de côté ; en exact analyste, j'avais **cru** [15 V-TempA-0] bien connaître le fond de mon cœur. Mais notre intelligence, si grande soit-elle, ne peut apercevoir les éléments qui le composent et qui restent **insoupçonnés** [16 Adj-Attr-1] tant que, de l'état volatil où ils subsistent la plupart du temps, un phénomène capable de les isoler ne leur a pas **fait** [17 V-TempA-0] subir un commencement de solidification. Je m'étais **trompé** [18 V-TempE-1] en croyant voir clair dans mon cœur. Mais cette connaissance que ne m'avaient pas **donnée** [19 V-TempA-2] les plus fines perceptions de l'esprit venait de m'être **apportée** [20 V-Pass-1], dure, éclatante, étrange, comme un sel **cristallisé** [21 Adj-Epith-3] par la brusque réaction de la douleur. J'avais une telle habitude d'avoir Albertine auprès de moi, et je voyais soudain un nouveau visage de l'Habitude. Jusqu'ici je l'avais **considérée** [22 V-TempA-2] surtout comme un pouvoir annihilateur qui supprime l'originalité et jusqu'à la conscience des perceptions ; maintenant je la voyais comme une divinité redoutable, si **rivée** [23 Adj-Epith-3] à nous, son visage insignifiant si **incrusté** [24 Adj-Epith-3] dans notre cœur que si elle se détache, ou si elle se détourne de nous, cette déité que nous ne distinguions presque pas nous inflige des souffrances plus terribles qu'aucune et qu'alors elle est aussi cruelle que la mort.

Le plus **pressé** [25 N] était de lire la lettre d'Albertine puisque je voulais aviser aux moyens de la faire revenir. Je les sentais en ma possession, parce que, comme l'avenir est ce qui n'existe que dans notre pensée, il nous semble encore modifiable par l'intervention *in extremis* de notre volonté. Mais, en même temps, je me rappelais que j'avais **vu** [26 V-TempA-0] agir sur lui d'autres forces que la mienne et contre lesquelles, plus de temps m'eût-il **été** [27 V-TempA-0] **donné** [28 V-Pass-1], je n'aurais rien **pu** [29 V-TempA-0]. À quoi sert que l'heure n'ait pas **sonné** [30 V-TempA-0] encore si nous ne pouvons rien sur ce qui s'y produira ? Quand Albertine était à la maison, j'étais bien **décidé** [31 Adj-Attr-1] à garder l'initiative de notre séparation. Et puis elle était **partie** [32 V-TempE-1]. J'ouvris la lettre d'Albertine. Elle était ainsi **conçue** [33 Adj-Attr-1 / V-Pass-1] :

« MON AMI,
» Pardonnez-moi de ne pas avoir **osé** [34 V-TempA-0] vous dire de vive voix les quelques mots qui vont suivre, mais je suis si lâche, j'ai toujours **eu** [35 V-TempA-0] si peur devant vous, que, même en me forçant, je n'ai pas **eu** [36 V-TempA-0] le courage de le faire. Voici ce que j'aurais **dû** [37 V-TempA-0] vous dire. Entre nous, la vie est

devenue [38 V-TempE-1] impossible, vous avez d'ailleurs **vu** [39 V-TempA-0] par votre algarade de l'autre soir qu'il y avait quelque chose de **changé** [40 Adj-Epith-3] dans nos rapports. Ce qui a **pu** [41 V-TempA-0] s'arranger cette nuit-là deviendrait irréparable dans quelques jours. Il vaut donc mieux, puisque nous avons **eu** [42 V-TempA-0] la chance de nous réconcilier, nous quitter bons amis. C'est pourquoi, mon chéri, je vous envoie ce mot, et je vous prie d'être assez bon pour me pardonner si je vous fais un peu de chagrin, en pensant à l'immense que j'aurai. Mon cher grand, je ne veux pas devenir votre ennemie, il me sera déjà assez dur de vous devenir peu à peu, et bien vite, indifférente ; aussi ma décision étant irrévocable, avant de vous faire remettre cette lettre par Françoise, je lui aurai **demandé** [43 V-TempA-0] mes malles. Adieu, je vous laisse le meilleur de moi-même.

» ALBERTINE.

« Tout cela ne signifie rien, me dis-je, c'est même meilleur que je ne pensais, car comme elle ne pense rien de tout cela, elle ne l'a évidemment **écrit** [44 V-TempA-2] que pour frapper un grand coup, afin que je prenne peur et ne sois plus insupportable avec elle. Il faut aviser au plus **pressé** [45 N] : qu'Albertine soit **rentrée** [46 V-TempE-1] ce soir. Il est triste de penser que les Bontemps sont des gens véreux qui se servent de leur nièce pour m'extorquer de l'argent. Mais qu'importe ? Dussé-je, pour qu'Albertine soit ici ce soir, donner la moitié de ma fortune à Mme Bontemps, il nous restera assez, à Albertine et à moi, pour vivre agréablement. » Et en même temps, je calculais si j'avais le temps d'aller ce matin commander le yacht et la Rolls Royce qu'elle désirait, ne songeant même plus, toute hésitation ayant **disparu** [47 V-Sub-TempA-0], que j'avais **pu** [48 V-TempA-0] trouver peu sage de les lui donner. « Même si l'adhésion de Mme Bontemps ne suffit pas, si Albertine ne veut pas obéir à sa tante et pose comme condition de son retour qu'elle aura désormais sa pleine indépendance, eh bien ! quelque chagrin que cela me fasse, je la lui laisserai ; elle sortira seule, comme elle voudra. Il faut savoir consentir des sacrifices, si douloureux qu'ils soient, pour la chose à laquelle on tient le plus et qui, malgré ce que je croyais ce matin d'après mes raisonnements exacts et absurdes, est qu'Albertine vive ici. » Puis-je dire, du reste, que lui laisser cette liberté m'eût **été** [49 V-TempA-0] tout à fait douloureux ? Je mentirais. Souvent déjà j'avais **senti** [50 V-

TempA-0] que la souffrance de la laisser libre de faire le mal loin de moi était peut-être moindre encore que ce genre de tristesse qu'il m'arrivait d'éprouver à la sentir s'ennuyer, avec moi, chez moi. Sans doute, au moment même où elle m'eût **demandé** [51 V-TempA-0] à partir quelque part, la laisser faire, avec l'idée qu'il y avait des orgies **organisées** [52 Adj-Epith-3], m'eût **été** [53 V-TempA-0] atroce. Mais lui dire : prenez notre bateau, ou le train, partez pour un mois, dans tel pays que je ne connais pas, où je ne saurai rien de ce que vous ferez, cela m'avait souvent **plu** [54 V-TempA-0] par l'idée que par comparaison, loin de moi, elle me préférerait, et serait heureuse au retour. « Ce retour, elle-même le désire sûrement ; elle n'exige nullement cette liberté à laquelle d'ailleurs, en lui offrant chaque jour des plaisirs nouveaux, j'arriverais aisément à obtenir, jour par jour, quelque limitation. Non, ce qu'Albertine a **voulu** [55 V-TempA-2], c'est que je ne sois plus insupportable avec elle, et surtout – comme autrefois Odette avec Swann – que je me décide à l'épouser. Une fois **épousée** [56 Adj-Epith-3], son indépendance, elle n'y tiendra pas ; nous resterons tous les deux ici, si heureux. » Sans doute c'était renoncer à Venise. Mais que les villes les plus **désirées** [57 Adj-Epith-3] comme Venise (à plus forte raison les maîtresses de maison les plus agréables, comme la duchesse de Guermantes, les distractions comme le théâtre) deviennent pâles, indifférentes, **mortes** [58 Adj-Attr-1], quand nous sommes **liés** [59 V-Pass-1] à un autre cœur par un lien si douloureux qu'il nous empêche de nous éloigner. « Albertine a, d'ailleurs, parfaitement raison dans cette question de mariage. Maman elle-même trouvait tous ces retards ridicules. L'épouser, c'est ce que j'aurais **dû** [60 V-TempA-0] faire depuis longtemps, c'est ce qu'il faudra que je fasse, c'est cela qui lui a **fait** [61 V-TempA-0] écrire sa lettre dont elle ne pense pas un mot ; c'est seulement pour faire réussir cela qu'elle a **renoncé** [62 V-TempA-0] pour quelques heures à ce qu'elle doit désirer autant que je désire qu'elle le fasse : revenir ici. Oui, c'est cela qu'elle a **voulu** [63 V-TempA-2], c'est cela l'intention de son acte », me disait ma raison compatissante ; mais je sentais qu'en me le disant ma raison se plaçait toujours dans la même hypothèse qu'elle avait **adoptée** [64 V-TempA-2] depuis le début. Or je sentais bien que c'était l'autre hypothèse qui n'avait jamais **cessé** [65 V-TempA-0] d'être **vérifiée** [66 Adj-Attr-1]. Sans doute cette deuxième hypothèse n'aurait jamais **été** [67 V-TempA-0] assez hardie pour formuler expressément qu'Albertine eût **pu** [68 V-TempA-0] être **liée** [69 Adj-Attr-1] avec Mlle Vinteuil et son amie. Et pourtant, quand j'avais été [70 V-TempA-0] **submergé** [71 V-Pass-1] par l'envahissement de cette nouvelle terrible, au moment où nous entrions en gare d'Incarville, c'était la seconde hypothèse qui s'était déjà **trouvée** [72 V-TempE-1] **vérifiée** [73 Adj-Attr-1]. Celle-ci n'avait ensuite jamais **conçu** [74 V-TempA-0] qu'Albertine pût me quitter d'elle-même, de cette façon, sans me prévenir et me donner le temps de l'en empêcher. Mais tout de même, si après le nouveau bond immense que la vie venait de me faire faire, la réalité qui s'imposait à moi m'était aussi nouvelle que celle en face de quoi nous mettent la découverte d'un physicien, les enquêtes d'un juge d'instruction ou les trouvailles d'un historien sur les dessous d'un crime ou d'une révolution, cette réalité en dépassant les chétives prévisions de ma deuxième hypothèse pourtant les accomplissait. Cette deuxième hypothèse n'était pas celle de l'intelligence, et la peur panique que j'avais **eue** [75 V-TempA-2] le soir où Albertine ne m'avait pas **embrassé** [76 V-TempA-2], la nuit où j'avais **entendu** [77 V-TempA-0] le bruit de la fenêtre, cette peur n'était pas **raisonnée** [78 Adj-Attr-1]. Mais – et la suite le montrera davantage, comme bien des épisodes ont **pu** [79 V-TempA-0] déjà l'indiquer – de ce que l'intelligence n'est pas l'instrument le plus subtil, le plus puissant, le plus **approprié** [80 Adj-Epith-3] pour saisir le vrai, ce n'est qu'une raison de plus pour commencer par l'intelligence et non par un intuitivisme de l'inconscient, par une foi aux pressentiments toute **faite** [81 Adj-Epith-3]. C'est la vie qui peu à peu, cas par cas, nous permet de remarquer que ce qui est le plus important pour notre cœur, ou pour notre esprit, ne nous est pas **appris** [82 V-Pass-1] par le raisonnement mais par des puissances autres. Et alors, c'est l'intelligence elle-même qui, se rendant compte de leur supériorité, abdique par raisonnement devant elles et accepte de devenir leur collaboratrice et leur servante. C'est la foi expérimentale. Le malheur imprévu avec lequel je me trouvais aux prises, il me semblait l'avoir lui aussi (comme l'amitié d'Albertine avec deux Lesbiennes) déjà **connu** [83 V-TempA-2] pour l'avoir **lu** [84 V-TempA-2] dans tant de signes où (malgré les affirmations contraires de ma raison, s'appuyant sur les dires d'Albertine elle-même) j'avais **discerné** [85 V-TempA-0] la lassitude, l'horreur qu'elle avait de vivre ainsi en esclave, signes **tracés** [86 Adj-Epith-3] comme avec de l'encre invisible à l'envers[38] des prunelles tristes et **soumises** [87 Adj-

---

[38] Var. ms. : [...] esclave, *que de fois ces signes je les avais crus écrits comme avec de l'encre invisible* à l'envers [...]. Nous donnons en note une sélection de

Epith-3] d'Albertine, sur ses joues brusquement **enflammées** [88 Adj-Epith-3] par une inexplicable rougeur, dans le bruit de la fenêtre qui s'était brusquement **ouverte** [89 V-TempE-1]. Sans doute je n'avais pas **osé** [90 V-TempA-0] les interpréter jusqu'au bout et former expressément l'idée de son départ subit. Je n'avais **pensé** [91 V-TempA-0], d'une âme **équilibrée** [92 Adj-Epith-3] par la présence d'Albertine, qu'à un départ **arrangé** [93 Adj-Epith-3] par moi à une date **indéterminée** [94 Adj-Epith-3], c'est-à-dire **situé** [95 Adj-Epith-3] dans un temps inexistant ; par conséquent j'avais **eu** [96 V-TempA-0] seulement l'illusion de penser à un départ, comme les gens se figurent qu'ils ne craignent pas la mort quand ils y pensent alors qu'ils sont bien portants, et ne font en réalité qu'introduire une idée purement négative au sein d'une bonne santé que l'approche de la mort précisément altérerait. D'ailleurs l'idée du départ d'Albertine **voulu** [97 Adj-Epith-3] par elle-même eût **pu** [98 V-TempA-0] me venir mille fois à l'esprit, le plus clairement, le plus nettement du monde, que je n'aurais pas **soupçonné** [99 V-TempA-0] davantage ce que serait relativement à moi, c'est-à-dire en réalité, ce départ, quelle chose originale, atroce, inconnue, quel mal entièrement nouveau. À ce départ, si je l'eusse **prévu** [100 V-TempA-2], j'aurais **pu** [101 V-TempA-0] songer sans trêve pendant des années, sans que, **mises** [102 Adj-Epith-3] bout à bout, toutes ces pensées eussent **eu** [103 V-TempA-0] le plus faible rapport, non seulement d'intensité mais de ressemblance, avec l'inimaginable enfer dont Françoise m'avait **levé** [104 V-TempA-0] le voile en me disant : « Mademoiselle Albertine est **partie** [105 V-TempE-1]. » Pour se représenter une situation inconnue l'imagination emprunte des éléments **connus** [106 Adj-Epith-3] et à cause de cela ne se la représente pas. Mais la sensibilité, même la plus physique, reçoit, comme le sillon de la foudre, la signature originale et longtemps indélébile de l'événement nouveau. Et j'osais à peine me dire que, si j'avais **prévu** [107 V-TempA-0] ce départ, j'aurais peut-être **été** [108 V-TempA-0] incapable de me le représenter dans son horreur, et même, Albertine me l'annonçant, moi la menaçant, la suppliant, de l'empêcher ! Que le désir de Venise était loin de moi maintenant ! Comme autrefois à Combray celui de connaître Madame de Guermantes, quand venait l'heure où je ne tenais plus qu'à une seule chose, avoir maman dans

---

variantes du texte mettant en jeu les participes passés, suivant l'édition de Luc Fraisse (2017).

ma chambre. Et c'était bien, en effet, toutes les inquiétudes **éprouvées** [109 Adj-Epith-3] depuis mon enfance, qui, à l'appel de l'angoisse nouvelle, avaient **accouru** [110 V-TempA-0] la renforcer, s'amalgamer à elle en une masse homogène qui m'étouffait. Certes, ce coup physique au cœur que donne une telle séparation et qui, par cette terrible puissance d'enregistrement qu'a le corps, fait de la douleur quelque chose de contemporain à toutes les époques de notre vie où nous avons **souffert** [111 V-TempA-0], certes, ce coup au cœur sur lequel spécule peut-être un peu – tant on se soucie peu de la douleur des autres – la femme qui désire donner au regret son maximum d'intensité, soit que, n'esquissant qu'un faux départ, elle veuille seulement demander des conditions meilleures, soit que, partant pour toujours – pour toujours ! – elle désire frapper, ou pour se venger, ou pour continuer d'être **aimée** [112 V-Pass-1], ou dans l'intérêt de la qualité du souvenir qu'elle laissera, briser violemment ce réseau de lassitudes, d'indifférences, qu'elle avait **senti** [113 V-TempA-2] se tisser, – certes, ce coup au cœur, on s'était **promis** [114 V-TempE-0] de l'éviter, on s'était **dit** [115 V-TempE-0] qu'on se quitterait bien. Mais il est vraiment rare qu'on se quitte bien, car, si on était bien, on ne se quitterait pas ! Et puis la femme avec qui on se montre le plus indifférent sent tout de même obscurément qu'en se fatiguant d'elle, en vertu d'une même habitude, on s'est **attaché** [116 V-TempE-1] de plus en plus à elle, et elle songe que l'un des éléments essentiels pour se quitter bien est de partir en prévenant l'autre. Or elle a peur en prévenant d'empêcher. Toute femme sent que, si son pouvoir sur un homme est grand, le seul moyen de s'en aller, c'est de fuir. Fugitive parce que reine, c'est ainsi. Certes, il y a un intervalle inouï entre cette lassitude qu'elle inspirait il y a un instant et, parce qu'elle est **partie** [117 V-TempE-1], ce furieux besoin de la ravoir. Mais à cela, en dehors de celles **données** [118 Adj-Epith-3] au cours de cet ouvrage et d'autres qui le seront plus loin, il y a des raisons. D'abord le départ a lieu souvent dans le moment où l'indifférence – réelle ou **crue** [119 Adj-Epith-3] – est la plus grande, au point extrême de l'oscillation du pendule. La femme se dit : « Non, cela ne peut plus durer ainsi », justement parce que l'homme ne parle que de la quitter, ou y pense ; et c'est elle qui quitte. Alors, le pendule revenant à son autre point extrême, l'intervalle est le plus grand. En une seconde il revient à ce point ; encore une fois, en dehors de toutes les raisons **données** [120 Adj-Epith-3], c'est si naturel ! Le cœur bat ; et d'ailleurs la femme qui est **partie** [121 V-TempE-1] n'est plus la même que celle qui était là. Sa vie auprès de nous, trop **connue** [122 Adj-Epith-3], voit tout d'un coup s'ajouter à elle les vies auxquelles elle va inévitablement se mêler, et c'est peut-être pour se mêler à elles qu'elle nous a **quitté** [123 V-TempA-2]. De sorte que cette richesse nouvelle de la vie de la femme en **allée** [124 Adj-Epith-3] rétroagit sur la femme qui était auprès de nous et peut-être préméditait son départ. À la série des faits psychologiques que nous pouvons déduire et qui font partie de sa vie avec nous, de notre lassitude trop **marquée** [125 Adj-Epith-3] pour elle, de notre jalousie aussi (et qui fait que les hommes qui ont **été** [126 V-TempA-0] **quittés** [127 V-Pass-1] par plusieurs femmes l'ont **été** [128 V-TempA-0] presque toujours de la même manière à cause de leur caractère et de réactions toujours identiques qu'on peut calculer ; chacun a sa manière propre d'être **trahi** [129 V-Pass-1], comme il a sa manière de s'enrhumer), à cette série pas trop mystérieuse pour nous correspondait sans doute une série de faits que nous avons **ignorés** [130 V-TempA-2]. Elle devait depuis quelque temps entretenir des relations **écrites** [131 Adj-Epith-3], ou verbales, ou par messagers, avec tel homme, ou telle femme, attendre tel signe que nous avons peut-être **donné** [132 V-TempA-2] nous-même sans le savoir en disant : « M. X. est **venu** [133 V-TempE-1] hier pour me voir », si elle avait **convenu** [134 V-TempA-0] avec M. X. que la veille du jour où elle devrait rejoindre M. X., celui-ci viendrait me voir. Que d'hypothèses possibles ! Possibles seulement. Je construisais si bien la vérité, mais dans le possible seulement, qu'ayant un jour **ouvert** [135 V-TempA-0], et par erreur, une lettre **adressée** [136 Adj-Epith-3] à ma maîtresse, cette lettre **écrite** [137 Adj-Epith-3] en style **convenu** [138 Adj-Epith-3] et qui disait : « Attends toujours signe pour aller chez le marquis de Saint-Loup, prévenez demain par coup de téléphone », je reconstituai une sorte de fuite **projetée** [139 Adj-Epith-3] ; le nom du marquis de Saint-Loup n'était là que pour signifier autre chose, car ma maîtresse ne connaissait pas suffisamment Saint-Loup, mais m'avait **entendu** [140 V-TempA-2] parler de lui, et, d'ailleurs, la signature était une espèce de surnom, sans aucune forme de langage. Or la lettre n'était pas **adressée** [141 V-Pass-1] à ma maîtresse, mais à une personne de la maison qui portait un nom différent et qu'on avait mal **lu** [142 V-TempA-2]. La lettre n'était pas en signes **convenus** [143 Adj-Epith-3] mais en mauvais français parce qu'elle était d'une Américaine, effectivement amie de Saint-Loup comme celui-ci me l'apprit. Et la façon étrange dont cette Américaine formait certaines lettres avait **donné** [144 V-TempA-0] l'aspect d'un surnom à un nom parfaitement réel mais étranger. Je m'étais donc ce jour-là **trompé** [145 V-TempE-1] du tout au tout dans mes soupçons. Mais l'armature intellectuelle qui chez moi avait **relié** [146 V-TempA-0] ces faits, tous faux, était elle-même la forme si juste, si inflexible de la vérité que quand trois mois plus tard ma maîtresse, qui alors songeait à passer toute sa vie avec moi, m'avait **quitté** [147 V-TempA-2], ç'avait **été** [148 V-TempA-0] d'une façon absolument identique à celle que j'avais **imaginée** [149 V-TempA-2] la première fois. Une lettre vint ayant les mêmes particularités que j'avais faussement **attribuées** [150 V-TempA-2] à la première lettre, mais cette fois-ci ayant bien le sens d'un signal.

Ce malheur était le plus grand de toute ma vie. Et malgré tout, la souffrance qu'il me causait était peut-être **dépassée** [151 V-Pass-1] encore par la curiosité de connaître les causes de ce malheur qu'Albertine avait **désiré** [152 V-TempA-2], **retrouvé** [153 V-TempA-2]. Mais les sources des grands événements sont comme celles des fleuves, nous avons beau parcourir la surface de la terre, nous ne les retrouvons pas. Albertine avait-elle ainsi **prémédité** [154 V-TempA-0] depuis longtemps sa fuite ? j'ai **dit** [155 V-TempA-0] (et alors cela m'avait **paru** [156 V-TempA-0] seulement du maniérisme et de la mauvaise humeur, ce que Françoise appelait faire la « tête ») que, du jour où elle avait **cessé** [157 V-TempA-0] de m'embrasser, elle avait **eu** [158 V-TempA-0] un air de porter le diable en terre, toute droite, **figée** [159 Adj-Epith-3], avec une voix triste dans les plus simples choses, lente en ses mouvements, ne souriant plus jamais. Je ne peux pas dire qu'aucun fait prouvât aucune connivence avec le dehors. Françoise me raconta bien ensuite qu'étant **entrée** [160 Adj-Epith-3] l'avant-veille du départ dans sa chambre elle n'y avait **trouvé** [161 V-TempA-0] personne, les rideaux **fermés** [162 V-Sub-1 / Adj-Attr-2], mais sentant à l'odeur de l'air et au bruit que la fenêtre était **ouverte** [163 Adj-Attr-1]. Et, en effet, elle avait **trouvé** [164 V-TempA-0] Albertine sur le balcon. Mais on ne voit pas avec qui elle eût **pu** [165 V-TempA-0], de là, correspondre, et, d'ailleurs, les rideaux **fermés** [166 Adj-Epith-3] sur la fenêtre **ouverte** [167 Adj-Epith-3] s'expliquaient sans doute parce qu'elle savait que je craignais les courants d'air et que, même si les rideaux m'en protégeaient peu, ils eussent **empêché** [168 V-TempA-0] Françoise de voir du couloir que les volets étaient **ouverts** [169 Adj-Attr-1] aussi tôt. Non, je ne vois rien sinon un petit fait qui prouve seulement que la veille elle savait qu'elle allait partir. La veille, en effet, elle prit dans ma chambre sans que je m'en aperçusse une grande quantité de papier et de toile d'emballage qui s'y trouvait, et à l'aide desquels elle emballa ses innombrables peignoirs et sauts de lit toute la nuit afin de partir le matin ; c'est le seul fait, ce fut tout. Je ne peux pas attacher d'importance à ce qu'elle me rendit presque de force ce soir-là mille francs qu'elle me devait, cela n'a rien de spécial, car elle était d'un scrupule extrême dans les choses d'argent. Oui, elle prit les papiers d'emballage la veille, mais ce n'était pas de la veille seulement qu'elle savait qu'elle partirait ! Car ce n'est pas le chagrin qui la fit partir, mais la résolution **prise** [170 Adj-Epith-3] de partir, de renoncer à la vie qu'elle avait **rêvée** [171 V-TempA-2] qui lui donna cet air chagrin. Chagrin, presque solennellement froid avec moi, sauf le dernier soir, où, après être **restée** [172 V-TempE-1] chez moi plus tard qu'elle ne voulait, dit-elle – remarque qui m'étonnait venant d'elle qui voulait toujours prolonger, – elle me dit de la porte : « Adieu, petit, adieu, petit. » Mais je n'y pris pas garde au moment. Françoise m'a **dit** [173 V-TempA-0] que le lendemain matin, quand elle lui dit qu'elle partait (mais, du reste, c'est explicable aussi par la fatigue, car elle ne s'était pas **déshabillée** [174 V-TempE-2] et avait **passé** [175 V-TempA-0] toute la nuit à emballer, sauf les affaires qu'elle avait à demander à Françoise et qui n'étaient pas dans sa chambre et son cabinet de toilette), elle était encore tellement triste, tellement plus droite, tellement plus **figée** [176 Adj-Attr-1] que les jours précédents que Françoise crut quand elle lui dit : « Adieu, Françoise » qu'elle allait tomber. Quand on apprend ces choses-là, on comprend que la femme qui vous plaisait tellement moins maintenant que toutes celles qu'on rencontre si facilement dans les plus simples promenades, à qui on en voulait de les sacrifier pour elle, soit au contraire celle qu'on préférerait mille fois. Car la question ne se pose plus entre un certain plaisir – **devenu** [177 Adj-Epith-3] par l'usage, et peut-être par la médiocrité de l'objet, presque nul – et d'autres plaisirs, ceux-là tentants, ravissants, mais entre ces plaisirs-là et quelque chose de bien plus fort qu'eux, la pitié pour la douleur.

En me promettant à moi-même qu'Albertine serait ici ce soir, j'avais **couru** [178 V-TempA-0] au plus **pressé** [179 N] et **pansé** [180 V-TempA-0] d'une croyance nouvelle l'arrachement de celle avec laquelle j'avais **vécu** [181 V-TempA-0] jusqu'ici. Mais si rapidement qu'eût **agi** [182 V-TempA-0] mon instinct de conservation, j'étais, quand Françoise m'avait **parlé** [183 V-TempA-0], **resté** [184 V-TempE-1] une seconde sans secours, et j'avais beau savoir maintenant qu'Albertine serait là ce soir, la douleur que j'avais **ressentie** [185 V-TempA-2] pendant l'instant où je ne m'étais pas encore **appris** [186 V-TempE-0] à moi-même ce retour[39] (l'instant qui avait **suivi** [187 V-TempA-0] les mots : « Mademoiselle Albertine a **demandé** [188 V-TempA-0] ses malles, Mademoiselle Albertine est **partie** [189 V-TempE-1] »), cette douleur renaissait d'elle-même en moi pareille à ce qu'elle avait **été** [190 V-TempA-0], c'est-à-dire comme si j'avais **ignoré** [191 V-TempA-0] encore le prochain retour d'Albertine. D'ailleurs il fallait qu'elle revînt, mais d'elle-même. Dans toutes les hypothèses, avoir l'air de faire faire une démarche, de la prier de revenir irait à l'encontre du but. Certes je n'avais plus la force de renoncer à elle comme je l'avais **eue** [192 V-TempA-2] pour Gilberte. Plus même que revoir Albertine, ce que je voulais c'était mettre fin à l'angoisse physique que mon cœur plus mal portant que jadis ne pouvait plus tolérer. Puis à force de m'habituer à ne pas vouloir, qu'il s'agît de travail ou d'autre chose, j'étais **devenu** [193 V-TempE-1] plus lâche. Mais surtout cette angoisse était incomparablement plus forte pour bien des raisons dont la plus importante n'était peut-être pas que je n'avais jamais **goûté** [194 V-TempA-0] de plaisir sensuel avec Mme de Guermantes et avec Gilberte, mais que, ne les voyant pas chaque jour, à toute heure, n'en ayant pas la possibilité et par conséquent pas le besoin, il y avait en moins, dans mon amour pour elles, la force immense de l'Habitude. Peut-être, maintenant que mon cœur, incapable de vouloir et de supporter de son plein gré la souffrance, ne trouvait qu'une seule solution possible, le retour à tout prix d'Albertine, peut-être la solution **opposée** [195 Adj-Epith-3] (le renoncement volontaire, la résignation progressive) m'eût-elle **paru** [196 V-TempA-0] une solution de roman, invraisemblable dans la vie, si je n'avais moi-même autrefois **opté** [197 V-TempA-0] pour celle-là quand il s'était **agi** [198 V-TempE-1] de Gilberte. Je savais donc que cette autre solution pouvait être **acceptée** [199 V-Pass-1] aussi, et par un seul homme, car j'étais **resté** [200 V-TempE-1] à peu près le même. Seulement le temps avait **joué** [201 V-TempA-0] son rôle, le temps qui m'avait **vieilli** [202 V-TempA-2], le temps aussi qui avait **mis** [203 V-TempA-0] Albertine perpétuellement auprès de moi quand nous menions notre vie commune. Mais du moins, sans renoncer à elle, ce qui me restait de ce que j'avais **éprouvé** [204 V-TempA-2] pour Gilberte, c'était la fierté de ne pas vouloir être à

---

[39] Var. ms : […] pas encore *avisé de* ce retour […].

Albertine un jouet dégoûtant en lui faisant demander de revenir, je voulais qu'elle revînt sans que j'eusse l'air d'y tenir. Je me levai pour ne pas perdre de temps, mais la souffrance m'arrêta : c'était la première fois que je me levais depuis qu'Albertine était **partie** [205 V-TempE-1]. Pourtant il fallait vite m'habiller afin d'aller m'informer chez son concierge.

La souffrance, prolongement d'un choc moral **imposé** [206 Adj-Epith-3], aspire à changer de forme ; on espère la volatiliser en faisant des projets, en demandant des renseignements ; on veut qu'elle passe par ses innombrables métamorphoses, cela demande moins de courage que de garder sa souffrance franche ; ce lit paraît si étroit, si dur, si froid où l'on se couche avec sa douleur. Je me remis donc sur mes jambes ; je n'avançais dans la chambre qu'avec une prudence infinie, je me plaçais de façon à ne pas apercevoir la chaise d'Albertine, le pianola sur les pédales duquel elle appuyait ses mules d'or, un seul des objets dont elle avait **usé** [207 V-TempA-0] et qui tous, dans le langage particulier que leur avaient **enseigné** [208 V-TempA-2] mes souvenirs, semblaient vouloir me donner une traduction, une version différente, m'annoncer une seconde fois la nouvelle de son départ. Mais sans les regarder, je les voyais, mes forces m'abandonnèrent, je tombai **assis** [209 Adj-Attr-1] dans un de ces fauteuils de satin bleu dont, une heure plus tôt, dans le clair-obscur de la chambre **anesthésiée** [210 Adj-Epith-3] par un rayon de jour, le glacis m'avait **fait** [211 V-TempA-0] faire des rêves passionnément **caressés** [212 Adj-Epith-3] alors, si loin de moi maintenant. Hélas ! je ne m'y étais jamais **assis** [213 V-TempE-1], avant cette minute, que quand Albertine était encore là. Aussi je ne pus y rester, je me levai ; et ainsi à chaque instant il y avait quelqu'un des innombrables et humbles « moi » qui nous composent qui était ignorant encore du départ d'Albertine et à qui il fallait le notifier ; il fallait – ce qui était plus cruel que s'ils avaient **été** [214 V-TempA-0] des étrangers et n'avaient pas **emprunté** [215 V-TempA-0] ma sensibilité pour souffrir – annoncer le malheur qui venait d'arriver à tous ces êtres, à tous ces « moi » qui ne le savaient pas encore ; il fallait que chacun d'eux à son tour entendît pour la première fois ces mots : « Albertine a **demandé** [216 V-TempA-0] ses malles » – ces malles en forme de cercueil que j'avais **vu** [217 V-TempA-0] charger à Balbec à côté de celles de ma mère, – « Albertine est **partie** [218 V-TempE-1] ». À chacun j'avais à apprendre mon chagrin, le chagrin qui n'est nullement une conclusion pessimiste librement **tirée** [219 Adj-Epith-

3] d'un ensemble de circonstances funestes, mais la reviviscence intermittente et involontaire d'une impression spécifique, **venue** [220 Adj-Epith-3] du dehors, et que nous n'avons pas **choisie** [221 V-TempA-2]. Il y avait quelques-uns de ces « moi » que je n'avais pas **revus** [222 V-TempA-2] depuis assez longtemps. Par exemple (je n'avais pas **songé** [223 V-TempA-0] que c'était le jour du coiffeur), le « moi » que j'étais quand je me faisais couper les cheveux. J'avais **oublié** [224 V-TempA-0] ce « moi »-là, son arrivée fit éclater mes sanglots, comme à un enterrement, celle d'un vieux serviteur retraité qui a **connu** [225 V-TempA-0] celle qui vient de mourir. Puis je me rappelai tout d'un coup que depuis huit jours j'avais par moments **été** [226 V-TempA-0] **pris** [227 V-Pass-1] de peurs paniques que je ne m'étais pas **avouées** [228 V-TempE-2]. À ces moments-là je discutais pourtant en me disant : « Inutile, n'est-ce pas, d'envisager l'hypothèse où elle partirait brusquement. C'est absurde. Si je la confiais à un homme sensé et intelligent (et je l'aurais **fait** [229 V-TempA-0] pour me tranquilliser si la jalousie ne m'eût **empêché** [230 V-TempA-2] de faire des confidences), il me dirait sûrement : « Mais vous êtes fou. C'est impossible. » Et, en effet, ces derniers jours nous n'avions pas **eu** [231 V-TempA-0] une seule querelle. On part pour un motif. On le dit. On vous donne le droit de répondre. On ne part pas comme cela. Non, c'est un enfantillage. C'est la seule hypothèse absurde. » Et pourtant, tous les jours, en la retrouvant là le matin quand je sonnais, j'avais **poussé** [232 V-TempA-0] un immense soupir de soulagement. Et quand Françoise m'avait **remis** [233 V-TempA-0] la lettre d'Albertine, j'avais tout de suite **été** [234 V-TempA-0] sûr qu'il s'agissait de la chose qui ne pouvait pas être, de ce départ en quelque sorte **perçu** [235 Adj-Epith-3] plusieurs jours d'avance, malgré les raisons logiques d'être **rassuré** [236 Adj-Attr-1]. Je me l'étais **dit** [237 V-TempE-2] presque avec une satisfaction de perspicacité dans mon désespoir, comme un assassin qui sait ne pouvoir être **découvert** [238 V-Pass-1], mais qui a peur et qui tout d'un coup voit le nom de sa victime **écrit** [239 Adj-Attr-2] en tête d'un dossier chez le juge d'instruction qui l'a **fait** [240 V-TempA-0] mander. Tout mon espoir était qu'Albertine fût **partie** [241 V-TempE-1] en Touraine, chez sa tante où, en somme, elle était assez **surveillée** [242 V-Pass-1] et ne pourrait faire grand'chose jusqu'à ce que je l'en ramenasse. Ma pire crainte avait **été** [243 V-TempA-0] qu'elle fût **restée** [244 V-TempE-1] à Paris, **partie** [245 V-TempE-1] à Amsterdam ou pour Montjouvain, c'est-à-dire qu'elle se fût

échappée [246 V-TempE-1] pour se consacrer à quelque intrigue dont les préliminaires m'avaient **échappé** [247 V-TempA-0]. Mais, en réalité, en me disant Paris, Amsterdam, Montjouvain, c'est-à-dire plusieurs lieux, je pensais à des lieux qui n'étaient que possibles. Aussi, quand la concierge d'Albertine répondit qu'elle était **partie** [248 V-TempE-1] en Touraine, cette résidence que je croyais désirer me sembla la plus affreuse de toutes, parce que celle-là était réelle et que pour la première fois, **torturé** [249 Adj-Epith-3] par la certitude du présent et l'incertitude de l'avenir, je me représentais Albertine commençant une vie qu'elle avait **voulue** [250 V-TempA-2] **séparée** [251 Adj-Attr-2] de moi, peut-être pour longtemps, peut-être pour toujours, et où elle réaliserait cet inconnu qui autrefois m'avait si souvent **troublé** [252 V-TempA-2], alors que pourtant j'avais le bonheur de posséder, de caresser ce qui en était le dehors, ce doux visage impénétrable et **capté** [253 Adj-Epith-3]. C'était cet inconnu qui faisait le fond de mon amour. Devant la porte d'Albertine, je trouvai une petite fille pauvre qui me regardait avec de grands yeux et qui avait l'air si bon que je lui demandai si elle ne voulait pas venir chez moi, comme j'eusse **fait** [254 V-TempA-0] d'un chien au regard fidèle. Elle en eut l'air content. À la maison, je la berçai quelque temps sur mes genoux, mais bientôt sa présence, en me faisant trop sentir l'absence d'Albertine, me fut insupportable. Et je la priai de s'en aller, après lui avoir **remis** [255 V-TempA-0] un billet de cinq cents francs. Et pourtant, bientôt après, la pensée d'avoir quelque autre petite fille près de moi, de ne jamais être seul, sans le secours d'une présence innocente, fut le seul rêve qui me permît de supporter l'idée que peut-être Albertine resterait quelque temps sans revenir. Pour Albertine elle-même, elle n'existait guère en moi que sous la forme de son nom, qui, sauf quelques rares répits au réveil, venait s'inscrire dans mon cerveau et ne cessait plus de le faire. Si j'avais **pensé** [256 V-TempA-0] tout haut, je l'aurais **répété** [257 V-TempA-2] sans cesse et mon verbiage eût **été** [258 V-TempA-0] aussi monotone, aussi **limité** [259 Adj-Attr-1] que si j'eusse **été** [260 V-TempA-0] **changé** [261 V-Pass-1] en oiseau, en un oiseau pareil à celui de la fable dont le chant redisait sans fin le nom de celle qu'homme, il avait **aimée** [262 V-TempA-2]. On se le dit et, comme on le tait, il semble qu'on l'écrive en soi, qu'il laisse sa trace dans le cerveau et que celui-ci doive finir par être, comme un mur où quelqu'un s'est **amusé** [263 V-TempE-1] à crayonner, entièrement **recouvert** [264 Adj-Epith-3] par le nom, mille fois **récrit** [265 Adj-

Epith-3], de celle qu'on aime. On le récrit tout le temps dans sa pensée tant qu'on est heureux, plus encore quand on est malheureux. Et de redire ce nom, qui ne nous donne rien de plus que ce qu'on sait déjà, on éprouve le besoin sans cesse renaissant, mais à la longue, une fatigue. Au plaisir charnel je ne pensais même pas en ce moment ; je ne voyais même pas devant ma pensée l'image de cette Albertine, cause pourtant d'un tel bouleversement dans mon être, je n'apercevais pas son corps, et si j'avais **voulu** [266 V-TempA-0] isoler l'idée qui était **liée** [267 Adj-Attr-1] – car il y en a bien toujours quelqu'une – à ma souffrance, ç'aurait **été** [268 V-TempA-0] alternativement, d'une part le doute sur les dispositions dans lesquelles elle était **partie** [269 V-TempE-1], avec ou sans esprit de retour, d'autre part les moyens de la ramener. Peut-être y a-t-il un symbole et une vérité dans la place infime **tenue** [270 Adj-Epith-3] dans notre anxiété par celle à qui nous la rapportons. C'est qu'en effet sa personne même y est pour peu de chose ; pour presque tout le processus d'émotions, d'angoisses que tels hasards nous ont **fait** [271 V-TempA-0] jadis éprouver à propos d'elle et que l'habitude a **attachées** [272 V-TempA-2] à elle. Ce qui le prouve bien c'est, plus encore que l'ennui qu'on éprouve dans le bonheur, combien voir ou ne pas voir cette même personne, être **estimé** [273 V-Pass-1] ou non d'elle, l'avoir ou non à notre disposition, nous paraîtra quelque chose d'indifférent quand nous n'aurons plus à nous poser le problème (si oiseux que nous ne nous le poserons même plus) que relativement à la personne elle-même – le processus d'émotions et d'angoisses étant **oublié** [274 V-Sub-Pass-1], au moins en tant que se rattachant à elle, car il a **pu** [275 V-TempA-0] se développer à nouveau mais **transféré** [276 Adj-Attr-1] à une autre. Avant cela, quand il était encore **attaché** [277 Adj-Attr-1] à elle, nous croyions que notre bonheur dépendait de sa personne : il dépendait seulement de la terminaison de notre anxiété. Notre inconscient était donc plus clairvoyant que nous-même à ce moment-là en faisant si petite la figure de la femme **aimée** [278 Adj-Epith-3], figure que nous avions même peut-être **oubliée** [279 V-TempA-2], que nous pouvions connaître mal et croire médiocre, dans l'effroyable drame où de la retrouver pour ne plus l'attendre pourrait dépendre jusqu'à notre vie elle-même. Proportions minuscules de la figure de la femme, effet logique et nécessaire de la façon dont l'amour se développe, claire allégorie de la nature subjective de cet amour.

L'esprit dans lequel Albertine était **partie** [280 V-TempE-1] était semblable sans doute à celui des peuples qui font préparer par une démonstration de leur armée l'œuvre de leur diplomatie. Elle n'avait **dû** [281 V-TempA-0] partir que pour obtenir de moi de meilleures conditions, plus de liberté, de luxe. Dans ce cas celui qui l'eût **emporté** [282 V-TempA-2] de nous deux, c'eût **été** [283 V-TempA-0] moi, si j'eusse **eu** [284 V-TempA-0] la force d'attendre, d'attendre le moment où, voyant qu'elle n'obtenait rien, elle fût **revenue** [285 V-TempE-1] d'elle-même. Mais si aux cartes, à la guerre, où il importe seulement de gagner, on peut résister au bluff, les conditions ne sont point les mêmes que font l'amour et la jalousie, sans parler de la souffrance. Si pour attendre, pour « durer », je laissais Albertine rester loin de moi plusieurs jours, plusieurs semaines peut-être, je ruinais ce qui avait **été** [286 V-TempA-0] mon but pendant plus d'une année : ne pas la laisser libre une heure. Toutes mes précautions se trouvaient **devenues** [287 Adj-Attr-1] inutiles si je lui laissais le temps, la facilité de me tromper tant qu'elle voudrait, et si à la fin elle se rendait je ne pourrais plus oublier le temps où elle aurait **été** [288a V-TempA-0] seule, et, même l'emportant à la fin, tout de même dans le **passé** [288b N], c'est-à-dire irréparablement, je serais le vaincu[40].

Quant aux moyens de ramener Albertine, ils avaient d'autant plus de chance de réussir que l'hypothèse où elle ne serait **partie** [289 V-TempE-1] que dans l'espoir d'être **rappelée** [290 V-Pass-1] avec de meilleures conditions paraîtrait plus plausible. Et sans doute pour les gens qui ne croyaient pas à la sincérité d'Albertine, certainement pour Françoise par exemple, cette hypothèse l'était. Mais pour ma raison, à qui la seule explication de certaines mauvaises humeurs, de certaines attitudes avait **paru** [291 V-TempA-0], avant que je sache rien, le projet **formé** [292 Adj-Epith-3] par elle d'un départ définitif, il était difficile de croire que, maintenant que ce départ s'était **produit** [293 V-TempE-1], il n'était qu'une simulation. Je dis pour ma raison, non pour moi. L'hypothèse de la simulation me devenait d'autant plus nécessaire qu'elle était plus improbable et gagnait en force ce qu'elle perdait en vraisemblance. Quand on se voit au bord de l'abîme et qu'il semble que Dieu vous ait **abandonné** [294 V-TempA-2], on n'hésite plus à attendre de lui un miracle.

Je reconnais que dans tout cela je fus le plus apathique quoique le plus douloureux des policiers. Mais la fuite d'Albertine ne m'avait pas **rendu** [295 V-TempA-0] les qualités que l'habitude de la faire surveiller par d'autres m'avait **enlevées** [296 V-TempA-2]. Je ne pensais

---

[40] Var. ms. : [...] *à jamais* vaincu.

qu'à une chose : charger un autre de cette recherche. Cet autre fut Saint-Loup, qui consentit. L'anxiété de tant de jours **remise** [297 Adj-Epith-3] à un autre me donna de la joie et je me trémoussai, sûr du succès, les mains **redevenues** [298 V-Sub-TempE-1] brusquement sèches comme autrefois et n'ayant plus cette sueur dont Françoise m'avait **mouillé** [299 V-TempA-2] en me disant : « Mademoiselle Albertine est **partie** [300 V-TempE-1]. »

On se souvient que quand je résolus de vivre avec Albertine et même de l'épouser, c'était pour la garder, savoir ce qu'elle faisait, l'empêcher de reprendre ses habitudes avec Mlle Vinteuil. Ç'avait **été** [301 V-TempA-0], dans le déchirement atroce de sa révélation à Balbec, quand elle m'avait **dit** [302 V-TempA-0] comme une chose toute naturelle et que je réussis, bien que ce fût le plus grand chagrin que j'eusse encore **éprouvé** [303 V-TempA-2] dans ma vie, à sembler trouver toute naturelle, la chose que dans mes pires suppositions je n'aurais jamais **été** [304 V-TempA-0] assez audacieux pour imaginer. (C'est étonnant comme la jalousie, qui passe son temps à faire des petites suppositions dans le faux, a peu d'imagination quand il s'agit de découvrir le vrai.) Or cet amour **né** [305 Adj-Epith-3] surtout d'un besoin d'empêcher Albertine de faire le mal, cet amour avait **gardé** [306 V-TempA-0] dans la suite la trace de son origine. Être avec elle m'importait peu pour peu que je pusse empêcher « l'être de fuite » d'aller ici ou là. Pour l'en empêcher je m'en étais **remis** [307 V-TempE-1] aux yeux, à la compagnie de ceux qui allaient avec elle et pour peu qu'ils me fissent le soir un bon petit rapport bien rassurant mes inquiétudes s'évanouissaient en bonne humeur.

M'étant **donné** [308 Adj-Epith-3] à moi-même l'affirmation que, quoi que je dusse faire, Albertine serait de retour à la maison le soir même, j'avais **suspendu** [309 V-TempA-0][41] la douleur que Françoise m'avait **causée** [310 V-TempA-2] en me disant qu'Albertine était **partie** [311 V-TempE-1] (parce qu'alors mon être **pris** [312 Adj-Epith-3] de court avait **cru** [313 V-TempA-0] un instant que ce départ était définitif). Mais après une interruption, quand d'un élan de sa vie indépendante la souffrance initiale revenait spontanément en moi, elle était toujours aussi atroce parce que antérieure à la promesse consolatrice que je m'étais **faite** [314 V-TempE-2] de ramener le soir même Albertine. Cette phrase qui l'eût **calmée** [315 V-TempA-2], ma souffrance l'ignorait. Pour mettre en œuvre les moyens d'amener ce

---

[41] Var. ms. : [...] j'avais *interrompu* la douleur [...].

retour, une fois encore, non pas qu'une telle attitude m'eût jamais très bien **réussi** [316 V-TempA-0], mais parce que je l'avais toujours **prise** [317 V-TempA-2] depuis que j'aimais Albertine, j'étais **condamné** [318 V-Pass-1] à faire comme si je ne l'aimais pas, ne souffrais pas de son départ, j'étais **condamné** [319 V-Pass-1] à continuer de lui mentir. Je pourrais être d'autant plus énergique dans les moyens de la faire revenir que personnellement j'aurais l'air d'avoir **renoncé** [320 V-TempA-0] à elle. Je me proposais d'écrire à Albertine une lettre d'adieux où je considérerais son départ comme définitif[42], tandis que j'enverrais Saint-Loup exercer sur Mme Bontemps, et comme à mon insu, la pression la plus brutale pour qu'Albertine revînt au plus vite. Sans doute j'avais **expérimenté** [321 V-TempA-0] avec Gilberte le danger des lettres d'une indifférence qui, **feinte** [322 Adj-Epith-3] d'abord, finit par devenir vraie. Et cette expérience aurait **dû** [323 V-TempA-0] m'empêcher d'écrire à Albertine des lettres du même caractère que celles que j'avais **écrites** [324 V-TempA-2] à Gilberte. Mais ce qu'on appelle expérience n'est que la révélation à nos propres yeux d'un trait de notre caractère qui naturellement reparaît, et reparaît d'autant plus fortement que nous l'avons déjà **mis** [325 V-TempA-2] en lumière pour nous-même une fois, de sorte que le mouvement spontané qui nous avait **guidé** [326 V-TempA-2] la première fois se trouve **renforcé** [327 Adj-Attr-1] par toutes les suggestions du souvenir. Le plagiat humain auquel il est le plus difficile d'échapper, pour les individus (et même pour les peuples qui persévèrent dans leurs fautes et vont les aggravant), c'est le plagiat de soi-même.

Saint-Loup que je savais à Paris avait **été** [328 V-TempA-0] **mandé** [329 V-Pass-1] par moi à l'instant même ; il accourut rapide et efficace comme il était jadis à Doncières et consentit à partir aussitôt pour la Touraine. Je lui soumis la combinaison suivante. Il devait descendre à Châtellerault, se faire indiquer la maison de Mme Bontemps, attendre qu'Albertine fût **sortie** [330 V-TempE-1], car elle aurait **pu** [331 V-TempA-0] le reconnaître. « Mais la jeune fille dont tu parles me connaît donc ? » me dit-il. Je lui dis que je ne le croyais pas. Le projet de cette démarche me remplit d'une joie infinie. Elle était pourtant en contradiction absolue avec ce que je m'étais **promis** [332 V-TempE-2] au début : m'arranger à ne pas avoir l'air de

---

[42] Var. ms. : [...] son départ comme définitif *et empreint d'une grande sagesse*, tandis que j'enverrais [...].

faire chercher Albertine ; et cela en aurait l'air inévitablement, mais elle avait sur « ce qu'il aurait **fallu** [333 V-TempA-0] » l'avantage inestimable qu'elle me permettait de me dire que quelqu'un **envoyé** [334 Adj-Epith-3] par moi allait voir Albertine, sans doute la ramener. Et si j'avais **su** [335 V-TempA-0] voir clair dans mon cœur au début, c'est cette solution, **cachée** [336 Adj-Epith-3] dans l'ombre et que je trouvais déplorable, que j'aurais **pu** [337 V-TempA-0] prévoir qui prendrait le pas sur les solutions de patience et que j'étais **décidé** [338 Adj-Attr-1] à vouloir, par manque de volonté. Comme Saint-Loup avait déjà l'air un peu **surpris** [339 Adj-Attr-2] qu'une jeune fille eût **habité** [340 V-TempA-0] chez moi tout un hiver sans que je lui en eusse rien **dit** [341 V-TempA-0], comme d'autre part il m'avait souvent **reparlé** [342 V-TempA-0] de la jeune fille de Balbec et que je ne lui avais jamais **répondu** [343 V-TempA-0] : « Mais elle habite ici », il eût **pu** [344 V-TempA-0] être **froissé** [345 V-Pass-1] de mon manque de confiance. Il est vrai que peut-être Mme Bontemps lui parlerait de Balbec. Mais j'étais trop impatient de son départ, de son arrivée, pour vouloir, pour pouvoir penser aux conséquences possibles de ce voyage. Quant à ce qu'il reconnût Albertine (qu'il avait d'ailleurs systématiquement **évité** [346 V-TempA-0] de regarder quand il l'avait **rencontrée** [347 V-TempA-2] à Doncières), elle avait, au dire de tous, tellement **changé** [348 V-TempA-0] et **grossi** [349 V-TempA-0] que ce n'était guère probable. Il me demanda si je n'avais pas un portrait d'Albertine. Je répondis d'abord que non, pour qu'il n'eût pas, d'après ma photographie, **faite** [350 Adj-Epith-3] à peu près du temps de Balbec, le loisir de reconnaître Albertine, que pourtant il n'avait qu'**entrevue** [351 V-TempA-2] dans le wagon. Mais je réfléchis que sur la dernière elle serait déjà aussi différente de l'Albertine de Balbec que l'était maintenant l'Albertine vivante, et qu'il ne la reconnaîtrait pas plus sur la photographie que dans la réalité. Pendant que je la lui cherchais, il me passait doucement la main sur le front, en manière de me consoler. J'étais **ému** [352 V-Pass-1] de la peine que la douleur qu'il devinait en moi lui causait. D'abord il avait beau s'être **séparé** [353 V-TempE-1] de Rachel, ce qu'il avait **éprouvé** [354 V-TempA-2] alors n'était pas encore si lointain qu'il n'eût une sympathie, une pitié particulière pour ce genre de souffrances, comme on se sent plus voisin de quelqu'un qui a la même maladie que vous. Puis il avait tant d'affection pour moi que la pensée de mes souffrances lui était insupportable. Aussi en concevait-il pour celle qui me les causait un mélange de rancune et d'admiration.

Il se figurait que j'étais un être si supérieur qu'il pensait que, pour que je fusse **soumis** [355 V-Pass-1] à une autre créature, il fallait que celle-là fût tout à fait extraordinaire. Je pensais bien qu'il trouverait la photographie d'Albertine jolie, mais comme, tout de même, je ne m'imaginais pas qu'elle produirait sur lui l'impression d'Hélène sur les vieillards troyens, tout en cherchant je disais modestement : « Oh ! tu sais, ne te fais pas d'idées, d'abord la photo est mauvaise, et puis elle n'est pas étonnante, ce n'est pas une beauté, elle est surtout bien gentille. – Oh ! si, elle doit être merveilleuse », dit-il avec un enthousiasme naïf et sincère en cherchant à se représenter l'être qui pouvait me jeter dans un désespoir et une agitation pareils. « Je lui en veux de te faire mal, mais aussi c'était bien à supposer qu'un être artiste jusqu'au bout des ongles comme toi, toi qui aimes en tout la beauté et d'un tel amour, tu étais **prédestiné** [356 V-Pass-1] à souffrir plus qu'un autre quand tu la rencontrerais dans une femme. » Enfin je venais de trouver la photographie. « Elle est sûrement merveilleuse », continuait à dire Robert, qui n'avait pas **vu** [357 V-TempA-0] que je lui tendais la photographie. Soudain il l'aperçut, il la tint un instant dans ses mains. Sa figure exprimait une stupéfaction qui allait jusqu'à la stupidité. « C'est ça la jeune fille que tu aimes ? » finit-il par me dire d'un ton où l'étonnement était **maté** [358 V-Pass-1] par la crainte de me fâcher. Il ne fit aucune observation, il avait **pris** [359 V-TempA-0] l'air raisonnable, prudent, forcément un peu dédaigneux qu'on a devant un malade – eût-il **été** [360 V-TempA-0] jusque-là un homme remarquable et votre ami – mais qui n'est plus rien de tout cela car, **frappé** [361 Adj-Epith-3] de folie furieuse, il vous parle d'un être céleste qui lui est **apparu** [362 V-TempE-1] et continue à le voir à l'endroit où vous, homme sain, vous n'apercevez qu'un édredon. Je compris tout de suite l'étonnement de Robert, et que c'était celui où m'avait **jeté** [363 V-TempA-2] la vue de sa maîtresse, avec la seule différence que j'avais **trouvé** [364 V-TempA-0] en elle une femme que je connaissais déjà, tandis que lui croyait n'avoir jamais **vu** [365 V-TempA-0] Albertine. Mais sans doute la différence entre ce que nous voyions l'un et l'autre d'une même personne était aussi grande. Le temps était loin où j'avais bien petitement **commencé** [366 V-TempA-0] à Balbec par ajouter aux sensations visuelles quand je regardais Albertine, des sensations de saveur, d'odeur, de toucher. Depuis, des sensations plus profondes, plus douces, plus indéfinissables s'y étaient **ajoutées** [367 V-TempE-1], puis des sensations douloureuses. Bref Albertine n'était, comme une pierre autour de laquelle il a **neigé** [368 V-TempA-0], que le centre générateur d'une immense construction qui passait par le plan de mon cœur. Robert, pour qui était invisible toute cette stratification de sensations, ne saisissait qu'un résidu qu'elle m'empêchait au contraire d'apercevoir. Ce qui avait **décontenancé** [369 V-TempA-0] Robert quand il avait **aperçu** [370 V-TempA-0] la photographie d'Albertine était non le saisissement des vieillards troyens voyant passer Hélène et disant : « Notre mal ne vaut pas un seul de ses regards », mais celui exactement inverse et qui fait dire : « Comment, c'est pour ça qu'il a **pu** [371 V-TempA-0] se faire tant de bile, tant de chagrin, faire tant de folies ! » Il faut bien avouer que ce genre de réaction à la vue de la personne qui a **causé** [372 V-TempA-0] les souffrances, **bouleversé** [373 V-TempA-0] la vie, quelquefois **amené** [374 V-TempA-0] la mort de quelqu'un que nous aimons, est infiniment plus fréquent que celui des vieillards troyens et, pour tout dire, habituel. Ce n'est pas seulement parce que l'amour est individuel, ni parce que, quand nous ne le ressentons pas, le trouver évitable et philosopher sur la folie des autres nous est naturel. Non, c'est que, quand il est **arrivé** [375 V-TempE-1] au degré où il cause de tels maux, la construction des sensations **interposées** [376 Adj-Epith-3] entre le visage de la femme et les yeux de l'amant – l'énorme œuf douloureux qui l'engaine et le dissimule autant qu'une couche de neige une fontaine – est déjà **poussée** [377 V-Pass-1] assez loin pour que le point où s'arrêtent les regards de l'amant, point où il rencontre son plaisir et ses souffrances, soit aussi loin du point où les autres le voient qu'est loin le soleil véritable de l'endroit où sa lumière **condensée** [378 Adj-Epith-3] nous le fait apercevoir dans le ciel. Et de plus, pendant ce temps, sous la chrysalide de douleurs et de tendresses qui rend invisibles à l'amant les pires métamorphoses de l'être **aimé** [379 Adj-Epith-3], le visage a **eu** [380 V-TempA-0] le temps de vieillir et de changer. De sorte que si le visage que l'amant a **vu** [381 V-TempA-2] la première fois est fort loin de celui qu'il voit depuis qu'il aime et souffre, il est, en sens inverse, tout aussi loin de celui que peut voir maintenant le spectateur indifférent. (Qu'aurait-ce **été** [382 V-TempA-0] si, au lieu de la photographie de celle qui était une jeune fille, Robert avait **vu** [383 V-TempA-0] la photographie d'une vieille maîtresse ?) Et même, nous n'avons pas besoin de voir pour la première fois celle qui a **causé** [384 V-TempA-0] tant de ravages pour avoir cet étonnement. Souvent nous la connaissions comme mon grand-oncle connaissait Odette. Alors la différence d'optique s'étend non seulement à l'aspect physique, mais au caractère, à l'importance individuelle. Il y a beaucoup de chances pour que la femme qui fait souffrir celui qui l'aime ait toujours **été** [385 V-TempA-0] bonne fille avec quelqu'un qui ne se souciait pas d'elle, comme Odette, si cruelle pour Swann, avait **été** [386 V-TempA-0] la prévenante « dame en rose » de mon grand-oncle, ou bien que l'être dont chaque décision est **supputée** [387 V-Pass-1] d'avance, avec autant de crainte que celle d'une Divinité[43], par celui qui l'aime, apparaisse comme une personne sans conséquence, trop heureuse de faire tout ce qu'on veut, aux yeux de celui qui ne l'aime pas, comme la maîtresse de Saint-Loup pour moi qui ne voyais en elle que cette « Rachel Quand du Seigneur » qu'on m'avait tant de fois **proposée** [388 V-TempA-2]. Je me rappelais, la première fois que je l'avais **vue** [389 V-TempA-2] avec Saint-Loup, ma stupéfaction à la pensée qu'on pût être **torturé** [390 Adj-Attr-1] de ne pas savoir ce qu'une telle femme avait **fait** [391 V-TempA-2], de ne pas savoir ce qu'elle avait **pu** [392 V-TempA-0] dire tout bas à quelqu'un, pourquoi elle avait **eu** [393 V-TempA-0] un désir de rupture. Or je sentais que tout ce passé, mais d'Albertine, vers lequel chaque fibre de mon cœur, de ma vie, se dirigeait avec une souffrance, vibratile et maladroite, devait paraître tout aussi insignifiant à Saint-Loup qu'il me le deviendrait peut-être un jour à moi-même. Je sentais que je passerais peut-être peu à peu, touchant l'insignifiance ou la gravité du passé d'Albertine, de l'état d'esprit que j'avais en ce moment à celui qu'avait Saint-Loup, car je ne me faisais pas d'illusions sur ce que Saint-Loup pouvait penser, sur ce que tout autre que l'amant peut penser. Et je n'en souffrais pas trop. Laissons les jolies femmes aux hommes sans imagination. Je me rappelais cette tragique explication de tant de nous qu'est un portrait génial et pas ressemblant comme celui d'Odette par Elstir et qui est moins le portrait d'une amante que du déformant amour. Il n'y manquait – ce que tant de portraits ont – que d'être à la fois d'un grand peintre et d'un amant (et encore disait-on qu'Elstir l'avait **été** [394 V-TempA-0] d'Odette). Cette dissemblance, toute la vie d'un amant – d'un amant dont personne ne comprend les folies – toute la vie d'un Swann la prouve. Mais que l'amant se double d'un peintre comme Elstir et alors le mot de l'énigme est **proféré** [395 V-Pass-1], vous avez enfin sous les yeux ces lèvres que le vulgaire n'a jamais **aperçues** [396 V-TempA-2] dans cette femme, ce nez que personne ne lui a

---

[43] Var. ms. : […] que celle *d'un dieu dissimulé*, par celui qui […].

connu [397 V-TempA-2], cette allure **insoupçonnée** [398 Adj-Epith-3]. Le portrait dit : « Ce que j'ai **aimé** [399 V-TempA-2], ce qui m'a **fait** [400 V-TempA-0] souffrir, ce que j'ai sans cesse **vu** [401 V-TempA-2], c'est ceci. » Par une gymnastique inverse, moi qui avais **essayé** [402 V-TempA-0] par la pensée d'ajouter à Rachel tout ce que Saint-Loup lui avait **ajouté** [403 V-TempA-2] de lui-même, j'essayais d'ôter mon apport cardiaque et mental dans la composition d'Albertine et de me la représenter telle qu'elle devait apparaître à Saint-Loup, comme à moi Rachel. Ces différences-là, quand même nous les verrions nous-même, quelle importance y ajouterions-nous ? Quand autrefois à Balbec Albertine m'attendait sous les arcades d'Incarville et sautait dans ma voiture, non seulement elle n'avait pas encore « **épaissi** [404 V-TempA-0] », mais à la suite d'excès d'exercice elle avait trop **fondu** [405 V-TempA-0] ; maigre, **enlaidie** [406 Adj-Epith-3] par un vilain chapeau qui ne laissait dépasser qu'un petit bout de vilain nez et voir de côté des joues blanches comme des vers blancs, je retrouvais bien peu d'elle, assez cependant pour qu'au saut qu'elle faisait dans ma voiture je susse que c'était elle, qu'elle avait **été** [407 V-TempA-0] exacte au rendez-vous et n'était pas **allée** [408 V-TempE-1] ailleurs ; et cela suffit ; ce qu'on aime est trop dans le passé, consiste trop dans le temps **perdu** [409 Adj-Epith-3] ensemble pour qu'on ait besoin de toute la femme ; on veut seulement être sûr que c'est elle, ne pas se tromper sur l'identité, autrement importante que la beauté pour ceux qui aiment ; les joues peuvent se creuser, le corps s'amaigrir, même pour ceux qui ont **été** [410 V-TempA-0] d'abord le plus orgueilleux aux yeux des autres, de leur domination sur une beauté, ce petit bout de museau, ce signe où se résume la personnalité permanente d'une femme, cet extrait algébrique, cette constance, cela suffit pour qu'un homme **attendu** [411 Adj-Epith-3] dans le plus grand monde, et qui l'aimerait, ne puisse disposer d'une seule de ses soirées parce qu'il passe son temps à peigner et à dépeigner, jusqu'à l'heure de s'endormir, la femme qu'il aime, ou simplement à rester auprès d'elle, pour être avec elle, ou pour qu'elle soit avec lui, ou seulement pour qu'elle ne soit pas avec d'autres.

« Tu es sûr, me dit Robert, que je peux offrir comme cela à cette femme trente mille francs pour le comité électoral de son mari ? Elle est malhonnête à ce point-là ? Si tu ne te trompes pas, trois mille francs suffiraient. – Non, je t'en prie, n'économise pas pour une chose qui me tient tant à cœur. Tu dois dire ceci, où il y a du reste une part de vérité : « Mon ami avait **demandé** [412 V-TempA-0] ces trente mille francs à un parent pour le comité de l'oncle de sa fiancée. C'est à cause de cette raison de fiançailles qu'on les lui avait **donnés** [413 V-TempA-2]. Et il m'avait **prié** [414 V-TempA-2] de vous les porter pour qu'Albertine n'en sût rien. Et puis voici qu'Albertine le quitte. Il ne sait plus que faire. Il est **obligé** [415 V-Pass-1] de rendre les trente mille francs s'il n'épouse pas Albertine. Et s'il l'épouse, il faudrait qu'au moins pour la forme elle revînt immédiatement, parce que cela ferait trop mauvais effet si la fugue se prolongeait. » Tu crois que c'est **inventé** [416 V-Pass-1] exprès ? – Mais non », me répondit Saint-Loup par bonté, par discrétion et puis parce qu'il savait que les circonstances sont souvent plus bizarres qu'on ne croit. Après tout, il n'y avait aucune impossibilité à ce que dans cette histoire des trente mille francs il y eût, comme je le lui disais, une grande part de vérité. C'était possible, mais ce n'était pas vrai et cette part de vérité était justement un mensonge. Mais nous nous mentions, Robert et moi, comme dans tous les entretiens où un ami désire sincèrement aider son ami en proie à un désespoir d'amour. L'ami conseil, appui, consolateur, peut plaindre la détresse de l'autre, non la ressentir, et meilleur il est pour lui, plus il ment. Et l'autre lui avoue ce qui est nécessaire pour être **aidé** [417 V-Pass-1], mais, justement peut-être pour être **aidé** [418 V-Pass-1], cache bien des choses. Et l'heureux est tout de même celui qui prend de la peine, qui fait un voyage, qui remplit une mission, mais qui n'a pas de souffrance intérieure. J'étais en ce moment celui qu'avait **été** [419 V-TempA-0] Robert à Doncières quand il s'était **cru** [420 V-TempE-2] **quitté** [421 Adj-Attr-2] par Rachel. « Enfin, comme tu voudras ; si j'ai une avanie, je l'accepte d'avance pour toi. Et puis cela a beau me paraître un peu drôle, ce marché si peu **voilé** [422 Adj-Epith-3], je sais bien que dans notre monde il y a des duchesses, et même des plus bigotes, qui feraient pour trente mille francs des choses plus difficiles que de dire à leur nièce de ne pas rester en Touraine. Enfin je suis doublement content de te rendre service, puisqu'il faut cela pour que tu consentes à me voir. Si je me marie, ajouta-t-il, est-ce que nous ne nous verrons pas davantage, est-ce que tu ne feras pas un peu de ma maison la tienne ?... » Il s'arrêta, ayant tout à coup **pensé** [423 Adj-Epith-0], supposai-je alors, que si moi aussi je me mariais Albertine ne pourrait pas être pour sa femme une relation intime. Et je me rappelai ce que les Cambremer m'avaient **dit** [424 V-TempA-2] de son mariage probable avec la fille du prince de Guermantes. L'indicateur **consulté** [425 V-Sub-Pass-1][44], il vit qu'il ne pourrait partir que le soir. Françoise me demanda : « Faut-il ôter du cabinet de travail le lit de Mlle Albertine ? – Au contraire, dis-je, il faut le faire. » J'espérais qu'elle reviendrait d'un jour à l'autre et je ne voulais même pas que Françoise pût supposer qu'il y avait doute. Il fallait que le départ d'Albertine eût l'air d'une chose **convenue** [426 Adj-Epith-3] entre nous, qui n'impliquait nullement qu'elle m'aimât moins. Mais Françoise me regarda avec un air sinon d'incrédulité, du moins de doute. Elle aussi avait ses deux hypothèses. Ses narines se dilataient, elle flairait la brouille, elle devait la sentir depuis longtemps. Et si elle n'en était pas absolument sûre, c'est peut-être seulement parce que, comme moi, elle se défiait de croire entièrement ce qui lui aurait **fait** [427 V-TempA-0] trop de plaisir. Maintenant le poids de l'affaire ne reposait plus sur mon esprit **surmené** [428 Adj-Epith-3] mais sur Saint-Loup. Une allégresse me soulevait parce que j'avais **pris** [429 V-TempA-0] une décision, parce que je me disais : « J'ai **répondu** [430 V-TempA-0] du tac au tac, j'ai **agi** [431 V-TempA-0]. » Saint-Loup devait être à peine dans le train que je me croisai dans mon antichambre avec Bloch que je n'avais pas **entendu** [432 V-TempA-2] sonner, de sorte que force me fut de le recevoir un instant. Il m'avait dernièrement **rencontré** [433 V-TempA-2] avec Albertine (qu'il connaissait de Balbec) un jour où elle était de mauvaise humeur. « J'ai **dîné** [434 V-TempA-0] avec M. Bontemps, me dit-il, et comme j'ai une certaine influence sur lui, je lui ai **dit** [435 V-TempA-0] que je m'étais **attristé** [436 V-TempE-1] que sa nièce ne fût pas plus gentille avec toi, qu'il fallait qu'il lui adressât des prières en ce sens. » J'étouffais de colère, ces prières et ces plaintes détruisaient tout l'effet de la démarche de Saint-Loup et me mettaient directement en cause auprès d'Albertine que j'avais l'air d'implorer. Pour comble de malheur Françoise **restée** [437 Adj-Epith-3] dans l'antichambre entendit tout cela. Je fis tous les reproches possibles à Bloch, lui disant que je ne l'avais nullement **chargé** [438 V-TempA-2] d'une telle commission et que, du reste, le fait était faux. Bloch à partir de ce moment-là ne cessa plus de sourire, moins, je crois, de joie que de gêne de m'avoir **contrarié** [439 V-TempA-2]. Il s'étonnait en riant de soulever une telle colère. Peut-être le disait-il pour ôter à mes yeux de l'importance à son indiscrète démarche, peut-être parce qu'il était

---

[44] Var. ms. : *Une fois les trains consultés*, il vit qu'il [...].

d'un caractère lâche et vivant gaiement et paresseusement dans les mensonges, comme les méduses à fleur d'eau, peut-être parce que, même eût-il **été** [440 V-TempA-0] d'une autre race d'hommes, les autres, ne pouvant se placer au même point de vue que nous, ne comprennent pas l'importance du mal que les paroles **dites** [441 Adj-Epith-3] au hasard peuvent nous faire. Je venais de le mettre à la porte, ne trouvant aucun remède à apporter à ce qu'il avait **fait** [442 V-TempA-2], quand on sonna de nouveau et Françoise me remit une convocation chez le chef de la Sûreté. Les parents de la petite fille que j'avais **amenée** [443 V-TempA-2] une heure chez moi avaient **voulu** [444 V-TempA-0] déposer contre moi une plainte en détournement de mineure. Il y a des moments de la vie où une sorte de beauté naît de la multiplicité des ennuis qui nous assaillent, **entrecroisés** [445 Adj-Epith-3]⁴⁵ comme des leitmotive wagnériens, de la notion aussi, émergente alors, que les événements ne sont pas **situés** [446 V-Pass-1] dans l'ensemble des reflets **peints** [447 Adj-Epith-3] dans le pauvre petit miroir que porte devant elle l'intelligence et qu'elle appelle l'avenir, qu'ils sont en dehors et surgissent aussi brusquement que quelqu'un qui vient constater un flagrant délit. Déjà, **laissé** [448 Adj-Epith-3] à lui-même, un événement se modifie, soit que l'échec nous l'amplifie ou que la satisfaction le réduise. Mais il est rarement seul. Les sentiments **excités** [449 Adj-Epith-3] par chacun se contrarient, et c'est dans une certaine mesure, comme je l'éprouvai en allant chez le chef de la Sûreté, un révulsif au moins momentané et assez agissant des tristesses sentimentales que la peur. Je trouvai à la Sûreté les parents qui m'insultèrent en me disant : « Nous ne mangeons pas de ce pain-là », me rendirent les cinq cents francs que je ne voulais pas reprendre, et le chef de la Sûreté qui, se proposant comme inimitable exemple la facilité des présidents d'assises à « reparties », prélevait un mot de chaque phrase que je disais, mot qui lui servait à en faire une spirituelle et accablante réponse. De mon innocence dans le fait il ne fut même pas question, car c'est la seule hypothèse que personne ne voulut admettre un instant. Néanmoins les difficultés de l'inculpation firent que je m'en tirai avec un savon extrêmement violent, tant que les parents furent là. Mais dès qu'ils furent **partis** [450 V-TempE-1], le chef de la Sûreté, qui aimait les petites filles, changea de ton et me réprimanda comme un compère : « Une autre fois, il faut être plus adroit. Dame, on ne fait

---

⁴⁵ Var. ms. : *enchevêtrés*.

pas des levages aussi brusquement que ça, ou ça rate. D'ailleurs vous trouverez partout des petites filles mieux que celle-là et pour bien moins cher. La somme était follement **exagérée** [451 Adj-Attr-1]. » Je sentais tellement qu'il ne me comprendrait pas si j'essayais de lui expliquer la vérité que je profitai sans mot dire de la permission qu'il me donna de me retirer. Tous les passants, jusqu'à ce que je fusse **rentré** [452 V-TempE-1], me parurent des inspecteurs **chargés** [453 Adj-Epith-3] d'épier mes faits et gestes. Mais ce leitmotiv-là, de même que celui de la colère contre Bloch, s'éteignirent pour ne plus laisser place qu'à celui du départ d'Albertine. Or celui-là reprenait, mais sur un mode presque joyeux depuis que Saint-Loup était **parti** [454 V-TempE-1]. Depuis qu'il s'était **chargé** [455 V-TempE-1] d'aller voir Mme Bontemps, mes souffrances avaient **été** [456 V-TempA-0] **dispersées** [457 V-Pass-1]. Je croyais que c'était pour avoir **agi** [458 V-TempA-0], je le croyais de bonne foi, car on ne sait jamais ce qui se cache dans notre âme. Au fond, ce qui me rendait heureux, ce n'était pas de m'être **déchargé** [459 V-TempE-2] de mes indécisions sur Saint-Loup, comme je le croyais. Je ne me trompais pas du reste absolument ; le spécifique pour guérir un événement malheureux (les trois quarts des événements le sont) c'est une décision ; car elle a pour effet, par un brusque renversement de nos pensées, d'interrompre le flux de celles qui viennent de l'événement **passé** [460 Adj-Epith-3] et dont elles prolongent la vibration, de le briser par un flux inverse de pensées inverses, **venu** [461 Adj-Epith-3] du dehors, de l'avenir. Mais ces pensées nouvelles nous sont surtout bienfaisantes (et c'était le cas pour celles qui m'assiégeaient en ce moment) quand du fond de cet avenir c'est une espérance qu'elles nous apportent. Ce qui au fond me rendait si heureux, c'était la certitude secrète que, la mission de Saint-Loup ne pouvant échouer, Albertine ne pouvait manquer de revenir. Je le compris ; car n'ayant pas **reçu** [462 Adj-Epith-0] dès le premier jour de réponse de Saint-Loup, je recommençai à souffrir. Ma décision, ma remise à lui de mes pleins pouvoirs, n'étaient donc pas la cause de ma joie qui sans cela eût **duré** [463 V-TempA-0], mais le « la réussite est sûre » que j'avais **pensé** [464 V-TempA-2] quand je disais « Advienne que pourra ». Et la pensée, **éveillée** [465 Adj-Epith-3] par son retard, qu'en effet autre chose que la réussite pouvait advenir, m'était si odieuse que j'avais **perdu** [466 V-TempA-0] ma gaîté. C'est en réalité notre prévision, notre espérance d'événements heureux qui nous gonfle d'une joie que nous attribuons à d'autres causes et qui cesse pour nous laisser retomber dans le chagrin si nous ne sommes plus si **assurés** [467 Adj-Attr-1] que ce que nous désirons se réalisera. C'est toujours cette invisible croyance qui soutient l'édifice de notre monde sensitif, et **privé** [468 Adj-Epith-3] de quoi il chancelle. Nous avons **vu** [469 V-TempA-0] qu'elle faisait pour nous la valeur ou la nullité des êtres, l'ivresse ou l'ennui de les voir. Elle fait de même la possibilité de supporter un chagrin qui nous semble médiocre simplement parce que nous sommes **persuadés** [470 Adj-Attr-1] qu'il va y être **mis** [471 V-Pass-1] fin, ou son brusque agrandissement jusqu'à ce qu'une présence vaille autant, parfois même plus que notre vie. Une chose, du reste, acheva de rendre ma douleur au cœur aussi aiguë qu'elle avait **été** [472 V-TempA-0] la première minute et qu'il faut bien avouer qu'elle n'était plus. Ce fut de relire une phrase de la lettre d'Albertine. Nous avons beau aimer les êtres, la souffrance de les perdre, quand dans l'isolement nous ne sommes plus qu'en face d'elle, à qui notre esprit donne dans une certaine mesure la forme qu'il veut, cette souffrance est supportable et différente de celle moins humaine, moins nôtre, aussi imprévue et bizarre qu'un accident dans le monde moral et dans la région du cœur, – qui a pour cause moins directement les êtres eux-mêmes que la façon dont nous avons **appris** [473 V-TempA-0] que nous ne les verrions plus. Albertine, je pouvais penser à elle en pleurant doucement, en acceptant de ne pas plus la voir ce soir qu'hier ; mais relire « ma décision est irrévocable », c'était autre chose, c'était comme prendre un médicament dangereux, qui m'eût **donné** [474 V-TempA-0] une crise cardiaque à laquelle on peut ne pas survivre. Il y a dans les choses, dans les événements, dans les lettres de rupture, un péril particulier qui amplifie et dénature la douleur même que les êtres peuvent nous causer. Mais cette souffrance dura peu. J'étais malgré tout si sûr du succès, de l'habileté de Saint-Loup, le retour d'Albertine me paraissait une chose si certaine que je me demandais si j'avais **eu** [475 V-TempA-0] raison de le souhaiter. Pourtant je m'en réjouissais. Malheureusement pour moi qui croyais l'affaire de la Sûreté **finie** [476 Adj-Attr-2], Françoise vint m'annoncer qu'un inspecteur était **venu** [477 V-TempE-1] s'informer si je n'avais pas l'habitude d'avoir des jeunes filles chez moi ; que le concierge, croyant qu'on parlait d'Albertine, avait **répondu** [478 V-TempA-0] que si, et que depuis ce moment la maison semblait **surveillée** [479 Adj-Attr-1]. Dès lors il me serait à jamais impossible de faire venir une petite fille dans mes chagrins pour me consoler, sans risquer d'avoir la honte devant elle qu'un inspecteur surgît et qu'elle me prît pour un malfaiteur. Et du même coup je compris combien on vit plus pour certains rêves qu'on ne croit, car cette impossibilité de bercer jamais une petite fille me parut ôter à la vie toute valeur, mais de plus je compris combien il est compréhensible que les gens aisément refusent la fortune et risquent la mort, alors qu'on se figure que l'intérêt et la peur de mourir mènent le monde. Car si j'avais **pensé** [480 V-TempA-0] que même une petite fille inconnue pût avoir, par l'arrivée d'un homme de la police, une idée honteuse de moi, combien j'aurais mieux **aimé** [481 V-TempA-0] me tuer. Il n'y avait même pas de comparaison possible entre les deux souffrances. Or dans la vie les gens ne réfléchissent jamais que ceux à qui ils offrent de l'argent, qu'ils menacent de mort, peuvent avoir une maîtresse, ou même simplement un camarade, à l'estime de qui ils tiennent, même si ce n'est pas à la leur propre. Mais tout à coup, par une confusion dont je ne m'avisai pas (je ne songeai pas, en effet, qu'Albertine, étant majeure, pouvait habiter chez moi et même être ma maîtresse), il me sembla que le détournement de mineures pouvait s'appliquer aussi à Albertine. Alors la vie me parut **barrée** [482 Adj-Attr-1] de tous les côtés. Et en pensant que je n'avais pas **vécu** [483 V-TempA-0] chastement avec elle, je trouvai, dans la punition qui m'était **infligée** [484 V-Pass-1] pour avoir **forcé** [485 V-TempA-0] une petite fille inconnue à accepter de l'argent, cette relation qui existe presque toujours dans les châtiments humains et qui fait qu'il n'y a presque jamais ni condamnation juste, ni erreur judiciaire, mais une espèce d'harmonie entre l'idée fausse que se fait le juge d'un acte innocent et les faits coupables qu'il a **ignorés** [486 V-TempA-2]. Mais alors, en pensant que le retour d'Albertine pouvait amener pour moi une condamnation infamante qui me dégraderait à ses yeux et peut-être lui ferait à elle-même un tort qu'elle ne me pardonnerait pas, je cessai de souhaiter ce retour, il m'épouvanta. J'aurais **voulu** [487 V-TempA-0] lui télégraphier de ne pas revenir. Et aussitôt, noyant tout le reste, le désir **passionné** [488 Adj-Epith-3] qu'elle revînt m'envahit. C'est qu'ayant **envisagé** [489 Adj-Epith-0] un instant la possibilité de lui dire de ne pas revenir et de vivre sans elle, tout d'un coup je me sentis au contraire prêt à sacrifier tous les voyages, tous les plaisirs, tous les travaux, pour qu'Albertine revînt ! Ah ! combien mon amour pour Albertine, dont j'avais **cru** [490 V-TempA-0] que je pourrais prévoir le destin d'après celui que j'avais **eu** [491 V-TempA-2] pour Gilberte, s'était **développé** [492 V-TempE-1] en parfait contraste avec ce dernier ! Combien rester sans la voir m'était impossible ! Et pour chaque acte, même le plus minime, mais qui baignait auparavant dans l'atmosphère heureuse qu'était la présence d'Albertine, il me fallait chaque fois, à nouveaux frais, avec la même douleur, recommencer l'apprentissage de la séparation. Puis la concurrence des autres formes de la vie rejeta dans l'ombre cette nouvelle douleur, et pendant ces jours-là, qui furent les premiers du printemps, j'eus même, en attendant que Saint-Loup pût voir Mme Bontemps, à imaginer Venise et de belles femmes inconnues, quelques moments de calme agréable. Dès que je m'en aperçus, je sentis en moi une terreur panique. Ce calme que je venais de goûter, c'était la première apparition de cette grande force intermittente, qui allait lutter en moi contre la douleur, contre l'amour, et finirait par en avoir raison. Ce dont je venais d'avoir l'avant-goût et d'apprendre le présage, c'était pour un instant seulement ce qui plus tard serait chez moi un état permanent, une vie où je ne pourrais plus souffrir pour Albertine, où je ne l'aimerais plus. Et mon amour qui venait de reconnaître le seul ennemi par lequel il pût être **vaincu** [493 V-Pass-1], l'Oubli, se mit à frémir, comme un lion qui dans la cage où on l'a **enfermé** [494 V-TempA-2]⁴⁶ a **aperçu** [495 V-TempA-0] tout d'un coup le serpent python qui le dévorera.

Je pensais tout le temps à Albertine, et jamais Françoise en entrant dans ma chambre ne me disait assez vite : « Il n'y a pas de lettres », pour abréger l'angoisse. Mais de temps en temps je parvenais, en faisant passer tel ou tel courant d'idées au travers de mon chagrin, à renouveler, à aérer un peu l'atmosphère **viciée** [496 Adj-Epith-3] de mon cœur ; mais le soir, si je parvenais à m'endormir, alors c'était comme si le souvenir d'Albertine avait **été** [497 V-TempA-0] le médicament qui m'avait **procuré** [498 V-TempA-0] le sommeil, et dont l'influence, en cessant m'éveillerait. Je pensais tout le temps à Albertine en dormant. C'était un sommeil spécial à elle, qu'elle me donnait et où, du reste, je n'aurais plus **été** [499 V-TempA-0] libre comme pendant la veille de penser à autre chose. Le sommeil, son souvenir, c'étaient les deux substances **mêlées** [500 Adj-Epith-3] qu'on nous fait prendre à la fois pour dormir. **Réveillé** [501 V-Sub-TempE-1], du reste, ma souffrance allait en augmentant chaque jour au lieu de diminuer, non que l'oubli n'accomplît son œuvre, mais, là même, il favorisait l'idéalisation de l'image **regrettée** [502 Adj-Epith-3] et par là l'assimilation de ma souffrance initiale à d'autres

---

⁴⁶ Var. ms. : [...] dans la cage où *il est* enfermé [...].

souffrances analogues qui la renforçaient. Encore cette image était-elle supportable. Mais si tout d'un coup je pensais à sa chambre, à sa chambre où le lit restait vide, à son piano, à son automobile, je perdais toute force, je fermais les yeux, j'inclinais ma tête sur l'épaule comme ceux qui vont défaillir. Le bruit des portes me faisait presque aussi mal parce que ce n'était pas elle qui les ouvrait.

Quand il put y avoir un télégramme de Saint-Loup, je n'osai pas demander : « Est-ce qu'il y a un télégramme ? » Il en vint un enfin, mais qui ne faisait que tout reculer, me disant : « Ces dames sont **parties** [503 V-TempE-1] pour trois jours. » Sans doute, si j'avais **supporté** [504 V-TempA-0] les quatre jours qu'il y avait déjà depuis qu'elle était **partie** [505 V-TempE-1], c'était parce que je me disais : « Ce n'est qu'une affaire de temps, avant la fin de la semaine elle sera là. » Mais cette raison n'empêchait pas que pour mon cœur, pour mon corps, l'acte à accomplir était le même : vivre sans elle, rentrer chez moi sans la trouver, passer devant la porte de sa chambre – l'ouvrir, je n'avais pas encore le courage – en sachant qu'elle n'y était pas, me coucher sans lui avoir **dit** [506 V-TempA-0] bonsoir, voilà les choses que mon cœur avait **dû** [507 V-TempA-0] accomplir dans leur terrible intégralité et tout de même que si je n'avais pas **dû** [508 V-TempA-0] revoir Albertine. Or qu'il l'eût **accompli** [509 V-TempA-2] déjà quatre fois prouvait qu'il était maintenant capable de continuer à l'accomplir. Et bientôt peut-être la raison qui m'aidait à continuer ainsi à vivre – le prochain retour d'Albertine – je cesserais d'en avoir besoin (je pourrais me dire : « Elle ne reviendra jamais », et vivre tout de même comme j'avais déjà **fait** [510 V-TempA-0] pendant quatre jours) comme un blessé qui a **repris** [511 V-TempA-0] l'habitude de la marche et peut se passer de ses béquilles. Sans doute le soir en rentrant je trouvais encore, m'ôtant la respiration, m'étouffant du vide de la solitude, les souvenirs, **juxtaposés** [512 Adj-Epith-3] en une interminable série, de tous les soirs où Albertine m'attendait ; mais déjà je trouvais ainsi le souvenir de la veille, de l'avant-veille et des deux soirs précédents, c'est-à-dire le souvenir des quatre soirs **écoulés** [513 Adj-Epith-3] depuis le départ d'Albertine, pendant lesquels j'étais **resté** [514 V-TempE-1] sans elle, seul, où cependant j'avais **vécu** [515 V-TempA-0], quatre soirs déjà, faisant une bande de souvenirs bien mince à côté de l'autre, mais que chaque jour qui s'écoulerait allait peut-être étoffer. Je ne dirai rien de la lettre de déclaration que je reçus à ce moment-là d'une nièce de Mme de Guermantes, qui passait pour la plus jolie jeune fille de Paris, ni de la démarche que fit auprès de moi le duc de Guermantes de la part des parents **résignés** [516 Adj-Epith-3] pour le bonheur de leur fille à l'inégalité du parti, à une semblable mésalliance. De tels incidents qui pourraient être sensibles à l'amour-propre sont trop douloureux quand on aime. On aurait le désir et on n'aurait pas l'indélicatesse de les faire connaître à celle qui porte sur nous un jugement moins favorable, qui ne serait du reste pas **modifié** [517 V-Pass-1] si elle apprenait qu'on peut être l'objet d'un tout différent. Ce que m'écrivait la nièce du duc n'eût **pu** [518 V-TempA-0] qu'impatienter Albertine. Comme depuis le moment où j'étais **éveillé** [519 Adj-Attr-1] et où je reprenais mon chagrin à l'endroit où j'en étais **resté** [520 V-TempE-1] avant de m'endormir, comme un livre un instant **fermé** [521 Adj-Epith-3] et qui ne me quitterait plus jusqu'au soir, ce ne pouvait jamais être qu'à une pensée concernant Albertine que venait se raccorder pour moi toute sensation, qu'elle me vînt du dehors ou du dedans. On sonnait : c'est une lettre d'elle, c'est elle-même peut-être ! Si je me sentais bien portant, pas trop malheureux, je n'étais plus jaloux, je n'avais plus de griefs contre elle, j'aurais **voulu** [522 V-TempA-0] vite la revoir, l'embrasser, passer gaiement toute ma vie avec elle. Lui télégraphier : « Venez vite » me semblait **devenu** [523 Adj-Attr-1] une chose toute simple comme si mon humeur nouvelle avait **changé** [524 V-TempA-0] non pas seulement mes dispositions, mais les choses hors de moi, les avait **rendues** [525 V-TempA-2] plus faciles. Si j'étais d'humeur sombre, toutes mes colères contre elle renaissaient, je n'avais plus envie de l'embrasser, je sentais l'impossibilité d'être jamais heureux par elle, je ne voulais plus que lui faire du mal et l'empêcher d'appartenir aux autres. Mais de ces deux humeurs **opposées** [526 Adj-Epith-3] le résultat était identique, il fallait qu'elle revînt au plus tôt. Et pourtant, quelque joie que pût me donner au moment même ce retour, je sentais que bientôt les mêmes difficultés se présenteraient et que la recherche du bonheur dans la satisfaction du désir moral était quelque chose d'aussi naïf que l'entreprise d'atteindre l'horizon en marchant devant soi. Plus le désir avance, plus la possession véritable s'éloigne. De sorte que si le bonheur, ou du moins l'absence de souffrances, peut être **trouvé** [527 V-Pass-1], ce n'est pas la satisfaction, mais la réduction progressive, l'extinction finale du désir qu'il faut chercher. On cherche à voir ce qu'on aime, on devrait chercher à ne pas le voir, l'oubli seul finit par amener l'extinction du désir. Et j'imagine que si un écrivain émettait des vérités de ce genre, il dédierait le livre qui les contiendrait à une femme, dont il se plairait ainsi à se rapprocher, lui disant : ce livre est le tien. Et ainsi, disant des vérités dans son livre, il mentirait dans sa dédicace, car il ne tiendra à ce que le livre soit à cette femme que comme à cette pierre qui vient d'elle et qui ne lui sera chère qu'autant qu'il aimera la femme. Les liens entre un être et nous n'existent que dans notre pensée. La mémoire en s'affaiblissant les relâche, et malgré l'illusion dont nous voudrions être dupes, et dont par amour, par amitié, par politesse, par respect humain, par devoir, nous dupons les autres, nous existons seuls. L'homme est l'être qui ne peut sortir de soi, qui ne connaît les autres qu'en soi, et, en disant le contraire, ment. Et j'aurais **eu** [528 V-TempA-0] si peur, si on avait **été** [529 V-TempA-0] capable de le faire, qu'on m'ôtât ce besoin d'elle, cet amour d'elle, que je me persuadais qu'il était précieux pour ma vie. Pouvoir entendre prononcer sans charme et sans souffrance les noms des stations par où le train passait pour aller en Touraine m'eût **semblé** [530 V-TempA-0] une diminution de moi-même (simplement au fond parce que cela eût **prouvé** [531 V-TempA-0] qu'Albertine me devenait indifférente) ; il était bien, me disais-je, qu'en me demandant sans cesse ce qu'elle pouvait faire, penser, vouloir, à chaque instant, si elle comptait, si elle allait revenir, je tinsse **ouverte** [532 Adj-Attr-2] <u>cette porte de communication que l'amour avait **pratiquée** [533 V-TempA-2] en moi</u>, et sentisse la vie d'une autre submerger par des écluses **ouvertes** [534 Adj-Epith-3] le réservoir qui n'aurait pas **voulu** [535 V-TempA-0] redevenir stagnant.

Bientôt, le silence de Saint-Loup se prolongeant, une anxiété secondaire – l'attente d'un nouveau télégramme, d'un téléphonage de Saint-Loup – masqua la première, l'inquiétude du résultat, savoir si Albertine reviendrait. Épier chaque bruit dans l'attente du télégramme me devenait si intolérable qu'il me semblait que, quel qu'il fût, l'arrivée de ce télégramme, qui était la seule chose à laquelle je pensais maintenant, mettrait fin à mes souffrances. Mais quand j'eus **reçu** [536 V-TempA-0] enfin un télégramme de Robert où il me disait qu'il avait **vu** [537 V-TempA-0] Mme Bontemps, mais, malgré toutes ses précautions, avait **été** [538 V-TempA-0] **vu** [539 V-Pass-1] par Albertine, que cela avait **fait** [540 V-TempA-0] tout manquer, j'éclatai de fureur et de désespoir, car c'était là ce que j'avais **voulu** [541 V-TempA-0] avant tout éviter. **Connu** [542 Adj-Epith-3] d'Albertine, le voyage de Saint-Loup me donnait un air de tenir à elle qui ne pouvait que l'empêcher de revenir et dont l'horreur d'ailleurs était tout ce <u>que j'avais **gardé** [543 V-TempA-2] </u>de la fierté que mon amour avait au temps de Gilberte et qu'il avait **perdue** [544 V-TempA-2]. Je maudissais Robert. Puis me dis que si ce moyen avait **échoué** [545 V-TempA-0], j'en prendrais un autre. Puisque l'homme peut agir sur le monde extérieur, comment, en faisant jouer la ruse, l'intelligence, l'intérêt, l'affection, n'arriverais-je pas à supprimer cette chose atroce : l'absence d'Albertine ? On croit que selon son désir on changera autour de soi les choses, on le croit parce que, hors de là, on ne voit aucune solution favorable. On ne pense pas à celle qui se produit le plus souvent et qui est favorable aussi : nous n'arrivons pas à changer les choses selon notre désir, mais peu à peu notre désir change. La situation que nous espérions changer parce qu'elle nous était insupportable nous devient indifférente. Nous n'avons pas **pu** [546 V-TempA-0] surmonter l'obstacle, comme nous le voulions absolument, mais la vie nous l'a **fait** [547 V-TempA-0] tourner, dépasser, et c'est à peine alors si en nous retournant vers le lointain du passé nous pouvons l'apercevoir, tant il est **devenu** [548 V-TempE-1] imperceptible. J'entendis à l'étage au-dessus du nôtre des airs **joués** [549 Adj-Epith-3] par une voisine. J'appliquais leurs paroles que je connaissais à Albertine et à moi et je fus **rempli** [550 V-Pass-1] d'un sentiment si profond que je me mis à pleurer. C'était :

Hélas, l'oiseau qui fuit ce qu'il croit l'esclavage,
*D'un vol **désespéré** [551 Adj-Epith-3] revient battre au vitrage*

et la mort de Manon :

Manon, réponds-moi donc, seul amour de mon âme,
*Je n'ai **su** [552 V-TempA-0] qu'aujourd'hui la bonté de ton cœur.*

Puisque Manon revenait à Des Grieux, il me semblait que j'étais pour Albertine le seul amour de sa vie. Hélas, il est probable que si elle avait **entendu** [553 V-TempA-0] en ce moment le même air, ce n'eût pas **été** [554 V-TempA-0] moi qu'elle eût **chéri** [555 V-TempA-2] sous le nom de Des Grieux, et si elle en avait **eu** [556 V-TempA-0] seulement l'idée, mon souvenir l'eût **empêchée** [557 V-TempA-2] de s'attendrir en écoutant cette musique qui rentrait pourtant bien, quoique mieux **écrite** [558 Adj-Epith-3] et plus fine, dans le genre de celle qu'elle aimait. Pour moi je n'eus pas le courage de m'abandonner à la douceur, de penser qu'Albertine m'appelait « seul amour de mon âme » et avait **reconnu** [559 V-TempA-0] qu'elle s'était méprise [560 V-TempE-1] sur ce qu'elle « avait **cru** [561 V-TempA-2] l'esclavage ». Je savais qu'on ne peut lire un roman sans donner à l'héroïne les traits de celle qu'on aime. Mais le dénouement a beau en être heureux, notre amour n'a pas **fait** [562 V-TempA-0] un pas de plus et, quand nous avons **fermé** [563 V-TempA-0] le livre, celle que nous aimons et qui est enfin **venue** [564 V-TempE-1] à nous dans le roman ne nous aime pas davantage dans la vie. Furieux, je télégraphiai à Saint-Loup de revenir au plus vite à Paris, pour éviter au moins l'apparence de mettre une insistance aggravante dans une démarche que j'aurais tant **voulu** [565 V-TempA-0] cacher. Mais avant même qu'il fût **revenu** [566 V-TempE-1] selon mes instructions, c'est d'Albertine elle-même que je reçus cette lettre :

« Mon ami, vous avez **envoyé** [567 V-TempA-0] votre ami Saint-Loup à ma tante, ce qui était insensé. Mon cher ami, si vous aviez besoin de moi pourquoi ne pas m'avoir **écrit** [568 V-TempA-0] directement ? J'aurais **été** [569 V-TempA-0] trop heureuse de revenir ; ne recommencez plus ces démarches absurdes. » « J'aurais **été** [570 V-TempA-0] trop heureuse de revenir ! » Si elle disait cela, c'est donc qu'elle regrettait d'être **partie** [571 V-TempE-1], qu'elle ne cherchait qu'un prétexte pour revenir. Donc je n'avais qu'à faire ce qu'elle me disait, à lui écrire que j'avais besoin d'elle, et elle reviendrait. J'allais donc la revoir, elle, l'Albertine de Balbec (car, depuis son départ, elle l'était **redevenue** [572 V-TempE-1] pour moi ; comme un coquillage auquel on ne fait plus attention quand on l'a toujours sur sa commode, une fois qu'on s'en est **séparé** [573 V-TempE-1] pour le donner, ou l'ayant **perdu** [574 Adj-Epith-2], et qu'on pense à lui, ce qu'on ne faisait plus, elle me rappelait toute la beauté joyeuse des montagnes bleues de la mer). Et ce n'est pas seulement elle qui était **devenue** [575 V-TempE-1] un être d'imagination, c'est-à-dire désirable, mais la vie avec elle qui était **devenue** [576 V-TempE-1] une vie imaginaire, c'est-à-dire **affranchie** [577 Adj-Epith-3] de toutes difficultés, de sorte que je me disais : « Comme nous allons être heureux ! » Mais du moment que j'avais l'assurance de ce retour, il ne fallait pas avoir l'air de le hâter, mais au contraire effacer le mauvais effet de la démarche de Saint-Loup que je pourrais toujours plus tard désavouer en disant qu'il avait **agi** [578 V-TempA-0] de lui-même, parce qu'il avait toujours **été** [579 V-TempA-0] partisan de ce mariage. Cependant, je relisais sa lettre et j'étais tout de même **déçu** [580 Adj-Attr-1 / V-Pass-1] du peu qu'il y a d'une personne dans une lettre. Sans doute les caractères **tracés** [581 Adj-Epith-3] expriment notre pensée, ce que font aussi nos traits : c'est toujours en présence d'une pensée que nous nous trouvons. Mais tout de même, dans la personne, la pensée ne nous apparaît qu'après s'être **diffusée** [582 V-TempE-1] dans cette corolle du visage **épanouie** [583 Adj-Epith-3] comme un nymphéa. Cela la modifie tout de même beaucoup. Et c'est peut-être une des causes de nos perpétuelles déceptions en amour que ces perpétuelles déviations qui font qu'à l'attente de l'être idéal que nous aimons, chaque rendez-vous nous apporte, en réponse, une personne de chair qui tient déjà si peu de notre rêve. Et puis quand nous réclamons quelque chose de cette personne, nous recevons d'elle une lettre où même de la personne il reste très peu, comme, dans les lettres de l'algèbre, il ne reste plus la détermination des chiffres de l'arithmétique, lesquels déjà ne contiennent plus les qualités des fruits ou des fleurs **additionnés** [584 Adj-Epith-3]. Et pourtant, l'amour, l'être **aimé** [585 Adj-Epith-3], ses lettres, sont peut-être tout de même des traductions (si insatisfaisant qu'il soit de passer de l'un à l'autre) de la même réalité, puisque la lettre ne nous semble insuffisante qu'en la lisant, mais que nous suons mort et passion tant qu'elle n'arrive pas, et qu'elle suffit à calmer notre angoisse, sinon à remplir, avec ses petits signes noirs, notre désir qui sait qu'il n'y a là tout de même que l'équivalence d'une parole, d'un sourire, d'un baiser, non ces choses mêmes.

J'écrivis à Albertine :

« Mon amie, j'allais justement vous écrire, et je vous remercie de me dire que, si j'avais **eu** [586 V-TempA-0] besoin de vous, vous seriez **accourue** [587 V-TempE-1] ; c'est bien de votre part de comprendre d'une façon aussi **élevée** [588 Adj-Epith-3] le dévouement à un ancien ami, et mon estime pour vous ne peut qu'en être **accrue** [589 V-Pass-1]. Mais non, je ne vous l'avais pas **demandé** [590 V-TempA-2] et ne vous le demanderai pas ; nous revoir, au moins d'ici bien longtemps, ne vous serait peut-être pas pénible, jeune fille insensible. À moi que vous avez **cru** [591 V-TempA-2] parfois si indifférent, cela le serait beaucoup. La vie nous a **séparés** [592 V-TempA-2]. Vous avez **pris** [593 V-TempA-0] une décision que je crois très sage et que vous avez **prise** [594 V-TempA-2] au moment **voulu** [595 Adj-Epith-3], avec un pressentiment merveilleux, car vous êtes **partie** [596 V-TempE-1] le jour où je venais de recevoir l'assentiment de ma mère à demander votre main. Je vous l'aurais **dit** [597 V-TempA-2] à mon réveil, quand j'ai **eu** [598 V-TempA-0] sa lettre (en même temps que la vôtre). Peut-être auriez-vous **eu** [599

V-TempA-0] peur de me faire de la peine en partant là-dessus. Et nous aurions peut-être **lié** [600 V-TempA-0] nos vies par ce qui aurait **été** [601 V-TempA-0] pour nous, qui sait ? le pire malheur. Si cela avait **dû** [602 V-TempA-0] être, soyez **bénie** [603 Adj-Attr-1] pour votre sagesse. Nous en perdrions tout le fruit en nous revoyant. Ce n'est pas que ce ne serait pas pour moi une tentation. Mais je n'ai pas grand mérite à y résister. Vous savez l'être inconstant que je suis et comme j'oublie vite. Vous me l'avez **dit** [604 V-TempA-2] souvent, je suis surtout un homme d'habitudes. Celles que je commence à prendre sans vous ne sont pas encore bien fortes. Évidemment, en ce moment, celles que j'avais avec vous et que votre départ a **troublées** [605 V-TempA-2] sont encore les plus fortes. Elles ne le seront plus bien longtemps. Même, à cause de cela, j'avais **pensé** [606 V-TempA-0] à profiter de ces quelques derniers jours où nous voir ne serait pas encore pour moi ce que ce sera dans une quinzaine, plus tôt peut-être (pardonnez-moi ma franchise) : un dérangement, – j'avais **pensé** [607 V-TempA-0] à en profiter, avant l'oubli final, pour régler avec vous de petites questions matérielles où vous auriez **pu** [608 V-TempA-0], bonne et charmante amie, rendre service à celui qui s'est **cru** [609 V-TempE-2] cinq minutes votre fiancé. Comme je ne doutais pas de l'approbation de ma mère, comme, d'autre part, je désirais que nous ayons chacun toute cette liberté dont vous m'aviez trop gentiment et abondamment **fait** [610 V-TempA-0] un sacrifice qui se pouvait admettre pour une vie en commun de quelques semaines, mais qui serait **devenu** [611 V-TempE-1] aussi odieux à vous qu'à moi maintenant que nous devions passer toute notre vie ensemble (cela me fait presque de la peine, en vous écrivant, de penser que cela a **failli** [612 V-TempA-0] être, qu'il s'en est **fallu** [613 V-TempE-1] de quelques secondes), j'avais **pensé** [614 V-TempA-0] à organiser notre existence de la façon la plus indépendante possible, et pour commencer j'avais **voulu** [615 V-TempA-0] que vous eussiez ce yacht où vous auriez **pu** [616 V-TempA-0] voyager pendant que, trop souffrant, je vous eusse **attendue** [617 V-TempA-2] au port (j'avais **écrit** [618 V-TempA-0] à Elstir pour lui demander conseil, comme vous aimez son goût), et pour la terre j'avais **voulu** [619 V-TempA-0] que vous eussiez votre automobile à vous, rien qu'à vous, dans laquelle vous sortiriez, vous voyageriez à votre fantaisie. Le yacht était déjà presque prêt, il s'appelle, selon votre désir **exprimé** [620 Adj-Epith-3] à Balbec, le *Cygne*. Et me rappelant que vous préfériez à toutes les autres les voitures Rolls, j'en avais **commandé** [621 V-

TempA-0] une. Or maintenant que nous ne nous verrons plus jamais, comme je n'espère pas vous faire accepter le bateau ni la voiture (pour moi ils ne pourraient servir à rien), j'avais **pensé** [622 V-TempA-0] – comme je les avais **commandés** [623 V-TempA-2] à un intermédiaire, mais en donnant votre nom – que vous pourriez peut-être en les décommandant, vous, m'éviter le yacht et cette voiture **devenus** [624 Adj-Epith-3] inutiles. Mais pour cela, et pour bien d'autres choses, il aurait **fallu** [625 V-TempA-0] causer. Or je trouve que tant que je suis susceptible de vous réaimer, ce qui ne durera plus longtemps, il serait fou, pour un bateau à voiles et une Rolls Royce, de nous voir et de jouer le bonheur de votre vie puisque vous estimez qu'il est de vivre loin de moi. Non, je préfère garder la Rolls et même le yacht. Et comme je ne me servirai pas d'eux et qu'ils ont chance de rester toujours, l'un au port, **désarmé** [626 Adj-Epith-3], l'autre à l'écurie, je ferai graver sur le... (mon Dieu, je n'ose pas mettre un nom de pièce inexact et commettre une hérésie qui vous choquerait) du yacht ces vers de Mallarmé que vous aimiez :

Un cygne d'autrefois se souvient que c'est lui
Magnifique mais qui sans espoir se délivre
Pour n'avoir pas **chanté** [627 V-TempA-0] *la région où vivre*
Quand du stérile hiver a **resplendi** [628 V-TempA-0] *l'ennui.*

» Vous vous rappelez – c'est le poème qui commence par : *Le vierge, le vivace et le bel aujourd'hui...* Hélas, « aujourd'hui » n'est plus ni vierge, ni beau. Mais ceux qui comme moi savent qu'ils en feront bien vite un « demain » supportable ne sont guère *supportables*. Quant à la Rolls, elle eût **mérité** [629 V-TempA-0] plutôt ces autres vers du même poète que vous disiez ne pouvoir comprendre :

Dis si je ne suis pas joyeux
Tonnerre et rubis aux moyeux
De voir en l'air que ce feu troue
Avec des royaumes épars
Comme mourir pourpre la roue
Du seul vespéral de mes chars.

» Adieu pour toujours, ma petite Albertine, et merci encore de la bonne promenade que nous fîmes ensemble la veille de notre séparation. J'en garde un bien bon souvenir. »

« P.-S. – Je ne réponds pas à ce que vous me dites de **prétendues** [630 Adj-Epith-3] propositions que Saint-Loup (que je ne crois d'ailleurs nullement en Touraine) aurait **faites** [631 V-TempA-2] à votre tante. C'est du Sherlock Holmes. Quelle idée vous faites-vous de moi ? »

Sans doute, de même que j'avais **dit** [632 V-TempA-0] autrefois à Albertine : « Je ne vous aime pas », pour qu'elle m'aimât ; « J'oublie quand je ne vois pas les gens », pour qu'elle me vît très souvent ; « J'ai **décidé** [633 V-TempA-0] de vous quitter », pour prévenir toute idée de séparation, maintenant c'était parce que je voulais absolument qu'elle revînt dans les huit jours que je lui disais : « Adieu pour toujours » ; c'est parce que je voulais la revoir que je lui disais : « Je trouverais dangereux de vous voir » ; c'est parce que vivre **séparé** [634 Adj-Attr-1] d'elle me semblait pire que la mort que je lui écrivais : « Vous avez **eu** [635 V-TempA-0] raison, nous serions malheureux ensemble. » Hélas, cette lettre **feinte** [636 Adj-Epith-3], en l'écrivant pour avoir l'air de ne pas tenir à elle et aussi pour la douceur de dire certaines choses qui ne pouvaient émouvoir que moi et non elle, j'aurais **dû** [637 V-TempA-0] d'abord prévoir qu'il était possible qu'elle eût pour effet une réponse négative, c'est-à-dire consacrant ce que je disais ; qu'il était même probable que ce serait, car Albertine eût-elle **été** [638 V-TempA-0] moins intelligente qu'elle n'était, elle n'eût pas **douté** [639 V-TempA-0] un instant que ce que je disais était faux. Sans s'arrêter, en effet, aux intentions que j'énonçais dans cette lettre, le seul fait que je l'écrivisse, n'eût-il même pas **succédé** [640 V-TempA-0] à la démarche de Saint-Loup, suffisait pour lui prouver que je désirais qu'elle revînt et pour lui conseiller de me laisser m'enferrer dans l'hameçon de plus en plus. Puis, après avoir **prévu** [641 V-TempA-0] la possibilité d'une réponse négative, j'aurais **dû** [642 V-TempA-0] toujours prévoir que brusquement cette réponse me rendrait dans sa plus extrême vivacité mon amour pour Albertine. Et j'aurais **dû** [643 V-TempA-0], toujours avant d'envoyer ma lettre, me demander si, au cas où Albertine répondrait sur le même ton et ne voudrait pas revenir, je serais assez maître de ma douleur pour me forcer à rester silencieux, à ne pas lui télégraphier : « Revenez » ou à ne pas lui envoyer quelque autre émissaire, ce qui, après lui avoir **écrit** [644 V-TempA-0] que nous ne nous reverrions pas, était lui montrer avec la dernière évidence que je ne pouvais me passer d'elle, et aboutirait à ce qu'elle refusât plus énergiquement encore, à ce que, ne pouvant plus supporter mon angoisse, je partisse chez elle, qui sait ? peut-être à ce que je n'y fusse pas **reçu** [645 V-Pass-1]. Et sans doute c'eût **été** [646 V-TempA-0], après trois énormes maladresses, la pire de toutes, après laquelle il n'y avait plus qu'à me tuer devant sa maison. Mais la manière désastreuse dont est **construit** [647 Adj-Attr-1] l'univers psycho-pathologique veut que l'acte maladroit, l'acte qu'il faudrait avant tout éviter, soit justement l'acte calmant, l'acte qui, ouvrant pour nous, jusqu'à ce que nous en sachions le résultat, de nouvelles perspectives d'espérance, nous débarrasse momentanément de la douleur intolérable que le refus a **fait** [648 V-TempA-0] naître en nous. De sorte que, quand la douleur est trop forte, nous nous précipitons dans la maladresse qui consiste à écrire, à faire prier par quelqu'un, à aller voir, à prouver qu'on ne peut se passer de celle qu'on aime. Mais je ne prévis rien de tout cela. Le résultat de cette lettre me paraissait être au contraire de faire revenir Albertine au plus vite. Aussi en pensant à ce résultat, avais-je **eu** [649 V-TempA-0] une grande douceur à l'écrire. Mais en même temps je n'avais **cessé** [650 V-TempA-0] en écrivant de pleurer ; d'abord un peu de la même manière que le jour où j'avais **joué** [651 V-TempA-0] la fausse séparation, parce que, ces mots me représentant l'idée qu'ils m'exprimaient quoiqu'ils tendissent à un but contraire (**prononcés** [652 Adj-Epith-3] mensongèrement pour ne pas, par fierté, avouer que j'aimais), ils portaient en eux leur tristesse, mais aussi parce que je sentais que cette idée avait de la vérité.

   Le résultat de cette lettre me paraissant certain, je regrettai de l'avoir **envoyée** [653 V-TempA-2]. Car en me représentant le retour, en somme si aisé, d'Albertine, brusquement toutes les raisons qui rendaient notre mariage une chose mauvaise pour moi revinrent avec toute leur force. J'espérai qu'elle refuserait de revenir. J'étais en train de calculer que ma liberté, tout l'avenir de ma vie étaient **suspendus** [654 Adj-Attr-1] à son refus ; que j'avais **fait** [655 V-TempA-0] une folie d'écrire ; que j'aurais **dû** [656 V-TempA-0] reprendre ma lettre hélas **partie** [657 Adj-Epith-3], quand Françoise en me donnant aussi le journal qu'elle venait de monter me la rapporta. Elle ne savait pas avec combien de timbres elle devait l'affranchir. Mais aussitôt je changeai d'avis ; je souhaitais qu'Albertine ne revînt pas, mais je voulais que cette décision vînt d'elle pour mettre fin à mon anxiété, et je résolus de rendre la lettre à Françoise. J'ouvris le journal, il annonçait une représentation de la Berma. Alors je me souvins des deux façons différentes dont j'avais **écouté** [658 V-TempA-0] *Phèdre*, et ce fut maintenant d'une troisième que je pensai à la scène de la déclaration. Il me semblait que ce que je m'étais si souvent **récité** [659 V-TempA-2] à moi-même, et que j'avais **écouté** [660 V-TempA-2] au théâtre, c'était l'énoncé des lois que je devais expérimenter dans ma vie. Il y a dans notre âme des choses auxquelles nous ne savons pas combien nous tenons. Ou bien si nous vivons sans elles, c'est parce que nous remettons de jour en jour, par peur d'échouer, ou de souffrir, d'entrer en leur possession. C'est ce qui m'était **arrivé** [661 V-TempE-1] pour Gilberte quand j'avais **cru** [662 V-TempA-0] renoncer à elle. Qu'avant le moment où nous sommes tout à fait **détachés** [663 Adj-Attr-1] de ces choses – moment bien postérieur à celui où nous nous en croyons **détachés** [664 Adj-Attr-2] – la jeune fille que nous aimons, par exemple, se fiance, nous sommes fous, nous ne pouvons plus supporter la vie qui nous paraissait si mélancoliquement calme. Ou bien si la chose est en notre possession, nous croyons qu'elle nous est à charge, que nous nous en déferions volontiers. C'est ce qui m'était **arrivé** [665 V-TempE-1] pour Albertine. Mais que par un départ l'être indifférent nous soit **retiré** [666 V-Pass-1], et nous ne pouvons plus vivre. Or l'« argument » de *Phèdre* ne réunissait-il pas les deux cas ? Hippolyte va partir. Phèdre qui jusque-là a **pris** [667 V-TempA-0] soin de s'offrir à son inimitié, par scrupule, dit-elle, ou plutôt lui fait dire le poète, parce qu'elle ne voit pas à quoi elle arriverait et qu'elle ne se sent pas **aimée** [668 Adj-Attr-2], Phèdre n'y tient plus. Elle vient lui avouer son amour, et c'est la scène que je m'étais si souvent **récitée** [669 V-TempE-2] : « *On dit qu'un prompt départ vous éloigne de nous.* » Sans doute cette raison du départ d'Hippolyte est accessoire, peut-on penser, à côté de celle de la mort de Thésée. Et de même quand, quelques vers plus loin, Phèdre fait un instant semblant d'avoir **été** [670 V-TempA-0] mal **comprise** [671 V-Pass-1] : « *Aurais-je perdu* [672 V-TempA-0] *tout le soin de ma gloire* », on peut croire que c'est parce qu'Hippolyte a **repoussé** [673 V-TempA-0] sa déclaration : « *Madame, oubliez-vous que Thésée est mon père, et qu'il est votre époux ?* » Mais il n'aurait pas **eu** [674 V-TempA-0] cette indignation, que, devant le bonheur **atteint** [675 Adj-Epith-3], Phèdre aurait **pu** [676 V-TempA-0] avoir le même sentiment qu'il valait peu de chose. Mais dès qu'elle voit qu'il n'est pas **atteint** [677 V-Pass-1], qu'Hippolyte croit avoir mal **compris** [678 V-TempA-0] et s'excuse, alors, comme moi voulant rendre à Françoise ma lettre, elle veut que le refus vienne de lui, elle veut pousser jusqu'au bout sa chance :

« *Ah ! cruel, tu m'as trop **entendue*** [679 V-TempA-2]. » Et il n'y a pas jusqu'aux duretés qu'on m'avait **racontées** [680 V-TempA-2] de Swann envers Odette, ou de moi à l'égard d'Albertine, duretés qui substituèrent à l'amour antérieur un nouvel amour, **fait** [681 Adj-Epith-3] de pitié, d'attendrissement, de besoin d'effusion et qui ne faisait que varier le premier, qui ne se trouvent aussi dans cette scène : « *Tu me haïssais plus, je ne t'aimais pas moins. Tes malheurs te prêtaient encor de nouveaux charmes.* » La preuve que le « soin de sa gloire » n'est pas ce à quoi tient le plus Phèdre, c'est qu'elle pardonnerait à Hippolyte et s'arracherait aux conseils d'Oenone si elle n'apprenait à ce moment qu'Hippolyte aime Aricie. Tant la jalousie, qui en amour équivaut à la perte de tout bonheur, est plus sensible que la perte de la réputation. C'est alors qu'elle laisse Oenone (qui n'est que le nom de la pire partie d'elle-même) calomnier Hippolyte sans se charger « du soin de le défendre » et envoie ainsi celui qui ne veut pas d'elle à un destin dont les calamités ne la consolent d'ailleurs nullement elle-même, puisque sa mort volontaire suit de près la mort d'Hippolyte. C'est du moins ainsi, en réduisant la part de tous les scrupules « jansénistes », comme eût **dit** [682 V-TempA-0] Bergotte, que Racine a **donnés** [683 V-TempA-2] à Phèdre pour la faire paraître moins coupable, que m'apparaissait cette scène, sorte de prophétie des épisodes amoureux de ma propre existence. Ces réflexions n'avaient d'ailleurs rien **changé** [684 V-TempA-0] à ma détermination, et je rendis ma lettre à Françoise pour qu'elle la mît enfin à la poste, afin de réaliser auprès d'Albertine cette tentative qui me paraissait indispensable depuis que j'avais **appris** [685 V-TempA-0] qu'elle ne s'était pas **effectuée** [686 V-TempE-1]. Et sans doute, nous avons tort de croire que l'accomplissement de notre désir soit peu de chose, puisque dès que nous croyons qu'il peut ne pas se réaliser nous y tenons de nouveau, et ne trouvons qu'il ne valait pas la peine de le poursuivre que quand nous sommes bien sûrs de ne le manquer pas. Et pourtant on a raison aussi. Car si cet accomplissement, si le bonheur ne paraissent petits que par la certitude, cependant ils sont quelque chose d'instable d'où ne peuvent sortir que des chagrins. Et les chagrins seront d'autant plus forts que le désir aura **été** [687 V-TempA-0] plus complètement **accompli** [688 V-Pass-1], plus impossibles à supporter que le bonheur aura **été** [689 V-TempA-0], contre la loi de nature, quelque temps **prolongé** [690 V-Pass-1], qu'il aura **reçu** [691 V-TempA-0] la consécration de l'habitude. Dans un autre sens aussi, les deux tendances, dans l'espèce celle qui me faisait tenir à ce que ma lettre partît, et, quand je la croyais **partie** [692 Adj-Attr-2], à la regretter, ont l'une et l'autre en elles leur vérité. Pour la première, il est trop compréhensible que nous courions après notre bonheur – ou notre malheur – et qu'en même temps nous souhaitions de placer devant nous, par cette action nouvelle qui va commencer à dérouler ses conséquences, une attente qui ne nous laisse pas dans le désespoir absolu, en un mot que nous cherchions à faire passer par d'autres formes que nous nous imaginons devoir nous être moins cruelles le mal dont nous souffrons. Mais l'autre tendance n'est pas moins importante, car, **née** [693 Adj-Epith-3] de la croyance au succès de notre entreprise, elle est tout simplement le commencement **anticipé** [694 Adj-Epith-3] de la désillusion que nous éprouverions bientôt en présence de la satisfaction du désir, le regret d'avoir **fixé** [695 V-TempA-0] pour nous, aux dépens des autres qui se trouvent **exclues** [696 Adj-Attr-1], cette forme du bonheur. J'avais **donné** [697 V-TempA-0] la lettre à Françoise en lui demandant d'aller vite la mettre à la poste. Dès que ma lettre fut **partie** [698 V-TempE-1] je conçus de nouveau le retour d'Albertine comme imminent. Il ne laissait pas de mettre dans ma pensée de gracieuses images qui neutralisaient bien un peu par leur douceur les dangers que je voyais à ce retour. La douceur, **perdue** [699 Adj-Epith-3] depuis si longtemps, de l'avoir auprès de moi m'enivrait.

Le temps passe, et peu à peu tout ce qu'on disait par mensonge devient vrai, je l'avais trop **expérimenté** [700 V-TempA-2] avec Gilberte ; l'indifférence que j'avais **feinte** [701 V-TempA-2] quand je ne cessais de sangloter avait **fini** [702 V-TempA-0] par se réaliser ; peu à peu la vie, comme je le disais à Gilberte en une formule mensongère et qui rétrospectivement était **devenue** [703 V-TempE-1] vraie, la vie nous avait **séparés** [704 V-TempA-2]. Je me le rappelais, je me disais : « Si Albertine laisse passer quelques mois, mes mensonges deviendront une vérité. Et maintenant que le plus dur est **passé** [705 V-TempE-1], ne serait-il pas à souhaiter qu'elle laissât passer ce mois ? Si elle revient, je renoncerai à la vie véritable que, certes, je ne suis pas en état de goûter encore, mais qui progressivement pourra commencer à présenter pour moi des charmes tandis que le souvenir d'Albertine ira en s'affaiblissant. »

J'ai **dit** [706 V-TempA-0] que l'oubli commençait à faire son œuvre. Mais un des effets de l'oubli était précisément – en faisant que beaucoup des aspects déplaisants d'Albertine, des heures ennuyeuses que je passais avec elle, ne se représentaient plus à ma mémoire, cessaient donc d'être des motifs à désirer qu'elle ne fût plus là comme je le souhaitais quand elle y était encore – de me donner d'elle une image sommaire, **embellie** [707 Adj-Epith-3] de tout ce que j'avais **éprouvé** [708 V-TempA-2] d'amour pour d'autres. Sous cette forme particulière, l'oubli, qui pourtant travaillait à m'habituer à la séparation, me faisait, en me montrant Albertine plus douce, souhaiter davantage son retour.

Depuis qu'elle était **partie** [709 V-TempE-1], bien souvent, quand il me semblait qu'on ne pouvait pas voir que j'avais **pleuré** [710 V-TempA-0], je sonnais Françoise et je lui disais : « Il faudra voir si Mademoiselle Albertine n'a rien **oublié** [711 V-TempA-2]. Pensez à faire sa chambre, pour qu'elle soit bien en état quand elle viendra. » Ou simplement : « Justement l'autre jour Mademoiselle Albertine me disait, tenez justement la veille de son départ... » Je voulais diminuer chez Françoise le détestable plaisir que lui causait le départ d'Albertine en lui faisant entrevoir qu'il serait court. Je voulais aussi montrer à Françoise que je ne craignais pas de parler de ce départ, le montrer – comme font certains généraux qui appellent des reculs **forcés** [712 Adj-Epith-3] une retraite stratégique et conforme à un plan **préparé** [713 Adj-Epith-3] – comme **voulu** [714 Adj-Epith-3], comme constituant un épisode dont je cachais momentanément la vraie signification, nullement comme la fin de mon amitié avec Albertine. En la nommant sans cesse, je voulais enfin faire rentrer, comme un peu d'air, quelque chose d'elle dans cette chambre où son départ avait **fait** [715 V-TempA-0] le vide et où je ne respirais plus. Puis on cherche à diminuer les proportions de sa douleur en la faisant entrer dans le langage **parlé** [716 Adj-Epith-3] entre la commande d'un costume et des ordres pour le dîner.

En faisant la chambre d'Albertine, Françoise, curieuse, ouvrit le tiroir d'une petite table en bois de rose où mon amie mettait les objets intimes qu'elle ne gardait pas pour dormir. « Oh ! Monsieur, Mademoiselle Albertine a **oublié** [717 V-TempA-0] de prendre ses bagues, elles sont **restées** [718 V-TempE-1] dans le tiroir. » Mon premier mouvement fut de dire : « Il faut les lui renvoyer. » Mais cela avait l'air de ne pas être certain qu'elle reviendrait. « Bien, répondis-je après un instant de silence, cela ne vaut guère la peine de les lui renvoyer pour le peu de temps qu'elle doit être absente. Donnez-les-moi, je verrai. » Françoise me les remit avec une certaine méfiance. Elle détestait Albertine, mais, me jugeant d'après elle-même, elle se figurait qu'on ne pouvait me remettre une lettre **écrite** [719 Adj-Epith-

3] par mon amie sans craindre que je l'ouvrisse. Je pris les bagues. « Que Monsieur y fasse attention de ne pas les perdre, dit Françoise, on peut dire qu'elles sont belles ! Je ne sais pas qui <u>les</u> lui a **données** [720 V-TempA-2], si c'est Monsieur ou un autre, mais je vois bien que c'est quelqu'un de riche et qui a du goût ! – Ce n'est pas moi, répondis-je à Françoise, et d'ailleurs ce n'est pas de la même personne que viennent les deux, l'une lui a **été** [721 V-TempA-0] **donnée** [722 V-Pass-1] par sa tante et elle a **acheté** [723 V-TempA-0] l'autre. – Pas de la même personne ! s'écria Françoise, Monsieur veut rire, elles sont pareilles, sauf le rubis <u>qu</u>'on a **ajouté** [724 V-TempA-2] sur l'une, il y a le même aigle sur les deux, les mêmes initiales à l'intérieur... » Je ne sais pas si Françoise sentait le mal qu'elle me faisait, mais elle commença à ébaucher un sourire qui ne quitta plus ses lèvres. « Comment, le même aigle ? Vous êtes folle. Sur celle qui n'a pas de rubis il y a bien un aigle, mais sur l'autre c'est une espèce de tête d'homme qui est **ciselée** [725 Adj-Attr-1]. – Une tête d'homme ? où Monsieur a **vu** [726 V-TempA-0] ça ? Rien qu'avec mes lorgnons j'ai tout de suite **vu** [727 V-TempA-0] que c'était une des ailes de l'aigle ; que Monsieur prenne sa loupe, il verra l'autre aile sur l'autre côté, la tête et le bec au milieu. On voit chaque plume. Ah ! c'est un beau travail. » L'anxieux besoin de savoir si Albertine m'avait **menti** [728 V-TempA-0] me fit oublier que j'aurais **dû** [729 V-TempA-0] garder quelque dignité envers Françoise et lui refuser le plaisir méchant qu'elle avait, sinon à me torturer, du moins à nuire à mon amie. Je haletais tandis que Françoise allait chercher ma loupe, je la pris, je demandai à Françoise de me montrer l'aigle sur la bague au rubis, elle n'eut pas de peine à me faire reconnaître les ailes, **stylisées** [730 Adj-Epith-3] de la même façon que dans l'autre bague, le relief de chaque plume, la tête. Elle me fit remarquer aussi des inscriptions semblables, auxquelles, il est vrai, d'autres étaient **jointes** [731 Adj-Attr-1] dans la bague au rubis. Et à l'intérieur des deux le chiffre d'Albertine. « Mais cela m'étonne que Monsieur ait **eu** [732 V-TempA-0] besoin de tout cela pour voir que c'était la même bague, me dit Françoise. Même sans les regarder de près on sent bien la même façon, la même manière de plisser l'or, la même forme. Rien qu'à les apercevoir j'aurais **juré** [733 V-TempA-0] qu'elles venaient du même endroit. Ça se reconnaît comme la cuisine d'une bonne cuisinière. » Et en effet, à sa curiosité de domestique **attisée** [734 Adj-Epith-3] par la haine et **habituée** [735 Adj-Epith-3] à noter des détails avec une effrayante précision, s'était **joint** [736 V-

TempE-1], pour l'aider dans cette expertise, ce goût qu'elle avait, ce même goût en effet qu'elle montrait dans la cuisine et qu'avivait peut-être, comme je m'en étais **aperçu** [737 V-TempE-1], en partant pour Balbec dans sa manière de s'habiller, sa coquetterie de femme qui a **été** [738 V-TempA-0] jolie, qui a **regardé** [739 V-TempA-0] les bijoux et les toilettes des autres. Je me serais **trompé** [740 V-TempE-1] de boîte de médicament et, au lieu de prendre quelques cachets de véronal un jour où je sentais que j'avais **bu** [741 V-TempA-0] trop de tasses de thé, j'aurais **pris** [742 V-TempA-0] autant de cachets de caféine, que mon cœur n'eût pas **pu** [743 V-TempA-0] battre plus violemment. Je demandai à Françoise de sortir de la chambre. J'aurais **voulu** [744 V-TempA-0] voir Albertine immédiatement. À l'horreur de son mensonge, à la jalousie pour l'inconnu, s'ajoutait la douleur qu'elle se fût **laissé** [745 V-TempE-0] ainsi faire des cadeaux. Je lui en faisais plus, il est vrai, mais une femme que nous entretenons ne nous semble pas une femme **entretenue** [746 Adj-Epith-3] tant que nous ne savons pas qu'elle l'est par d'autres. Et pourtant, puisque je n'avais **cessé** [747 V-TempA-0] de dépenser pour elle tant d'argent, je l'avais **prise** [748 V-TempA-2] malgré cette bassesse morale ; cette bassesse je l'avais **maintenue** [749 V-TempA-2] en elle, je l'avais peut-être **accrue** [750 V-TempA-2], peut-être **créée** [751 V-TempA-2]. Puis, comme nous avons le don d'inventer des contes pour bercer notre douleur, comme nous arrivons, quand nous mourons de faim, à nous persuader qu'un inconnu va nous laisser une fortune de cent millions, j'imaginai Albertine dans mes bras, m'expliquant d'un mot que c'était à cause de la ressemblance de la fabrication qu'elle avait **acheté** [752 V-TempA-0] l'autre bague, que c'était elle qui y avait **fait** [753 V-TempA-0] mettre ses initiales. Mais cette explication était encore fragile, elle n'avait pas encore **eu** [754 V-TempA-0] le temps d'enfoncer dans mon esprit ses racines bienfaisantes, et ma douleur ne pouvait être si vite **apaisée** [755 V-Pass-1]. Et je songeais que tant d'hommes qui disent aux autres que leur maîtresse est bien gentille souffrent de pareilles tortures. C'est ainsi qu'ils mentent aux autres et à eux-mêmes. Ils ne mentent pas tout à fait ; ils ont avec cette femme des heures vraiment douces ; mais songez à tout ce que cette gentillesse qu'elles ont pour eux devant leurs amis et qui leur permet de se glorifier, et à tout ce que cette gentillesse qu'elles ont seules avec leurs amants et qui lui permet de les bénir, recouvrent d'heures inconnues où l'amant a **souffert** [756 V-TempA-0], **douté** [757 V-TempA-0], **fait** [758 V-TempA-0] partout d'inutiles recherches pour savoir la vérité. C'est à de telles souffrances qu'est **liée** [759 Adj-Attr-1] la douceur d'aimer, de s'enchanter des propos les plus insignifiants d'une femme qu'on sait insignifiants, mais qu'on parfume de son odeur. En ce moment, je ne pouvais plus me délecter à respirer par le souvenir celle d'Albertine. **Atterré** [760 Adj-Epith-3], les deux bagues à la main, je regardais cet aigle impitoyable dont le bec me tenaillait le cœur, dont les ailes aux plumes en relief avaient **emporté** [761 V-TempA-0] la confiance que je gardais dans mon amie, et sous les serres duquel mon esprit **meurtri** [762 Adj-Epith-3] ne pouvait pas échapper un instant aux questions **posées** [763 Adj-Epith-3] sans cesse relativement à cet inconnu dont l'aigle symbolisait sans doute le nom sans pourtant me le laisser lire, qu'elle avait **aimé** [764 V-TempA-2] sans doute autrefois, et qu'elle avait **revu** [765 V-TempA-2] sans doute il n'y avait pas longtemps, puisque c'est le jour si doux, si familial, de la promenade ensemble au Bois, que j'avais **vu** [766 V-TempA-0], pour la première fois, la seconde bague, celle où l'aigle avait l'air de tremper son bec dans la nappe de sang clair du rubis.

Du reste si, du matin au soir, je ne cessais de souffrir du départ d'Albertine, cela ne signifie pas que je ne pensais qu'à elle. D'une part, son charme ayant depuis longtemps **gagné** [767 V-Sub-TempA-0] de proche en proche des objets qui finissaient par en être très **éloignés** [768 Adj-Attr-1], mais n'étaient pas moins **électrisés** [769 V-Pass-1] par la même émotion qu'elle me donnait, si quelque chose me faisait penser à Incarville ou aux Verdurin, ou à un nouveau rôle de Léa, un flux de souffrance venait me frapper. D'autre part, moi-même, ce que j'appelais penser à Albertine c'était penser aux moyens de la faire revenir, de la rejoindre, de savoir ce qu'elle faisait. De sorte que si, pendant ces heures de martyre incessant, un graphique avait **pu** [770 V-TempA-0] représenter les images qui accompagnaient mes souffrances, on eût **aperçu** [771 V-TempA-0] celles de la gare d'Orsay, des billets de banque **offerts** [772 Adj-Epith-3] à Mme Bontemps, de Saint-Loup **penché** [773 Adj-Epith-3] sur le pupitre **incliné** [774 Adj-Epith-3] d'un bureau de télégraphe où il remplissait une formule de dépêche pour moi, jamais l'image d'Albertine. De même que dans tout le cours de notre vie notre égoïsme voit tout le temps devant lui les buts précieux pour notre moi, mais ne regarde jamais ce *Je* lui-même qui ne cesse de les considérer, de même le désir qui dirige nos actes descend vers eux, mais ne remonte pas à soi, soit que, trop utilitaire[47], il se précipite dans l'action et dédaigne la connaissance, soit que nous recherchions l'avenir pour corriger les déceptions du présent, soit que la paresse de l'esprit le pousse à glisser sur la pente aisée de l'imagination plutôt qu'à remonter la pente abrupte de l'introspection[48]. En réalité, dans ces heures de crise où nous jouerions toute notre vie, au fur et à mesure que l'être dont elle dépend révèle mieux l'immensité de la place qu'il occupe pour nous, en ne laissant rien dans le monde qui ne soit **bouleversé** [775 V-Pass-1] par lui, proportionnellement l'image de cet être décroît jusqu'à ne plus être perceptible. En toutes choses nous trouvons l'effet de sa présence par l'émotion que nous ressentons ; lui-même, la cause, nous ne le trouvons nulle part. Je fus pendant ces jours-là si incapable de me représenter Albertine que j'aurais presque **pu** [776 V-TempA-0] croire que je ne l'aimais pas, comme ma mère, dans les moments de désespoir où elle fut incapable de se représenter jamais ma grand'mère (sauf une fois dans la rencontre fortuite d'un rêve dont elle sentait tellement le prix, quoique **endormie** [777 Adj-Epith-3], qu'elle s'efforçait, avec ce qui lui restait de forces dans le sommeil, de le faire durer), aurait **pu** [778 V-TempA-0] s'accuser et s'accusait en effet de ne pas regretter sa mère, dont la mort la tuait mais dont les traits se dérobaient à son souvenir.

Pourquoi eussé-je **cru** [779 V-TempA-0] qu'Albertine n'aimait pas[49] les femmes ? Parce qu'elle avait **dit** [780 V-TempA-0], surtout les derniers temps, ne pas les aimer : mais notre vie ne reposait-elle pas sur un perpétuel mensonge ? Jamais elle ne m'avait **dit** [781 V-TempA-0] une fois : « Pourquoi est-ce que je ne peux pas sortir librement ? pourquoi demandez-vous aux autres ce que je fais ? » Mais c'était, en effet, une vie trop singulière pour qu'elle ne me l'eût pas **demandé** [782 V-TempA-2] si elle n'avait pas **compris** [783 V-TempA-0] pourquoi. Et à mon silence sur les causes de sa claustration, n'était-il pas compréhensible que correspondît de sa part un même et constant silence sur ses perpétuels désirs, ses souvenirs innombrables, ses innombrables désirs et espérances ? Françoise avait l'air de savoir que je mentais quand je faisais allusion au prochain retour d'Albertine. Et sa croyance semblait **fondée** [784 Adj-Attr-1] sur un peu plus que sur cette vérité qui guidait d'habitude notre

---

[47] Var. ms. : *intéressé*.
[48] Var. ms. : [...] la pente abrupte de *la spéculation désintéressée*.
[49] Var. ms. : Pourquoi *Albertine n'eût-elle pas aimé* les femmes ?

domestique, que les maîtres n'aiment pas à être **humiliés** [785 V-Pass-1] vis-à-vis de leurs serviteurs et ne leur font connaître de la réalité que ce qui ne s'écarte pas trop d'une action flatteuse, propre à entretenir le respect. Cette fois-ci la croyance de Françoise avait l'air **fondée** [786 Adj-Attr-1] sur autre chose, comme si elle eût elle-même déjà **entretenu** [787 V-TempA-0] la méfiance dans l'esprit d'Albertine, **surexcité** [788 V-TempA-0] sa colère, bref l'eût **poussée** [789 V-TempA-2] au point où elle aurait **pu** [790 V-TempA-0] prédire comme inévitable son départ. Si c'était vrai, ma version d'un départ momentané, **connu** [791 Adj-Epith-3] et **approuvé** [792 Adj-Epith-3] par moi, n'avait **pu** [793 V-TempA-0] rencontrer qu'incrédulité chez Françoise. Mais l'idée qu'elle se faisait de la nature **intéressée** [794 Adj-Epith-3] d'Albertine, l'exaspération avec laquelle, dans sa haine, elle grossissait le « profit » qu'Albertine était censée tirer de moi, pouvaient dans une certaine mesure faire échec à sa certitude. Aussi quand devant elle je faisais allusion, comme à une chose toute naturelle, au retour prochain d'Albertine, Françoise regardait-elle ma figure pour voir si je n'inventais pas, de la même façon que, quand le maître d'hôtel pour l'ennuyer lui lisait, en changeant les mots, une nouvelle politique qu'elle hésitait à croire, par exemple la fermeture des églises et la déportation des curés, même du bout de la cuisine et sans pouvoir lire, elle fixait instinctivement et avidement le journal, comme si elle eût **pu** [795 V-TempA-0] voir si c'était vraiment **écrit** [796 V-Pass-1].

Quand Françoise vit qu'après avoir **écrit** [797 V-TempA-0] une longue lettre j'y mettais l'adresse de Mme Bontemps, cet effroi jusque-là si vague qu'Albertine revînt grandit chez elle. Il se doubla d'une véritable consternation quand, un matin, elle dut me remettre dans mon courrier une lettre sur l'enveloppe de laquelle elle avait **reconnu** [798 V-TempA-0] l'écriture d'Albertine. Elle se demandait si le départ d'Albertine n'avait pas **été** [799 V-TempA-0] une simple comédie, supposition qui la désolait doublement, comme assurant définitivement pour l'avenir la vie d'Albertine à la maison[50] et comme constituant pour moi, c'est-à-dire, en tant que j'étais le maître de Françoise, pour elle-même l'humiliation d'avoir **été** [800 V-TempA-0] **joué** [801 V-Pass-1] par Albertine. Quelque impatience que j'eusse de lire la lettre de celle-ci, je ne pus n'empêcher de considérer un

---

[50] Var. ms. : […] une simple comédie, *destinée à assurer ensuite son union définitive* et comme constituant pour moi […].

instant les yeux de Françoise d'où tous les espoirs s'étaient **enfuis** [802 V-TempE-1], en induisant de ce présage l'imminence du retour d'Albertine, comme un amateur de sports d'hiver conclut avec joie que les froids sont proches en voyant le départ des hirondelles. Enfin Françoise partit, et quand je me fus **assuré** [803 V-TempE-2] qu'elle avait **refermé** [804 V-TempA-0] la porte, j'ouvris sans bruit, pour n'avoir pas l'air anxieux, la lettre que voici :

« Mon ami, merci de toutes les bonnes choses que vous me dites, je suis à vos ordres pour décommander la Rolls si vous croyez que j'y puisse quelque chose, et je le crois. Vous n'avez qu'à m'écrire le nom de votre intermédiaire. Vous vous laisseriez monter le coup par ces gens qui ne cherchent qu'une chose, c'est à vendre ; et que feriez-vous d'une auto, vous qui ne sortez jamais ? Je suis très **touchée** [805 V-Pass-1] que vous ayez **gardé** [806 V-TempA-0] un bon souvenir de notre dernière promenade. Croyez que de mon côté je n'oublierai pas cette promenade deux fois crépusculaire (puisque la nuit venait et que nous allions nous quitter) et qu'elle ne s'effacera de mon esprit qu'avec la nuit complète. »

Je sentis que cette dernière phrase n'était qu'une phrase et qu'Albertine n'aurait pas **pu** [807 V-TempA-0] garder, pour jusqu'à sa mort, un si doux souvenir de cette promenade où elle n'avait certainement **eu** [808 V-TempA-0] aucun plaisir puisqu'elle était impatiente de me quitter. Mais j'admirai aussi comme la cycliste, la golfeuse de Balbec, qui n'avait rien **lu** [809 V-TempA-2] qu'*Esther* avant de me connaître, était **douée** [810 Adj-Attr-1] et combien j'avais **eu** [811 V-TempA-0] raison de trouver qu'elle s'était chez moi **enrichie** [812 V-TempE-1] de qualités nouvelles qui la faisaient différente et plus complète. Et ainsi, la phrase que je lui avais **dite** [813 V-TempA-2] à Balbec : « Je crois que mon amitié vous serait précieuse, que je suis justement la personne qui pourrait vous apporter ce qui vous manque » – je lui avais **mis** [814 V-TempA-0] comme dédicace sur une photographie : « avec la certitude d'être providentiel », – cette phrase, que je disais sans y croire et uniquement pour lui faire trouver bénéfice à me voir et passer sur l'ennui qu'elle y pouvait trouver, cette phrase se trouvait, elle aussi, avoir **été** [815 V-TempA-0] vraie. De même, en somme, quand je lui avais **dit** [816 V-TempA-0] que je ne voulais pas la voir par peur de l'aimer, j'avais **dit** [817 V-TempA-0] cela parce qu'au contraire je savais que dans la fréquentation constante mon amour s'amortissait et que la séparation l'exaltait, mais en réalité la fréquentation constante avait **fait** [818 V-

TempA-0] naître un besoin d'elle infiniment plus fort que l'amour des premiers temps de Balbec.

La lettre d'Albertine n'avançait en rien les choses. Elle ne me parlait que d'écrire à l'intermédiaire. Il fallait sortir de cette situation, brusquer les choses, et j'eus l'idée suivante. Je fis immédiatement porter à Andrée une lettre où je lui disais qu'Albertine était chez sa tante, que je me sentais bien seul, qu'elle me ferait un immense plaisir en venant s'installer chez moi pour quelques jours et que, comme je ne voulais faire aucune cachotterie, je la priais d'en avertir Albertine. Et en même temps j'écrivis à Albertine comme si je n'avais pas encore **reçu** [819 V-TempA-0] sa lettre : « Mon amie, pardonnez-moi ce que vous comprendrez si bien, je déteste tant les cachotteries que j'ai **voulu** [820 V-TempA-0] que vous fussiez **avertie** [821 V-Pass-1] par elle et par moi. J'ai[51], à <u>vous</u> avoir **eue** [822 V-TempA-2] si doucement chez moi, **pris** [823 V-TempA-0] la mauvaise habitude de ne pas être seul. Puisque nous avons **décidé** [824 V-TempA-0] que vous ne reviendriez pas, j'ai **pensé** [825 V-TempA-0] que la personne qui vous remplacerait le mieux, parce que c'est celle qui me changerait le moins, qui vous rappellerait le plus, c'était Andrée, et je lui ai **demandé** [826 V-TempA-0] de venir. Pour que tout cela n'eût pas l'air trop brusque, je ne lui ai **parlé** [827 V-TempA-0] que de quelques jours, mais entre nous je pense bien que cette fois-ci c'est une chose de toujours. Ne croyez-vous pas que j'aie raison ? Vous savez que votre petit groupe de jeunes filles de Balbec a toujours **été** [828 V-TempA-0] la cellule sociale qui a **exercé** [829 V-TempA-0] sur moi le plus grand prestige, auquel j'ai **été** [830 V-TempA-0] le plus heureux d'être un jour **agrégé** [831 Adj-Attr-1]. Sans doute c'est ce prestige qui se fait encore sentir. Puisque la fatalité de nos caractères et la malchance de la vie a **voulu** [832 V-TempA-0] que ma petite Albertine ne pût pas être ma femme, je crois que j'aurai tout de même une femme – moins charmante qu'elle, mais à qui des conformités plus grandes de nature permettront peut-être d'être plus heureuse avec moi – dans Andrée. » Mais après avoir **fait** [833 V-TempA-0] partir cette lettre, le soupçon me vint tout à coup que, quand Albertine m'avait **écrit** [834 V-TempA-0] : « J'aurais **été** [835 V-TempA-0] trop heureuse de revenir si vous me l'aviez **écrit** [836 V-TempA-2] directement », elle ne me l'avait **dit** [837 V-TempA-2] que parce que je ne lui avais pas **écrit** [838 V-TempA-0] directement et

---

[51] Var. ms. : *J'avais pris.*

que, si je l'avais **fait** [839 V-TempA-2], elle ne serait pas **revenue** [840 V-TempE-1] tout de même, qu'elle serait contente de voir Andrée chez moi, puis ma femme, **pourvu** [841 Prep] qu'elle, Albertine, fût libre, parce qu'elle pouvait maintenant, depuis déjà huit jours, détruisant les précautions de chaque heure que j'avais **prises** [842 V-TempA-2] pendant plus de six mois à Paris, se livrer à ses vices et faire ce que minute par minute j'avais **empêché** [843 V-TempA-2]. Je me disais que probablement elle usait mal, là-bas, de sa liberté, et sans doute cette idée que je formais me semblait triste mais restait générale, ne me montrant rien de particulier, et, par le nombre **indéfini** [844 Adj-Epith-3] des amantes possibles qu'elle me faisait supposer, ne me laissait m'arrêter à aucune, entraînait mon esprit dans une sorte de mouvement perpétuel non exempt de douleur, mais d'une douleur qui, par le défaut d'une image concrète, était supportable. Pourtant cette douleur cessa de le demeurer et devint atroce quand Saint-Loup arriva. Avant de dire pourquoi les paroles qu'il me dit me rendirent si malheureux, je dois relater un incident que je place immédiatement avant sa visite et dont le souvenir me troubla ensuite tellement qu'il affaiblit, sinon l'impression pénible que me produisit ma conversation avec Saint-Loup, du moins la portée pratique de cette conversation. Cet incident consista en ceci. Brûlant d'impatience de voir Saint-Loup, je l'attendais (ce que je n'aurais **pu** [845 V-TempA-0] faire si ma mère avait **été** [846 V-TempA-0] là, car c'est cc qu'elle détestait le plus au monde après « parler par la fenêtre ») quand j'entendis les paroles suivantes : « Comment ! vous ne savez pas faire renvoyer quelqu'un qui vous déplaît ? Ce n'est pas difficile. Vous n'avez, par exemple, qu'à cacher les choses qu'il faut qu'il apporte. Alors, au moment où ses patrons sont **pressés** [847 Adj-Attr-1], l'appellent, il ne trouve rien, il perd la tête. Ma tante vous dira, furieuse après lui : « Mais qu'est-ce qu'il fait ? » Quand il arrivera, en retard, tout le monde sera en fureur et il n'aura pas ce qu'il faut. Au bout de quatre ou cinq fois vous pouvez être sûr qu'il sera **renvoyé** [848 V-Pass-1], surtout si vous avez soin de salir en cachette ce qu'il doit apporter de propre, et mille autres trucs comme cela. » Je restais muet de stupéfaction car ces paroles machiavéliques et cruelles étaient **prononcées** [849 V-Pass-1] par la voix de Saint-Loup. Or je l'avais toujours **considéré** [850 V-TempA-2] comme un être si bon, si pitoyable aux malheureux, que cela me faisait le même effet que s'il avait **récité** [851 V-TempA-0] un rôle de Satan : ce ne pouvait être en son nom qu'il parlait. « Mais il faut bien que chacun gagne sa vie », dit son interlocuteur que j'aperçus alors et qui était un des valets de pied de la duchesse de Guermantes. « Qu'est-ce que ça vous fiche du moment que vous serez bien ? répondit méchamment Saint-Loup. Vous aurez en plus le plaisir d'avoir un souffre-douleur. Vous pouvez très bien renverser des encriers sur sa livrée au moment où il viendra servir un grand dîner, enfin ne pas lui laisser une minute de repos jusqu'à ce qu'il finisse par préférer s'en aller. Du reste, moi je pousserai à la roue, je dirai à ma tante que j'admire votre patience de servir avec un lourdaud pareil et aussi mal **tenu** [852 Adj-Epith-3]. » Je me montrai, Saint-Loup vint à moi, mais ma confiance en lui était **ébranlée** [853 Adj-Attr-1 / V-Pass-1] depuis que je venais de l'entendre tellement différent de ce que je connaissais. Et je me demandai si quelqu'un qui était capable d'agir aussi cruellement envers un malheureux n'avait pas **joué** [854 V-TempA-0] le rôle d'un traître vis-à-vis de moi, dans sa mission auprès de Mme Bontemps. Cette réflexion servit surtout à ne pas me faire considérer son insuccès comme une preuve que je ne pouvais pas réussir, une fois qu'il m'eut **quitté** [855 V-TempA-2]. Mais pendant qu'il fut auprès de moi, c'était pourtant au Saint-Loup d'autrefois, et surtout à l'ami qui venait de quitter Mme Bontemps, que je pensais. Il me dit d'abord[52] : « Tu trouves que j'aurais **dû** [856 V-TempA-0] te téléphoner davantage, mais on disait toujours que tu n'étais pas libre. » Mais où ma souffrance devint insupportable, ce fut quand il me dit : « Pour commencer par où ma dernière dépêche t'a **laissé** [857 V-TempA-2], après avoir **passé** [858 V-TempA-0] par une espèce de hangar, j'entrai dans la maison, et au bout d'un long couloir on me fit entrer dans un salon. » À ces mots de hangar, de couloir, de salon, et avant même qu'ils eussent **fini** [859 V-TempA-0] d'être **prononcés** [860 V-Pass-1], mon cœur fut **bouleversé** [861 V-Pass-1] avec plus de rapidité que par un courant électrique, car la force qui fait le plus de fois le tour de la terre en une seconde, ce n'est pas l'électricité, c'est la douleur. Comme je les répétai, renouvelant le choc à plaisir, ces mots de hangar, de couloir, de salon, quand Saint-Loup fut **parti** [862 V-TempE-1] ! Dans un hangar on peut se coucher avec une amie. Et dans ce salon, qui sait ce qu'Albertine faisait quand sa tante n'était pas là ? Et quoi ? Je m'étais donc **représenté** [863 V-TempE-0] la maison où elle habitait comme ne pouvant posséder ni hangar, ni salon ? Non, je ne me l'étais pas **représentée** [864 V-TempE-2] du tout, sinon

---

[52] Var. ms. : *Aussi après qu'il m'eut dit.*

comme un lieu vague. J'avais **souffert** [865 V-TempA-0] une première fois quand s'était **individualisé** [866 V-TempE-1] géographiquement le lieu où était Albertine. Quand j'avais **appris** [867 V-TempA-0] qu'au lieu d'être dans deux ou trois endroits possibles, elle était en Touraine, ces mots de sa concierge avaient **marqué** [868 V-TempA-0] dans mon cœur comme sur une carte la place où il fallait enfin souffrir. Mais une fois **habitué** [869 Adj-Epith-3] à cette idée qu'elle était dans une maison de Touraine, je n'avais pas **vu** [870 V-TempA-0] la maison. Jamais ne m'était **venue** [871 V-TempE-1] à l'imagination cette affreuse idée de salon, de hangar, de couloir, qui me semblaient face à moi sur la rétine de Saint-Loup qui les avait **vues** [872 V-TempA-2], ces pièces dans lesquelles Albertine allait, passait, vivait, ces pièces-là en particulier et non une infinité de pièces possibles qui s'étaient **détruites** [873 V-TempE-2] l'une l'autre. Avec les mots de hangar, de couloir, de salon, ma folie m'apparut d'avoir **laissé** [874 V-TempA-0] Albertine huit jours dans ce lieu **maudit** [875 Adj-Epith-3] dont l'*existence* (et non la simple possibilité) venait de m'être **révélée** [876 V-Pass-1]. Hélas ! quand Saint-Loup me dit aussi que dans ce salon il avait **entendu** [877 V-TempA-0] chanter à tue-tête d'une chambre voisine et que c'était Albertine qui chantait, je compris avec désespoir que, **débarrassée** [878 Adj-Epith-3] enfin de moi, elle était heureuse ! Elle avait **reconquis** [879 V-TempA-0] sa liberté. Et moi qui pensais qu'elle allait venir prendre la place d'Andrée. Ma douleur se changea en colère contre Saint-Loup. « C'est tout ce que je t'avais **demandé** [880 V-TempA-0] d'éviter, qu'elle sût que tu venais. – Si tu crois que c'était facile ! On m'avait **assuré** [881 V-TempA-0] qu'elle n'était pas là. Oh ! je sais bien que tu n'es pas content de moi, je l'ai bien **senti** [882 V-TempA-2] dans tes dépêches. Mais tu n'es pas juste, j'ai **fait** [883 V-TempA-0] ce que j'ai **pu** [884 V-TempA-0]. » **Lâchée** [885 Adj-Epith-3] de nouveau, ayant **quitté** [886 Adj-Epith-0] la cage d'où chez moi je restais des jours entiers sans la faire venir dans ma chambre, Albertine avait **repris** [887 V-TempA-0] pour moi toute sa valeur, elle était **redevenue** [888 V-TempE-1] celle que tout le monde suivait, l'oiseau merveilleux des premiers jours. « Enfin résumons-nous. Pour la question d'argent, je ne sais que te dire, j'ai **parlé** [889 V-TempA-0] à une femme qui m'a **paru** [890 V-TempA-0] si délicate que je craignais de la froisser. Or elle n'a pas **fait** [891 V-TempA-0] ouf quand j'ai **parlé** [892 V-TempA-0] de l'argent. Même, un peu plus tard, elle m'a **dit** [893 V-TempA-0] qu'elle était **touchée** [894 V-

Pass-1] de voir que nous nous comprenions si bien. Pourtant tout ce qu'elle a **dit** [895 V-TempA-2] ensuite était si délicat, si **élevé** [896 Adj-Attr-1], qu'il me semblait impossible qu'elle eût **dit** [897 V-TempA-0] pour l'argent que je lui offrais : « Nous nous comprenons si bien », car au fond j'agissais en mufle. – Mais peut-être n'a-t-elle pas **compris** [898 V-TempA-0], elle n'a peut-être pas **entendu** [899 V-TempA-0], tu aurais **dû** [900 V-TempA-0] le lui répéter, car c'est cela sûrement qui aurait **fait** [901 V-TempA-0] tout réussir. – Mais comment veux-tu qu'elle n'ait pas **entendu** [902 V-TempA-0] ? Je le lui ai **dit** [903 V-TempA-2] comme je te parle là, elle n'est ni sourde, ni folle. – Et elle n'a **fait** [904 V-TempA-0] aucune réflexion ? – Aucune. – Tu aurais **dû** [905 V-TempA-0] lui redire une fois. – Comment voulais-tu que je lui redise ? Dès qu'en entrant j'ai **vu** [906 V-TempA-0] l'air qu'elle avait, je me suis **dit** [907 V-TempE-0] que tu t'étais **trompé** [908 V-TempE-1], que tu me faisais faire une immense gaffe, et c'était terriblement difficile de lui offrir cet argent ainsi. Je l'ai **fait** [909 V-TempA-0] pourtant pour t'obéir, **persuadé** [910 Adj-Epith-3] qu'elle allait me faire mettre dehors. – Mais elle ne l'a pas **fait** [911 V-TempA-2]. Donc ou elle n'avait pas **entendu** [912 V-TempA-0], et il fallait recommencer, ou vous pouviez continuer sur ce sujet. – Tu dis : « Elle n'avait pas **entendu** [913 V-TempA-0] » parce que tu es ici, mais je te répète, si tu avais **assisté** [914 V-TempA-0] à notre conversation, il n'y avait aucun bruit, je l'ai **dit** [915 V-TempA-0] brutalement, il n'est pas possible qu'elle n'ait pas **compris** [916 V-TempA-0]. – Mais enfin elle est bien **persuadée** [917 Adj-Attr-1] que j'ai toujours **voulu** [918 V-TempA-0] épouser sa nièce ? – Non, ça, si tu veux mon avis, elle ne croyait pas que tu eusses du tout l'intention d'épouser. Elle m'a **dit** [919 V-TempA-0] que tu avais **dit** [920 V-TempA-0] toi-même à sa nièce que tu voulais la quitter. Je ne sais même pas si maintenant elle est bien **persuadée** [921 Adj-Attr-1] que tu veuilles épouser. » Ceci me rassurait un peu en me montrant que j'étais moins **humilié** [922 Adj-Attr-1], donc plus capable d'être encore **aimé** [923 V-Pass-1], plus libre de faire une démarche décisive. Pourtant j'étais **tourmenté** [924 Adj-Attr-1]. « Je suis **ennuyé** [925 Adj-Attr-1] parce que je vois que tu n'es pas content. – Si, je suis **touché** [926 Adj-Attr-1], reconnaissant de ta gentillesse, mais il me semble que tu aurais **pu** [927 V-TempA-0]... – J'ai **fait** [928 V-TempA-0] de mon mieux. Un autre n'eût **pu** [929 V-TempA-0] faire davantage ni même autant. Essaie d'un autre. – Mais non, justement, si j'avais **su** [930 V-TempA-

0], je ne t'aurais pas **envoyé** [931 V-TempA-2], mais ta démarche **avortée** [932 Adj-Epith-3] m'empêche d'en faire une autre. » Je lui faisais des reproches : il avait **cherché** [933 V-TempA-0] à me rendre service et n'avait pas **réussi** [934 V-TempA-0]. Saint-Loup en s'en allant avait **croisé** [935 V-TempA-0] des jeunes filles qui entraient. J'avais déjà **fait** [936 V-TempA-0] souvent la supposition qu'Albertine connaissait des jeunes filles dans le pays ; mais c'est la première fois que j'en ressentais la torture. Il faut vraiment croire que la nature a **donné** [937 V-TempA-0] à notre esprit de sécréter un contre-poison naturel qui annihile les suppositions que nous faisons à la fois sans trêve et sans danger. Mais rien ne m'immunisait contre ces jeunes filles que Saint-Loup avait **rencontrées** [938 V-TempA-2][53]. Tous ces détails, n'était-ce pas justement ce que j'avais **cherché** [939 V-TempA-0] à obtenir de chacun sur Albertine ? n'était-ce pas moi qui, pour les connaître plus précisément, avais **demandé** [940 V-TempA-0] à Saint-Loup, **rappelé** [941 Adj-Epith-3] par son colonel, de passer coûte que coûte chez moi ? n'était-ce donc pas moi qui les avais **souhaités** [942 V-TempA-2], moi, ou plutôt ma douleur **affamée** [943 Adj-Epith-3], avide de croître et de se nourrir d'eux ? Enfin Saint-Loup m'avait **dit** [944 V-TempA-0] avoir **eu** [945 V-TempA-0] la bonne surprise de rencontrer tout près de là, seule figure de connaissance et qui lui avait **rappelé** [946 V-TempA-0] le passé, une ancienne amie de Rachel, une jolie actrice qui villégiaturait dans le voisinage. Et le nom de cette actrice suffit pour que je me dise : « C'est peut-être avec celle-là » ; cela suffisait pour que je visse, dans les bras mêmes d'une femme que je ne connaissais pas, Albertine souriante et rouge de plaisir. Et, au fond, pourquoi cela n'eût-il pas **été** [947 V-TempA-0] ? M'étais-je **fait** [948 V-TempE-0] faute de penser à des femmes depuis que je connaissais Albertine ? Le soir où j'avais **été** [949 V-TempA-0] pour la première fois chez la princesse de Guermantes, quand j'étais **rentré** [950 V-TempE-1], n'était-ce pas beaucoup moins en pensant à cette dernière qu'à la jeune fille dont Saint-Loup m'avait **parlé** [951 V-TempA-0] et qui allait dans les maisons de passe, et à la femme de chambre de Mme Putbus ? N'est-ce pas pour cette dernière que j'étais **retourné** [952 V-TempE-1] à Balbec et, plus récemment, avais bien **eu** [953 V-TempA-0] envie d'aller à Venise ? pourquoi Albertine n'eût-elle pas **eu** [954 V-TempA-0] envie d'aller en Touraine ? Seulement, au fond, je m'en

---

[53] Var. ms. : *croisées*.

apercevais maintenant, je ne l'aurais pas **quittée** [955 V-TempA-2], je ne serais pas **allé** [956 V-TempE-1] à Venise. Même au fond de moi-même, tout en me disant : « Je la quitterai bientôt », je savais que je ne la quitterais plus, tout aussi bien que je savais que je ne me mettrais plus à travailler, ni à vivre d'une façon hygiénique, ni à rien faire de ce que chaque jour je me promettais pour le lendemain. Seulement, quoi que je crusse au fond, j'avais **trouvé** [957 V-TempA-0] plus habile de la laisser vivre sous la menace d'une perpétuelle séparation. Et sans doute, grâce à ma détestable habileté, je l'avais trop bien **convaincue** [958 V-TempA-2]. En tous cas maintenant cela ne pouvait plus durer ainsi, je ne pouvais pas la laisser en Touraine avec ces jeunes filles, avec cette actrice ; je ne pouvais supporter la pensée de cette vie qui m'échappait. J'écrirais et j'attendrais sa réponse à ma lettre : si elle faisait le mal, hélas ! un jour de plus ou de moins ne faisait rien (et peut-être je me disais cela parce que, n'ayant plus l'habitude de me faire rendre compte de chacune de ses minutes, dont une seule où elle eût **été** [959 V-TempA-0] libre m'eût jadis **affolé** [960 V-TempA-2], ma jalousie n'avait plus la même division du temps). Mais aussitôt sa réponse **reçue** [961 V-Sub-Pass-1][54], si elle ne revenait pas j'irais la chercher ; de gré ou de force je l'arracherais à ses amies. D'ailleurs ne valait-il pas mieux que j'y allasse moi-même, maintenant que j'avais **découvert** [962 V-TempA-0] la méchanceté, jusqu'ici insoupçonnée de moi, de Saint-Loup ? qui sait s'il n'avait pas **organisé** [963 V-TempA-0] tout un complot pour me séparer d'Albertine ?

Et cependant, comme j'aurais **menti** [964 V-TempA-0] maintenant si je lui avais **écrit** [965 V-TempA-0], comme je le lui disais à Paris, que je souhaitais qu'il ne lui arrivât aucun accident ! Ah ! s'il lui en était **arrivé** [966 V-TempE-1] un, ma vie, au lieu d'être à jamais **empoisonnée** [967 V-Pass-1] par cette jalousie incessante, eût aussitôt **retrouvé** [968 V-TempA-0] sinon le bonheur, du moins le calme par la suppression de la souffrance.

La suppression de la souffrance ? Ai-je **pu** [969 V-TempA-0] vraiment le croire ? croire que la mort ne fait que biffer ce qui existe et laisser le reste en état ; qu'elle enlève la douleur dans le cœur de celui pour qui l'existence de l'autre n'est plus qu'une cause de douleurs ; qu'elle enlève la douleur et n'y met rien à la place ? La suppression de la douleur ! Parcourant les faits divers des journaux, je

---

[54] Var. ms. : *venue*.

regrettais de ne pas avoir le courage de former le même souhait que Swann. Si Albertine avait **pu** [970 V-TempA-0] être victime d'un accident, vivante, j'aurais **eu** [971 V-TempA-0] un prétexte pour courir auprès d'elle, **morte** [972 V-Sub-Adj-Attr-1] j'aurais retrouvé, comme disait Swann, la liberté de vivre. Je le croyais ? Il l'avait **cru** [973 V-TempA-2], cet homme si fin et qui croyait se bien connaître. Comme on sait peu ce qu'on a dans le cœur. Comme, un peu plus tard, s'il avait **été** [974 V-TempA-0] encore vivant, j'aurais **pu** [975 V-TempA-0] lui apprendre que son souhait, autant que criminel, était absurde, que la mort de celle qu'il aimait ne l'eût **délivré** [976 V-TempA-2] de rien.

Je laissai toute fierté vis-à-vis d'Albertine, je lui envoyai un télégramme **désespéré** [977 Adj-Epith-3] lui demandant de revenir à n'importe quelles conditions, qu'elle ferait tout ce qu'elle voudrait, que je demandais seulement à l'embrasser une minute trois fois par semaine avant qu'elle se couche. Et elle eût **dit** [978 V-TempA-0] une fois seulement, que j'eusse **accepté** [979 V-TempA-0] une fois. Elle ne revint jamais. Mon télégramme venait de partir que j'en reçus un. Il était de Mme Bontemps. Le monde n'est pas **créé** [980 V-Pass-1] une fois pour toutes pour chacun de nous. Il s'y ajoute au cours de la vie des choses que nous ne soupçonnions pas. Ah ! ce ne fut pas la suppression de la souffrance que produisirent en moi les deux premières lignes du télégramme : « Mon pauvre ami, notre petite Albertine n'est plus, pardonnez-moi de vous dire cette chose affreuse, vous qui l'aimiez tant. Elle a **été** [981 V-TempA-0] **jetée** [982 V-Pass-1] par son cheval contre un arbre pendant une promenade. Tous nos efforts n'ont **pu** [983 V-TempA-0] la ranimer. Que ne suis-je **morte** [984 V-TempE-1] à sa place. » Non, pas la suppression de la souffrance, mais une souffrance inconnue, celle d'apprendre qu'elle ne reviendrait pas. Mais ne m'étais-je pas **dit** [985 V-TempE-0] plusieurs fois qu'elle ne reviendrait peut-être pas ? Je me l'étais **dit** [986 V-TempE-2], en effet, mais je m'apercevais maintenant que pas un instant je ne l'avais **cru** [987 V-TempA-2]. Comme j'avais besoin de sa présence, de ses baisers pour supporter le mal que me faisaient mes soupçons, j'avais **pris** [988 V-TempA-0] depuis Balbec l'habitude d'être toujours avec elle. Même quand elle était **sortie** [989 V-TempE-1], quand j'étais seul, je l'embrassais encore. J'avais **continué** [990 V-TempA-0] depuis qu'elle était en Touraine. J'avais moins besoin de sa fidélité que de son retour. Et si ma raison pouvait impunément le mettre quelquefois en doute, mon imagination ne cessait pas un instant de me le représenter. Instinctivement je passai ma main sur mon cou, sur mes lèvres qui se voyaient **embrassés** [991 Adj-Attr-2] par elle depuis qu'elle était **partie** [992 V-TempE-1], et qui ne le seraient jamais plus ; je passai ma main sur eux, comme maman m'avait **caressé** [993 V-TempA-2] à la mort de ma grand'mère en me disant : « Mon pauvre petit, ta grand'mère qui t'aimait tant ne t'embrassera plus. » Toute ma vie à venir se trouvait **arrachée** [994 Adj-Attr-1] de mon cœur. Ma vie à venir ? Je n'avais donc pas **pensé** [995 V-TempA-0] quelquefois à la vivre sans Albertine ? Mais non ! Depuis longtemps je lui avais donc **voué** [996 V-TempA-0] toutes les minutes de ma vie jusqu'à ma mort ? Mais bien sûr ! Cet avenir indissoluble d'elle je n'avais pas **su** [997 V-TempA-0] l'apercevoir, mais maintenant qu'il venait d'être **descellé** [998 V-Pass-1][55], je sentais la place qu'il tenait dans mon cœur béant. Françoise qui ne savait encore rien entra dans ma chambre ; d'un air furieux, je lui criai : « Qu'est-ce qu'il y a ? » Alors (il y a quelquefois des mots qui mettent une réalité différente à la même place que celle qui est près de nous, ils nous étourdissent tout autant qu'un vertige) elle me dit : « Monsieur n'a pas besoin d'avoir l'air **fâché** [999 Adj-Attr-1]. Il va être au contraire bien content. Ce sont deux lettres de mademoiselle Albertine. » Je sentis, après, que j'avais **dû** [1000 V-TempA-0] avoir les yeux de quelqu'un dont l'esprit perd l'équilibre. Je ne fus même pas heureux, ni incrédule. J'étais comme quelqu'un qui voit la même place de sa chambre **occupée** [1001 Adj-Attr-2] par un canapé et par une grotte : rien ne lui paraissant plus réel, il tombe par terre. Les deux lettres d'Albertine avaient **dû** [1002 V-TempA-0] être **écrites** [1003 V-Pass-1] à quelques heures de distance, peut-être en même temps, et peu de temps avant la promenade où elle était **morte** [1004 V-TempE-1]. La première disait : « Mon ami, je vous remercie de la preuve de confiance que vous me donnez en me disant votre intention de faire venir Andrée chez vous. Je sais qu'elle acceptera avec joie et je crois que ce sera très heureux pour elle. **Douée** [1005 Adj-Epith-3] comme elle est, elle saura profiter de la compagnie d'un homme tel que vous et de l'admirable influence que vous savez prendre sur un être. Je crois que vous avez **eu** [1006 V-TempA-0] là une idée d'où peut naître autant de bien pour elle que pour vous. Aussi, si elle faisait l'ombre d'une difficulté (ce que je ne crois pas), télégraphiez-moi, je

---

[55] Var. ms. : *arraché*.

me charge d'agir sur elle. » La seconde était **datée** [1007 Adj-Attr-1] d'un jour plus tard. En réalité, elle avait **dû** [1008 V-TempA-0] les écrire à peu d'instants l'une de l'autre, peut-être ensemble, et antidater la première. Car tout le temps j'avais **imaginé** [1009 V-TempA-0] dans l'absurde ses intentions qui n'avaient **été** [1010 V-TempA-0] que de revenir auprès de moi et que quelqu'un de désintéressé dans la chose, un homme sans imagination, le négociateur d'un traité de paix, le marchand qui examine une transaction, eussent mieux **jugées** [1011 V-TempA-2] que moi. Elle ne contenait que ces mots : « Serait-il trop tard que je revienne chez vous ? Si vous n'avez pas encore **écrit** [1012 V-TempA-0] à Andrée, consentiriez-vous à me reprendre ? Je m'inclinerai devant votre décision, je vous supplie de ne pas tarder à me la faire connaître, vous pensez avec quelle impatience je l'attends. Si c'était que je revienne, je prendrais le train immédiatement. De tout cœur à vous, Albertine. »

Pour que la mort d'Albertine eût **pu** [1013 V-TempA-0] supprimer mes souffrances, il eût **fallu** [1014 V-TempA-0] que le choc l'eût **tuée** [1015 V-TempA-2] non seulement en Touraine, mais en moi. Jamais elle n'y avait **été** [1016 V-TempA-0] plus vivante. Pour entrer en nous, un être a **été** [1017 V-TempA-0] **obligé** [1018 V-Pass-1] de prendre la forme, de se plier au cadre du temps ; ne nous apparaissant que par minutes successives, il n'a jamais **pu** [1019 V-TempA-0] nous livrer de lui qu'un seul aspect à la fois, nous débiter de lui qu'une seule photographie. Grande faiblesse sans doute pour un être de consister en une simple collection de moments ; grande force aussi ; il relève de la mémoire, et la mémoire d'un moment n'est pas **instruite** [1020 Adj-Attr-1] de tout ce qui s'est **passé** [1021 V-TempE-1] depuis ; ce moment qu'elle a **enregistré** [1022 V-TempA-2] dure encore, vit encore, et avec lui l'être qui s'y profilait. Et puis cet émiettement ne fait pas seulement vivre la morte, il la multiplie. Pour me consoler ce n'est pas une, ce sont d'innombrables Albertine que j'aurais **dû** [1023 V-TempA-0] oublier. Quand j'étais **arrivé** [1024 V-TempE-1] à supporter le chagrin d'avoir **perdu** [1025 V-TempA-0] celle-ci, c'était à recommencer avec une autre, avec cent autres.

Alors ma vie fut entièrement **changée** [1026 V-Pass-1]. Ce qui en avait **fait** [1027 V-TempA-0], et non à cause d'Albertine, parallèlement à elle, quand j'étais seul, la douceur, c'était justement, à l'appel de moments identiques, la perpétuelle renaissance de moments anciens. Par le bruit de la pluie m'était **rendue** [1028 V-Pass-1] l'odeur des lilas de Combray ; par la mobilité du soleil sur le balcon, les pigeons des Champs-Élysées ; par l'assourdissement des bruits dans la chaleur de la matinée, la fraîcheur des cerises ; le désir de la Bretagne ou de Venise par le bruit du vent et le retour de Pâques. L'été venait, les jours étaient longs, il faisait chaud. C'était le temps où de grand matin élèves et professeurs vont dans les jardins publics préparer les derniers concours sous les arbres, pour recueillir la seule goutte de fraîcheur que laisse tomber un ciel moins **enflammé** [1029 Adj-Epith-3] que dans l'ardeur du jour, mais déjà aussi stérilement pur. De ma chambre obscure, avec un pouvoir d'évocation égal à celui d'autrefois mais qui ne me donnait plus que de la souffrance, je sentais que dehors, dans la pesanteur de l'air, le soleil déclinant mettait sur la verticalité des maisons, des églises, un fauve badigeon. Et si Françoise en revenant dérangeait sans le vouloir les plis des grands rideaux, j'étouffais un cri à la déchirure que venait de faire en moi ce rayon de soleil ancien qui m'avait **fait** [1030 V-TempA-0] paraître belle la façade neuve de Bricqueville l'Orgueilleuse, quand Albertine m'avait **dit** [1031 V-TempA-0] : « Elle est **restaurée** [1032 V-Pass-1]. » Ne sachant comment expliquer mon soupir à Françoise, je lui disais : « Ah ! j'ai soif. » Elle sortait, rentrait, mais je me détournais violemment, sous la décharge douloureuse d'un des mille souvenirs invisibles qui à tout moment éclataient autour de moi dans l'ombre : je venais de voir qu'elle avait **apporté** [1033 V-TempA-0] du cidre et des cerises qu'un garçon de ferme nous avait **apportés** [1034 V-TempA-2] dans la voiture, à Balbec, espèces sous lesquelles j'aurais **communié** [1035 V-TempA-0] le plus parfaitement, jadis, avec l'arc-en-ciel des salles à manger obscures par les jours brûlants. Alors je pensai pour la première fois à la ferme des Écorres, et je me dis que certains jours où Albertine me disait à Balbec ne pas être libre, être **obligée** [1036 V-Pass-1] de sortir avec sa tante, elle était peut-être avec telle de ses amies dans une ferme où elle savait que je n'avais pas mes habitudes, et que pendant qu'à tout hasard je l'attendais à Marie-Antoinette où on m'avait **dit** [1037 V-TempA-0] : « Nous ne l'avons pas **vue** [1038 V-TempA-2] aujourd'hui », elle usait avec son amie des mêmes mots qu'avec moi quand nous sortions tous les deux : « Il n'aura pas l'idée de nous chercher ici et comme cela nous ne serons plus **dérangées** [1039 V-Pass-1]. » Je disais à Françoise de refermer les rideaux pour ne plus voir ce rayon de soleil. Mais il continuait à filtrer, aussi corrosif, dans ma mémoire. « Elle ne me plaît pas, elle est **restaurée** [1040 V-Pass-1], mais nous irons demain à Saint-Martin le Vêtu, après-demain à... » Demain, après-demain, c'était un avenir de vie commune, peut-être pour toujours, qui commençait, mon cœur s'élança vers lui, mais il n'est plus là, Albertine est **morte** [1041 Adj-Attr-1].

Je demandais l'heure à Françoise. Six heures. Enfin, Dieu merci, allait disparaître cette lourde chaleur dont autrefois je me plaignais avec Albertine, et que nous aimions tant. La journée prenait fin. Mais qu'est-ce que j'y gagnais ? La fraîcheur du soir se levait, c'était le coucher du soleil ; dans ma mémoire, au bout d'une route que nous prenions ensemble pour rentrer, j'apercevais, plus loin que le dernier village, comme une station distante, inaccessible pour le soir même où nous nous arrêterions à Balbec, toujours ensemble. Ensemble alors, maintenant il fallait s'arrêter court devant ce même abîme, elle était **morte** [1042 Adj-Attr-1]. Ce n'était plus assez de fermer les rideaux, je tâchais de boucher les yeux et les oreilles de ma mémoire, pour ne pas voir cette bande orangée du couchant, pour ne pas entendre ces invisibles oiseaux qui se répondaient d'un arbre à l'autre de chaque côté de moi, qu'embrassait alors si tendrement celle qui maintenant était **morte** [1043 Adj-Attr-1]. Je tâchais d'éviter ces sensations que donnent l'humidité des feuilles dans le soir, la montée et la descente des routes à dos d'âne. Mais déjà ces sensations m'avaient **ressaisi** [1044 V-TempA-2], **ramené** [1045 V-TempA-2] assez loin du moment actuel, afin qu'eût tout le recul, tout l'élan nécessaire pour me frapper de nouveau, l'idée qu'Albertine était **morte** [1046 Adj-Attr-1]. Ah ! jamais je n'entrerais plus dans une forêt, je ne me promènerais plus entre des arbres. Mais les grandes plaines me seraient-elles moins cruelles ? Que de fois j'avais **traversé** [1047 V-TempA-0] pour aller chercher Albertine, que de fois j'avais **repris** [1048 V-TempA-0] au retour avec elle la grande plaine de Cricqueville, tantôt par des temps brumeux où l'inondation du brouillard nous donnait l'illusion d'être **entourés** [1049 V-Pass-1] d'un lac immense, tantôt par des soirs limpides où le clair de lune, dématérialisant la terre, la faisant paraître à deux pas céleste, comme elle n'est, pendant le jour, que dans les lointains, enfermait les champs, les bois[56], avec le firmament auquel il <u>les</u> avait **assimilés** [1050 V-TempA-2], dans l'agate **arborisée** [1051 Adj-Epith-3] d'un seul azur.

Françoise devait être heureuse de la mort d'Albertine, et il faut lui rendre la justice que par une sorte de convenance et de tact elle ne

---

[56] Var. ms. : [...] enfermait les champs, les bois *fluidifiés* [...].

simulait pas la tristesse. Mais les lois non **écrites** [1052 Adj-Epith-3] de son antique code et sa tradition de paysanne médiévale qui pleure comme aux chansons de geste étaient plus anciennes que sa haine d'Albertine et même d'Eulalie. Aussi une de ces fins d'après-midi-là, comme je ne cachais pas assez rapidement ma souffrance, elle aperçut mes larmes, **servie** [1053 Adj-Epith-3] par son instinct d'ancienne petite paysanne qui autrefois lui faisait capturer et faire souffrir les animaux, n'éprouver que de la gaîté à étrangler les poulets et à faire cuire vivants les homards et, quand j'étais malade, à observer, comme les blessures qu'elle eût **infligées** [1054 V-TempA-2][57] à une chouette, ma mauvaise mine, qu'elle annonçait ensuite sur un ton funèbre et comme un présage de malheur. Mais son « coutumier » de Combray ne lui permettait pas de prendre légèrement les larmes, le chagrin, choses qu'elle jugeait aussi funestes que d'ôter sa flanelle ou de manger à contre-cœur. « Oh ! non, Monsieur, il ne faut pas pleurer comme cela, cela vous ferait mal ! » Et en voulant arrêter mes larmes elle avait l'air aussi inquiet que si c'eût **été** [1055 V-TempA-0] des flots de sang. Malheureusement je pris un air froid qui coupa court aux effusions qu'elle espérait et qui, du reste, eussent peut-être **été** [1056 V-TempA-0] sincères. Peut-être en était-il pour elle d'Albertine comme d'Eulalie, et maintenant que mon amie ne pouvait plus tirer de moi aucun profit, Françoise avait-elle **cessé** [1057 V-TempA-0] de la haïr. Elle tint à me montrer pourtant qu'elle se rendait bien compte que je pleurais et que, suivant seulement le funeste exemple des miens, je ne voulais pas « faire voir ». « Il ne faut pas pleurer, Monsieur », me dit-elle d'un ton cette fois plus calme, et plutôt pour me montrer sa clairvoyance que pour me témoigner sa pitié. Et elle ajouta : « Ça devait arriver, elle était trop heureuse, la pauvre, elle n'a pas **su** [1058 V-TempA-0] connaître son bonheur. »

Que le jour est lent à mourir par ces soirs **démesurés** [1059 Adj-Epith-3] de l'été ! Un pâle fantôme de la maison d'en face continuait indéfiniment à aquareller sur le ciel sa blancheur persistante. Enfin il faisait nuit dans l'appartement, je me cognais aux meubles de l'antichambre, mais dans la porte de l'escalier, au milieu du noir que je croyais total, la partie **vitrée** [1060 Adj-Epith-3] était translucide et bleue, d'un bleu de fleur, d'un bleu d'aile d'insecte, d'un bleu qui m'eût **semblé** [1061 V-TempA-0] beau si je n'avais **senti** [1062 V-TempA-0] qu'il était un dernier reflet, coupant comme un acier, un

---

[57] Var. ms. : *aurait faites*.

coup suprême que dans sa cruauté infatigable me portait encore le jour. L'obscurité complète finissait pourtant par venir[58], mais alors il suffisait d'une étoile **vue** [1063 Adj-Epith-3] à côté de l'arbre de la cour pour me rappeler nos départs en voiture, après le dîner, pour les bois de Chantepie, **tapissés** [1064 Adj-Epith-3] par le clair de lune. Et même dans les rues, il m'arrivait d'isoler sur le dos d'un banc, de recueillir la pureté naturelle d'un rayon de lune au milieu des lumières artificielles de Paris – de Paris sur lequel il faisait régner, en faisant rentrer un instant, pour mon imagination, la ville dans la nature, avec le silence infini des champs **évoqués** [1065 Adj-Epith-3] le souvenir douloureux des promenades que j'y avais **faites** [1066 V-TempA-2] avec Albertine. Ah ! quand la nuit finirait-elle ? Mais à la première fraîcheur de l'aube je frissonnais, car celle-ci avait **ramené** [1067 V-TempA-0] en moi la douceur de cet été où, de Balbec à Incarville, d'Incarville à Balbec, nous nous étions tant de fois **reconduits** [1068 V-TempE-2] l'un l'autre jusqu'au petit jour. Je n'avais plus qu'un espoir pour l'avenir – espoir bien plus déchirant qu'une crainte, – c'était d'oublier Albertine. Je savais que je l'oublierais un jour, j'avais bien **oublié** [1069 V-TempA-0] Gilberte, Mme de Guermantes, j'avais bien **oublié** [1070 V-TempA-0] ma grand-mère. Et c'est notre plus juste et plus cruel châtiment de l'oubli si total, paisible comme ceux des cimetières, par quoi nous nous sommes **détachés** [1071 V-TempE-1] de ceux que nous n'aimons plus, que nous entrevoyions ce même oubli comme inévitable à l'égard de ceux que nous aimons encore. À vrai dire nous savons qu'il est un état non douloureux, un état d'indifférence. Mais ne pouvant penser à la fois à ce que j'étais et à ce que je serais, je pensais avec désespoir à tout ce tégument de caresses, de baisers, de sommeils amis, dont il faudrait bientôt me laisser dépouiller pour jamais. L'élan de ces souvenirs si tendres, venant se briser contre l'idée qu'Albertine était **morte** [1072 Adj-Attr-1], m'oppressait par l'entrechoc de flux si **contrariés** [1073 Adj-Epith-3] que je ne pouvais rester immobile ; je me levais, mais tout d'un coup je m'arrêtais, **terrassé** [1074 Adj-Epith-3] ; le même petit jour que je voyais, au moment où je venais de quitter Albertine, encore radieux et chaud de ses baisers, venait tirer au-dessus des rideaux sa lame maintenant sinistre, dont la blancheur froide, implacable et compacte entrait, me donnant comme un coup de couteau.

---

[58] Var. ms. : *L'obscurité était venue* […].

Bientôt les bruits de la rue allaient commencer, permettant de lire à l'échelle qualitative de leurs sonorités le degré de la chaleur sans cesse **accrue** [1075 Adj-Epith-3] où ils retentiraient. Mais dans cette chaleur qui quelques heures plus tard s'imbiberait de l'odeur des cerises, ce que je trouvais (comme dans un remède que le remplacement d'une des parties composantes par une autre suffit pour rendre, d'un euphorique et d'un excitatif qu'il était, un déprimant), ce n'était plus le désir des femmes mais l'angoisse du départ d'Albertine. D'ailleurs le souvenir de tous mes désirs était aussi **imprégné** [1076 Adj-Attr-1] d'elle, et de souffrance, que le souvenir des plaisirs. Cette Venise où j'avais **cru** [1077 V-TempA-0] que sa présence me serait importune (sans doute parce que je sentais confusément qu'elle m'y serait nécessaire), maintenant qu'Albertine n'était plus, j'aimais mieux n'y pas aller. Albertine m'avait **semblé** [1078 V-TempA-0] un obstacle **interposé** [1079 Adj-Epith-3] entre moi et toutes choses, parce qu'elle était pour moi leur contenant et que c'est d'elle, comme d'un vase, que je pouvais les recevoir. Maintenant que ce vase était **détruit** [1080 Adj-Attr-1], je ne me sentais plus le courage de les saisir ; il n'y en avait plus une seule dont je ne me détournasse, **abattu** [1081 Adj-Epith-3], préférant n'y pas goûter. De sorte que ma séparation d'avec elle n'ouvrait nullement pour moi le champ des plaisirs possibles que j'avais **cru** [1082 V-TempA-0] m'être **fermé** [1083 V-Pass-1] par sa présence. D'ailleurs l'obstacle que sa présence avait peut-être **été** [1084 V-TempA-0], en effet, pour moi à voyager, à jouir de la vie, m'avait seulement, comme il arrive toujours, **masqué** [1085 V-TempA-0][59] les autres obstacles, qui reparaissaient intacts maintenant que celui-là avait **disparu** [1086 V-TempA-0]. C'est de cette façon qu'autrefois, quand quelque visite aimable m'empêchait de travailler, si le lendemain je restais seul je ne travaillais pas davantage. Qu'une maladie, un duel, un cheval **emporté** [1087 Adj-Epith-3], nous fassent voir la mort de près, nous aurions **joui** [1088 V-TempA-0] richement de la vie, de la volupté, de pays inconnus dont nous allons être **privés** [1089 V-Pass-1]. Et une fois le danger **passé** [1090 V-Sub-TempE-1], ce que nous retrouverons c'est la même vie morne où rien de tout cela n'existait pour nous.

Sans doute ces nuits si courtes durent peu. L'hiver finirait par revenir, où je n'aurais plus à craindre le souvenir des promenades avec

---

[59] Var. ms. : *empêché de voir*.

elle jusqu'à l'aube trop tôt **levée** [1091 Adj-Epith-3]. Mais les premières gelées ne me rapporteraient-elles elles pas, **conservé** [1092 Adj-Epith-3] dans leur glace, le germe de mes premiers désirs, quand à minuit je la faisais chercher, que le temps me semblait si long jusqu'à son coup de sonnette que je pourrais maintenant attendre éternellement en vain ? Ne me rapporteraient-elles pas le germe de mes premières inquiétudes, quand deux fois je crus qu'elle ne viendrait pas ? Dans ce temps-là je ne la voyais que rarement ; mais même ces intervalles qu'il y avait alors entre ses visites qui la faisaient surgir, au bout de plusieurs semaines, du sein d'une vie inconnue que je n'essayais pas de posséder, assuraient mon calme en empêchant les velléités sans cesse **interrompues** [1093 Adj-Epith-3] de ma jalousie de se conglomérer, de faire bloc dans mon cœur. Autant ils eussent **pu** [1094 V-TempA-0] être apaisants dans ce temps-là, autant, rétrospectivement, ils étaient empreints de souffrance depuis que ce qu'elle avait **pu** [1095 V-TempA-0] faire d'inconnu pendant leur durée avait **cessé** [1096 V-TempA-0] de m'être indifférent, et surtout maintenant qu'aucune visite d'elle ne viendrait plus jamais ; de sorte que ces soirs de janvier où elle venait, et qui par là m'avaient **été** [1097 V-TempA-0] si doux, me souffleraient maintenant dans leur bise aigre une inquiétude que je ne connaissais pas alors, et me rapporteraient, mais **devenu** [1098 Adj-Epith-3] pernicieux, le premier germe de mon amour. Et en pensant que je verrais recommencer ce temps froid qui, depuis Gilberte et mes jeux aux Champs-Élysées, m'avait toujours **paru** [1099 V-TempA-0] si triste ; quand je pensais que reviendraient des soirs pareils à ce soir de neige où j'avais vainement, toute une partie de la nuit, **attendu** [1100 V-TempA-0] Albertine, alors, comme un malade se plaçant bien au point de vue du corps pour sa poitrine, moi, moralement, à ces moments-là, ce que je redoutais encore le plus pour mon chagrin, pour mon cœur, c'était le retour des grands froids, et je me disais que ce qu'il y aurait de plus dur à passer ce serait peut-être l'hiver. **Lié** [1101 Adj-Attr-1] qu'il était à toutes les saisons, pour que je perdisse le souvenir d'Albertine il aurait **fallu** [1102 V-TempA-0] que je les oubliasse toutes, quitte à recommencer à les connaître, comme un vieillard **frappé** [1103 Adj-Epith-3] d'hémiplégie et qui rapprend à lire ; il aurait **fallu** [1104 V-TempA-0] que je renonçasse à tout l'univers. Seule, me disais-je, une véritable mort de moi-même serait capable (mais elle est impossible) de me consoler de la sienne. Je ne songeais pas que la mort de soi-même n'est ni impossible, ni extraordinaire ; elle se consomme à notre insu, au besoin contre notre gré, chaque jour, et je souffrirais de la répétition de toutes sortes de journées que non seulement la nature, mais des circonstances factices, un ordre plus conventionnel introduisent dans une saison. Bientôt reviendrait la date où j'étais **allé** [1105 V-TempE-1] à Balbec l'autre été et où mon amour, qui n'était pas encore inséparable de la jalousie et qui ne s'inquiétait pas de ce qu'Albertine faisait toute la journée, devait subir tant d'évolutions avant de devenir cet amour des derniers temps, si particulier, que cette année finale, où avait **commencé** [1106 V-TempA-0] de changer et où s'était **terminée** [1107 V-TempE-1] la destinée d'Albertine, m'apparaissait **remplie** [1108 Adj-Attr-1], diverse, vaste comme un siècle. Puis ce serait le souvenir de jours plus tardifs, mais dans des années antérieures, les dimanches de mauvais temps, où pourtant tout le monde était **sorti** [1109 V-TempE-1], dans le vide de l'après-midi, où le bruit du vent et de la pluie m'eût **invité** [1110 V-TempA-2] jadis à rester à faire le « philosophe sous les toits » ; avec quelle anxiété je verrais approcher l'heure où Albertine, si peu **attendue** [1111 Adj-Epith-3], était **venue** [1112 V-TempE-1] me voir, m'avait **caressé** [1113 V-TempA-2] pour la première fois, s'interrompant pour Françoise qui avait **apporté** [1114 V-TempA-0] la lampe, en ce temps deux fois **mort** [1115 Adj-Epith-3] où c'était Albertine qui était curieuse de moi, où ma tendresse pour elle pouvait légitimement avoir tant d'espérance. Même, à une saison plus **avancée** [1116 Adj-Epith-3], ces soirs glorieux où les offices, les pensionnats, **entr'ouverts** [1117 Adj-Epith-3] comme des chapelles, **baignés** [1118 Adj-Epith-3] d'une poussière **dorée** [1119 Adj-Epith-3], laissent la rue se couronner de ces demi-déesses qui, causant non loin de nous avec leurs pareilles, nous donnent la fièvre de pénétrer dans leur existence mythologique, ne me rappelaient plus que la tendresse d'Albertine qui, à côté de moi, m'était un empêchement à m'approcher d'elles.

D'ailleurs au souvenir des heures même purement naturelles s'ajouterait forcément le paysage moral qui en fait quelque chose d'unique. Quand j'entendrais plus tard le cornet à bouquin du chevrier, par un premier beau temps, presque italien, le même jour mélangerait tour à tour à sa lumière l'anxiété de savoir Albertine au Trocadéro, peut-être avec Léa et les deux jeunes filles, puis la douceur familiale et domestique, presque commune, d'une épouse qui me semblait alors embarrassante et que Françoise allait me ramener. Ce message téléphonique de Françoise qui m'avait **transmis** [1120 V-

TempA-0] l'hommage obéissant d'Albertine revenant avec elle, j'avais **cru** [1121 V-TempA-0] qu'il m'enorgueillissait. Je m'étais **trompé** [1122 V-TempE-1]. S'il m'avait **enivré** [1123 V-TempA-2], c'est parce qu'il m'avait **fait** [1124 V-TempA-0] sentir que celle que j'aimais était bien à moi, ne vivait bien que pour moi, et même à distance, sans que j'eusse besoin de m'occuper d'elle, me considérait comme son époux et son maître, revenant sur un signe de moi. Et ainsi ce message téléphonique avait **été** [1125 V-TempA-0] une parcelle de douceur, venant de loin, **émise** [1126 Adj-Epith-3] de ce quartier du Trocadéro où il se trouvait y avoir pour moi des sources de bonheur dirigeant vers moi d'apaisantes molécules, des baumes calmants me rendant enfin une si douce liberté d'esprit que je n'avais plus **eu** [1127 V-TempA-0] — me livrant sans la restriction d'un seul souci à la musique de Wagner — qu'à attendre l'arrivée certaine d'Albertine, sans fièvre, avec un manque entier d'impatience où je n'avais pas **su** [1128 V-TempA-0] reconnaître le bonheur. Et ce bonheur qu'elle revînt, qu'elle m'obéît et m'appartînt, la cause en était dans l'amour, non dans l'orgueil. Il m'eût **été** [1129 V-TempA-0] bien égal maintenant d'avoir à mes ordres cinquante femmes revenant, sur un signe de moi, non pas du Trocadéro mais des Indes. Mais ce jour-là, en sentant Albertine qui, tandis que j'étais seul dans ma chambre à faire de la musique, venait docilement vers moi, j'avais **respiré** [1130 V-TempA-0], **disséminée** [1131 Adj-Epith-3] comme un poudroiement dans le soleil, une de ces substances qui, comme d'autres sont salutaires au corps, font du bien à l'âme. Puis ç'avait **été** [1132 V-TempA-0], une demi-heure après, l'arrivée d'Albertine, puis la promenade avec Albertine **arrivée** [1133 Adj-Epith-3], promenade que j'avais **crue** [1134 V-TempA-2] ennuyeuse parce qu'elle était pour moi **accompagnée** [1135 V-Pass-1] de certitude, mais, à cause de cette certitude même, qui avait, à partir du moment où Françoise m'avait **téléphoné** [1136 V-TempA-0] qu'elle la ramenait, **coulé** [1137 V-TempA-0] un calme d'or dans les heures qui avaient **suivi** [1138 V-TempA-0], en avaient **fait** [1139 V-TempA-0] comme une deuxième journée bien différente de la première, parce qu'elle avait un tout autre dessous moral, un dessous moral qui en faisait une journée originale, qui venait s'ajouter à la variété de celles que j'avais **connues** [1140 V-TempA-2] jusque-là, journée que je n'eusse jamais **pu** [1141 V-TempA-0] imaginer — comme nous ne pourrions imaginer le repos d'un jour d'été si de tels jours n'existaient pas dans la série de ceux que nous avons **vécus** [1142 V-TempA-2], — journée dont je ne pouvais pas dire absolument que je me la rappelais, car à ce calme s'ajoutait maintenant une souffrance que je n'avais pas **ressentie** [1143 V-TempA-2] alors. Mais bien plus tard, quand je traversai peu à peu, en sens inverse, les temps par lesquels j'avais **passé** [1144 V-TempA-0] avant d'aimer tant Albertine, quand mon cœur **cicatrisé** [1145 Adj-Epith-3] put se séparer sans souffrance d'Albertine **morte** [1146 Adj-Epith-3], alors je pus me rappeler enfin sans souffrance ce jour où Albertine avait **été** [1147 V-TempA-0] faire des courses avec Françoise au lieu de rester au Trocadéro ; je me rappelai avec plaisir ce jour comme appartenant à une saison morale que je n'avais pas **connue** [1148 V-TempA-2] jusqu'alors ; je me le rappelai enfin exactement sans plus y ajouter de souffrance et au contraire comme on se rappelle certains jours d'été qu'on a **trouvés** [1149 V-TempA-2] trop chauds quand on les a **vécus** [1150 V-TempA-2], et dont, après coup surtout, on extrait le titre sans alliage d'or fin et d'indestructible azur.

De sorte que ces quelques années n'imposaient pas seulement au souvenir d'Albertine, qui les rendait si douloureuses, la couleur successive, les modalités différentes de leurs saisons ou de leurs heures, des fins d'après-midi de juin aux soirs d'hiver, des clairs de lune sur la mer à l'aube en rentrant à la maison, de la neige de Paris aux feuilles **mortes** [1151 Adj-Epith-3] de Saint-Cloud, mais encore de l'idée particulière que je me faisais successivement d'Albertine, de l'aspect physique sous lequel je me la représentais à chacun de ces moments, de la fréquence plus ou moins grande avec laquelle je la voyais cette saison-là, laquelle s'en trouvait comme plus **dispersée** [1152 Adj-Attr-1] ou plus compacte, des anxiétés qu'elle avait **pu** [1153 V-TempA-0] m'y causer par l'attente, du désir que j'avais à tel moment pour elle, d'espoirs **formés** [1154 Adj-Epith-3], puis **perdus** [1155 Adj-Epith-3] ; tout cela modifiait le caractère de ma tristesse rétrospective tout autant que les impressions de lumière ou de parfums qui lui étaient **associées** [1156 Adj-Attr-1 / V-Pass-1], et complétait chacune des années solaires que j'avais **vécues** [1157 V-TempA-2] – et qui, rien qu'avec leurs printemps, leurs arbres, leurs brises, étaient déjà si tristes à cause du souvenir inséparable d'elle – en la doublant d'une sorte d'année sentimentale où les heures n'étaient pas **définies** [1158 V-Pass-1] par la position du soleil, mais par l'attente d'un rendez-vous ; où la longueur des jours, où les progrès de la température, étaient **mesurés** [1159 V-Pass-1] par l'essor de mes espérances, le progrès de notre intimité, la transformation progressive de son visage, les voyages qu'elle avait **faits** [1160 V-TempA-2], la fréquence et le style des lettres qu'elle m'avait **adressées** [1161 V-TempA-2] pendant une absence, sa précipitation plus ou moins grande à me voir au retour. Et enfin, ces changements de temps, ces jours différents, s'ils me rendaient chacun une autre Albertine, ce n'était pas seulement par l'évocation des moments semblables. Mais l'on se rappelle que toujours, avant même que j'aimasse, chacune avait **fait** [1162 V-TempA-0] de moi un homme différent, ayant d'autres désirs parce qu'il avait d'autres perceptions et qui, de n'avoir **rêvé** [1163 V-TempA-0] que tempêtes et falaises la veille, si le jour indiscret du printemps avait **glissé** [1164 V-TempA-0] une odeur de roses dans la clôture mal **jointe** [1165 Adj-Epith-3] de son sommeil **entrebâillé** [1166 Adj-Epith-3], s'éveillait en partance pour l'Italie. Même dans mon amour l'état changeant de mon atmosphère morale, la pression **modifiée** [1167 Adj-Epith-3] de mes croyances n'avaient-ils pas, tel jour, **diminué** [1168 V-TempA-0] la visibilité de mon propre amour, ne l'avaient-ils pas, tel jour, indéfiniment **étendue** [1169 V-TempA-2], tel jour **embellie** [1170 V-TempA-2] jusqu'au sourire, tel jour **contractée** [1171 V-TempA-2] jusqu'à l'orage ? On n'est que par ce qu'on possède, on ne possède que ce qui vous est réellement présent, et tant de nos souvenirs, de nos humeurs, de nos idées partent faire des voyages loin de nous-même, où nous les perdons de vue ! Alors nous ne pouvons plus les faire entrer en ligne de compte dans ce total qui est notre être. Mais ils ont des chemins secrets pour rentrer en nous. Et certains soirs m'étant **endormi** [1172 Adj-Epith-3] sans presque plus regretter Albertine – on ne peut regretter que ce qu'on se rappelle – au réveil je trouvais toute une flotte de souvenirs qui étaient **venus** [1173 V-TempE-1] croiser en moi dans ma plus claire conscience, et que je distinguais à merveille. Alors je pleurais ce que je voyais si bien et qui, la veille, n'était pour moi que néant. Puis, brusquement, le nom d'Albertine, sa mort avaient **changé** [1174 V-TempA-0] de sens ; ses trahisons avaient soudain **repris** [1175 V-TempA-0] toute leur importance.

Comment m'avait-elle **paru** [1176 V-TempA-0] **morte** [1177 Adj-Attr-1], quand maintenant pour penser à elle je n'avais à ma disposition que les mêmes images dont quand elle était vivante je revoyais l'une ou l'autre : rapide et **penchée** [1178 Adj-Epith-3] sur la roue mythologique de sa bicyclette, **sanglée** [1179 Adj-Epith-3] les jours de pluie sous la tunique guerrière de caoutchouc qui faisait bomber ses seins, la tête **enturbannée** [1180 Adj-Attr-2] et **coif-**

fée [1181 Adj-Attr-2] de serpents, elle semait la terreur dans les rues de Balbec ; les soirs où nous avions **emporté** [1182 V-TempA-0] du champagne dans les bois de Chantepie, <u>la voix</u> provocante et **changée** [1183 Adj-Attr-2], elle avait au visage cette chaleur blême rougissant seulement aux[60] pommettes que, la distinguant mal dans l'obscurité de la voiture, j'approchais du clair de lune pour la mieux voir et que j'essayais maintenant en vain de me rappeler, de revoir dans une obscurité qui ne finirait plus. Petite statuette dans la promenade vers l'île, calme figure grosse à gros grains près du pianola, elle était ainsi tour à tour pluvieuse et rapide, provocante et diaphane, immobile et souriante, ange de la musique. Chacune était ainsi **attachée** [1184 Adj-Attr-1] à un moment, à la date duquel je me trouvais **replacé** [1185 Adj-Attr-1] quand je la revoyais. Et les moments du passé ne sont pas immobiles ; ils gardent dans notre mémoire le mouvement qui les entraînait vers l'avenir – vers un avenir **devenu** [1186 Adj-Epith-3] lui-même le passé, – nous y entraînant nous-même. Jamais je n'avais **caressé** [1187 V-TempA-0] l'Albertine encaoutchoutée des jours de pluie, je voulais lui demander d'ôter cette armure, ce serait connaître avec elle l'amour des camps, la fraternité du voyage. Mais ce n'était plus possible, elle était **morte** [1188 Adj-Attr-1]. Jamais non plus, par peur de la dépraver, je n'avais **fait** [1189 V-TempA-0] semblant de comprendre, les soirs où elle semblait m'offrir des plaisirs <u>que</u> sans cela elle n'eût peut-être pas **demandés** [1190 V-TempA-2] à d'autres, et qui excitaient maintenant en moi un désir furieux. Je ne <u>les</u> aurais pas **éprouvés** [1191 V-TempA-2] semblables auprès d'une autre, mais celle qui me <u>les</u> aurait **donnés** [1192 V-TempA-2], je pouvais courir le monde sans la rencontrer puisque Albertine était **morte** [1193 Adj-Attr-1]. Il semblait que je dusse choisir entre deux faits, décider quel était le vrai, tant celui de la mort d'Albertine – **venu** [1194 Adj-Epith-3] pour moi d'une réalité <u>que</u> je n'avais pas **connue** [1195 V-TempA-2] : sa vie en Touraine – était en contradiction avec toutes mes pensées relatives à Albertine, mes désirs, mes regrets, mon attendrissement, ma fureur, ma jalousie. Une telle richesse de souvenirs **empruntés** [1196 Adj-Epith-3] au répertoire de sa vie, une telle profusion de sentiments évoquant, impliquant sa vie, semblaient rendre incroyable qu'Albertine fût **morte** [1197 V-TempE-1]. Une telle profusion de sentiments, car ma mémoire, en conservant ma tendresse, lui laissait

---

[60] Var. ms. : [...] *un peu échauffée* aux pommettes que [...].

toute sa variété. Ce n'était pas Albertine seule qui n'était qu'une succession de moments, c'était aussi moi-même. Mon amour pour elle n'avait pas **été** [1198 V-TempA-0] simple : à la curiosité de l'inconnu s'était **ajouté** [1199 V-TempE-1] un désir sensuel, et à un sentiment d'une douceur presque familiale, tantôt l'indifférence, tantôt une fureur jalouse. Je n'étais pas un seul homme, mais le défilé heure par heure d'une armée composite où il y avait, selon le moment, des passionnés, des indifférents, des jaloux – des jaloux dont pas un n'était jaloux de la même femme. Et sans doute ce serait de là qu'un jour viendrait la guérison que je ne souhaiterais pas. Dans une foule, ces éléments peuvent, un par un, sans qu'on s'en aperçoive, être **remplacés** [1200 V-Pass-1] par d'autres, que d'autres encore éliminent ou renforcent, si bien qu'à la fin un changement s'est **accompli** [1201 V-TempE-1] qui ne se pourrait concevoir si l'on était un. La complexité de mon amour, de ma personne, multipliait, diversifiait mes souffrances. Pourtant elles pouvaient se ranger toujours sous les deux groupes dont l'alternance avait **fait** [1202 V-TempA-0] toute la vie de mon amour pour Albertine, tour à tour **livré** [1203 Adj-Epith-3] à la confiance et au soupçon jaloux.

Si j'avais peine à penser qu'Albertine, si vivante en moi (portant comme je faisais le double harnais du présent et du passé), était **morte** [1204 Adj-Attr-1], peut-être était-il aussi contradictoire que ce soupçon de fautes, dont Albertine, aujourd'hui **dépouillée** [1205 Adj-Epith-3] de la chair qui en avait **joui** [1206 V-TempA-0], de l'âme qui avait **pu** [1207 V-TempA-0] les désirer, n'était plus capable, ni responsable, excitât en moi une telle souffrance, que j'aurais seulement **bénie** [1208 V-TempA-2] si j'avais **pu** [1209 V-TempA-0] y voir le gage de la réalité morale d'une personne matériellement inexistante, au lieu du reflet, **destiné** [1210 Adj-Epith-3] à s'éteindre lui-même, d'impressions qu'elle m'avait autrefois **causées** [1211 V-TempA-2]. Une femme qui ne pouvait plus éprouver de plaisirs avec d'autres n'aurait plus **dû** [1212 V-TempA-0] exciter ma jalousie, si seulement ma tendresse avait **pu** [1213 V-TempA-0] se mettre à jour. Mais c'est ce qui était impossible puisqu'elle ne pouvait trouver son objet, Albertine, que dans des souvenirs où celle-ci était vivante. Puisque, rien qu'en pensant à elle, je la ressuscitais, ses trahisons ne pouvaient jamais être celles d'une morte ; l'instant où elle les avait **commises** [1214 V-TempA-2] devenant l'instant actuel, non pas seulement pour Albertine, mais pour celui de mes « moi » subitement **évoqué** [1215 Adj-Epith-3] qui la contemplait. De sorte qu'aucun anachronisme ne pouvait jamais séparer le couple indissoluble où, à chaque coupable nouvelle, s'appariait aussitôt un jaloux lamentable et toujours contemporain. Je l'avais, les derniers mois, **tenue** [1216 V-TempA-2] **enfermée** [1217 Adj-Attr-2] dans ma maison. Mais dans mon imagination maintenant, Albertine était libre, elle usait mal de cette liberté, elle se prostituait aux unes, aux autres. Jadis je songeais sans cesse à l'avenir incertain qui était **déployé** [1218 Adj-Attr-1] devant nous, j'essayais d'y lire. Et maintenant ce qui était en avant de moi, comme un double de l'avenir – aussi préoccupant qu'un avenir puisqu'il était aussi incertain, aussi difficile à déchiffrer, aussi mystérieux ; plus cruel encore parce que je n'avais pas comme pour l'avenir la possibilité ou l'illusion d'agir sur lui, et aussi parce qu'il se déroulerait aussi long que ma vie elle-même, sans que ma compagne fût là pour calmer les souffrances qu'il me causait, – ce n'était plus l'Avenir d'Albertine, c'était son Passé. Son Passé ? C'est mal dire puisque pour la jalousie il n'est ni passé ni avenir et que ce qu'elle imagine est toujours le Présent.

Les changements de l'atmosphère en provoquent d'autres dans l'homme intérieur, réveillent des « moi » **oubliés** [1219 Adj-Epith-3], contrarient l'assoupissement de l'habitude, redonnent de la force à tels souvenirs, à telles souffrances. Combien plus encore pour moi si ce temps nouveau qu'il faisait me rappelait celui par lequel Albertine, à Balbec, sous la pluie menaçante, par exemple, était **allée** [1220 V-TempE-1] faire, Dieu sait pourquoi, de grandes promenades, dans le maillot collant de son caoutchouc. Si elle avait **vécu** [1221 V-TempA-0], sans doute aujourd'hui, par ce temps si semblable, partirait-elle faire en Touraine une excursion analogue. Puisqu'elle ne le pouvait plus, je n'aurais pas **dû** [1222 V-TempA-0] souffrir de cette idée ; mais, comme aux amputés, le moindre changement de temps renouvelait mes douleurs dans le membre qui n'existait plus.

Tout d'un coup c'était un souvenir que je n'avais pas **revu** [1223 V-TempA-2] depuis bien longtemps – car il était **resté** [1224 V-TempE-1] **dissous** [1225 Adj-Attr-1] dans la fluide et invisible étendue de ma mémoire – qui se cristallisait. Ainsi il y avait plusieurs années, comme on parlait de son peignoir de douche, Albertine avait **rougi** [1226 V-TempA-0]. À cette époque-là je n'étais pas jaloux d'elle. Mais depuis, j'avais **voulu** [1227 V-TempA-0] lui demander si elle pouvait se rappeler cette conversation et me dire pourquoi elle avait **rougi** [1228 V-TempA-0]. Cela m'avait d'autant plus **préoccupé** [1229 V-TempA-2] qu'on m'avait **dit** [1230 V-TempA-0] que les deux jeunes filles amies de Léa allaient dans cet établissement balnéaire de l'hôtel et, disait-on, pas seulement pour prendre des douches. Mais, par peur de fâcher Albertine ou attendant une époque meilleure, j'avais toujours **remis** [1231 V-TempA-0] de lui en parler, puis je n'y avais plus **pensé** [1232 V-TempA-0]. Et tout d'un coup, quelque temps après la mort d'Albertine, j'aperçus ce souvenir, **empreint** [1233 Adj-Epith-3] de ce caractère à la fois irritant et solennel qu'ont les énigmes **laissées** [1234 Adj-Epith-3] à jamais insolubles par la mort du seul être qui eût **pu** [1235 V-TempA-0] les éclaircir. Ne pourrais-je pas du moins tâcher de savoir si Albertine n'avait jamais <u>rien</u> **fait** [1236 V-TempA-2] de mal dans cet établissement de douches ? En envoyant quelqu'un à Balbec j'y arriverais peut-être. Elle vivante, je n'eusse sans doute **pu** [1237 V-TempA-0] rien apprendre. Mais les langues se délient étrangement et racontent facilement une faute quand on n'a plus à craindre la rancune de la coupable. Comme la constitution de l'imagination, **restée** [1238 Adj-Epith-3] rudimentaire, simpliste (n'ayant pas **passé** [1239 Adj-Epith-0] par les innombrables transformations qui remédient aux modèles primitifs des inventions humaines, à peine reconnaissables, qu'il s'agisse de baromètre, de ballon, de téléphone, etc., dans leurs perfectionnements ultérieurs), ne nous permet de voir que fort peu de choses à la fois, le souvenir de l'établissement de douches occupait tout le champ de ma vision intérieure.

Parfois je me heurtais dans les rues obscures du sommeil à un de ces mauvais rêves, qui ne sont pas bien graves pour une première raison, c'est que la tristesse qu'ils engendrent ne se prolonge guère qu'une heure après le réveil, pareille à ces malaises que cause une manière d'endormir artificielle. Pour une autre raison aussi, c'est qu'on ne les rencontre que très rarement, à peine tous les deux ou trois ans. Encore reste-t-il incertain qu'on <u>les</u> ait déjà **rencontrés** [1240 V-TempA-2] et qu'ils n'aient pas plutôt cet aspect de ne pas être **vus** [1241 V-Pass-1] pour la première fois que projette sur eux une illusion, une subdivision (car dédoublement ne serait pas assez dire).

Sans doute, puisque j'avais des doutes sur la vie, sur la mort d'Albertine, j'aurais **dû** [1242 V-TempA-0] depuis bien longtemps me livrer à des enquêtes, mais la même fatigue, la même lâcheté qui m'avaient **fait** [1243 V-TempA-0] me soumettre à Albertine quand elle était là, m'empêchaient de rien entreprendre depuis que je ne la voyais plus. Et pourtant de la faiblesse **traînée** [1244 Adj-Epith-3] pendant des années un éclair d'énergie surgit parfois. Je me décidai à cette enquête, au moins toute naturelle. On eût **dit** [1245 V-TempA-0] qu'il n'y eût rien **eu** [1246 V-TempA-0] d'autre dans toute la vie d'Albertine. Je me demandais qui je pourrais bien envoyer tenter une enquête sur place, à Balbec. Aimé me parut bien **choisi** [1247 Adj-Attr-1]. Outre qu'il connaissait admirablement les lieux, il appartenait à cette catégorie de gens du peuple soucieux de leur intérêt, fidèles à ceux qu'ils servent, indifférents à toute espèce de morale et dont – parce que, si nous les payons bien, dans leur obéissance à notre volonté ils suppriment tout ce qui l'entraverait d'une manière ou de l'autre, se montrant aussi incapables d'indiscrétion, de mollesse ou d'improbité que **dépourvus** [1248 Adj-Attr-2] de scrupules – nous disons : « Ce sont de braves gens. » En ceux-là nous pouvons avoir une confiance absolue. Quand Aimé fut **parti** [1249 V-TempE-1], je pensai combien il eût mieux **valu** [1250 V-TempA-0] que ce qu'il allait essayer d'apprendre là-bas, je pusse le demander maintenant à Albertine elle-même. Et aussitôt l'idée de cette question que j'aurais **voulu** [1251 V-TempA-0], qu'il me semblait que j'allais lui poser, ayant **amené** [1252 Adj-Epith-0] Albertine à mon côté – non grâce à un effort de résurrection mais comme par le hasard d'une de ces rencontres qui, comme cela se passe dans les photographies qui ne sont pas « **posées** [1253 Adj-Attr-1] », dans les instantanés, laissent toujours la personne plus vivante – en même temps que j'imaginais notre conversation j'en sentais l'impossibilité ; je venais d'abord par une nouvelle face cette idée qu'Albertine était **morte** [1254 Adj-Attr-1], Albertine qui m'inspirait cette tendresse qu'on a pour les absentes dont la vue ne vient pas rectifier l'image **embellie** [1255 Adj-Epith-3], inspirant aussi la tristesse que cette absence fût éternelle et que la pauvre petite fût **privée** [1256 V-Pass-1] à jamais de la douceur de la vie. Et aussitôt, par un brusque déplacement, de la torture de la jalousie je passais au désespoir de la séparation.

Ce qui remplissait mon cœur maintenant était, au lieu de haineux soupçons, le souvenir **attendri** [1257 Adj-Epith-3] des heures de tendresse confiante **passées** [1258 Adj-Epith-3] avec la sœur que sa mort m'avait réellement **fait** [1259 V-TempA-0] perdre, puisque mon chagrin se rapportait, non à ce qu'Albertine avait **été** [1260 V-TempA-0] pour moi, mais à ce que mon cœur désireux de participer aux émotions les plus générales de l'amour m'avait peu à peu **persuadé** [1261 V-TempA-2] qu'elle était ; alors je me rendais compte que cette vie qui m'avait tant **ennuyé** [1262 V-TempA-2] – du moins je le croyais[61] – avait **été** [1263 V-TempA-0] au contraire délicieuse ; aux moindres moments **passés** [1264 Adj-Epith-3] à parler avec elle de choses même insignifiantes, je sentais maintenant qu'était **ajoutée** [1265 V-Pass-1], **amalgamée** [1266 V-Pass-1] une volupté qui alors n'avait, il est vrai, pas **été** [1267 V-TempA-0] **perçue** [1268 V-Pass-1] par moi, mais qui était déjà cause que ces moments-là je <u>les</u> avais toujours si persévéramment **recherchés** [1269 V-TempA-2] à l'exclusion de tout le reste ; les moindres incidents que je me rappelais, un mouvement <u>qu</u>'elle avait **fait** [1270 V-TempA-2] en voiture auprès de moi, ou pour s'asseoir en face de moi dans sa chambre, propageaient dans mon âme un remous de douceur et de tristesse qui de proche en proche la gagnait tout entière.

Cette chambre où nous dînions[62] ne m'avait jamais **paru** [1271 V-TempA-0] jolie, je disais seulement qu'elle l'était à Albertine pour que mon amie fût contente d'y vivre. Maintenant les rideaux, les sièges, les livres avaient **cessé** [1272 V-TempA-0] de m'être indifférents. L'art n'est pas seul à mettre du charme et du mystère dans les choses les plus insignifiantes ; ce même pouvoir de les mettre en rapport intime avec nous est **dévolu** [1273 Adj-Attr-1] aussi à la douleur. Au moment même je n'avais **prêté** [1274 V-TempA-0] aucune attention à ce dîner <u>que</u> nous avions **fait** [1275 V-TempA-2] ensemble au retour du Bois, avant que j'allasse chez les Verdurin, et vers la beauté, la grave douceur duquel je tournais maintenant des yeux pleins de larmes. Une impression de l'amour est hors de proportion avec les autres impressions de la vie, mais ce n'est pas **perdue** [1276 V-Sub-TempE-1] au milieu d'elles qu'on peut s'en rendre compte. Ce n'est pas d'en bas, dans le tumulte de la rue et la cohue des maisons avoisinantes, c'est quand on s'est **éloigné** [1277 V-TempE-1] que des pentes d'un coteau voisin, à une distance où toute la ville a **disparu** [1278 V-TempA-0], ou ne forme plus au ras de terre qu'un amas confus, qu'on peut, dans le recueillement de la solitude et du soir, évaluer, unique, persistante et pure, la hauteur d'une cathédrale. Je tâchais d'embrasser l'image d'Albertine à travers mes larmes en pensant à toutes les choses sérieuses et justes <u>qu</u>'elle avait **dites** [1279 V-TempA-2] ce soir-là.

Un matin je crus voir la forme oblongue d'une colline dans le brouillard, sentir la chaleur d'une tasse de chocolat, pendant que

---

[61] Var. ms. : *je l'avais cru*.
[62] Var. ms. : *avions dîné*.

m'étreignait horriblement le cœur ce souvenir de l'après-midi où Albertine était **venue** [1280 V-TempE-1] me voir et où je l'avais **embrassée** [1281 V-TempA-2] pour la première fois : c'est que je venais d'entendre le hoquet du calorifère à eau qu'on venait de rallumer. Et je jetai avec colère une invitation que Françoise apporta de Mme Verdurin ; combien l'impression que j'avais **eue** [1282 V-TempA-2], en allant dîner pour la première fois à la Raspelière, que la mort ne frappe pas tous les êtres au même âge s'imposait à moi avec plus de force maintenant qu'Albertine était **morte** [1283 Adj-Attr-1], si jeune, et que Brichot continuait à dîner chez Mme Verdurin qui recevait toujours et recevrait peut-être pendant beaucoup d'années encore. Aussitôt ce nom de Brichot me rappela la fin de cette même soirée où il m'avait **reconduit** [1284 V-TempA-2], où j'avais **vu** [1285 V-TempA-0] d'en bas la lumière de la lampe d'Albertine. J'y avais déjà **repensé** [1286 V-TempA-0] d'autres fois, mais je n'avais pas **abordé** [1287 V-TempA-0] le souvenir par le même côté. Alors, en pensant au vide que je trouverais maintenant en rentrant chez moi, que je ne verrais plus d'en bas la chambre d'Albertine d'où la lumière s'était **éteinte** [1288 V-TempE-1] à jamais, je compris combien ce soir où, en quittant Brichot, j'avais **cru** [1289 V-TempA-0] éprouver de l'ennui, du regret de ne pouvoir aller me promener et faire l'amour ailleurs, je compris combien je m'étais **trompé** [1290 V-TempE-1], et que c'était seulement parce que le trésor dont les reflets venaient d'en haut jusqu'à moi, je m'en croyais la possession entièrement **assurée** [1291 Adj-Attr-2], que j'avais **négligé** [1292 V-TempA-0] d'en calculer la valeur, ce qui faisait qu'il me paraissait forcément inférieur à des plaisirs, si petits qu'ils fussent, mais que, cherchant à les imaginer, j'évaluais. Je compris combien cette lumière qui me semblait venir d'une prison contenait pour moi de plénitude, de vie et de douceur, et qui n'était que la réalisation de ce qui m'avait un instant **enivré** [1293 V-TempA-2], puis **paru** [1294 V-TempA-0] à jamais impossible : je comprenais que cette vie que j'avais **menée** [1295 V-TempA-2] à Paris dans un chez-moi qui était son chez-elle, c'était justement la réalisation de cette paix profonde que j'avais **rêvée** [1296 V-TempA-2] le soir où Albertine avait **couché** [1297 V-TempA-0] sous le même toit que moi, à Balbec. La conversation que j'avais **eue** [1298 V-TempA-2] avec Albertine en rentrant du Bois avant cette dernière soirée Verdurin, je ne me fusse pas **consolé** [1299 V-TempE-2] qu'elle n'eût pas **eu** [1300 V-TempA-0] lieu, cette conversation qui avait un peu **mêlé** [1301 V-TempA-0]

Albertine à la vie de mon intelligence et en certaines parcelles nous avait **faits** [1302 V-TempA-2] identiques l'un à l'autre. Car sans doute son intelligence, sa gentillesse pour moi, si j'y revenais avec attendrissement, ce n'est pas qu'elles eussent **été** [1303 V-TempA-0] plus grandes que celles d'autres personnes que j'avais **connues** [1304 V-TempA-2]. Mme de Cambremer ne m'avait-elle pas **dit** [1305 V-TempA-0] à Balbec : « Comment ! vous pourriez passer vos journées avec Elstir qui est un homme de génie et vous les passez avec votre cousine ! » L'intelligence d'Albertine me plaisait parce que, par association, elle éveillait en moi ce que j'appelais sa douceur, comme nous appelons douceur d'un fruit une certaine sensation qui n'est que dans notre palais. Et de fait, quand je pensais à l'intelligence d'Albertine, mes lèvres s'avançaient instinctivement et goûtaient un souvenir dont j'aimais mieux que la réalité me fût extérieure et consistât dans la supériorité objective d'un être. Il est certain que j'avais **connu** [1306 V-TempA-0] des personnes d'intelligence plus grande. Mais l'infini de l'amour, ou son égoïsme, fait que les êtres que nous aimons sont ceux dont la physionomie intellectuelle et morale est pour nous le moins objectivement **définie** [1307 Adj-Attr-1], nous les retouchons sans cesse au gré de nos désirs et de nos craintes, nous ne les séparons pas de nous, ils ne sont qu'un lieu immense et vague où s'extériorisent nos tendresses. Nous n'avons pas de notre propre corps, où affluent perpétuellement tant de malaises et de plaisirs, une silhouette aussi nette que celle d'un arbre, ou d'une maison, ou d'un passant. Et ç'avait peut-être **été** [1308 V-TempA-0] mon tort de ne pas chercher davantage à connaître Albertine en elle-même. De même qu'au point de vue de son charme, je n'avais longtemps **considéré** [1309 V-TempA-0] que les positions différentes qu'elle occupait dans mon souvenir dans le plan des années, et que j'avais **été** [1310 V-TempA-0] **surpris** [1311 V-Pass-1] de voir qu'elle s'était spontanément **enrichie** [1312 V-TempE-1] de modifications qui ne tenaient pas qu'à la différence des perspectives, de même j'aurais **dû** [1313 V-TempA-0] chercher à comprendre son caractère comme celui d'une personne quelconque et peut-être, m'expliquant alors pourquoi elle s'obstinait à me cacher son secret, j'aurais **évité** [1314 V-TempA-0] de prolonger entre nous, avec cet acharnement étrange, ce conflit qui avait **amené** [1315 V-TempA-0] la mort d'Albertine. Et j'avais alors, avec une grande pitié d'elle, la honte de lui survivre. Il me semblait, en effet, dans les heures où je souffrais le moins, que je bénéficiais en quelque sorte de sa mort, car une femme est d'une plus grande utilité pour notre vie si elle y est, au lieu d'un élément de bonheur, un instrument de chagrin, et il n'y en a pas une seule dont la possession soit aussi précieuse que celle des vérités qu'elle nous découvre en nous faisant souffrir. Dans ces moments-là, rapprochant la mort de ma grand'mère et celle d'Albertine, il me semblait que ma vie était **souillée** [1316 V-Pass-1] d'un double assassinat que seule la lâcheté du monde pouvait me pardonner. J'avais **rêvé** [1317 V-TempA-0] d'être **compris** [1318 V-Pass-1] d'Albertine, de ne pas être **méconnu** [1319 V-Pass-1] par elle, croyant que c'était pour le grand bonheur d'être **compris** [1320 V-Pass-1], de ne pas être **méconnu** [1321 V-Pass-1], alors que tant d'autres eussent mieux **pu** [1322 V-TempA-0] le faire. On désire être **compris** [1323 V-Pass-1] parce qu'on désire être **aimé** [1324 V-Pass-1], et on désire être **aimé** [1325 V-Pass-1] parce qu'on aime. La compréhension des autres est indifférente et leur amour importun. Ma joie d'avoir **possédé** [1326 V-TempA-0] un peu de l'intelligence d'Albertine et de son cœur ne venait pas de leur valeur intrinsèque, mais de ce que cette possession était un degré de plus dans la possession totale d'Albertine, possession qui avait **été** [1327 V-TempA-0] mon but et ma chimère depuis le premier jour où je l'avais **vue** [1328 V-TempA-2]. Quand nous parlons de la « gentillesse » d'une femme nous ne faisons peut-être que projeter hors de nous le plaisir que nous éprouvons à la voir, comme les enfants quand ils disent : « Mon cher petit lit, mon cher petit oreiller, mes chères petites aubépines. » Ce qui explique, par ailleurs, que les hommes ne disent jamais d'une femme qui ne les trompe pas : « Elle est si gentille » et le disent si souvent d'une femme par qui ils sont **trompés** [1329 V-Pass-1]. Mme de Cambremer trouvait avec raison que le charme spirituel d'Elstir était plus grand. Mais nous ne pouvons pas juger de la même façon celui d'une personne qui est, comme toutes les autres, extérieure à nous, **peinte** [1330 Adj-Epith-3] à l'horizon de notre pensée, et celui d'une personne qui, par suite d'une erreur de localisation consécutive à certains accidents mais tenace, s'est **logée** [1331 V-TempE-1] dans notre propre corps au point que de nous demander rétrospectivement si elle n'a pas **regardé** [1332 V-TempA-0] une femme un certain jour dans le couloir d'un petit chemin de fer maritime nous fait éprouver les mêmes souffrances qu'un chirurgien qui chercherait une balle dans notre cœur. Un simple croissant, mais que nous mangeons, nous fait éprouver plus de plaisir que tous les ortolans, lapereaux et bartavelles qui furent **servis** [1333 V-Pass-1] à Louis XV, et la pointe de l'herbe qui à quelques centimètres frémit devant notre œil, tandis que nous sommes **couchés** [1334 Adj-Attr-1] sur la montagne, peut nous cacher la vertigineuse aiguille d'un sommet si celui-ci est distant de plusieurs lieues.

    D'ailleurs notre tort n'est pas de priser l'intelligence, la gentillesse d'une femme que nous aimons, si petites que soient celles-ci. Notre tort est de rester indifférent à la gentillesse, à l'intelligence des autres. Le mensonge ne recommence à nous causer l'indignation, et la bonté la reconnaissance qu'ils devraient toujours exciter en nous, que s'ils viennent d'une femme que nous aimons, et le désir physique a ce merveilleux pouvoir de rendre son prix à l'intelligence et des bases solides à la vie morale. Jamais je ne retrouverais cette chose divine : un être avec qui je pusse causer de tout, à qui je pusse me confier. Me confier ? Mais d'autres êtres ne me montraient-ils pas plus de confiance qu'Albertine ? Avec d'autres n'avais-je pas des causeries plus **étendues** [1335 Adj-Epith-3] ? C'est que la confiance, la conversation, choses médiocres, qu'importe qu'elles soient plus ou moins imparfaites, si s'y mêle seulement l'amour, qui seul est divin. Je revoyais Albertine s'asseyant à son pianola, rose sous ses cheveux noirs ; je sentais, sur mes lèvres qu'elle essayait d'écarter, sa langue, sa langue maternelle, incomestible, nourricière et sainte dont la flamme et la rosée secrètes faisaient que, même quand Albertine la faisait seulement glisser à la surface de mon cou, de mon ventre, ces caresses superficielles mais en quelque sorte **faites** [1336 Adj-Epith-3] par l'intérieur de sa chair, **extériorisé** [1337 Adj-Epith-3] comme une étoffe qui montrerait sa doublure, prenaient, même dans les attouchements les plus externes, comme la mystérieuse douceur d'une pénétration.

    Tous ces instants si doux que rien ne me rendrait jamais, je ne peux même pas dire que ce que me faisait éprouver leur perte fût du désespoir. Pour être **désespérée** [1338 Adj-Attr-1], cette vie qui ne pourra plus être que malheureuse, il faut encore y tenir. J'étais **désespéré** [1339 Adj-Attr-1] à Balbec quand j'avais **vu** [1340 V-TempA-0] se lever le jour et que j'avais **compris** [1341 V-TempA-0] que plus un seul ne pourrait être heureux pour moi. J'étais **resté** [1342 V-TempE-1] aussi égoïste depuis lors, mais le « moi » auquel j'étais **attaché** [1343 Adj-Attr-1] maintenant, le « moi » qui constituait ces vives réserves qui mettait en jeu l'instinct de conservation, ce « moi » n'était plus dans la vie ; quand je pensais à mes forces, à ma puissance vitale, à ce que j'avais de meilleur, je pensais à certain trésor que j'avais **possédé** [1344 V-TempA-2] (que j'avais **été** [1345 V-TempA-0] seul à posséder puisque les autres ne pouvaient connaître exactement le sentiment, **caché** [1346 Adj-Epith-3] en moi, qu'il m'avait **inspiré** [1347 V-TempA-2]) et que personne ne pouvait plus m'enlever puisque je ne le possédais plus.

Et, à vrai dire, je ne l'avais jamais **possédé** [1348 V-TempA-2] que parce que j'avais **voulu** [1349 V-TempA-0] me figurer que je le possédais. Je n'avais pas **commis** [1350 V-TempA-0] seulement l'imprudence, en regardant Albertine et en la logeant dans mon cœur, de le faire vivre au-dedans de moi, ni cette autre imprudence de mêler un amour familial au plaisir des sens. J'avais **voulu** [1351 V-TempA-0] aussi me persuader que nos rapports étaient l'amour, que nous pratiquions mutuellement les rapports **appelés** [1352 Adj-Epith-3] amour, parce qu'elle me donnait docilement les baisers que je lui donnais, et, pour avoir **pris** [1353 V-TempA-0] l'habitude de le croire, je n'avais pas **perdu** [1354 V-TempA-0] seulement une femme que j'aimais mais une femme qui m'aimait, ma sœur, mon enfant, ma tendre maîtresse. Et, en somme, j'avais **eu** [1355 V-TempA-0] un bonheur et un malheur que Swann n'avait pas **connus** [1356 V-TempA-2], car justement, tout le temps qu'il avait **aimé** [1357 V-TempA-0] Odette et en avait **été** [1358 V-TempA-0] si jaloux, il l'avait à peine **vue** [1359 V-TempA-2], pouvant si difficilement, à certains jours où elle le décommandait au dernier moment, aller chez elle. Mais après il l'avait **eue** [1360 V-TempA-2] à lui, **devenue** [1361 Adj-Epith-3] sa femme, et jusqu'à ce qu'il mourût. Moi, au contraire, tandis que j'étais si jaloux d'Albertine, plus heureux que Swann je l'avais **eue** [1362 V-TempA-2] chez moi. J'avais **réalisé** [1363 V-TempA-0] en vérité ce que Swann avait **rêvé** [1364 V-TempA-2] si souvent et qu'il n'avait **réalisé** [1365 V-TempA-2] matériellement que quand cela lui était indifférent. Mais enfin Albertine, je ne l'avais pas **gardée** [1366 V-TempA-2] comme il avait **gardé** [1367 V-TempA-0] Odette. Elle s'était **enfuie** [1368 V-TempE-1], elle était **morte** [1369 Adj-Attr-1]. Car jamais rien ne se répète exactement et les existences les plus analogues et que, grâce à la parenté des caractères et à la similitude des circonstances, on peut choisir pour les présenter comme symétriques l'une à l'autre restent en bien des points **opposées** [1370 Adj-Attr-1].

En perdant la vie je n'aurais pas **perdu** [1371 V-TempA-0] grand' chose ; je n'aurais plus **perdu** [1372 V-TempA-0] qu'une forme vide, le cadre vide d'un chef-d'œuvre. Indifférent à ce que je pouvais désormais y faire entrer, mais heureux et fier de penser à ce qu'il avait **contenu** [1373 V-TempA-2][63], je m'appuyais au souvenir de ces heures si douces, et ce soutien moral me communiquait un bien-être que l'approche même de la mort n'aurait pas **rompu** [1374 V-TempA-0].

Comme elle accourait vite me voir, à Balbec, quand je la faisais chercher, se retardant seulement à verser de l'odeur dans ses cheveux pour me plaire ! Ces images de Balbec et de Paris, que j'aimais ainsi à revoir, c'étaient les pages encore si récentes, et si vite **tournées** [1375 Adj-Epith-3], de sa courte vie. Tout cela, qui n'était pour moi que souvenir, avait **été** [1376 V-TempA-0] pour elle action, action **précipitée** [1377 Adj-Epith-3], comme celle d'une tragédie, vers une mort rapide. Les êtres ont un développement en nous, mais un autre hors de nous (je l'avais bien **senti** [1378 V-TempA-2] dans ces soirs où je remarquais en Albertine un enrichissement de qualités qui ne tenait pas qu'à ma mémoire) et qui ne laissent pas d'avoir des réactions l'un sur l'autre. J'avais **eu** [1379 V-TempA-0] beau, en cherchant à connaître Albertine, puis à la posséder tout entière, n'obéir qu'au besoin de réduire par l'expérience à des éléments mesquinement semblables à ceux de notre « moi » le mystère de tout être, je ne l'avais **pu** [1380 V-TempA-0] sans influer à mon tour sur la vie d'Albertine. Peut-être ma fortune, les perspectives d'un brillant mariage l'avaient **attirée** [1381 V-TempA-2] ; ma jalousie l'avait **retenue** [1382 V-TempA-2] ; sa bonté, ou son intelligence, ou le sentiment de sa culpabilité, ou les adresses de sa ruse, lui avaient **fait** [1383 V-TempA-0] accepter, et m'avaient **amené** [1384 V-TempA-2] à rendre de plus en plus dure une captivité **forgée** [1385 Adj-Epith-3] simplement par le développement interne de mon travail mental, mais qui n'en avait pas moins **eu** [1386 V-TempA-0] sur la vie d'Albertine des contre-coups **destinés** [1387 Adj-Epith-3] eux-mêmes à poser, par choc en retour, des problèmes nouveaux et de plus en plus douloureux à ma psychologie, puisque de ma prison elle s'était **évadée** [1388 V-TempE-1] pour aller se tuer sur un cheval que sans moi elle n'eût pas **possédé** [1389 V-TempA-2], en me laissant, même **morte** [1390 Adj-Epith-3], des soupçons dont la vérification, si elle devait venir, me serait peut-être plus cruelle que la découverte, à Balbec, qu'Albertine avait **connu** [1391 V-TempA-0] Mlle Vinteuil, puisque Albertine ne serait plus là pour m'apaiser. Si bien que cette

---

[63] Var. ms. : *à ce que j'avais possédé.*

longue plainte de l'âme qui croit vivre **enfermée** [1392 Adj-Attr-1] en elle-même n'est un monologue qu'en apparence, puisque les échos de la réalité la font dévier et que telle vie est comme un essai de psychologie subjective spontanément **poursuivi** [1393 Adj-Epith-3], mais qui fournit à quelque distance son « action » au roman purement réaliste d'une autre réalité, d'une autre existence, dont à leur tour les péripéties viennent infléchir la courbe et changer la direction de l'essai psychologique. Comme l'engrenage avait **été** [1394 V-TempA-0] **serré** [1395 V-Pass-1], comme l'évolution de notre amour avait **été** [1396 V-TempA-0] rapide et, malgré quelques retardements, interruptions et hésitations du début, comme dans certaines nouvelles de Balzac ou quelques ballades de Schumann, le dénouement **précipité** [1397 V-Pass-1] ! C'est dans le cours de cette dernière année, longue pour moi comme un siècle – tant Albertine avait **changé** [1398 V-TempA-0] de positions par rapport à ma pensée depuis Balbec jusqu'à son départ de Paris, et aussi, indépendamment de moi et souvent à mon insu, **changé** [1399 V-TempA-0] en elle-même – qu'il fallait placer toute cette bonne vie de tendresse qui avait si peu **duré** [1400 V-TempA-0] et qui pourtant m'apparaissait avec une plénitude, presque une immensité, à jamais impossible et pourtant qui m'était indispensable. Indispensable sans avoir peut-être **été** [1401 V-TempA-0] en soi et tout d'abord quelque chose de nécessaire, puisque je n'aurais pas **connu** [1402 V-TempA-0] Albertine si je n'avais pas **lu** [1403 V-TempA-0] dans un traité d'archéologie la description de l'église de Balbec ; si Swann, en me disant que cette église était presque persane, n'avait pas **orienté** [1404 V-TempA-0] mes désirs vers le normand byzantin ; si une société de palaces, en construisant à Balbec un hôtel hygiénique et confortable, n'avait pas **décidé** [1405 V-TempA-0] mes parents à exaucer mon souhait et à m'envoyer à Balbec. Certes, en ce Balbec depuis si longtemps **désiré** [1406 Adj-Epith-3], je n'avais pas **trouvé** [1407 V-TempA-0] l'église persane que je rêvais ni les brouillards éternels. Le beau train d'une heure trente-cinq lui-même n'avait pas **répondu** [1408 V-TempA-0] à ce que je m'en figurais. Mais, en échange de ce que l'imagination laisse attendre et que nous nous donnons inutilement tant de peine pour essayer de découvrir, la vie nous donne quelque chose que nous étions bien loin d'imaginer. Qui m'eût **dit** [1409 V-TempA-0] à Combray, quand j'attendais le bonsoir de ma mère avec tant de tristesse, que ces anxiétés guériraient, puis renaîtraient un jour, non pour ma mère, mais pour une jeune fille qui ne serait d'abord, sur l'horizon de la mer, qu'une fleur que mes yeux seraient chaque jour **sollicités** [1410 V-Pass-1] de venir regarder, mais une fleur pensante et dans l'esprit de qui je souhaitais si puérilement de tenir une grande place, que je souffrirais qu'elle ignorât que je connaissais Mme de Villeparisis. Oui, c'est le bonsoir, le baiser d'une telle étrangère pour lequel, au bout de quelques années, je devais souffrir autant qu'enfant quand ma mère ne devait pas venir me voir. Or cette Albertine si nécessaire, de l'amour de qui mon âme était maintenant presque uniquement **composée** [1411 V-Pass-1], si Swann ne m'avait pas **parlé** [1412 V-TempA-0] de Balbec je ne l'aurais jamais **connue** [1413 V-TempA-2]. Sa vie eût peut-être **été** [1414 V-TempA-0] plus longue, la mienne aurait **été** [1415 V-TempA-0] **dépourvue** [1416 Adj-Attr-1] de ce qui en faisait maintenant le martyre. Et ainsi il me semblait que, par ma tendresse uniquement égoïste, j'avais **laissé** [1417 V-TempA-0] mourir Albertine comme j'avais **assassiné** [1418 V-TempA-0] ma grand'mère. Même plus tard, même l'ayant déjà **connue** [1419 V-TempA-2] à Balbec, j'aurais **pu** [1420 V-TempA-0] ne pas l'aimer comme je fis ensuite. Quand je renonçai à Gilberte et savais que je pourrais aimer un jour une autre femme, j'osais à peine avoir un doute si en tous cas pour le passé je n'eusse **pu** [1421 V-TempA-0] aimer que Gilberte. Or pour Albertine je n'avais même plus de doute, j'étais sûr que ç'aurait **pu** [1422 V-TempA-0] ne pas être elle que j'eusse **aimée** [1423 V-TempA-2], que c'eût **pu** [1424 V-TempA-0] être une autre. Il eût **suffi** [1425 V-TempA-0] pour cela que Mlle de Stermaria, le soir où je devais dîner avec elle dans l'île du Bois, ne se fût pas **décommandée** [1426 V-TempE-2]. Il était encore temps alors, et c'eût **été** [1427 V-TempA-0] pour Mlle de Stermaria que se fût **exercée** [1428 V-TempE-1] cette activité de l'imagination qui nous fait extraire d'une femme une telle notion de l'individuel qu'elle nous paraît unique en soi et pour nous **prédestinée** [1429 Adj-Attr-1] et nécessaire. Tout au plus, en me plaçant à un point de vue presque physiologique, pouvais-je dire que j'aurais **pu** [1430 V-TempA-0] avoir ce même amour exclusif pour une autre femme, mais non pour toute autre femme. Car Albertine, grosse et brune, ne ressemblait pas à Gilberte, **élancée** [1431 Adj-Epith-3] et rousse, mais pourtant elles avaient la même étoffe de santé, et dans les mêmes joues sensuelles toutes les deux un regard dont on saisissait difficilement la signification. C'étaient de ces femmes que n'auraient pas **regardées** [1432 V-TempA-2] des hommes qui de leur côté auraient **fait** [1433 V-TempA-0] des folies pour d'autres qui « ne me disaient rien ». Je pouvais presque croire que la personnalité sensuelle et volontaire de Gilberte avait **émigré** [1434 V-TempA-0] dans le corps d'Albertine, un peu différent, il est vrai, mais présentant, maintenant que j'y réfléchissais après coup, des analogies profondes. Un homme a presque toujours la même manière de s'enrhumer, de tomber malade, c'est-à-dire qu'il lui faut pour cela un certain concours de circonstances ; il est naturel que quand il devient amoureux ce soit à propos d'un certain genre de femmes, genre d'ailleurs très **étendu** [1435 Adj-Epith-3]. Les premiers regards d'Albertine qui m'avaient **fait** [1436 V-TempA-0] rêver n'étaient pas absolument différents des premiers regards de Gilberte. Je pouvais presque croire que l'obscure personnalité, la sensualité, la nature volontaire et **rusée** [1437 Adj-Epith-3] de Gilberte étaient **revenues** [1438 V-TempE-1] me tenter, **incarnées** [1439 Adj-Epith-3] cette fois dans le corps d'Albertine, tout autre et non pourtant sans analogies. Pour Albertine, grâce à une vie toute différente ensemble et où n'avait **pu** [1440 V-TempA-0] se glisser, dans un bloc de pensées où une douloureuse préoccupation maintenait une cohésion permanente, aucune fissure de distraction et d'oubli, son corps vivant n'avait point, comme celui de Gilberte, **cessé** [1441 V-TempA-0] un jour d'être celui où je trouvais ce que je reconnaissais après coup être pour moi (et qui n'eût pas **été** [1442 V-TempA-0] pour d'autres) les attraits féminins. Mais elle était **morte** [1443 Adj-Attr-1]. Je l'oublierais. Qui sait si alors les mêmes qualités de sang riche, de rêverie inquiète ne reviendraient pas un jour jeter le trouble en moi, mais **incarnées** [1444 Adj-Epith-3] cette fois en quelle forme féminine, je ne pouvais le prévoir. À l'aide de Gilberte j'aurais **pu** [1445 V-TempA-0] aussi peu me figurer Albertine, et que je l'aimerais, que le souvenir de la sonate de Vinteuil ne m'eût **permis** [1446 V-TempA-0] de me figurer son septuor. Bien plus, même les premières fois où j'avais **vu** [1447 V-TempA-0] Albertine, j'avais **pu** [1448 V-TempA-0] croire que c'était d'autres que j'aimerais. D'ailleurs, elle eût même **pu** [1449 V-TempA-0] me paraître, si je l'avais **connue** [1450 V-TempA-2] une année plus tôt, aussi terne qu'un ciel gris où l'aurore n'est pas **levée** [1451 Adj-Attr-1]. Si j'avais **changé** [1452 V-TempA-0] à son égard, elle-même avait **changé** [1453 V-TempA-0] aussi, et la jeune fille qui était **venue** [1454 V-TempE-1] vers mon lit le jour où j'avais **écrit** [1455 V-TempA-0] à Mlle de Stermaria n'était plus la même que j'avais **connue** [1456 V-TempA-2] à Balbec, soit simple explosion de la femme qui apparaît au moment de la puberté, soit par suite de circonstances que je n'ai jamais **pu** [1457 V-TempA-0] connaître. En tous cas, même si celle que j'aimerais un jour devait dans une certaine mesure lui ressembler, c'est-à-dire si mon choix d'une femme n'était pas entièrement libre, cela faisait tout de même que, **dirigé** [1458 Adj-Epith-3] d'une façon peut-être nécessaire, il l'était sur quelque chose de plus vaste qu'un individu, sur un genre de femmes, et cela ôtait toute nécessité à mon amour pour Albertine. La femme dont nous avons le visage devant nous plus constamment que la lumière elle-même, puisque, même les yeux **fermés** [1459 Adj-Attr-2], nous ne cessons pas un instant de chérir ses beaux yeux, son beau nez, d'arranger tous les moyens pour les revoir, cette femme unique, nous savons bien que c'eût **été** [1460 V-TempA-0] une autre qui l'eût **été** [1461 V-TempA-0] pour nous si nous avions **été** [1462 V-TempA-0] dans une autre ville que celle où nous l'avons **rencontrée** [1463 V-TempA-2], si nous nous étions **promenés** [1464 V-TempE-1] dans d'autres quartiers, si nous avions **fréquenté** [1465 V-TempA-0] un autre salon. Unique, croyons-nous ? elle est innombrable. Et pourtant elle est compacte, indestructible devant nos yeux qui l'aiment, irremplaçable pendant très longtemps par une autre. C'est que cette femme n'a **fait** [1466 V-TempA-0] que susciter par des sortes d'appels magiques mille éléments de tendresse existant en nous à l'état fragmentaire et qu'elle a **assemblés** [1467 V-TempA-2], **unis** [1468 V-TempA-2], effaçant toute cassure entre eux, c'est nous-même qui en lui donnant ses traits avons **fourni** [1469 V-TempA-0] toute la matière solide de la personne **aimée** [1470 Adj-Epith-3]. De là vient que, même si nous ne sommes qu'un entre mille pour elle et peut-être le dernier de tous, pour nous elle est la seule et celle vers qui tend toute notre vie. Certes même, j'avais bien **senti** [1471 V-TempA-0] que cet amour n'était pas nécessaire, non seulement parce qu'il eût **pu** [1472 V-TempA-0] se former avec Mlle de Stermaria, mais même sans cela, en le connaissant lui-même, en le retrouvant trop pareil à ce qu'il avait **été** [1473 V-TempA-0] pour d'autres, et aussi en le sentant plus vaste qu'Albertine, l'enveloppant, ne la connaissant pas, comme une marée autour d'un mince brisant. Mais peu à peu, à force de vivre avec Albertine, les chaînes que j'avais **forgées** [1474 V-TempA-2] moi-même, je ne pouvais plus m'en dégager ; l'habitude d'associer la personne d'Albertine au sentiment qu'elle n'avait pas **inspiré** [1475 V-TempA-2] me faisait pourtant croire qu'il était spécial à elle, comme l'habitude donne à la simple association d'idées entre deux phénomènes, à ce que prétend une certaine école philosophique, la force, la nécessité illusoires d'une loi de causalité. J'avais **cru** [1476 V-TempA-0] que mes relations, ma fortune, me dispenseraient de souffrir, et peut-être trop efficacement puisque cela me semblait me dispenser de sentir, d'aimer, d'imaginer ; j'enviais une pauvre fille de campagne à qui l'absence de relations, même de télégraphe, donne de longs mois de rêve après un chagrin qu'elle ne peut artificiellement endormir. Or je me rendais compte maintenant que si, pour Mme de Guermantes **comblée** [1477 Adj-Epith-3] de tout ce qui pouvait rendre infinie la distance entre elle et moi, j'avais **vu** [1478 V-TempA-0] cette distance brusquement **supprimée** [1479 Adj-Attr-2] par l'opinion que les avantages sociaux ne sont que matière inerte et transformable, d'une façon semblable, quoique inverse, mes relations, ma fortune, tous les moyens matériels dont tant ma situation que la civilisation de mon époque me faisaient profiter, n'avaient **fait** [1480 V-TempA-0] que reculer l'échéance de la lutte corps à corps avec la volonté contraire, inflexible d'Albertine, sur laquelle aucune pression n'avait **agi** [1481 V-TempA-0]. Sans doute j'avais **pu** [1482 V-TempA-0] échanger des dépêches, des communications téléphoniques avec Saint-Loup, être en rapports constants avec le bureau de Tours, mais leur attente n'avait-elle pas **été** [1483 V-TempA-0] inutile, leur résultat nul ? Et les filles de la campagne, sans avantages sociaux, sans relations, ou les humains avant les perfectionnements de la civilisation ne souffrent-ils pas moins, parce qu'on désire moins, parce qu'on regrette moins ce qu'on a toujours **su** [1484 V-TempA-2] inaccessible et qui est **resté** [1485 V-TempE-1] à cause de cela comme irréel ? On désire plus la personne qui va se donner ; l'espérance anticipe la possession ; mais le regret aussi est un amplificateur du désir. Le refus de Mlle de Stermaria de venir dîner à l'île du Bois est ce qui avait **empêché** [1486 V-TempA-0] que ce fût elle que j'aimasse. Cela eût **pu** [1487 V-TempA-0] suffire aussi à me la faire aimer, si ensuite je l'avais **revue** [1488 V-TempA-2] à temps. Aussitôt que j'avais **su** [1489 V-TempA-0] qu'elle ne viendrait pas, envisageant l'hypothèse invraisemblable – et qui s'était **réalisée** [1490 V-TempE-1] – que peut-être quelqu'un était jaloux d'elle et l'éloignait des autres, que je ne la reverrais jamais, j'avais tant **souffert** [1491 V-TempA-0] que j'aurais tout **donné** [1492 V-TempA-2] pour la voir, et c'est une des plus grandes angoisses que j'eusse **connues** [1493 V-TempA-2], que l'arrivée de Saint-Loup avait **apaisée** [1494 V-TempA-2]. Or à partir d'un certain âge nos amours, nos maîtresses sont filles de notre angoisse ; notre passé, et les lésions physiques où il s'est **inscrit** [1495 V-TempE-1], déterminent notre avenir. Pour Albertine en particulier, qu'il ne fût pas nécessaire que ce fût elle que j'aimasse était, même sans ces amours voisines, **inscrit** [1496 Adj-Attr-1] dans l'histoire de mon amour pour elle, c'est-à-dire pour elle et ses amies. Car ce n'était même pas un amour comme celui pour Gilberte, mais **créé** [1497 Adj-Epith-3] par division entre plusieurs jeunes filles. Que ce fût à cause d'elle et parce qu'elles me paraissaient quelque chose d'analogue à elle que je me fusse **plu** [1498 V-TempE-0] avec[64] ses amies, il était possible. Toujours est-il que pendant bien longtemps l'hésitation entre toutes fut possible, mon choix se promenant de l'une à l'autre, et quand je croyais préférer celle-ci, il suffisait que celle-là me laissât attendre, refusât de me voir pour que j'eusse pour elle un commencement d'amour. Bien des fois à cette époque lorsqu'Andrée devait venir me voir à Balbec, si, un peu avant la visite d'Andrée, Albertine me manquait de parole, mon cœur ne cessait plus de battre, je croyais ne jamais la revoir et c'était elle que j'aimais. Et quand Andrée venait, c'était sérieusement que je lui disais (comme je le lui dis à Paris après que j'eus **appris** [1499 V-TempA-0][65] qu'Albertine avait **connu** [1500 V-TempA-0] Mlle Vinteuil), ce qu'elle pouvait croire **dit** [1501 Adj-Attr-2] exprès, sans sincérité, ce qui aurait **été** [1502 V-TempA-0] **dit** [1503 V-Pass-1] en effet, et dans les mêmes termes, si j'avais **été** [1504 V-TempA-0] heureux la veille avec Albertine : « Hélas, si vous étiez **venue** [1505 V-TempE-1] plus tôt, maintenant j'en aime une autre. » Encore dans ce cas d'Andrée, **remplacée** [1506 Adj-Epith-3] par Albertine quand j'avais **appris** [1507 V-TempA-0] que celle-ci avait **connu** [1508 V-TempA-0] Mlle Vinteuil, l'amour avait **été** [1509 V-TempA-0] alternatif et par conséquent, en somme, il n'y en avait **eu** [1510 V-TempA-0] qu'un à la fois. Mais il s'était **produit** [1511 V-TempE-1] tel cas auparavant où je m'étais à demi **brouillé** [1512 V-TempE-1] avec deux des jeunes filles. Celle qui ferait les premiers pas me rendrait le calme, c'est l'autre que j'aimerais si elle restait **brouillée** [1513 Adj-Attr-1], ce qui ne veut pas dire que ce n'est pas avec la première que je me lierais définitivement, car elle me consolerait – bien qu'inefficacement – de la dureté de la seconde, de la seconde que je finirais par oublier si elle ne revenait plus. Or il arrivait que, **persuadé** [1514 V-Sub-Adj-Attr-1]

---

[64] Var. ms. : [...] que *j'aie aimé* [...].
[65] Var. ms. : *découvert*.

que l'une ou l'autre au moins allait revenir à moi, aucune des deux pendant quelque temps ne le faisait. Mon angoisse était donc double, et double mon amour, me réservant de cesser d'aimer celle qui reviendrait, mais souffrant jusque-là par toutes les deux. C'est le lot d'un certain âge, qui peut venir très tôt, qu'on soit **rendu** [1515 V-Pass-1] moins amoureux par un être que par un abandon où de cet être on finit par ne plus savoir qu'une chose, sa figure étant **obscurcie** [1516 V-Sub-Adj-Attr-1], son âme inexistante, votre préférence toute récente et inexpliquée : c'est qu'on aurait besoin pour ne plus souffrir qu'il vous fît dire : « Me recevriez-vous ? » Ma séparation d'avec Albertine, le jour où Françoise m'avait **dit** [1517 V-TempA-0] : « Mademoiselle Albertine est **partie** [1518 V-TempE-1] », était comme une allégorie de tant d'autres séparations. Car bien souvent pour que nous découvrions que nous sommes amoureux, peut-être même pour que nous le devenions, il faut qu'arrive le jour de la séparation. Dans ce cas, où c'est une attente vaine, un mot de refus qui fixe un choix, l'imagination **fouettée** [1519 Adj-Epith-3] par la souffrance va si vite dans son travail, fabrique avec une rapidité si folle un amour à peine **commencé** [1520 Adj-Epith-3][66] et qui restait informe, **destiné** [1521 Adj-Epith-3] à rester à l'état d'ébauche depuis des mois, que par instants l'intelligence, qui n'a **pu** [1522 V-TempA-0] rattraper le cœur, s'étonne, s'écrie : « Mais tu es fou, dans quelles pensées nouvelles vis-tu si douloureusement ? Tout cela n'est pas la vie réelle. » Et, en effet, à ce moment-là, si on n'était pas **relancé** [1523 V-Pass-1] par l'infidèle, de bonnes distractions qui nous calmeraient physiquement le cœur suffiraient pour faire avorter l'amour. En tous cas, si cette vie avec Albertine n'était pas, dans son essence, nécessaire, elle m'était **devenue** [1524 V-TempE-1] indispensable. J'avais **tremblé** [1525 V-TempA-0] quand j'avais **aimé** [1526 V-TempA-0] Mme de Guermantes parce que je me disais qu'avec ses trop grands moyens de séduction, non seulement de beauté mais de situation, de richesse, elle serait trop libre d'être à trop de gens, que j'aurais trop peu de prise sur elle. Albertine étant pauvre, obscure, devait être désireuse de m'épouser. Et pourtant je n'avais **pu** [1527 V-TempA-0] la posséder pour moi seul. Que ce soient les conditions sociales, les prévisions de la sagesse, en vérité, on n'a pas de prises sur la vie d'un autre être. Pourquoi ne m'avait-elle pas **dit** [1528 V-TempA-0] : « J'ai ces goûts » ? J'aurais **cédé** [1529 V-

---

[66] Var. ms. : *ébauché*.

TempA-0], je lui aurais **permis** [1530 V-TempA-0] de les satisfaire. Dans un roman que j'avais **lu** [1531 V-TempA-2] il y avait une femme qu'aucune objurgation de l'homme qui l'aimait ne pouvait décider à parler. En le lisant j'avais **trouvé** [1532 V-TempA-0] cette situation absurde ; j'aurais, moi, me disais-je, **forcé** [1533 V-TempA-0] la femme à parler d'abord, ensuite nous nous serions **entendus** [1534 V-TempE-2] ; à quoi bon ces malheurs inutiles ? Mais je voyais maintenant que nous ne sommes pas libres de ne pas nous les forger et que nous avons beau connaître notre volonté, les autres êtres ne lui obéissent pas.

Et pourtant ces douloureuses, ces inéluctables vérités qui nous dominaient et pour lesquelles nous étions aveugles, vérité de nos sentiments, vérité de notre destin, combien de fois sans le savoir, sans le vouloir, nous les avions **dites** [1535 V-TempA-2] en des paroles, **crues** [1536 Adj-Epith-3] sans doute mensongères par nous mais auxquelles l'événement avait **donné** [1537 V-TempA-0] après coup leur valeur prophétique. Je me rappelais bien des mots que l'un et l'autre nous avions **prononcés** [1538 V-TempA-2] sans savoir alors la vérité qu'ils contenaient, même que nous avions **dits** [1539 V-TempA-2] en croyant nous jouer la comédie et dont la fausseté était bien mince, bien peu intéressante, toute **confinée** [1540 Adj-Attr-1] dans notre pitoyable insincérité, auprès de ce qu'ils contenaient à notre insu. Mensonges, erreurs en deçà de la réalité profonde que nous n'apercevions pas, vérité au-delà, vérité de nos caractères dont les lois essentielles nous échappent et demandent le temps pour se révéler, vérité de nos destins aussi. J'avais **cru** [1541 V-TempA-0] mentir quand je lui avais **dit** [1542 V-TempA-0], à Balbec : « Plus je vous verrai, plus je vous aimerai » (et pourtant c'était cette intimité de tous les instants qui, par le moyen de la jalousie, m'avait tant **attaché** [1543 V-TempA-2] à elle), « je sens que je pourrais être utile à votre esprit » ; à Paris : « Tâchez d'être prudente. Pensez, s'il vous arrivait un accident je ne m'en consolerais pas », et elle : « Mais il peut m'arriver un accident » ; à Paris, le soir où j'avais **fait** [1544 V-TempA-0] semblant de vouloir la quitter : « Laissez-moi vous regarder encore puisque bientôt je ne vous verrai plus, et que ce sera pour jamais. » Et elle, quand ce même soir elle avait **regardé** [1545 V-TempA-0] autour d'elle : « Dire que je ne verrai plus cette chambre, ces livres, ce pianola, toute cette maison, je ne peux pas le croire, et pourtant c'est vrai. » Dans ses dernières lettres enfin, quand elle avait **écrit** [1546 V-TempA-0] – probablement en se disant « Je fais du chiqué » : – « Je vous laisse le meilleur de moi-même » (et n'était-ce pas en effet maintenant à la fidélité, aux forces, fragiles hélas aussi, de ma mémoire qu'étaient **confiées** [1547 V-Pass-1] son intelligence, sa bonté, sa beauté ?) et : « cet instant, deux fois crépusculaire puisque le jour tombait et que nous allions nous quitter, ne s'effacera de mon esprit que quand il sera **envahi** [1548 V-Pass-1] par la nuit complète », cette phrase **écrite** [1549 Adj-Epith-3] la veille du jour où, en effet, son esprit avait **été** [1550 V-TempA-0] **envahi** [1551 V-Pass-1] par la nuit complète et où peut-être bien, dans ces dernières lueurs si rapides mais que l'anxiété du moment divise jusqu'à l'infini, elle avait peut-être bien **revu** [1552 V-TempA-0] notre dernière promenade, et dans cet instant où tout nous abandonne et où on se crée une foi, comme les athées deviennent chrétiens sur le champ de bataille, elle avait peut-être **appelé** [1553 V-TempA-0] au secours l'ami si souvent **maudit** [1554 Adj-Epith-3] mais si **respecté** [1555 Adj-Epith-3] par elle, qui lui-même – car toutes les religions se ressemblent – avait la cruauté de souhaiter qu'elle eût **eu** [1556 V-TempA-0] aussi le temps de se reconnaître, de lui donner sa dernière pensée, de se confesser enfin à lui, de mourir en lui. Mais à quoi bon, puisque si même, alors, elle avait **eu** [1557 V-TempA-0] le temps de se reconnaître, nous n'avions **compris** [1558 V-TempA-0] l'un et l'autre où était notre bonheur, ce que nous aurions **dû** [1559 V-TempA-0] faire, que quand ce bonheur, que parce que ce bonheur n'était plus possible, que nous ne pouvions plus le réaliser. Tant que les choses sont possibles on les diffère, et elles ne peuvent prendre cette puissance d'attraits et cette apparente aisance de réalisation que quand, **projetées** [1560 Adj-Epith-3] dans le vide idéal de l'imagination, elles sont **soustraites** [1561 V-Pass-1] à la submersion alourdissante, enlaidissante du milieu vital. L'idée qu'on mourra est plus cruelle que mourir, mais moins que l'idée qu'un autre est **mort** [1562 Adj-Attr-1] ; que, **redevenue** [1563 Adj-Epith-3] plane après avoir **englouti** [1564 V-TempA-0] un être, s'étend, sans même un remous à cette place-là, une réalité d'où cet être est **exclu** [1565 Adj-Attr-1], où n'existe plus aucun vouloir, aucune connaissance, et de laquelle il est aussi difficile de remonter à l'idée que cet être a **vécu** [1566 V-TempA-0], qu'il est difficile, du souvenir encore tout récent de sa vie, de penser qu'il est assimilable aux images sans consistance, aux souvenirs **laissés** [1567 Adj-Epith-3] par les personnages d'un roman qu'on a **lu** [1568 V-TempA-2].

Du moins j'étais heureux qu'avant de mourir elle m'eût **écrit** [1569

V-TempA-0] cette lettre, et surtout **envoyé** [1570 V-TempA-0] la dernière dépêche qui me prouvait qu'elle fût **revenue** [1571 V-TempE-1] si elle eût **vécu** [1572 V-TempA-0]. Il me semblait que c'était non seulement plus doux, mais plus beau aussi, que l'événement eût **été** [1573 V-TempA-0] incomplet sans ce télégramme, eût **eu** [1574 V-TempA-0] moins figure d'art et de destin. En réalité il l'eût **eue** [1575 V-TempA-2] tout autant s'il eût **été** [1576 V-TempA-0] autre ; car tout événement est comme un moule d'une forme particulière, et, quel qu'il soit, il impose, à la série des faits qu'il est **venu** [1577 V-TempE-1] interrompre et semble conclure, un dessin que nous croyons le seul possible parce que nous ne connaissons pas celui qui eût **pu** [1578 V-TempA-0] lui être **substitué** [1579 V-Pass-1]. Je me répétais : « Pourquoi ne m'avait-elle pas **dit** [1580 V-TempA-0] : « J'ai ces goûts » ? J'aurais **cédé** [1581 V-TempA-0], je lui aurais **permis** [1582 V-TempA-0] de les satisfaire, en ce moment je l'embrasserais encore. » Quelle tristesse d'avoir à me rappeler qu'elle m'avait ainsi **menti** [1583 V-TempA-0] en me jurant, trois jours avant de me quitter, qu'elle n'avait jamais **eu** [1584 V-TempA-0] avec l'amie de Mlle Vinteuil ces relations qu'au moment où Albertine me le jurait sa rougeur avait **confessées** [1585 V-TempA-2]. Pauvre petite, elle avait **eu** [1586 V-TempA-0] du moins l'honnêteté de ne pas vouloir jurer que le plaisir de revoir Mlle Vinteuil n'entrait pour rien dans son désir d'aller ce jour-là chez les Verdurin. Pourquoi n'était-elle pas **allée** [1587 V-TempE-1] jusqu'au bout de son aveu, et avait-elle **inventé** [1588 V-TempA-0] alors ce roman inimaginable ? Peut-être, du reste, était-ce un peu ma faute si elle n'avait jamais, malgré toutes mes prières qui venaient se briser à sa dénégation, **voulu** [1589 V-TempA-0] me dire : « J'ai ces goûts. » C'était peut-être un peu ma faute parce que à Balbec, le jour où après la visite de Mme de Cambremer j'avais **eu** [1590 V-TempA-0] ma première explication avec Albertine et où j'étais si loin de croire qu'elle pût avoir en tous cas autre chose qu'une amitié trop **passionnée** [1591 Adj-Epith-3] avec Andrée, j'avais **exprimé** [1592 V-TempA-0] avec trop de violence mon dégoût pour ce genre de mœurs, je les avais **condamnées** [1593 V-TempA-2] d'une façon trop catégorique. Je ne pouvais me rappeler si Albertine avait **rougi** [1594 V-TempA-0] quand j'avais naïvement **proclamé** [1595 V-TempA-0] mon horreur de cela, je ne pouvais me le rappeler, car ce n'est souvent que longtemps après que nous voudrions bien savoir quelle attitude eut une personne à un moment où nous n'y fîmes nullement attention et qui, plus tard, quand nous repensons à notre conversation, éclaircirait une difficulté poignante. Mais dans notre mémoire il y a une lacune, il n'y a pas trace de cela. Et bien souvent nous n'avons pas **fait** [1596 V-TempA-0] assez attention, au moment même, aux choses qui pouvaient déjà nous paraître importantes, nous n'avons pas bien **entendu** [1597 V-TempA-0] une phrase, nous n'avons pas **noté** [1598 V-TempA-0] un geste, ou bien nous les avons **oubliés** [1599 V-TempA-2]. Et quand plus tard, avides de découvrir une vérité, nous remontons de déduction en déduction, feuilletant notre mémoire comme un recueil de témoignages, quand nous arrivons à cette phrase, à ce geste, impossible de nous rappeler, nous recommençons vingt fois le même trajet, mais inutilement : le chemin ne va pas plus loin. Avait-elle **rougi** [1600 V-TempA-0] ? Je ne sais si elle avait **rougi** [1601 V-TempA-0], mais elle n'avait pas **pu** [1602 V-TempA-0] ne pas entendre, et le souvenir de ces paroles l'avait plus tard **arrêtée** [1603 V-TempA-2] quand peut-être elle avait **été** [1604 V-TempA-0] sur le point de se confesser à moi. Et maintenant elle n'était plus nulle part, j'aurais **pu** [1605 V-TempA-0] parcourir la terre d'un pôle à l'autre sans rencontrer Albertine. La réalité, qui s'était **refermée** [1606 V-TempE-1] sur elle, était **redevenue** [1607 V-TempE-1] **unie** [1608 Adj-Attr-1], avait **effacé** [1609 V-TempA-0] jusqu'à la trace de l'être qui avait **coulé** [1610 V-TempA-0] à fond. Elle n'était plus qu'un nom, comme cette Mme de Charlus dont disaient avec indifférence : « Elle était délicieuse » ceux qui l'avaient **connue** [1611 V-TempA-2]. Mais je ne pouvais pas concevoir plus d'un instant l'existence de cette réalité dont Albertine n'avait pas conscience, car en moi mon amie existait trop, en moi où tous les sentiments, toutes les pensées se rapportaient à sa vie. Peut-être, si elle l'avait **su** [1612 V-TempA-2], eût-elle **été** [1613 V-TempA-0] **touchée** [1614 Adj-Attr-1] de voir que son ami ne l'oubliait pas, maintenant que sa vie à elle était **finie** [1615 Adj-Attr-1], et elle eût **été** [1616 V-TempA-0] sensible à des choses qui auparavant l'eussent **laissée** [1617 V-TempA-2] indifférente. Mais comme on voudrait s'abstenir d'infidélités, si secrètes fussent-elles, tant on craint que celle qu'on aime ne s'en abstienne pas, j'étais **effrayé** [1618 V-Pass-1] de penser que, si les morts vivent quelque part, ma grand'mère connaissait aussi bien mon oubli qu'Albertine mon souvenir. Et tout compte **fait** [1619 V-Sub-Pass-1], même pour une même morte, est-on sûr que la joie qu'on aurait d'apprendre qu'elle sait certaines choses balancerait l'effroi de penser qu'elle les sait *toutes ?* et, si sanglant que soit le sacrifice, ne renoncerions-nous pas quelquefois à garder après leur mort comme amis ceux que nous avons **aimés** [1620 V-TempA-2] de peur de les avoir aussi pour juges ?

Mes curiosités jalouses de ce qu'avait **pu** [1621 V-TempA-0] faire Albertine étaient infinies. J'achetai combien de femmes qui ne m'apprirent rien. Si ces curiosités étaient si vivaces, c'est que l'être ne meurt pas tout de suite pour nous, il reste **baigné** [1622 Adj-Attr-1] d'une espèce d'*aura* de vie qui n'a rien d'une immortalité véritable mais qui fait qu'il continue à occuper nos pensées de la même manière que quand il vivait. Il est comme en voyage. C'est une survie très païenne. Inversement, quand on a **cessé** [1623 V-TempA-0] d'aimer, les curiosités que l'être excite meurent avant que lui-même soit **mort** [1624 V-TempE-1]. Ainsi je n'eusse plus **fait** [1625 V-TempA-0] un pas pour savoir avec qui Gilberte se promenait un certain soir dans les Champs-Élysées. Or je sentais bien que ces curiosités étaient absolument pareilles, sans valeur en elles-mêmes, sans possibilité de durer, mais je continuais à tout sacrifier à la cruelle satisfaction de ces curiosités passagères, bien que je susse d'avance que ma séparation **forcée** [1626 Adj-Epith-3] d'avec Albertine, du fait de sa mort, me conduirait à la même indifférence qu'avait **fait** [1627 V-TempA-0] ma séparation volontaire d'avec Gilberte.

Si elle avait **pu** [1628 V-TempA-0] savoir ce qui allait arriver, elle serait **restée** [1629 V-TempE-1] auprès de moi. Mais cela revenait à dire qu'une fois qu'elle se fût **vue** [1630 V-TempE-2] **morte** [1631 Adj-Attr-2] elle eût mieux **aimé** [1632 V-TempA-0], auprès de moi, rester en vie. Par la contradiction même qu'elle impliquait, une telle supposition était absurde. Mais cela n'était pas inoffensif, car en imaginant combien Albertine, si elle pouvait savoir, si elle pouvait rétrospectivement comprendre, serait heureuse de revenir auprès de moi, je l'y voyais, je voulais l'embrasser ; et hélas c'était impossible, elle ne reviendrait jamais, elle était **morte** [1633 Adj-Attr-1]. Mon imagination la cherchait dans le ciel, par les soirs où nous l'avions **regardé** [1634 V-TempA-2] encore ensemble, au-delà de ce clair de lune qu'elle aimait, je tâchais de hisser jusqu'à elle ma tendresse pour qu'elle lui fût une consolation de ne plus vivre, et cet amour pour un être **devenu** [1635 Adj-Epith-3] si lointain était comme une religion, mes pensées montaient vers elle comme des prières. Le désir est bien fort, il engendre la croyance, j'avais **cru** [1636 V-TempA-0] qu'Albertine ne partirait pas parce que je le désirais. Parce que je le désirais je crus qu'elle n'était pas **morte** [1637 V-TempE-1] ; je me mis à lire des livres sur les tables tournantes, je commençai à croire possible l'immortalité de l'âme. Mais elle ne me suffisait pas. Il fallait qu'après ma mort je la retrouvasse avec son corps, comme si l'éternité ressemblait à la vie. Que dis-je à la vie ! J'étais plus exigeant encore. J'aurais **voulu** [1638 V-TempA-0] ne pas être à tout jamais **privé** [1639 V-Pass-1] par la mort des plaisirs que pourtant elle n'est pas seule à nous ôter. Car sans elle ils auraient **fini** [1640 V-TempA-0] par s'émousser, ils avaient déjà **commencé** [1641 V-TempA-0] de l'être par l'action de l'habitude ancienne, des nouvelles curiosités. Puis, dans la vie, Albertine, même physiquement, eût peu à peu **changé** [1642 V-TempA-0], jour par jour je me serais **adapté** [1643 V-TempE-1] à ce changement. Mais mon souvenir, n'évoquant d'elle que des moments, demandait de la revoir telle qu'elle n'aurait déjà plus **été** [1644 V-TempA-0] si elle avait **vécu** [1645 V-TempA-0] ; ce qu'il voulait c'était un miracle qui satisfît aux limites naturelles et arbitraires de la mémoire, qui ne peut sortir du passé. Avec la naïveté des théologiens antiques, je l'imaginais m'accordant les explications, non pas même qu'elle eût **pu** [1646 V-TempA-0] me donner mais, par une contradiction dernière, celles qu'elle m'avait toujours **refusées** [1647 V-TempA-2] pendant sa vie. Et ainsi, sa mort étant une espèce de rêve, mon amour lui semblerait un bonheur inespéré ; je ne retenais de la mort que la commodité et l'optimisme d'un dénouement qui simplifie, qui arrange tout. Quelquefois ce n'était pas si loin, ce n'était pas dans un autre monde que j'imaginais notre réunion. De même qu'autrefois, quand je ne connaissais Gilberte que pour jouer avec elle aux Champs-Élysées, le soir à la maison je me figurais que j'allais recevoir une lettre d'elle où elle m'avouerait son amour, qu'elle allait entrer, une même force de désir, ne s'embarrassant pas plus des lois physiques qui le contrariaient que, la première fois, au sujet de Gilberte – où, en somme, il n'avait pas **eu** [1648 V-TempA-0] tort puisqu'il avait **eu** [1649 V-TempA-0] le dernier mot – me faisait penser maintenant que j'allais recevoir un mot d'Albertine, m'apprenant qu'elle avait bien **eu** [1650 V-TempA-0] un accident de cheval, mais que pour des raisons romanesques (et comme, en somme, il est quelquefois **arrivé** [1651 V-TempE-1] pour des personnages qu'on a **crus** [1652 V-TempA-2] longtemps **morts** [1653 Adj-Attr-2]) elle n'avait pas **voulu** [1654 V-TempA-0] que j'apprisse qu'elle avait **guéri** [1655 V-TempA-0] et, maintenant repentante, demandait à venir vivre pour toujours avec moi. Et, me faisant très bien comprendre ce que peuvent être certaines folies douces de personnes qui par ailleurs semblent raisonnables, je sentais coexister en moi la certitude qu'elle était **morte** [1656 Adj-Attr-1] et l'espoir incessant de la voir entrer.

Je n'avais pas encore **reçu** [1657 V-TempA-0] de nouvelles d'Aimé qui pourtant devait être **arrivé** [1658 V-TempE-1] à Balbec. Sans doute mon enquête portait sur un point secondaire et bien arbitrairement **choisi** [1659 Adj-Epith-3]. Si la vie d'Albertine avait **été** [1660 V-TempA-0] vraiment coupable, elle avait **dû** [1661 V-TempA-0] contenir bien des choses autrement importantes, auxquelles le hasard ne m'avait pas **permis** [1662 V-TempA-0] de toucher, comme il l'avait **fait** [1663 V-TempA-2] pour cette conversation sur le peignoir grâce à la rougeur d'Albertine. C'était tout à fait arbitrairement que j'avais **fait** [1664 V-TempA-0] un sort à cette journée-là, que plusieurs années après je tâchais de reconstituer. Si Albertine avait **aimé** [1665 V-TempA-0] les femmes, il y avait des milliers d'autres journées de sa vie dont je ne connaissais pas l'emploi et qui pouvaient être aussi intéressantes pour moi à connaître ; j'aurais **pu** [1666 V-TempA-0] envoyer Aimé dans bien d'autres endroits de Balbec, dans bien d'autres villes que Balbec. Mais précisément ces journées-là, parce que je n'en savais pas l'emploi, elles ne se représentaient pas à mon imagination. Elles n'avaient pas d'existence. Les choses, les êtres ne commençaient à exister pour moi que quand ils prenaient dans mon imagination une existence individuelle. S'il y en avait des milliers d'autres pareils, ils devenaient pour moi représentatifs du reste. Si j'avais le désir depuis longtemps de savoir, en fait de soupçons à l'égard d'Albertine, ce qu'il en était pour la douche, c'est de la même manière que, en fait de désirs de femmes, et quoique je susse qu'il y avait un grand nombre de jeunes filles et de femmes de chambre qui pouvaient les valoir et dont le hasard aurait tout aussi bien **pu** [1667 V-TempA-0] me faire entendre parler, je voulais connaître – puisque c'était celles-là dont Saint-Loup m'avait **parlé** [1668 V-TempA-0], celles-là qui existaient individuellement pour moi – la jeune fille qui allait dans les maisons de passe et la femme de chambre de Mme Putbus. Les difficultés que ma santé, mon indécision, ma « procrastination », comme disait Saint-Loup, mettaient à réaliser n'importe quoi, m'avaient **fait** [1669 V-TempA-0] remettre de jour en jour, de mois en mois, d'année en année, l'éclaircissement de certains soupçons comme l'accomplissement de certains désirs. Mais je les gardais dans ma mémoire en me promettant de ne pas oublier d'en connaître la réalité, parce que seuls ils m'obsédaient (puisque les autres n'avaient pas de forme à mes yeux, n'existaient pas), et aussi parce que le hasard même qui les avait **choisis** [1670 V-TempA-2] au milieu de la réalité m'était un garant que c'était bien en eux, avec un peu de réalité, de la vie véritable et **convoitée** [1671 Adj-Epith-3], que j'entrerais en contact.

Et puis, un seul petit fait, s'il est certain, ne peut-on, comme le savant qui expérimente, dégager la vérité pour tous les ordres de faits semblables ? Un seul petit fait, s'il est bien **choisi** [1672 V-Pass-1], ne suffit-il pas à l'expérimentateur pour décider d'une loi générale qui fera connaître la vérité sur des milliers de faits analogues ?

Albertine avait beau n'exister dans ma mémoire qu'à l'état où elle m'était successivement **apparue** [1673 V-TempE-1] au cours de la vie, c'est-à-dire **subdivisée** [1674 Adj-Epith-3] suivant une série de fractions de temps, ma pensée, rétablissant en elle l'unité, en refaisait un être, et c'est sur cet être que je voulais porter un jugement général, savoir si elle m'avait **menti** [1675 V-TempA-0], si elle aimait les femmes, si c'est pour en fréquenter librement qu'elle m'avait **quitté** [1676 V-TempA-2]. Ce que dirait la doucheuse pourrait peut-être trancher à jamais mes doutes sur les mœurs d'Albertine.

Mes doutes ! Hélas, j'avais **cru** [1677 V-TempA-0] qu'il me serait indifférent, même agréable de ne plus voir Albertine, jusqu'à ce que son départ m'eût **révélé** [1678 V-TempA-0] mon erreur[67]. De même sa mort m'avait **appris** [1679 V-TempA-0] combien je me trompais en croyant souhaiter quelquefois sa mort et supposer qu'elle serait ma délivrance. Ce fut de même que, quand je reçus la lettre d'Aimé, je compris que, si je n'avais pas jusque-là **souffert** [1680 V-TempA-0] trop cruellement de mes doutes sur la vertu d'Albertine, c'est qu'en réalité ce n'était nullement des doutes. Mon bonheur, ma vie avaient besoin qu'Albertine fût vertueuse, ils avaient **posé** [1681 V-TempA-0] une fois pour toutes qu'elle l'était. **Muni** [1682 Adj-Epith-3] de cette croyance préservatrice, je pouvais sans danger laisser mon esprit jouer tristement avec des suppositions auxquelles il donnait une forme mais n'ajoutait pas foi. Je me disais : « Elle aime peut-être les femmes », comme on se dit : « Je peux mourir ce soir » ; on se le dit, mais on ne le croit pas, on fait des projets pour le lendemain. C'est ce qui explique que, me croyant, à tort, incertain si Albertine aimait ou non les femmes, et par conséquent qu'un fait coupable à l'actif d'Albertine ne m'apporterait rien que je n'eusse souvent **envisagé** [1683 V-TempA-2], j'aie **pu** [1684 V-TempA-0] éprouver devant les images,

---

[67] Var. ms. : [...] *je l'avais cru jusqu'au moment où elle m'avait quitté.*

insignifiantes pour d'autres, que m'évoquait la lettre d'Aimé, une souffrance inattendue, la plus cruelle que j'eusse **ressentie** [1685 V-TempA-2] encore, et qui forma avec ces images, avec l'image hélas, d'Albertine elle-même, une sorte de précipité comme on dit en chimie, où tout était indivisible et dont le texte de la lettre d'Aimé, que je sépare d'une façon toute conventionnelle, ne peut donner aucunement l'idée, puisque chacun des mots qui la composent était aussitôt **transformé** [1686 V-Pass-1], **coloré** [1687 V-Pass-1] à jamais par la souffrance qu'il venait d'exciter.

« MONSIEUR,
» Monsieur voudra bien me pardonner si je n'ai pas plus tôt **écrit** [1688 V-TempA-0] à Monsieur. La personne que Monsieur m'avait **chargé** [1689 V-TempA-0] de voir s'était **absentée** [1690 V-TempE-1] pour deux jours et, désireux de répondre à la confiance que Monsieur avait **mise** [1691 V-TempA-2] en moi, je ne voulais pas revenir les mains vides. Je viens de causer enfin avec cette personne qui se rappelle très bien (Mlle A.). » Aimé, qui avait un certain commencement de culture, voulait mettre : « Mlle A. » en italique ou entre guillemets. Mais quand il voulait mettre des guillemets il traçait une parenthèse, et quand il voulait mettre quelque chose entre parenthèses il le mettait entre guillemets. C'est ainsi que Françoise disait que quelqu'un *restait* dans ma rue pour dire qu'il y demeurait, et qu'on pouvait *demeurer* deux minutes pour rester, les fautes des gens du peuple consistant seulement très souvent à interchanger – comme a **fait** [1692 V-TempA-0] d'ailleurs la langue française – des termes qui au cours des siècles ont **pris** [1693 V-TempA-0] réciproquement la place l'un de l'autre. « D'après elle la chose que supposait Monsieur est absolument certaine. D'abord c'était elle qui soignait (Mlle A.) chaque fois que celle-ci venait aux bains. (Mlle A.) venait très souvent prendre sa douche avec une grande femme plus âgée qu'elle, toujours **habillée** [1694 Adj-Epith-3] en gris, et que la doucheuse sans savoir son nom connaissait pour l'avoir **vue** [1695 V-TempA-2] souvent rechercher des jeunes filles. Mais elle ne faisait plus attention aux autres depuis qu'elle connaissait (Mlle A.). Elle et (Mlle A.) s'enfermaient toujours dans la cabine, restaient très longtemps, et la dame en gris donnait au moins dix francs de pourboire à la personne avec qui j'ai **causé** [1696 V-TempA-0]. Comme m'a **dit** [1697 V-TempA-0] cette personne, vous pensez bien que si elles n'avaient **fait** [1698 V-TempA-0] qu'enfiler des perles, elles ne m'auraient pas

donné [1699 V-TempA-0] dix francs de pourboire. (Mlle A.) venait aussi quelquefois avec une femme très noire de peau, qui avait un face-à-main. Mais (Mlle A.) venait le plus souvent avec des jeunes filles plus jeunes qu'elle, surtout une très rousse. Sauf la dame en gris, les personnes que (Mlle A.) avait l'habitude d'amener n'étaient pas de Balbec et devaient même souvent venir d'assez loin. Elles n'entraient jamais ensemble, mais (Mlle A.) entrait, en disant de laisser <u>la porte de la cabine</u> **ouverte** [1700 Adj-Attr-2] – qu'elle attendait une amie, et la personne avec qui j'ai **parlé** [1701 V-TempA-0] savait ce que cela voulait dire. Cette personne n'a **pu** [1702 V-TempA-0] me donner d'autres détails ne se rappelant pas très bien, « ce qui est facile à comprendre après si longtemps ». Du reste, cette personne ne cherchait pas à savoir, parce qu'elle est très discrète et que c'était son intérêt car (Mlle A.) lui faisait gagner gros. Elle a **été** [1703 V-TempA-0] très sincèrement **touchée** [1704 V-Pass-1] d'apprendre qu'elle était **morte** [1705 Adj-Attr-1]. Il est vrai que si jeune c'est un grand malheur pour elle et pour les siens. J'attends les ordres de Monsieur pour savoir si je peux quitter Balbec où je ne crois pas que j'apprendrai rien davantage. Je remercie encore Monsieur du petit voyage <u>que</u> Monsieur m'a ainsi **procuré** [1706 V-TempA-2] et qui m'a **été** [1707 V-TempA-0] très agréable d'autant plus que le temps est on ne peut plus favorable. La saison s'annonce bien pour cette année. On espère que Monsieur viendra faire cet été une petite apparition.

» Je ne vois plus rien d'intéressant à dire à Monsieur », etc...

Pour comprendre à quelle profondeur ces mots entraient en moi, il faut se rappeler que les questions que je me posais à l'égard d'Albertine n'étaient pas des questions accessoires, indifférentes, des questions de détails, les seules en réalité que nous nous posions à l'égard de tous les êtres qui ne sont pas nous, ce qui nous permet de cheminer, **revêtus** [1708 Adj-Epith-3] d'une pensée imperméable, au milieu de la souffrance, du mensonge, du vice et de la mort. Non, pour Albertine, c'était des questions d'essence : En son fond qu'était-elle ? À quoi pensait-elle ? Qu'aimait-elle ? Me mentait-elle ? Ma vie avec elle a-t-elle **été** [1709 V-TempA-0] aussi lamentable que celle de Swann avec Odette ? Aussi ce qu'atteignait la réponse d'Aimé, bien qu'elle ne fût pas une réponse générale, mais particulière – et justement à cause de cela – c'était bien Albertine, en moi, les profondeurs.

Enfin je voyais devant moi, dans cette arrivée d'Albertine à la douche par la petite rue avec la dame en gris, un fragment de ce passé qui ne me semblait pas moins mystérieux, moins effroyable que je ne le redoutais quand je l'imaginais **enfermé** [1710 Adj-Attr-2] dans le souvenir, dans le regard d'Albertine. Sans doute, tout autre que moi eût **pu** [1711 V-TempA-0] trouver insignifiants ces détails auxquels l'impossibilité où j'étais, maintenant qu'Albertine était **morte** [1712 Adj-Attr-1], de les faire réfuter par elle conférait l'équivalent d'une sorte de probabilité. Il est même probable que pour Albertine, même s'ils avaient **été** [1713 V-TempA-0] vrais, ses propres fautes, si elle les avait **avouées** [1714 V-TempA-2], que sa conscience les eût **trouvées** [1715 V-TempA-2] innocentes ou blâmables, que sa sensualité les eût **trouvées** [1716 V-TempA-2] délicieuses ou assez fades, eussent **été** [1717 V-TempA-0] **dépourvues** [1718 Adj-Attr-1] de cette inexprimable impression d'horreur dont je ne les séparais pas. Moi-même, à l'aide de mon amour des femmes et quoiqu'elles ne dussent pas avoir **été** [1719 V-TempA-0] pour Albertine la même chose, je pouvais un peu imaginer ce qu'elle éprouvait. Et certes c'était déjà un commencement de souffrance que de me la représenter désirant comme j'avais si souvent **désiré** [1720 V-TempA-0], me mentant comme je lui avais si souvent **menti** [1721 V-TempA-0], **préoccupée** [1722 Adj-Attr-2] par telle ou telle jeune fille, faisant des frais pour elle, comme moi pour Mlle de Stermaria, pour tant d'autres ou pour les paysannes que je rencontrais dans la campagne. Oui, tous mes désirs m'aidaient à comprendre dans une certaine mesure les siens ; c'était déjà une grande souffrance où tous les désirs, plus ils avaient **été** [1723 V-TempA-0] vifs, étaient **changés** [1724 V-Pass-1] en tourments d'autant plus cruels ; comme si dans cette algèbre de la sensibilité ils reparaissaient avec le même coefficient mais avec le signe moins au lieu du signe plus. Pour Albertine, autant que je pouvais en juger par moi-même, ses fautes, quelque volonté qu'elle eût de me les cacher – ce qui me faisait supposer qu'elle se jugeait coupable ou avait peur de me chagriner – ses fautes, parce qu'elle les avait **préparées** [1725 V-TempA-2] à sa guise dans la claire lumière de l'imagination où se joue le désir, lui paraissaient tout de même des choses de même nature que le reste de la vie, des plaisirs pour elle qu'elle n'avait pas **eu** [1726 V-TempA-0] le courage de se refuser, des peines pour moi qu'elle avait **cherché** [1727 V-TempA-0] à éviter de me faire en me les cachant, mais des plaisirs et des peines qui pouvaient figurer au milieu des autres plaisirs et peines de la vie. Mais moi, c'est du dehors, sans que je fusse **prévenu** [1728 V-Pass-1], sans que je pusse moi-même les élaborer, c'est de la lettre d'Aimé que m'étaient **venues** [1729 V-TempE-1] les images d'Albertine arrivant à la douche et préparant son pourboire.

Sans doute c'est parce que dans cette arrivée silencieuse et **délibérée** [1730 Adj-Epith-3] d'Albertine avec la femme en gris je lisais le rendez-vous <u>qu</u>'elles avaient **pris** [1731 V-TempA-2], cette convention de venir faire l'amour dans un cabinet de douches, qui impliquait une expérience de la corruption, l'organisation bien **dissimulée** [1732 Adj-Epith-3][68] de toute une double existence, c'est parce que ces images m'apportaient la terrible nouvelle de la culpabilité d'Albertine qu'elles m'avaient immédiatement **causé** [1733 V-TempA-0] une douleur physique dont elles ne se sépareraient plus. Mais aussitôt la douleur avait **réagi** [1734 V-TempA-0] sur elles : un fait objectif, tel qu'une image, est différent selon l'état intérieur avec lequel on l'aborde. Et la douleur est un aussi puissant modificateur de la réalité qu'est l'ivresse. **Combinée** [1735 Adj-Epith-3] avec ces images, la souffrance en avait **fait** [1736 V-TempA-0] aussitôt quelque chose d'absolument différent de ce que peuvent être pour toute autre personne une dame en gris, un pourboire, une douche, la rue où avait lieu l'arrivée **délibérée** [1737 Adj-Epith-3] d'Albertine avec la dame en gris. Toutes ces images – **échappée** [1738 N] sur une vie de mensonges et de fautes telle que je ne <u>l</u>'avais jamais **conçue** [1739 V-TempA-2] – ma souffrance <u>les</u> avait immédiatement **altérées** [1740 V-TempA-2] en leur matière même, je ne les voyais pas dans la lumière qui éclaire les spectacles de la terre, c'était le fragment d'un autre monde, d'une planète inconnue et **maudite** [1741 Adj-Epith-3], une vue de l'Enfer. L'Enfer c'était tout ce Balbec, tous ces pays avoisinants d'où, d'après la lettre d'Aimé, elle faisait venir souvent les filles plus jeunes qu'elle amenait à la douche. Ce mystère <u>que</u> j'avais jadis **imaginé** [1742 V-TempA-2] dans le pays de Balbec et qui s'y était **dissipé** [1743 V-TempE-1] quand j'y avais **vécu** [1744 V-TempA-0], que j'avais ensuite **espéré** [1745 V-TempA-0] ressaisir en connaissant Albertine parce que, quand je la voyais passer sur la plage, quand j'étais assez fou pour désirer qu'elle ne fût pas vertueuse, je pensais qu'elle devait l'incarner, comme maintenant tout ce qui touchait à Balbec s'en imprégnait affreusement ! Les noms de ces stations, Toutainville, Evreville, Incarville, **devenus** [1746 Adj-Epith-

---

[68] Var. ms. : *cachée*.

3] si familiers, si tranquillisants, quand je les entendais le soir en revenant de chez les Verdurin, maintenant que je pensais qu'Albertine avait **habité** [1747 V-TempA-0] l'une, s'était **promenée** [1748 V-TempE-1] jusqu'à l'autre, avait **pu** [1749 V-TempA-0] souvent aller à bicyclette à la troisième, excitaient en moi une anxiété plus cruelle que la première fois, où je les voyais avec tant de trouble avant d'arriver à Balbec que je ne connaissais pas encore. C'est un des pouvoirs de la jalousie de nous découvrir combien la réalité des faits extérieurs et les sentiments de l'âme sont quelque chose d'inconnu qui prête à mille suppositions. Nous croyons savoir exactement ce que sont les choses et ce que pensent les gens, pour la simple raison que nous ne nous en soucions pas. Mais dès que nous avons le désir de savoir, comme a le jaloux, alors c'est un vertigineux kaléidoscope où nous ne distinguons plus rien. Albertine m'avait-elle **trompé** [1750 V-TempA-2] ? avec qui ? dans quelle maison ? quel jour ? celui où elle m'avait **dit** [1751 V-TempA-0] telle chose ? où je me rappelais que j'avais dans la journée **dit** [1752 V-TempA-0] ceci ou cela ? je n'en savais rien. Je ne savais pas davantage quels étaient ses sentiments pour moi, s'ils étaient **inspirés** [1753 V-Pass-1] par l'intérêt, par la tendresse. Et tout d'un coup je me rappelais tel incident insignifiant, par exemple qu'Albertine avait **voulu** [1754 V-TempA-0] aller à Saint-Martin-le-Vêtu, disant que ce nom l'intéressait, et peut-être simplement parce qu'elle avait **fait** [1755 V-TempA-0] la connaissance de quelque paysanne qui était là-bas. Mais ce n'était rien qu'Aimé m'eût **appris** [1756 V-TempA-0] tout cela par la doucheuse, puisque Albertine devait éternellement ignorer qu'il me l'avait **appris** [1757 V-TempA-2], le besoin de savoir ayant toujours **été** [1758 V-TempA-0] **surpassé** [1759 V-Sub-Pass-1], dans mon amour pour Albertine, par le besoin de lui montrer que je savais ; car cela faisait tomber entre nous la séparation d'illusions différentes, tout en n'ayant jamais **eu** [1760 V-TempA-0] pour résultat de me faire aimer d'elle davantage, au contraire. Or voici que, depuis qu'elle était **morte** [1761 V-TempE-1], le second de ces besoins était **amalgamé** [1762 Adj-Attr-1] à l'effet du premier : je tâchais de me représenter l'entretien où je lui aurais **fait** [1763 V-TempA-0] part de ce que j'avais **appris** [1764 V-TempA-2], aussi vivement que l'entretien où je lui aurais **demandé** [1765 V-TempA-0] ce que je ne savais pas ; c'est-à-dire la voir près de moi, l'entendre me répondant avec bonté, voir ses joues redevenir grosses, ses yeux perdre leur malice et prendre de la tristesse, c'est-à-dire l'aimer encore et oublier la fureur de ma jalousie dans le désespoir de mon isolement. Le douloureux mystère de cette impossibilité de jamais lui faire savoir ce <u>que</u> j'avais **appris** [1766 V-TempA-2] et d'établir nos rapports sur la vérité de ce que je venais seulement de découvrir (et que je n'avais peut-être **pu** [1767 V-TempA-0] découvrir que parce qu'elle était **morte** [1768 V-TempE-1]) substituait sa tristesse au mystère plus douloureux de sa conduite. Quoi ? Avoir tant **désiré** [1769 V-TempA-0] qu'Albertine sût que j'avais **appris** [1770 V-TempA-0] l'histoire de la salle de douches, Albertine qui n'était plus rien ! C'était là encore une des conséquences de cette impossibilité où nous sommes, quand nous avons à raisonner sur la mort, de nous représenter autre chose que la vie. Albertine n'était plus rien. Mais pour moi c'était la personne qui m'avait **caché** [1771 V-TempA-0] qu'elle eût des rendez-vous avec des femmes à Balbec, qui s'imaginait avoir **réussi** [1772 V-TempA-0] à me le faire ignorer. Quand nous raisonnons sur ce qui se passe après notre propre mort, n'est-ce pas encore nous vivant que par erreur nous projetons à ce moment-là ? Et est-il beaucoup plus ridicule, en somme, de regretter qu'une femme qui n'est plus rien ignore que nous ayons **appris** [1773 V-TempA-0] ce qu'elle faisait il y a six ans que de désirer que de nous-même, qui serons **mort** [1774 V-TempE-1], le public parle encore avec faveur dans un siècle ? S'il y a plus de fondement réel dans le second cas que dans le premier, les regrets de ma jalousie rétrospective n'en procédaient pas moins de la même erreur d'optique que chez les autres hommes le désir de la gloire posthume. Pourtant cette impression de ce qu'il y avait de solennellement définitif dans ma séparation d'avec Albertine, si elle s'était **substituée** [1775 V-TempE-1] un moment à l'idée de ses fautes, ne faisait qu'aggraver celles-ci en leur conférant un caractère irrémédiable.

Je <u>me</u> voyais **perdu** [1776 Adj-Attr-2] dans la vie comme sur une plage **illimitée** [1777 Adj-Epith-3] où j'étais seul et où, dans quelque sens que j'allasse, je ne la rencontrerais jamais. Heureusement je trouvai fort à propos dans ma mémoire – comme il y a toujours toutes espèces de choses, les unes dangereuses, les autres salutaires dans ce fouillis où les souvenirs ne s'éclairent qu'un à un – je découvris, comme un ouvrier l'objet qui pourra servir à ce qu'il veut faire, une parole[69] de ma grand'mère. Elle m'avait **dit** [1778 V-TempA-0] à propos d'une histoire invraisemblable que la doucheuse avait

---

[69] Var. ms. : […] une parole *oubliée que m'avait dite autrefois* ma grand'mère.

racontée [1779 V-TempA-0] à Mme de Villeparisis : « C'est une femme qui doit avoir la maladie du mensonge. » Ce souvenir me fut d'un grand secours. Quelle portée pouvait avoir ce qu'avait dit [1780 V-TempA-2] la doucheuse à Aimé ? D'autant plus qu'en somme elle n'avait rien vu [1781 V-TempA-2]. On peut venir prendre des douches avec des amies sans penser à mal pour cela. Peut-être pour se vanter la doucheuse exagérait-elle le pourboire. J'avais bien entendu [1782 V-TempA-0] Françoise soutenir une fois que ma tante Léonie avait dit [1783 V-TempA-0] devant elle qu'elle avait « un million à manger par mois », ce qui était de la folie ; une autre fois qu'elle avait vu [1784 V-TempA-0] ma tante Léonie donner à Eulalie quatre billets de mille francs, alors qu'un billet de cinquante francs plié [1785 Adj-Epith-3] en quatre me paraissait déjà peu vraisemblable. Et ainsi je cherchais – et je réussis peu à peu – à me défaire de la douloureuse certitude que je m'étais donné [1786 V-TempE-0] tant de mal à acquérir, ballotté [1787 Adj-Attr-1] que j'étais toujours entre le désir de savoir et la peur de souffrir. Alors ma tendresse put renaître, mais, aussitôt avec cette tendresse, une tristesse d'être séparé [1788 V-Pass-1] d'Albertine, durant laquelle j'étais peut-être encore plus malheureux qu'aux heures récentes où c'était par la jalousie que j'étais torturé [1789 V-Pass-1]. Mais cette dernière renaquit soudain en pensant à Balbec, à cause de l'image soudain revue [1790 Adj-Epith-3] (et qui jusque-là ne m'avait jamais fait [1791 V-TempA-0] souffrir et me paraissait même une des plus inoffensives de ma mémoire) de la salle à manger de Balbec le soir, avec, de l'autre côté du vitrage, toute cette population entassée [1792 Adj-Epith-3] dans l'ombre comme devant le vitrage lumineux d'un aquarium, en faisant se frôler (je n'y avais jamais pensé [1793 V-TempA-0]) dans sa conglomération les pêcheurs et les filles du peuple contre les petites bourgeoises jalouses de ce luxe, nouveau à Balbec, ce luxe que sinon la fortune, du moins l'avarice et la tradition interdisaient à leurs parents, petites bourgeoises parmi lesquelles il y avait sûrement presque chaque soir Albertine, que je ne connaissais pas encore et qui sans doute levait là quelque fillette qu'elle rejoignait quelques minutes plus tard dans la nuit, sur le sable, ou bien dans une cabine abandonnée [1794 Adj-Epith-3], au pied de la falaise. Puis c'était ma tristesse qui renaissait, je venais d'entendre, comme une condamnation à l'exil, le bruit de l'ascenseur qui, au lieu de s'arrêter à mon étage, montait au-dessus. Pourtant la seule personne dont j'eusse pu [1795 V-TempA-0] souhaiter la visite ne viendrait plus jamais, elle était **morte** [1796 Adj-Attr-1]. Et malgré cela, quand l'ascenseur s'arrêtait à mon étage mon cœur battait, un instant je me disais : « Si tout de même cela n'était qu'un rêve ! C'est peut-être elle, elle va sonner, elle revient, Françoise va entrer me dire avec plus d'effroi que de colère – car elle est plus superstitieuse encore que vindicative et craindrait moins la vivante que ce qu'elle croira peut-être un revenant : – « Monsieur ne devinera jamais qui est là. » J'essayais de ne penser à rien, de prendre un journal. Mais la lecture m'était insupportable de ces articles **écrits** [1797 Adj-Epith-3] par des gens qui n'éprouvent pas de réelle douleur. D'une chanson insignifiante l'un disait : « C'est à *pleurer* » tandis que moi je l'aurais **écoutée** [1798 V-TempA-2] avec tant d'allégresse si Albertine avait **vécu** [1799 V-TempA-0]. Un autre, grand écrivain cependant, parce qu'il avait **été** [1800 V-TempA-0] **acclamé** [1801 V-Pass-1] à sa descente d'un train, disait qu'il avait **reçu** [1802 V-TempA-0] là des témoignages *inoubliables*, alors que moi, si maintenant je les avais **reçus** [1803 V-TempA-2], je n'y aurais même pas **pensé** [1804 V-TempA-0] un instant. Et un troisième assurait que sans la fâcheuse politique la vie de Paris serait « tout à fait délicieuse », alors que je savais bien que, même sans politique, cette vie ne pouvait m'être qu'atroce et m'eût **semblé** [1805 V-TempA-0] délicieuse, même avec la politique, si j'eusse **retrouvé** [1806 V-TempA-0] Albertine. Le chroniqueur cynégétique disait (on était au mois de mai) : « Cette époque est vraiment douloureuse, disons mieux, sinistre, pour le vrai chasseur, car il n'y a rien, absolument rien à tirer », et le chroniqueur du « Salon » : « Devant cette manière d'organiser une exposition on se sent **pris** [1807 Adj-Attr-2] d'un immense découragement, d'une tristesse infinie... » Si la force de ce que je sentais me faisait paraître mensongères et pâles les expressions de ceux qui n'avaient pas de vrais bonheurs ou malheurs, en revanche les lignes les plus insignifiantes qui, de si loin que ce fût, pouvaient se rattacher ou à la Normandie, ou à la Touraine, ou aux établissements hydrothérapiques, ou à la Berma, ou à la princesse de Guermantes, ou à l'amour, ou à l'absence, ou à l'infidélité, remettaient brusquement devant moi, sans que j'eusse **eu** [1808 V-TempA-0] le temps de me détourner, l'image d'Albertine, et je me remettais à pleurer. D'ailleurs, d'habitude, ces journaux je ne pouvais même pas les lire, car le simple geste d'en ouvrir un me rappelait à la fois que j'en accomplissais de semblables quand Albertine vivait, et qu'elle ne vivait plus ; je les laissais retomber sans avoir la force de les déplier jusqu'au bout. Chaque impression évoquait une impression identique mais **blessée** [1809 Adj-Epith-3] parce qu'en avait **été** [1810 V-TempA-0] **retranchée** [1811 V-Pass-1] l'existence d'Albertine, de sorte que je n'avais jamais le courage de vivre jusqu'au bout ces minutes **mutilées** [1812 Adj-Epith-3]. Même, quand peu à peu Albertine cessa d'être présente à ma pensée et toute-puissante sur mon cœur, je souffrais tout d'un coup s'il me fallait, comme au temps où elle était là, entrer dans sa chambre, chercher de la lumière, m'asseoir près du pianola. **Divisée** [1813 Adj-Epith-3] en petits dieux familiers, elle habita longtemps la flamme de la bougie, le bouton de la porte, le dossier d'une chaise, et d'autres domaines plus immatériels, comme une nuit d'insomnie ou l'émoi que me donnait la première visite d'une femme qui m'avait **plu** [1814 V-TempA-0]. Malgré cela, le peu de phrases que mes yeux lisaient dans une journée ou que ma pensée se rappelait avoir **lues** [1815 V-TempA-2] excitaient souvent en moi une jalousie cruelle. Pour cela elles avaient moins besoin de me fournir un argument valable de l'immoralité des femmes que de me rendre une impression ancienne **liée** [1816 Adj-Epith-3] à l'existence d'Albertine. **Transporté** [1817 V-Sub-1] alors dans un moment **oublié** [1818 Adj-Epith-3] dont l'habitude d'y penser n'avait pas pour moi **émoussé** [1819 V-TempA-0] la force, et où Albertine vivait encore, ses fautes prenaient quelque chose de plus voisin, de plus angoissant, de plus atroce. Alors je me redemandais s'il était certain que les révélations de la doucheuse fussent fausses. Une bonne manière de savoir la vérité serait d'envoyer Aimé en Touraine, passer quelques jours dans le voisinage de la villa de Mme Bontemps. Si Albertine aimait les plaisirs qu'une femme prend avec les femmes, si c'est pour n'être pas plus longtemps **privée** [1820 V-Pass-1] d'eux qu'elle m'avait **quitté** [1821 V-TempA-2], elle avait **dû** [1822 V-TempA-0], aussitôt libre, essayer de s'y livrer et y réussir, dans un pays qu'elle connaissait et où elle n'aurait pas **choisi** [1823 V-TempA-0] de se retirer si elle n'avait pas **pensé** [1824 V-TempA-0] y trouver plus de facilités que chez moi. Sans doute, il n'y avait rien d'extraordinaire à ce que la mort d'Albertine eût si peu **changé** [1825 V-TempA-0] mes préoccupations. Quand notre maîtresse est vivante, une grande partie des pensées qui forment ce que nous appelons notre amour nous viennent pendant les heures où elle n'est pas à côté de nous. Ainsi l'on prend l'habitude d'avoir pour objet de sa rêverie un être absent, et qui, même s'il ne le reste que quelques heures, pendant ces heures-là n'est qu'un souvenir. Aussi la mort ne change-t-elle pas grand-chose.

Quand Aimé revint, je lui demandai de partir pour Châtellerault, et ainsi non seulement par mes pensées, mes tristesses, l'émoi que me donnait un nom **relié** [1826 Adj-Epith-3], de si loin que ce fût, à un certain être, mais encore par toutes mes actions, par les enquêtes auxquelles je procédais, par l'emploi que je faisais de mon argent, tout entier **destiné** [1827 Adj-Epith-3] à connaître les actions d'Albertine, je peux dire que toute cette année-là ma vie resta **remplie** [1828 Adj-Attr-1] par un amour, par une véritable liaison. Et celle qui en était l'objet était une morte. On dit quelquefois qu'il peut subsister quelque chose d'un être après sa mort si cet être était un artiste et mettait un peu de soi dans son œuvre. C'est peut-être de la même manière qu'une sorte de bouture **prélevée** [1829 Adj-Epith-3] sur un être, et **greffée** [1830 Adj-Epith-3] au cœur d'un autre, continue à y poursuivre sa vie, même quand l'être d'où elle avait **été** [1831 V-TempA-0] **détachée** [1832 V-Pass-1] a **péri** [1833 V-TempA-0]. Aimé alla loger à côté de la villa de Mme Bontemps ; il fit la connaissance d'une femme de chambre, d'un loueur de voitures chez qui Albertine allait souvent en prendre une pour la journée. Les gens n'avaient rien **remarqué** [1834 V-TempA-2]. Dans une seconde lettre, Aimé me disait avoir **appris** [1835 V-TempA-0] d'une petite blanchisseuse de la ville qu'Albertine avait une manière particulière de lui serrer le bras quand celle-ci lui rapportait le linge. « Mais, disait-elle, cette demoiselle ne lui avait jamais **fait** [1836 V-TempA-0] autre chose. » J'envoyai à Aimé l'argent qui payait son voyage, qui payait le mal qu'il venait de me faire par sa lettre, et cependant je m'efforçais de le guérir en me disant que c'était là une familiarité qui ne prouvait aucun désir vicieux quand je reçus un télégramme d'Aimé : « Ai **appris** [1837 V-TempA-0] les choses les plus intéressantes. Ai plein de nouvelles pour prouver. Lettre suit. » Le lendemain vint une lettre dont l'enveloppe suffit à me faire frémir ; j'avais **reconnu** [1838 V-TempA-0] qu'elle était d'Aimé, car chaque personne même la plus humble, a sous sa dépendance ces petits êtres familiers, à la fois vivants et **couchés** [1839 Adj-Epith-3] dans une espèce d'engourdissement sur le papier, les caractères de son écriture que lui seul possède. « D'abord la petite blanchisseuse n'a rien **voulu** [1840 V-TempA-0] me dire, elle assurait que Mlle Albertine n'avait jamais **fait** [1841 V-TempA-0] que lui pincer le bras. Mais pour la faire parler je l'ai **emmenée** [1842 V-TempA-2] dîner, je l'ai **fait** [1843 V-TempA-0] boire. Alors elle m'a **raconté** [1844 V-TempA-0] que Mlle Albertine la rencontrait souvent au bord de la

Loire, quand elle allait se baigner ; que Mlle Albertine, qui avait l'habitude de se lever de grand matin pour aller se baigner, avait l'habitude de la retrouver au bord de l'eau, à un endroit où les arbres sont si épais que personne ne peut vous voir, et d'ailleurs il n'y a personne qui peut vous voir à cette heure-là. Puis la blanchisseuse amenait ses petites amies et elles se baignaient et après, comme il faisait très chaud déjà là-bas et que ça tapait dur même sous les arbres, elles restaient dans l'herbe à se sécher, à jouer, à se caresser. La petite blanchisseuse m'a **avoué** [1845 V-TempA-0] qu'elle aimait beaucoup à s'amuser avec ses petites amies, et que voyant Mlle Albertine qui se frottait toujours contre elle dans son peignoir, elle le lui avait **fait** [1846 V-TempA-0] enlever et lui faisait des caresses avec sa langue le long du cou et des bras, même sur la plante des pieds que Mlle Albertine lui tendait. La blanchisseuse se déshabillait aussi, et elles jouaient à se pousser dans l'eau ; là elle ne n'a <u>rien</u> **dit** [1847 V-TempA-2] de plus, mais, tout **dévoué** [1848 Adj-Epith-3] à vos ordres et voulant faire n'importe quoi pour vous faire plaisir, j'ai **emmené** [1849 V-TempA-0] coucher avec moi la petite blanchisseuse. Elle m'a **demandé** [1850 V-TempA-0] si je voulais qu'elle me fît ce qu'elle faisait à Mlle Albertine quand celle-ci ôtait son costume de bain. Et elle m'a **dit** [1851 V-TempA-0] : « Si vous aviez **vu** [1852 V-TempA-0] comme elle frétillait, cette demoiselle, elle me disait : (ah ! tu me mets aux anges) et elle était si **énervée** [1853 Adj-Attr-1] qu'elle ne pouvait s'empêcher de me mordre. » J'ai **vu** [1854 V-TempA-0] encore la trace sur le bras de la petite blanchisseuse. Et je comprends le plaisir de Mlle Albertine car cette petite-là est vraiment très habile. »

J'avais bien **souffert** [1855 V-TempA-0] à Balbec quand Albertine m'avait **dit** [1856 V-TempA-0] son amitié pour Mlle Vinteuil. Mais Albertine était là pour me consoler. Puis quand, pour avoir trop **cherché** [1857 V-TempA-0] à connaître les actions d'Albertine, j'avais **réussi** [1858 V-TempA-0] à la faire partir de chez moi, quand Françoise m'avait **annoncé** [1859 V-TempA-0] qu'elle n'était plus là, et que je m'étais **trouvé** [1860 V-TempE-1] seul, j'avais **souffert** [1861 V-TempA-0] davantage. Mais du moins l'Albertine <u>que</u> j'avais **aimée** [1862 V-TempA-2] restait dans mon cœur. Maintenant, à sa place – pour me punir d'avoir **poussé** [1863 V-TempA-0] plus loin une curiosité à laquelle, contrairement à ce <u>que</u> j'avais **supposé** [1864 V-TempA-2], la mort n'avait pas **mis** [1865 V-TempA-0] fin – ce que je trouvais c'était une jeune fille différente, multipliant les mensonges et les tromperies là où l'autre m'avait si doucement **rassuré** [1866 V-TempA-2] en me jurant n'avoir jamais **connu** [1867 V-TempA-0] ces plaisirs que, dans l'ivresse de sa liberté **reconquise** [1868 Adj-Epith-3], elle était **partie** [1869 V-TempE-1] goûter jusqu'à la pâmoison, jusqu'à mordre cette petite blanchisseuse qu'elle retrouvait au soleil levant, sur le bord de la Loire, et à qui elle disait : « Tu me mets aux anges. » Une Albertine différente, non pas seulement dans le sens où nous entendons le mot différent quand il s'agit des autres. Si les autres sont différents de ce que nous avons **cru** [1870 V-TempA-2], cette différence ne nous atteignant pas profondément, et le pendule de l'intuition ne pouvant projeter hors de lui qu'une oscillation égale à celle qu'il a **exécutée** [1871 V-TempA-2] dans le sens intérieur, ce n'est que dans les régions superficielles d'eux-mêmes que nous situons ces différences. Autrefois, quand j'apprenais qu'une femme aimait les femmes, elle ne me paraissait pas pour cela une femme autre, d'une essence particulière. Mais s'il s'agit d'une femme qu'on aime, pour se débarrasser de la douleur qu'on éprouve à l'idée que cela peut être on cherche à savoir non seulement ce qu'elle a **fait** [1872 V-TempA-0], mais ce qu'elle ressentait en le faisant, quelle idée elle avait de ce qu'elle faisait ; alors descendant de plus en plus avant, par la profondeur de la douleur, on atteint au mystère, à l'essence. Je souffrais jusqu'au fond de moi-même, jusque dans mon corps, dans mon cœur – bien plus que ne m'eût **fait** [1873 V-TempA-0] souffrir la peur de perdre la vie – de cette curiosité à laquelle collaboraient[70] toutes les forces de mon intelligence et de mon inconscient ; et ainsi c'est dans les profondeurs mêmes d'Albertine que je projetais maintenant tout ce que j'apprenais d'elle. Et la douleur qu'avait ainsi **fait** [1874 V-TempA-0] pénétrer en moi, à une telle profondeur, la réalité du vice d'Albertine me rendit bien plus tard un dernier office. Comme le mal que j'avais **fait** [1875 V-TempA-0] à ma grand'mère, le mal que m'avait **fait** [1876 V-TempA-0] Albertine fut un dernier lien entre elle et moi et qui survécut même au souvenir, car, avec la conservation d'énergie que possède tout ce qui est physique, la souffrance n'a même pas besoin des leçons de la mémoire. Ainsi un homme qui a **oublié** [1877 V-TempA-0] les belles nuits **passées** [1878 Adj-Epith-3] au clair de lune dans les bois souffre encore des rhumatismes qu'il y a **pris** [1879 V-TempA-2]. Ces goûts **niés** [1880 Adj-Epith-3] par elle et

---

[70] Var. ms. : […] *était tellement liée* […].

qu'elle avait, ces goûts dont la découverte était **venue** [1881 V-TempE-1] à moi, non dans un froid raisonnement mais dans la brûlante souffrance **ressentie** [1882 Adj-Epith-3] à la lecture de ces mots : « Tu me mets aux anges », souffrance qui leur donnait une particularité qualitative, ces goûts ne s'ajoutaient pas seulement à l'image d'Albertine comme s'ajoute au bernard-l'ermite la coquille nouvelle qu'il traîne après lui, mais bien plutôt comme un sel qui entre en contact avec un autre sel, en change la couleur, bien plus, la nature. Quand la petite blanchisseuse avait **dû** [1883 V-TempA-0] dire à ses petites amies : « Imaginez-vous, je ne l'aurais pas **cru** [1884 V-TempA-2], eh bien, la demoiselle c'en est une aussi », pour moi ce n'était pas seulement un vice d'abord insoupçonné d'elles qu'elles ajoutaient à la personne d'Albertine, mais la découverte qu'elle était une autre personne, une personne comme elles, parlant la même langue, ce qui, en la faisant compatriote d'autres, me la rendait encore plus étrangère à moi, prouvait que ce que j'avais **eu** [1885 V-TempA-2] d'elle, ce que je portais dans mon cœur, ce n'était qu'un tout petit peu d'elle, et que le reste qui prenait tant d'extension de ne pas être seulement cette chose si mystérieusement importante, un désir individuel, mais de lui être commune avec d'autres, elle me l'avait toujours **caché** [1886 V-TempA-2], elle m'en avait **tenu** [1887 V-TempA-2] à l'écart, comme une femme qui m'eût **caché** [1888 V-TempA-0] qu'elle était d'un pays ennemi et espionne, et qui même eût **agi** [1889 V-TempA-0] plus traîtreusement encore qu'une espionne, car celle-ci ne trompe que sur sa nationalité, tandis qu'Albertine c'était sur son humanité la plus profonde, sur ce qu'elle n'appartenait pas à l'humanité commune, mais à une race étrange qui s'y mêle, s'y cache et ne s'y fond jamais. J'avais justement **vu** [1890 V-TempA-0] deux peintures d'Elstir où dans un paysage touffu il y a des femmes nues. Dans l'une d'elles, l'une des jeunes filles lève le pied comme Albertine devait faire quand elle l'offrait à la blanchisseuse. De l'autre pied elle pousse à l'eau l'autre jeune fille qui gaiement résiste, la cuisse **levée** [1891 Adj-Epith-3], son pied trempant à peine dans l'eau bleue. Je me rappelais maintenant que la levée de la cuisse y faisait le même méandre de cou de cygne avec l'angle du genou, que faisait la chute de la cuisse d'Albertine quand elle était à côté de moi sur le lit, et j'avais **voulu** [1892 V-TempA-0] souvent lui dire qu'elle me rappelait ces peintures. Mais je ne l'avais pas **fait** [1893 V-TempA-2] pour ne pas éveiller en elle l'image de corps nus de femmes. Maintenant je la voyais à côté de la blanchisseuse et de ses amies, recomposer le groupe que j'avais tant **aimé** [1894 V-TempA-2] quand j'étais **assis** [1895 Adj-Attr-1] au milieu des amies d'Albertine à Balbec. Et si j'avais **été** [1896 V-TempA-0] un amateur sensible à la seule beauté j'aurais **reconnu** [1897 V-TempA-0] qu'Albertine le recomposait mille fois plus beau, maintenant que les éléments en étaient les statues nues de déesses comme celles que les grands sculpteurs éparpillaient à Versailles sous les bosquets ou donnaient dans les bassins à laver et à polir aux caresses du flot. Maintenant je la voyais à côté de la blanchisseuse, jeunes filles au bord de l'eau, dans leur double nudité de marbres féminins, au milieu d'une touffe de végétations et trempant dans l'eau comme des bas-reliefs nautiques. Me souvenant de ce qu'Albertine était sur mon lit, je croyais voir sa cuisse **recourbée** [1898 Adj-Attr-2], je la voyais, c'était un col de cygne, il cherchait la bouche de l'autre jeune fille. Alors je ne voyais même plus une cuisse, mais le col hardi d'un cygne, comme celui qui dans une étude frémissante cherche la bouche d'une Léda qu'on voit dans toute la palpitation spécifique du plaisir féminin, parce qu'il n'y a qu'un cygne et qu'elle semble plus seule, de même qu'on découvre au téléphone les inflexions d'une voix qu'on ne distingue pas tant qu'elle n'est pas **dissociée** [1899 V-Pass-1] d'un visage où l'on objective son expression. Dans cette étude, le plaisir, au lieu d'aller vers la face qui l'inspire et qui est absente, **remplacée** [1900 Adj-Epith-3] par un cygne inerte, se concentre dans celle qui le ressent. Par instant la communication était **interrompue** [1901 Adj-Attr-1] entre mon cœur et ma mémoire. Ce qu'Albertine avait **fait** [1902 V-TempA-2] avec la blanchisseuse ne m'était plus **signifié** [1903 V-Pass-1] que par des abréviations quasi algébriques qui ne me représentaient plus rien ; mais cent fois par heure le courant **interrompu** [1904 Adj-Epith-3] était **rétabli** [1905 V-Pass-1], et mon cœur était **brûlé** [1906 V-Pass-1] sans pitié par un feu d'enfer, tandis que je voyais Albertine **ressuscitée** [1907 Adj-Attr-2] par ma jalousie, vraiment vivante, se raidir sous les caresses de la petite blanchisseuse à qui elle disait : « Tu me mets aux anges. » Comme elle était vivante au moment où elle commettait ses fautes, c'est-à-dire au moment où moi-même je me trouvais, il ne me suffisait pas de connaître cette faute, j'aurais **voulu** [1908 V-TempA-0] qu'elle sût que je la connaissais. Aussi, si dans ces moments-là je regrettais de penser que je ne la reverrais jamais, ce regret portait la marque de ma jalousie et, tout différent du regret déchirant des moments où je l'aimais, n'était que le regret de ne pas pouvoir lui dire : « Tu croyais que je ne saurais jamais ce que tu as **fait** [1909 V-TempA-2] après m'avoir **quitté** [1910 V-TempA-2], eh bien je sais tout, la blanchisseuse au bord de la Loire, tu lui disais : « Tu me mets aux anges », j'ai **vu** [1911 V-TempA-0] la morsure. » Sans doute je me disais : « Pourquoi me tourmenter ? Celle qui a **eu** [1912 V-TempA-0] du plaisir avec la blanchisseuse n'est plus rien, donc n'était pas une personne dont les actions gardent de la valeur. Elle ne se dit pas que je sais. Mais elle ne se dit pas non plus que je ne sais pas puisqu'elle ne se dit rien. » Mais ce raisonnement me persuadait moins que la vue de son plaisir qui me ramenait au moment où elle l'avait **éprouvé** [1913 V-TempA-2]. Ce que nous sentons existe seul pour nous, et nous le projetons dans le passé, dans l'avenir, sans nous laisser arrêter par les barrières fictives de la mort. Si mon regret qu'elle fût **morte** [1914 Adj-Attr-1] subissait dans ces moments-là l'influence de ma jalousie et prenait cette forme si particulière, cette influence s'étendait à mes rêves d'occultisme, d'immortalité qui n'étaient qu'un effort pour tâcher de réaliser ce que je désirais. Aussi, à ces moments-là, si j'avais **pu** [1915 V-TempA-0] réussir à l'évoquer en faisant tourner une table comme autrefois Bergotte croyait que c'était possible, ou à la rencontrer dans l'autre vie comme le pensait l'abbé X., je ne l'aurais **souhaité** [1916 V-TempA-2] que pour lui répéter : « Je sais pour la blanchisseuse. Tu lui disais : tu me mets aux anges ; j'ai **vu** [1917 V-TempA-0] la morsure. » Ce qui vint à mon secours contre cette image de la blanchisseuse, ce fut – certes quand elle eut un peu **duré** [1918 V-TempA-0] – cette image elle-même parce que nous ne connaissons vraiment que ce qui est nouveau, ce qui introduit brusquement dans notre sensibilité un changement de ton qui nous frappe, ce à quoi l'habitude n'a pas encore **substitué** [1919 V-TempA-0] ses pâles fac-similés. Mais ce fut surtout ce fractionnement d'Albertine en de nombreux fragments, en de nombreuses Albertines, qui était son seul mode d'existence en moi. Des moments revinrent où elle n'avait **été** [1920 V-TempA-0] que bonne, ou intelligente, ou sérieuse, ou même aimant plus que tout les sports. Et ce fractionnement, n'était-il pas, au fond, juste qu'il me calmât ? Car s'il n'était pas en lui-même quelque chose de réel, s'il tenait à la forme successive des heures où elle m'était **apparue** [1921 V-TempE-1], forme qui restait celle de ma mémoire comme la courbure des projections de ma lanterne magique tenait à la courbure des verres **colorés** [1922 Adj-Epith-3], ne représentait-il pas à sa manière une vérité, bien objective celle-là, à savoir que chacun de nous n'est pas un, mais contient de nombreuses personnes qui n'ont pas toutes la même valeur morale, et que, si l'Albertine vicieuse avait **existé** [1923 V-TempA-0], cela n'empêchait pas qu'il y en eût **eu** [1924 V-TempA-0] d'autres, celle qui aimait à causer avec moi de Saint-Simon dans sa chambre ; celle qui, le soir où je lui avais **dit** [1925 V-TempA-0] qu'il fallait nous séparer, avait **dit** [1926 V-TempA-0] si tristement : « Ce pianola, cette chambre, penser que je ne reverrai jamais tout cela » et, quand elle avait **vu** [1927 V-TempA-0] l'émotion que mon mensonge avait **fini** [1928 V-TempA-0] par me communiquer, s'était **écriée** [1929 V-TempE-1] avec une pitié si sincère : « Oh ! non, tout plutôt que de vous faire de la peine, c'est **entendu** [1930 Adj-Attr-1], je ne chercherai pas à vous revoir. » Alors je ne fus plus seul ; je sentis disparaître cette cloison qui nous séparait. Du moment que cette Albertine bonne était **revenue** [1931 V-TempE-1][71], j'avais **retrouvé** [1932 V-TempA-0] la seule personne à qui je pusse demander l'antidote des souffrances qu'Albertine me causait. Certes je désirais toujours lui parler de l'histoire de la blanchisseuse, mais ce n'était plus en manière de cruel triomphe et pour lui montrer méchamment ce que je savais. Comme je l'aurais **fait** [1933 V-TempA-2] si Albertine avait **été** [1934 V-TempA-0] vivante, je lui demandai tendrement si l'histoire de la blanchisseuse était vraie. Elle me jura que non, qu'Aimé n'était pas très véridique et que, voulant paraître avoir bien **gagné** [1935 V-TempA-0] l'argent que je lui avais **donné** [1936 V-TempA-2], il n'avait pas **voulu** [1937 V-TempA-0] revenir bredouille et avait **fait** [1938 V-TempA-0] dire ce qu'il avait **voulu** [1939 V-TempA-2] à la blanchisseuse. Sans doute Albertine n'avait **cessé** [1940 V-TempA-0] de me mentir. Pourtant, dans le flux et le reflux de ses contradictions je sentais qu'il y avait **eu** [1941 V-TempA-0] une certaine progression à moi **due** [1942 Adj-Epith-3]. Qu'elle ne m'eût même pas **fait** [1943 V-TempA-0], au début, des confidences (peut-être, il est vrai, involontaires dans une phrase qui échappe) je n'en eusse pas **juré** [1944 V-TempA-0]. Je ne me rappelais plus. Et puis elle avait de si bizarres façons d'appeler certaines choses que cela pouvait signifier cela ou non, mais le sentiment qu'elle avait **eu** [1945 V-TempA-2] de ma jalousie l'avait ensuite **portée** [1946 V-TempA-2] à rétracter avec horreur ce qu'elle avait d'abord complaisamment **avoué** [1947 V-TempA-2]. D'ailleurs, Albertine n'avait même pas besoin de me dire cela. Pour être **persuadé** [1948 V-Pass-1] de son innocence il me

---

[71] Var. ms. : *retrouvée*.

suffisait de l'embrasser, et je le pouvais maintenant qu'était **tombée** [1949 V-TempE-1] la cloison qui nous séparait, pareille à celle impalpable et résistante qui après une brouille s'élève entre deux amoureux et contre laquelle se briseraient les baisers. Non, elle n'avait besoin de rien me dire. Quoi qu'elle eût **fait** [1950 V-TempA-2], quoi qu'elle eût **voulu** [1951 V-TempA-2], la pauvre petite, il y avait des sentiments en lesquels, par-dessus ce qui nous divisait, nous pouvions nous unir. Si l'histoire était vraie, et si Albertine m'avait **caché** [1952 V-TempA-0] ses goûts, c'était pour ne pas me faire de chagrin. J'eus la douceur de l'entendre dire à cette Albertine-là. D'ailleurs en avais-je jamais **connu** [1953 V-TempA-0] une autre ? Les deux plus grandes causes d'erreur dans nos rapports avec un autre être sont : avoir soi-même bon cœur, ou bien, cet autre être, l'aimer. On aime sur un sourire, sur un regard, sur une épaule. Cela suffit ; alors, dans les longues heures d'espérance ou de tristesse on fabrique une personne, on compose un caractère. Et quand plus tard on fréquente la personne **aimée** [1954 Adj-Epith-3] on ne peut pas plus, devant quelque cruelle réalité qu'on soit **placé** [1955 V-Pass-1], ôter ce caractère bon, cette nature de femme nous aimant, à l'être qui a tel regard, telle épaule que nous ne pouvons, quand elle vieillit, ôter son premier visage à une personne que nous connaissons depuis sa jeunesse. J'évoquai le beau regard bon et pitoyable de cette Albertine-là, ses grosses joues, son cou aux larges grains. C'était l'image d'une morte, mais, comme cette morte vivait, il me fut aisé de faire immédiatement ce que j'eusse **fait** [1956 V-TempA-2] infailliblement si elle avait **été** [1957 V-TempA-0] auprès de moi de son vivant (ce que je ferais si je devais jamais la retrouver dans une autre vie), je lui pardonnai.

Les instants que j'avais **vécus** [1958 V-TempA-2] auprès de cette Albertine-là m'étaient si précieux que j'eusse **voulu** [1959 V-TempA-0] n'en avoir **laissé** [1960 V-TempA-0] échapper aucun. Or parfois, comme on rattrape les bribes d'une fortune **dissipée** [1961 Adj-Epith-3], j'en retrouvais qui avaient **semblé** [1962 V-TempA-0] **perdus** [1963 Adj-Attr-1] : en nouant un foulard derrière mon cou au lieu de devant, je me rappelai une promenade à laquelle je n'avais jamais **repensé** [1964 V-TempA-0] et où, pour que l'air froid ne pût venir sur ma gorge, Albertine me l'avait **arrangé** [1965 V-TempA-2] de cette manière après m'avoir **embrassé** [1966 V-TempA-2]. Cette promenade si simple, **restituée** [1967 Adj-Epith-3] à ma mémoire par un geste si humble, me fit le plaisir de ces objets intimes ayant **appartenu** [1968 Adj-Epith-0] à une morte **chérie** [1969 Adj-Epith-

3], que nous rapporte la vieille femme de chambre et qui ont tant de prix pour nous ; mon chagrin s'en trouvait **enrichi** [1970 Adj-Attr-1], et d'autant plus que, ce foulard, je n'y avais jamais **repensé** [1971 V-TempA-0].

Maintenant Albertine, **lâchée** [1972 Adj-Epith-3] de nouveau, avait **repris** [1973 V-TempA-0] son vol ; des hommes, des femmes la suivaient. Elle vivait en moi. Je me rendais compte que ce grand amour **prolongé** [1974 Adj-Epith-3] pour Albertine était comme l'ombre du sentiment que j'avais **eu** [1975 V-TempA-2] pour elle, en reproduisait les diverses parties et obéissait aux mêmes lois que la réalité sentimentale qu'il reflétait au-delà de la mort. Car je sentais bien que si je pouvais entre mes pensées pour Albertine mettre quelque intervalle, d'autre part, si j'en avais **mis** [1976 V-TempA-0] trop, je ne l'aurais plus **aimée** [1977 V-TempA-2] ; elle me fût par cette coupure **devenue** [1978 V-TempE-1] indifférente, comme me l'était maintenant ma grand'mère. Trop de temps **passé** [1979 Adj-Epith-3] sans penser à elle eût **rompu** [1980 V-TempA-0][72] dans mon souvenir la continuité, qui est le principe même de la vie, qui pourtant peut se ressaisir après un certain intervalle de temps. N'en avait-il pas **été** [1981 V-TempA-0] ainsi de mon amour pour Albertine quand elle vivait, lequel avait **pu** [1982 V-TempA-0] se renouer après un assez long intervalle dans lequel j'étais **resté** [1983 V-TempE-1] sans penser à elle ? Or mon souvenir devait obéir aux mêmes lois, ne pas pouvoir supporter de plus longs intervalles, car il ne faisait, comme une aurore boréale, que refléter après la mort d'Albertine le sentiment que j'avais **eu** [1984 V-TempA-2] pour elle, il était comme l'ombre de mon amour.

D'autres fois mon chagrin prenait tant de formes que parfois je ne le reconnaissais plus ; je souhaitais d'avoir un grand amour, je voulais chercher une personne qui vivrait auprès de moi, cela me semblait le signe que je n'aimais plus Albertine quand c'était celui que je l'aimais toujours ; car le besoin d'éprouver un grand amour n'était, tout autant que le désir d'embrasser les grosses joues d'Albertine, qu'une partie de mon regret. C'est quand je l'aurais **oubliée** [1985 V-TempA-2] que je pourrais trouver plus sage, plus heureux de vivre sans amour. Ainsi le regret d'Albertine, parce que c'était lui qui faisait naître en moi le besoin d'une sœur, le rendait inassouvissable. Et au fur et à mesure que mon regret d'Albertine s'affaiblirait, le besoin d'une sœur, lequel

---

[72] Var. ms. : *détruit*.

n'était qu'une forme inconsciente de ce regret, deviendrait moins impérieux. Et pourtant ces deux reliquats de mon amour ne suivirent pas dans leur décroissance une marche également rapide. Il y avait des heures où j'étais **décidé** [1986 Adj-Attr-1] à me marier, tant le premier subissait une profonde éclipse, le second au contraire gardant une grande force. Et, en revanche, plus tard mes souvenirs jaloux s'étant **éteints** [1987 V-Sub-TempE-1], tout d'un coup parfois une tendresse me remontait au cœur pour Albertine, et alors, pensant à mes amours pour d'autres femmes, je me disais qu'elle les aurait **compris** [1988 V-TempA-2], **partagés** [1989 V-TempA-2] – et son vice devenait comme une cause d'amour. Parfois ma jalousie renaissait dans des moments où je ne me souvenais plus d'Albertine, bien que ce fût d'elle alors que j'étais jaloux. Je croyais l'être d'Andrée à propos de qui on m'apprit à ce moment-là une aventure qu'elle avait. Mais Andrée n'était pour moi qu'un prête-nom, qu'un chemin de raccord, qu'une prise de courant qui ne reliait indirectement à Albertine. C'est ainsi qu'en rêve on donne un autre visage, un autre nom, à une personne sur l'identité profonde de laquelle on ne se trompe pas pourtant. En somme, malgré les flux et les reflux qui contrariaient dans ces cas particuliers cette loi générale, les sentiments que m'avait **laissés** [1990 V-TempA-2] Albertine eurent plus de peine à mourir que le souvenir de leur cause première. Non seulement les sentiments, mais les sensations. Différent en cela de Swann qui, lorsqu'il avait **commencé** [1991 V-TempA-0] à ne plus aimer Odette, n'avait même plus **pu** [1992 V-TempA-0] recréer en lui la sensation de son amour, je me sentais encore revivant un passé qui n'était plus que l'histoire d'un autre ; mon « moi » en quelque sorte mi-partie, tandis que son extrémité supérieure était déjà dure et **refroidie** [1993 Adj-Attr-1], brûlait encore à sa base chaque fois qu'une étincelle y refaisait passer l'ancien courant, même quand depuis longtemps mon esprit avait **cessé** [1994 V-TempA-0] de concevoir Albertine. Et aucune image d'elle n'accompagnant les palpitations cruelles, les larmes qu'apportait à mes yeux un vent froid soufflant, comme à Balbec, sur les pommiers déjà roses, j'en arrivais à me demander si la renaissance de ma douleur n'était pas **due** [1995 Adj-Attr-1] à des causes toutes pathologiques et si ce que je prenais pour la reviviscence d'un souvenir et la dernière période d'un amour n'était pas plutôt le début d'une maladie de cœur.

Il y a, dans certaines affections, des accidents secondaires que le malade est trop **porté** [1996 Adj-Attr-1] à confondre avec la maladie elle-même. Quand ils cessent, il est **étonné** [1997 V-Pass-1] de se trouver moins **éloigné** [1998 Adj-Attr-1] de la guérison qu'il n'avait **cru** [1999 V-TempA-0]. Telle avait **été** [2000 V-TempA-0] la souffrance **causée** [2001 Adj-Epith-3] – la complication **amenée** [2002 Adj-Epith-3] – par les lettres d'Aimé relativement à l'établissement de douches et à la petite blanchisseuse. Mais un médecin de l'âme qui m'eût **visité** [2003 V-TempA-2] eût **trouvé** [2004 V-TempA-0] que, pour le reste, mon chagrin lui-même allait mieux. Sans doute en moi, comme j'étais un homme, un de ces êtres amphibies qui sont simultanément **plongés** [2005 V-Pass-1] dans le passé et dans la réalité actuelle, il existait toujours une contradiction entre le souvenir vivant d'Albertine et la connaissance que j'avais de sa mort. Mais cette contradiction était en quelque sorte l'inverse de ce qu'elle était autrefois. L'idée qu'Albertine était **morte** [2006 Adj-Attr-1], cette idée qui, les premiers temps, venait battre si furieusement en moi l'idée qu'elle était vivante, que j'étais **obligé** [2007 Adj-Attr-1] de me sauver devant elle comme les enfants à l'arrivée de la vague, cette idée de sa mort, à la faveur même de ces assauts incessants, avait **fini** [2008 V-TempA-0] par conquérir en moi la place qu'y occupait récemment encore l'idée de sa vie. Sans que je m'en rendisse compte, c'était maintenant cette idée de la mort d'Albertine – non plus le souvenir présent de sa vie – qui faisait pour la plus grande partie le fond de mes inconscientes songeries, de sorte que, si je les interrompais tout à coup pour réfléchir sur moi-même, ce qui me causait de l'étonnement, ce n'était pas, comme les premiers jours, qu'Albertine si vivante en moi pût n'exister plus sur la terre, pût être **morte** [2009 Adj-Attr-1], mais qu'Albertine, qui n'existait plus sur la terre, qui était **morte** [2010 Adj-Attr-1], fût **restée** [2011 V-TempE-1] si vivante en moi. **Maçonné** [2012 Adj-Epith-3] par la contiguïté des souvenirs qui se suivent l'un l'autre, le noir tunnel sous lequel ma pensée rêvassait depuis trop longtemps pour qu'elle prît même plus garde à lui s'interrompait brusquement d'un intervalle de soleil, laissant voir au loin un univers souriant et bleu où Albertine n'était plus qu'un souvenir indifférent et plein de charme. Est-ce celle-là, me disais-je, qui est la vraie, ou bien l'être qui, dans l'obscurité où je roulais depuis si longtemps, me semblait la seule réalité ? Le personnage que j'avais **été** [2013 V-TempA-0] il y a si peu de temps encore et qui ne vivait que dans la perpétuelle attente du moment où Albertine viendrait lui dire bonsoir et l'embrasser, une sorte de multiplication de moi-même me faisait paraître ce personnage comme n'étant plus qu'une faible partie, à demi **dépouillée** [2014 Adj-Epith-3], de moi, et comme une fleur qui s'entrouvre j'éprouvais la fraîcheur rajeunissante d'une exfoliation. Au reste, ces brèves illuminations ne me faisaient peut-être que mieux prendre conscience de mon amour pour Albertine, comme il arrive pour toutes les idées trop constantes, qui ont besoin d'une opposition pour s'affirmer. Ceux qui ont **vécu** [2015 V-TempA-0] pendant la guerre de 1870, par exemple, disent que l'idée de la guerre avait **fini** [2016 V-TempA-0] par leur sembler naturelle, non parce qu'ils ne pensaient pas assez à la guerre mais parce qu'ils y pensaient toujours. Et pour comprendre combien c'est un fait étrange et considérable que la guerre, il fallait, quelque chose les arrachant à leur obsession permanente, qu'ils oubliassent un instant que la guerre régnait, se retrouvassent pareils à ce qu'ils étaient quand on était en paix, jusqu'à ce que tout à coup sur le blanc momentané se détachât, enfin distincte, la réalité monstrueuse que depuis longtemps ils avaient **cessé** [2017 V-TempA-0] de voir, ne voyant pas autre chose qu'elle.

Si encore ce retrait en moi des différents souvenirs d'Albertine s'était au moins **fait** [2018 V-TempE-1], non pas par échelons, mais simultanément, également, de front, sur toute la ligne de ma mémoire, les souvenirs de ses trahisons s'éloignant en même temps que ceux de sa douceur, l'oubli m'eût **apporté** [2019 V-TempA-0] de l'apaisement. Il n'en était pas ainsi. Comme sur une plage où la marée descend irrégulièrement, j'étais **assailli** [2020 V-Pass-1] par la morsure de tel de mes soupçons quand déjà l'image de sa douce présence était **retirée** [2021 Adj-Attr-1] trop loin de moi pour pouvoir m'apporter son remède. Pour les trahisons j'en avais **souffert** [2022 V-TempA-0], parce que, en quelque année lointaine qu'elles eussent **eu** [2023 V-TempA-0] lieu, pour moi elles n'étaient pas anciennes ; mais j'en souffris moins quand elles le devinrent, c'est-à-dire quand je me les représentai moins vivement, car l'éloignement d'une chose est **proportionné** [2024 Adj-Attr-1] plutôt à la puissance visuelle de la mémoire qui regarde, qu'à la distance réelle des jours **écoulés** [2025 Adj-Epith-3], comme le souvenir d'un rêve de la dernière nuit, qui peut nous paraître plus lointain dans son imprécision et son effacement qu'un événement qui date de plusieurs années. Mais bien que l'idée de la mort d'Albertine fit des progrès en moi, le reflux de la sensation qu'elle était vivante, s'il ne les arrêtait pas, les contrecarrait cependant et empêchait qu'ils fussent réguliers. Et je me rends compte maintenant que, pendant cette période-là (sans doute à cause de cet oubli des heures où elle avait **été** [2026 V-TempA-0] **cloîtrée** [2027 V-Pass-1] chez moi et qui, à force d'effacer chez moi la souffrance de fautes qui me semblaient presque indifférentes parce que je savais qu'elle ne les commettait pas, étaient **devenues** [2028 V-TempE-1] comme autant de preuves d'innocence), j'eus le martyre de vivre habituellement avec une idée tout aussi nouvelle que celle qu'Albertine était **morte** [2029 Adj-Attr-1] (jusque-là je partais toujours de l'idée qu'elle était vivante), avec une idée <u>que</u> j'aurais **crue** [2030 V-TempA-2] tout aussi impossible à supporter et qui, sans que je m'en aperçusse, formant peu à peu le fond de ma conscience, s'y substituait à l'idée qu'Albertine était innocente : c'était l'idée qu'elle était coupable. Quand je croyais douter d'elle, je croyais au contraire en elle ; de même je pris pour point de départ de mes autres idées la certitude – souvent **démentie** [2031 Adj-Epith-3] comme l'avait **été** [2032 V-TempA-0] l'idée contraire – la certitude de sa culpabilité tout en m'imaginant que je doutais encore. Je dus souffrir beaucoup pendant cette période-là, mais je me rends compte qu'il fallait que ce fût ainsi. On ne guérit d'une souffrance qu'à condition de l'éprouver pleinement. En protégeant Albertine de tout contact, en me forgeant l'illusion qu'elle était innocente, aussi bien que plus tard en prenant pour base de mes raisonnements la pensée qu'elle vivait, je ne faisais que retarder l'heure de la guérison, parce que je retardais les longues heures qui devaient se dérouler préalablement à la fin des souffrances nécessaires. Or sur ces idées de la culpabilité d'Albertine, l'habitude, quand elle s'exercerait, le ferait suivant les mêmes lois <u>que</u> j'avais déjà **éprouvées** [2033 V-TempA-2] au cours de ma vie. De même que le nom de Guermantes avait **perdu** [2034 V-TempA-0] la signification et le charme d'une route **bordée** [2035 Adj-Epith-3] de fleurs aux grappes violettes et rougeâtres et du vitrail de Gilbert le Mauvais, la présence d'Albertine, celle des vallonnements bleus de la mer, les noms de Swann, du lift, de la princesse de Guermantes et de tant d'autres, tout ce <u>qu</u>'ils avaient **signifié** [2036 V-TempA-2] pour moi, ce charme et cette signification laissant en moi un simple mot qu'ils trouvaient assez grand pour vivre tout seul, comme quelqu'un qui vient mettre en train un serviteur le mettra au courant et après quelques semaines se retire, de même la puissance douloureuse de la culpabilité d'Albertine serait **renvoyée** [2037 V-Pass-1] hors de moi par l'habitude. D'ailleurs d'ici là, comme au cours d'une attaque **faite** [2038 Adj-Epith-3] de deux côtés à la fois, dans cette action de l'habitude deux alliés se prêteraient réciproquement main forte. C'est parce que cette idée de la culpabilité d'Albertine deviendrait pour moi une idée plus probable, plus habituelle, qu'elle deviendrait moins douloureuse. Mais, d'autre part, parce qu'elle serait moins douloureuse, les objections **faites** [2039 Adj-Epith-3] à la certitude de cette culpabilité et qui n'étaient **inspirées** [2040 V-Pass-1] à mon intelligence que par mon désir de ne pas trop souffrir tomberaient une à une, et, chaque action précipitant l'autre, je passerais assez rapidement de la certitude de l'innocence d'Albertine à la certitude de sa culpabilité. Il fallait que je vécusse avec l'idée de la mort d'Albertine, avec l'idée de ses fautes, pour que ces idées me devinssent habituelles, c'est-à-dire pour que je pusse oublier ces idées et enfin oublier Albertine elle-même.

Je n'en étais pas encore là. Tantôt c'était ma mémoire **rendue** [2041 Adj-Epith-3] plus claire par une excitation intellectuelle – telle une lecture – qui renouvelait mon chagrin, d'autres fois c'était au contraire mon chagrin qui était **soulevé** [2042 V-Pass-1], par exemple par l'angoisse d'un temps orageux qui portait plus haut, plus près de la lumière, quelque souvenir de notre amour.

D'ailleurs ces reprises de mon amour pour Albertine **morte** [2043 Adj-Epith-3] pouvaient se produire après un intervalle d'indifférence **semé** [2044 Adj-Epith-3] d'autres curiosités, comme après le long intervalle qui avait **commencé** [2045 V-TempA-0] après[73] le baiser **refusé** [2046 Adj-Epith-3] de Balbec et pendant lequel je m'étais bien plus **soucié** [2047 V-TempE-1] de Mme de Guermantes, d'Andrée, de Mlle de Stermaria ; il avait **repris** [2048 V-TempA-0] quand j'avais **recommencé** [2049 V-TempA-0] à la voir souvent. Or, même maintenant, des préoccupations différentes pouvaient réaliser une séparation – d'avec une morte, cette fois – où elle me devenait plus indifférente. Et même plus tard, quand je l'aimai moins, cela resta pourtant pour moi un de ces désirs dont on se fatigue vite, mais qui reprennent quand on <u>les</u> a **laissés** [2050 V-TempA-2] reposer quelque temps. Je poursuivais une vivante, puis une autre, puis je revenais à ma morte. Souvent c'était dans les parties les plus obscures de moi-même, quand je ne pouvais plus me former aucune idée nette d'Albertine, qu'un nom venait par hasard exciter chez moi des réactions douloureuses que je ne croyais plus possibles, comme ces mourants chez qui le cerveau ne pense plus et dont on fait se contracter un membre en y enfonçant une aiguille. Et, pendant de

---

[73] Var. ms. : [...] qui avait *suivi* le baiser [...].

longues périodes, ces excitations se trouvaient m'arriver si rarement que j'en venais à rechercher moi-même les occasions d'un chagrin, d'une crise de jalousie, pour tâcher de me rattacher au passé, de mieux me souvenir d'elle. Comme le regret d'une femme n'est qu'un amour reviviscent et reste **soumis** [2051 Adj-Attr-1] aux mêmes lois que lui, la puissance de mon regret était **accrue** [2052 V-Pass-1] par les mêmes causes qui du vivant d'Albertine eussent **augmenté** [2053 V-TempA-0] mon amour pour elle et au premier rang desquelles avaient toujours **figuré** [2054 V-TempA-0] la jalousie et la douleur. Mais le plus souvent ces occasions – car une maladie, une guerre, peuvent durer bien au-delà de ce que la sagesse la plus prévoyante avait **supputé** [2055 V-TempA-2] – naissaient à mon insu et me causaient des chocs si violents que je songeais bien plus à me protéger contre la souffrance qu'à leur demander un souvenir.

D'ailleurs un mot n'avait même pas besoin, comme Chaumont, de se rapporter à un soupçon (même une syllabe commune à deux noms différents suffisait à ma mémoire – comme à un électricien qui se contente du moindre corps bon conducteur – pour rétablir le contact entre Albertine et mon cœur) pour qu'il réveillât ce soupçon, pour être le mot de passe, le magique sésame entrouvrant la porte d'un passé dont on ne tenait plus compte parce que, ayant assez de le voir, à la lettre on ne le possédait plus ; on avait **été** [2056 V-TempA-0] **diminué** [2057 V-Pass-1] de lui, on avait **cru** [2058 V-TempA-0] de par cette ablation sa propre personnalité **changée** [2059 Adj-Attr-2] en sa forme, comme une figure qui perdrait avec un angle un côté ; certaines phrases, par exemple, où il y avait le nom d'une rue, d'une route où Albertine avait **pu** [2060 V-TempA-0] se trouver suffisaient pour incarner une jalousie virtuelle, inexistante, à la recherche d'un corps, d'une demeure, de quelque fixation matérielle, de quelque réalisation particulière. Souvent c'était tout simplement pendant mon sommeil que, par ces « reprises », ces « da capo » du rêve qui tournent d'un seul coup plusieurs pages de la mémoire, plusieurs feuillets du calendrier me ramenaient, me faisaient rétrograder à une impression douloureuse mais ancienne, qui depuis longtemps avait **cédé** [2061 V-TempA-0] la place à d'autres et qui redevenait présente. D'habitude, elle s'accompagnait de toute une mise en scène maladroite mais saisissante, qui, me faisant illusion, mettait sous mes yeux, faisait entendre à mes oreilles ce qui désormais datait de cette nuit-là. D'ailleurs, dans l'histoire d'un amour et de ses luttes contre l'oubli, le rêve ne tient-il pas une place plus grande même que la veille, lui qui ne tient pas compte des divisions infinitésimales du temps, supprime les transitions, oppose les grands contrastes, défait en un instant le travail de consolation si lentement **tissé** [2062 Aj-Epith-3] pendant le jour et nous ménage, la nuit, une rencontre avec celle que nous aurions **fini** [2063 V-TempA-0] par oublier à condition toutefois de ne pas la revoir ? Car, quoi qu'on dise, nous pouvons avoir parfaitement en rêve l'impression que ce qui se passe est réel. Cela ne serait impossible que pour des raisons **tirées** [2064 Adj-Epith-3] de notre expérience qui à ce moment-là nous est **cachée** [2065 V-Pass-1]. De sorte que cette vie invraisemblable nous semble vraie. Parfois, par un défaut d'éclairage intérieur lequel, vicieux, faisait manquer la pièce, mes souvenirs bien **mis** [2066 Adj-Epith-3] en scène me donnant l'illusion de la vie, je croyais vraiment avoir **donné** [2067 V-TempA-0] rendez-vous à Albertine, la retrouver ; mais alors je me sentais incapable de marcher vers elle, de proférer les mots que je voulais lui dire, de rallumer pour la voir le flambeau qui s'était **éteint** [2068 V-TempE-1] – impossibilités qui étaient simplement, dans mon rêve, l'immobilité, le mutisme, la cécité du dormeur – comme brusquement on voit dans la projection **manquée** [2069 Adj-Epith-3] d'une lanterne magique une grande ombre, qui devrait être **cachée** [2070 V-Pass-1], effacer la silhouette des personnages, et qui est celle de la lanterne elle-même, ou celle de l'opérateur. D'autres fois Albertine se trouvait dans mon rêve, et voulait de nouveau me quitter sans que sa résolution parvînt à m'émouvoir. C'est que de ma mémoire avait **pu** [2071 V-TempA-0] filtrer dans l'obscurité de mon sommeil un rayon avertisseur, et ce qui, **logé** [2072 Adj-Epith-3] en Albertine, ôtait à ses actes futurs, au départ qu'elle annonçait, toute importance, c'était l'idée qu'elle était **morte** [2073 Adj-Attr-1]. Souvent ce souvenir qu'Albertine était **morte** [2074 Adj-Attr-1] se combinait sans la détruire avec la sensation qu'elle était vivante. Je causais avec elle ; pendant que je parlais ma grand'mère allait et venait dans le fond de la chambre. Une partie de son menton était **tombée** [2075 V-TempE-1] en miettes, comme un marbre **rongé** [2076 Adj-Epith-3], mais je ne trouvais à cela rien d'extraordinaire. Je disais à Albertine que j'aurais des questions à lui poser relativement à l'établissement de douches de Balbec et à une certaine blanchisseuse de Touraine, mais je remettais cela à plus tard puisque nous avions tout le temps et que rien ne pressait plus. Elle me promettait qu'elle ne faisait rien de mal et qu'elle avait seulement, la veille, **embrassé** [2077 V-TempA-0] sur les lèvres Mlle Vinteuil. « Comment ? elle est ici ? – Oui, il est même temps que je vous quitte, car je dois aller la voir tout à l'heure. » Et comme, depuis qu'Albertine était **morte** [2078 V-TempE-1], je ne la tenais plus prisonnière chez moi comme dans les derniers temps de sa vie, sa visite à Mlle Vinteuil m'inquiétait. Je ne voulais pas le laisser voir. Albertine me disait qu'elle n'avait **fait** [2079 V-TempA-0] que l'embrasser, mais elle devait recommencer à mentir comme au temps où elle niait tout. Tout à l'heure elle ne se contenterait probablement pas d'embrasser Mlle Vinteuil. Sans doute, à un certain point de vue j'avais tort de m'en inquiéter ainsi, puisque, à ce qu'on dit, les morts ne peuvent rien sentir, rien faire. On le dit, mais cela n'empêchait pas que ma grand'mère qui était **morte** [2080 V-TempE-1] continuait pourtant à vivre depuis plusieurs années, et en ce moment allait et venait dans la chambre. Et sans doute, une fois que j'étais **réveillé** [2081 Adj-Attr-1], cette idée d'une morte qui continue à vivre aurait **dû** [2082 V-TempA-0] me devenir aussi impossible à comprendre qu'elle me l'est à l'expliquer. Mais je l'avais déjà **formée** [2083 V-TempA-2] tant de fois, au cours de ces périodes passagères de folie que sont nos rêves que j'avais **fini** [2084 V-TempA-0] par me familiariser avec elle ; la mémoire des rêves peut devenir durable s'ils se répètent assez souvent. Et longtemps après, mon rêve **fini** [2085 V-Sub-TempE-1], je restais **tourmenté** [2086 Adj-Attr-1] de ce baiser qu'Albertine m'avait **dit** [2087 V-TempA-0] avoir **donné** [2088 V-TempA-2] en des paroles que je croyais entendre encore. Et, en effet, elles avaient **dû** [2089 V-TempA-0] passer bien près de mes oreilles puisque c'est moi-même qui les avais **prononcées** [2090 V-TempA-2].

Toute la journée, je continuais à causer avec Albertine, je l'interrogeais, je lui pardonnais, je réparais l'oubli des choses que j'avais toujours **voulu** [2091 V-TempA-0] lui dire pendant sa vie[74]. Et tout d'un coup j'étais **effrayé** [2092 V-Pass-1] de penser qu'à l'être **évoqué** [2093 Adj-Epith-3] par la mémoire[75], à qui s'adressaient tous ces propos, aucune réalité ne correspondît plus, que fussent **détruites** [2094 V-Pass-1] les différentes parties du visage auxquelles la poussée continue de la volonté de vivre, aujourd'hui **anéantie** [2095 Adj-Epith-3], avait seule **donné** [2096 V-TempA-0] l'unité d'une personne. D'autres fois, sans que j'eusse **rêvé** [2097 V-TempA-0], dès mon réveil je sentais que le vent avait **tourné** [2098

---

[74] Var. ms. : [...] que j'avais *oubliées*.
[75] Var. ms. : [...] l'être *idéal imaginé* [...].

V-TempA-0] en moi ; il soufflait froid et continu d'une autre direction **venue** [2099 Adj-Epith-3] du fond du passé, me rapportant la sonnerie d'heures lointaines, des sifflements de départ que je n'entendais pas d'habitude. Un jour j'essayai de prendre un livre, un roman de Bergotte que j'avais particulièrement **aimé** [2100 V-TempA-2]. Les personnages sympathiques m'y plaisaient beaucoup, et bien vite **repris** [2101 Adj-Epith-3] par le charme du livre, je me mis à souhaiter comme un plaisir personnel que la femme méchante fût **punie** [2102 V-Pass-1] ; mes yeux se mouillèrent quand le bonheur des fiancés fut **assuré** [2103 Adj-Attr-1]. « Mais alors, m'écriai-je avec désespoir, de ce que j'attache tant d'importance à ce qu'a **pu** [2104 V-TempA-0] faire Albertine je ne peux pas conclure que sa personnalité est quelque chose de réel qui ne peut être **aboli** [2105 V-Pass-1], que je la retrouverai un jour pareil au ciel, si j'appelle de tant de vœux, attends avec tant d'impatience, accueille avec tant de larmes le succès d'une personne qui n'a jamais **existé** [2106 V-TempA-0] que dans l'imagination de Bergotte, que je n'ai jamais **vue** [2107 V-TempA-2], dont je suis libre de me figurer à mon gré le visage ! » D'ailleurs, dans ce roman il y avait des jeunes filles séduisantes, des correspondances amoureuses, des allées désertes où l'on se rencontre, cela me rappelait qu'on peut aimer clandestinement, cela réveillait ma jalousie, comme si Albertine avait encore **pu** [2108 V-TempA-0] se promener dans des allées désertes. Et il y était aussi question d'un homme qui revoit après cinquante ans une femme qu'il a **aimée** [2109 V-TempA-2] jeune, ne la reconnaît pas, s'ennuie auprès d'elle. Et cela me rappelait que l'amour ne dure pas toujours et me bouleversait comme si j'étais **destiné** [2110 Adj-Attr-1] à être **séparé** [2111 V-Pass-1] d'Albertine et à la retrouver avec indifférence dans mes vieux jours. Si j'apercevais une carte de France mes yeux **effrayés** [2112 Adj-Epith-3] s'arrangeaient à ne pas rencontrer la Touraine pour que je ne fusse pas jaloux, et, pour que je ne fusse pas malheureux, la Normandie où étaient **marqués** [2113 Adj-Attr-1] au moins Balbec et Doncières, entre lesquels je situais tous ces chemins que nous avions **couverts** [2114 V-TempA-2] tant de fois ensemble. Au milieu d'autres noms de villes ou de villages de France, noms qui n'étaient que visibles ou audibles, le nom de Tours, par exemple, semblait **composé** [2115 Adj-Attr-1] différemment, non plus d'images immatérielles, mais de substances vénéneuses qui agissaient de façon immédiate sur mon cœur dont elles accéléraient et rendaient douloureux les battements. Et si cette force s'étendait jusqu'à certains noms, **devenus** [2116 Adj-Epith-3] par elle si différents des autres, comment en restant plus près de moi, en me bornant à Albertine elle-même, pouvais-je m'étonner, qu'émanant d'une fille probablement pareille à toute autre, cette force irrésistible sur moi, et pour la production de laquelle n'importe quelle autre femme eût **pu** [2117 V-TempA-0] servir, eût **été** [2118 V-TempA-0] le résultat d'un enchevêtrement et de la mise en contact de rêves, de désirs, d'habitudes, de tendresses, avec l'interférence **requise** [2119 Adj-Epith-3] de souffrances et de plaisirs **alternés** [2120 Adj-Epith-3] ? Et cela continuait après sa mort, la mémoire suffisant à entretenir la vie réelle, qui est mentale. Je me rappelais Albertine descendant de wagon et me disant qu'elle avait envie d'aller à Saint-Martin-le-Vêtu, et je la revoyais aussi avant avec son polo **abaissé** [2121 Adj-Epith-3] sur ses joues ; je retrouvais des possibilités de bonheur vers lesquelles je m'élançais me disant : « Nous aurions **pu** [2122 V-TempA-0] aller ensemble jusqu'à Incarville, jusqu'à Doncières. » Il n'y avait pas une station près de Balbec où je ne la revisse, de sorte que cette terre, comme un pays mythologique **conservé** [2123 Adj-Epith-3], me rendait vivantes et cruelles les légendes les plus anciennes, les plus charmantes, les plus **effacées** [2124 Adj-Epith-3] par ce qui avait **suivi** [2125 V-TempA-0] de mon amour. Ah ! quelle souffrance s'il me fallait jamais coucher à nouveau dans ce lit de Balbec, autour du cadre de cuivre duquel, comme autour d'un pivot immuable, d'une barres fixe, s'était **déplacée** [2126 V-TempE-1], avait **évolué** [2127 V-TempA-0] ma vie, appuyant successivement à lui de gaies conversations avec ma grand'mère, l'horreur de sa mort, les douces caresses d'Albertine, la découverte de son vice, et maintenant une vie nouvelle où, apercevant les bibliothèques **vitrées** [2128 Adj-Epith-3] où se reflétait la mer, je savais qu'Albertine n'entrerait jamais plus ! N'était-il pas, cet hôtel de Balbec, comme cet unique décor de maison des théâtres de province, où l'on joue depuis des années les pièces les plus différentes, qui a **servi** [2129 V-TempA-0] pour une comédie, pour une première tragédie, pour une deuxième, pour une pièce purement poétique, cet hôtel qui remontait déjà assez loin dans mon passé ? Le fait que cette seule partie restât toujours la même, avec ses murs, ses bibliothèques, sa glace, au cours de nouvelles époques de ma vie, me faisait mieux sentir que, dans le total, c'était le reste, c'était moi-même qui avais **changé** [2130 V-TempA-0], et me donnait ainsi cette impression que les mystères de la vie, de l'amour, de la mort, auxquels les enfants croient dans leur optimisme ne pas participer, ne sont pas des parties

réservées [2131 Adj-Epith-3], mais qu'on s'aperçoit avec une douloureuse fierté qu'ils ont **fait** [2132 V-TempA-0] corps au cours des années avec votre propre vie.

J'essayais parfois de prendre les journaux. Mais la lecture des journaux m'en était odieuse, et de plus elle n'était pas inoffensive. En effet, en nous de chaque idée, comme d'un carrefour dans une forêt, partent tant de routes différentes, qu'au moment où je m'y attendais le moins je me trouvais devant un nouveau souvenir. Le titre de la mélodie de Fauré, *le Secret*, **m**'avait **mené** [2133 V-TempA-2] au « secret du Roi » du duc de Broglie, le nom de Broglie à celui de Chaumont, ou bien le mot de Vendredi-Saint m'avait **fait** [2134 V-TempA-0] penser au Golgotha, le Golgotha à l'étymologie de ce mot qui paraît l'équivalent de *Calvus mons*, Chaumont. Mais, par quelque chemin que je fusse **arrivé** [2135 V-TempE-1] à Chaumont, à ce moment j'étais **frappé** [2136 V-Pass-1] d'un choc si cruel que dès lors je ne pensais plus qu'à me garer contre la douleur. Quelques instants après le choc, l'intelligence qui, comme le bruit du tonnerre, ne voyage pas aussi vite m'en apportait la raison. Chaumont m'avait **fait** [2137 V-TempA-0] penser aux Buttes-Chaumont où Mme Bontemps m'avait **dit** [2138 V-TempA-0] qu'Andrée allait souvent avec Albertine[76], tandis qu'Albertine m'avait **dit** [2139 V-TempA-0] n'avoir jamais **vu** [2140 V-TempA-0] les Buttes-Chaumont. À partir d'un certain âge nos souvenirs sont tellement **entrecroisés** [2141 Adj-Attr-1] les uns avec les autres que la chose à laquelle on pense, le livre qu'on lit n'a presque plus d'importance. On a **mis** [2142 V-TempA-0] de soi-même partout, tout est fécond, tout est dangereux, et on peut faire d'aussi précieuses découvertes que dans les *Pensées* de Pascal dans une réclame pour un savon.

Sans doute, un fait comme celui des Buttes-Chaumont, qui à l'époque m'avait **paru** [2143 V-TempA-0] futile, était en lui-même, contre Albertine, bien moins grave, moins décisif que l'histoire de la doucheuse ou de la blanchisseuse. Mais d'abord un souvenir qui vient fortuitement à nous trouve en nous une puissance intacte d'imaginer, c'est-à-dire, dans ce cas, de souffrir, que nous avons **usée** [2144 V-TempA-2] en partie, quand c'est nous au contraire qui avons volontairement **appliqué** [2145 V-TempA-0] notre esprit à recréer un souvenir. Mais ces derniers (les souvenirs concernant la doucheuse et

---

[76] Var. ms. : [...] où *Andrée* m'avait dit *qu'elle était allée un jour* avec Albertine, tandis qu'Albertine [...].

la blanchisseuse), toujours présents quoique **obscurcis** [2146 Adj-Epith-3] dans ma mémoire, comme ces meubles **placés** [2147 Adj-Epith-3] dans la pénombre d'une galerie et auxquels, sans les distinguer, on évite pourtant de se cogner, je m'étais **habitué** [2148 V-TempE-1] à eux. Au contraire il y avait longtemps que je n'avais **pensé** [2149 V-TempA-0] aux Buttes-Chaumont, ou, par exemple, au regard d'Albertine dans la glace du casino de Balbec, ou au retard inexpliqué d'Albertine le soir où je l'avais tant **attendue** [2150 V-TempA-2] après la soirée Guermantes, à toutes ces parties de sa vie qui restaient hors de mon cœur et que j'aurais **voulu** [2151 V-TempA-0] connaître pour qu'elles pussent s'assimiler, s'annexer à lui, y rejoindre les souvenirs plus doux qu'y formaient une Albertine intérieure et vraiment **possédée** [2152 Adj-Epith-3]. Soulevant un coin du voile lourd de l'habitude (l'habitude abêtissante qui pendant tout le cours de notre vie nous cache à peu près tout l'univers, et, dans une nuit profonde, sous leur étiquette inchangée, substitue aux poisons les plus dangereux ou les plus enivrants de la vie quelque chose d'anodin qui ne procure pas de délices), un tel souvenir me revenait comme au premier jour, avec cette fraîche et perçante nouveauté d'une saison reparaissante, d'un changement dans la routine de nos heures, qui, dans le domaine des plaisirs aussi, si nous montons en voiture par un premier beau jour de printemps, ou sortons de chez nous au lever du soleil, nous font remarquer nos actions insignifiantes avec une exaltation lucide qui fait prévaloir cette intense minute sur le total des jours antérieurs. Je me retrouvais au sortir de la soirée chez la princesse de Guermantes, attendant l'arrivée d'Albertine. Les jours anciens recouvrent peu à peu ceux qui les ont **précédés** [2153 V-TempA-2], sont eux-mêmes **ensevelis** [2154 V-Pass-1] sous ceux qui les suivent. Mais chaque jour ancien est **resté** [2155 V-TempE-1] **déposé** [2156 Adj-Attr-1] en nous comme, dans une bibliothèque immense où il y a de plus vieux livres, un exemplaire que sans doute personne n'ira jamais demander. Pourtant que ce jour ancien, traversant la translucidité des époques suivantes, remonte à la surface et s'étende en nous qu'il couvre tout entier, alors, pendant un moment, les noms reprennent leur ancienne signification, les êtres leur ancien visage, nous notre âme d'alors, et nous sentons, avec une souffrance vague mais **devenue** [2157 Adj-Epith-3] supportable et qui ne durera pas, les problèmes **devenus** [2158 Adj-Epith-3] depuis longtemps insolubles et qui nous angoissaient tant alors. Notre « moi » est **fait** [2159 Adj-Attr-1] de la superposition de nos états successifs.

Mais cette superposition n'est pas immuable comme la stratification d'une montagne. Perpétuellement des soulèvements font affleurer à la surface des couches anciennes. Je me retrouvais après la soirée chez la princesse de Guermantes, attendant l'arrivée d'Albertine. Qu'avait-elle **fait** [2160 V-TempA-0] cette nuit-là ? M'avait-elle **trompé** [2161 V-TempA-2] ? Avec qui ? Les révélations d'Aimé, même si je les acceptais, ne diminuaient en rien pour moi l'intérêt anxieux, **désolé** [2162 Adj-Epith-3], de cette question inattendue, comme si chaque Albertine différente, chaque souvenir nouveau, posait un problème de jalousie particulier auquel les solutions des autres ne pouvaient pas s'appliquer. Mais je n'aurais pas **voulu** [2163 V-TempA-0] savoir seulement avec quelle femme elle avait **passé** [2164 V-TempA-0] cette nuit-là, mais quel plaisir particulier cela lui représentait, ce qui se passait à ce moment-là en elle. Quelquefois, à Balbec, Françoise était **allée** [2165 V-TempE-1] la chercher, m'avait **dit** [2166 V-TempA-0] l'avoir **trouvée** [2167 V-TempA-2] **penchée** [2168 Adj-Attr-2] à sa fenêtre, l'air inquiet, chercheur, comme si elle attendait quelqu'un. Mettons que j'apprisse que la jeune fille **attendue** [2169 Adj-Epith-3] était Andrée, quel était l'état d'esprit dans lequel Albertine l'attendait, cet état d'esprit **caché** [2170 Adj-Epith-3] derrière le regard inquiet et chercheur ? Ce goût, quelle importance avait-il pour Albertine ? quelle place tenait-il dans ses préoccupations ? Hélas, en me rappelant mes propres agitations chaque fois que j'avais **remarqué** [2171 V-TempA-0] une jeune fille qui me plaisait, quelquefois seulement quand j'avais **entendu** [2172 V-TempA-0] parler d'elle sans l'avoir **vue** [2173 V-TempA-2], mon souci de me faire beau, d'être **avantagé** [2174 Adj-Attr-1], mes sueurs froides, je n'avais pour me torturer qu'à imaginer ce même voluptueux émoi chez Albertine. Et déjà c'était assez pour me torturer, pour me dire qu'à côté de cela des conversations sérieuses avec moi sur Stendhal et Victor Hugo avaient **dû** [2175 V-TempA-0] bien peu peser pour elle, pour sentir son cœur **attiré** [2176 Adj-Attr-2] vers d'autres êtres, se détacher du mien, s'incarner ailleurs. Mais l'importance même que ce désir devait avoir pour elle et les réserves qui se formaient autour de lui ne pouvaient pas me révéler ce que, qualitativement, il était, bien plus, comment elle le qualifiait quand elle s'en parlait à elle-même. Dans la souffrance physique au moins nous n'avons pas à choisir nous-même notre douleur. La maladie la détermine et nous l'impose. Mais dans la jalousie il nous faut essayer en quelque sorte des souffrances de tout genre et de toute grandeur, avant de nous arrêter à celle qui nous paraît pouvoir convenir. Et quelle difficulté plus grande quand il s'agit d'une souffrance comme de sentir celle qu'on aimait éprouvant du plaisir avec des êtres différents de nous, qui lui donnent des sensations que nous ne sommes pas capables de lui donner, ou qui du moins, par leur configuration, leur aspect, leurs façons, lui représentent tout autre chose que nous. Ah ! qu'Albertine n'avait-elle **aimé** [2177 V-TempA-0] Saint-Loup ! comme il me semble que j'eusse moins **souffert** [2178 V-TempA-0] ! Certes nous ignorons la sensibilité particulière de chaque être, mais d'habitude nous ne savons même pas que nous l'ignorons, car cette sensibilité des autres nous est indifférente. Pour ce qui concernait Albertine, mon malheur ou mon bonheur eût **dépendu** [2179 V-TempA-0] de ce qu'était cette sensibilité ; je savais bien qu'elle m'était inconnue, et qu'elle me fût inconnue m'était déjà une douleur. Les désirs, les plaisirs inconnus que ressentait Albertine, une fois j'eus l'illusion de les voir quand, quelque temps après la mort d'Albertine, Andrée vint chez moi.

Pour la première fois elle me semblait belle, je me disais que ces cheveux presque crépus, ces yeux sombres et **cernés** [2180 Adj-Epith-3], c'était sans doute ce qu'Albertine avait tant **aimé** [2181 V-TempA-2], la matérialisation devant moi de ce qu'elle portait dans sa rêverie amoureuse, de ce qu'elle voyait par les regards anticipateurs du désir le jour où elle avait **voulu** [2182 V-TempA-0] si précipitamment revenir de Balbec.

Comme une sombre fleur inconnue qui m'était par delà le tombeau **rapportée** [2183 V-Pass-1] des profondeurs d'un être où je n'avais pas **su** [2184 V-TempA-0] la découvrir, il me semblait, exhumation inespérée d'une relique inestimable, voir devant moi le désir **incarné** [2185 Adj-Epith-3] d'Albertine qu'Andrée était pour moi, comme Vénus était le désir de Jupiter. Andrée regrettait Albertine, mais je sentis tout de suite qu'elle ne lui manquait pas. **Éloignée** [2186 Adj-Epith-3] de force de son amie par la mort[77], elle semblait avoir **pris** [2187 V-TempA-0] aisément son parti d'une séparation définitive, que je n'eusse pas **osé** [2188 V-TempA-0] lui demander quand Albertine était vivante, tant j'aurais **craint** [2189 V-TempA-0] de ne pas arriver à obtenir le consentement d'Andrée. Elle semblait au contraire accepter sans difficulté ce renoncement, mais précisément au moment où il ne pouvait plus me profiter. Andrée

---

[77] Var. ms. : *Forcée par la mort de se séparer de mon amie*, elle [...].

m'abandonnait Albertine, mais **morte** [2190 Adj-Epith-3], et ayant **perdu** [2191 Adj-Epith-0] pour moi non seulement sa vie mais, rétrospectivement, un peu de sa réalité, puisque je voyais qu'elle n'était pas indispensable, unique pour Andrée qui avait **pu** [2192 V-TempA-0] la remplacer par d'autres.

Du vivant d'Albertine, je n'eusse pas **osé** [2193 V-TempA-0] demander à Andrée des confidences sur le caractère de leur amitié entre elles et avec l'amie de Mlle Vinteuil, n'étant pas certain, sur la fin, qu'Andrée ne répétât pas à Albertine tout ce que je lui disais. Maintenant un tel interrogatoire, même s'il devait être sans résultat, serait au moins sans danger. Je parlai à Andrée, non sur un ton interrogatif mais comme si je l'avais **su** [2194 V-TempA-2] de tout temps, peut-être par Albertine, du goût qu'elle-même Andrée avait pour les femmes et de ses propres relations avec Mlle Vinteuil. Elle avoua tout cela sans aucune difficulté, en souriant. De cet aveu je pouvais tirer de cruelles conséquences ; d'abord parce qu'Andrée, si affectueuse et coquette avec bien des jeunes gens à Balbec, n'aurait **donné** [2195 V-TempA-0] lieu pour personne à la supposition d'habitudes qu'elle ne niait nullement, de sorte que, par voie d'analogie, en découvrant cette Andrée nouvelle je pouvais penser qu'Albertine les eût **confessées** [2196 V-TempA-2] avec la même facilité à tout autre qu'à moi, qu'elle sentait jaloux. Mais, d'autre part, Andrée ayant **été** [2197 V-Sub-TempE-0] la meilleure amie d'Albertine, et celle pour laquelle celle-ci était probablement **revenue** [2198 V-TempE-1] exprès de Balbec, maintenant qu'Andrée avait ces goûts, la conclusion qui devait s'imposer à mon esprit était qu'Albertine et Andrée avaient toujours **eu** [2199 V-TempA-0] des relations ensemble. Certes, comme en présence d'une personne étrangère on n'ose pas toujours prendre connaissance du présent qu'elle vous remet et dont on ne défera l'enveloppe que quand ce donataire sera **parti** [2200 V-TempE-1], tant qu'Andrée fut là je ne rentrai pas en moi-même pour y examiner la douleur qu'elle m'apportait, et que je sentais bien causer déjà à mes serviteurs physiques, les nerfs, le cœur, de grands troubles dont par bonne éducation je feignais de ne pas m'apercevoir, parlant au contraire le plus gracieusement du monde avec la jeune fille que j'avais pour hôte sans détourner mes regards vers ces incidents intérieurs. Il me fut particulièrement pénible d'entendre Andrée me dire en parlant d'Albertine : « Ah ! oui, elle aimait bien qu'on allât se promener dans la vallée de Chevreuse. » À l'univers vague et inexistant où se passaient les promenades d'Albertine et d'Andrée, il me semblait que celle-ci venait, par une création postérieure et diabolique, d'ajouter une vallée **maudite** [2201 Adj-Epith-3]. Je sentais qu'Andrée allait me dire tout ce qu'elle faisait avec Albertine, et, tout en essayant par politesse, par habileté, par amour-propre, peut-être par reconnaissance, de me montrer de plus en plus affectueux, tandis que l'espace que j'avais **pu** [2202 V-TempA-0] concéder encore à l'innocence d'Albertine se rétrécissait de plus en plus, il me semblait m'apercevoir que, malgré mes efforts, je gardais l'aspect **figé** [2203 Adj-Epith-3] d'un animal autour duquel un cercle progressivement **resserré** [2204 Adj-Epith-3] est lentement **décrit** [2205 V-Pass-1] par l'oiseau fascinateur, qui ne se presse pas parce qu'il est sûr d'atteindre quand il le voudra la victime qui ne lui échappera plus. Je la regardais pourtant, et avec ce qui reste d'enjouement, de naturel et d'assurance aux personnes qui veulent faire semblant de ne pas craindre qu'on les hypnotise en les fixant, je dis à Andrée cette phrase incidente : « Je ne vous en avais jamais **parlé** [2206 V-TempA-0] de peur de vous fâcher, mais, maintenant qu'il nous est doux de parler d'elle, je puis bien vous dire que je savais depuis bien longtemps les relations de ce genre que vous aviez avec Albertine. D'ailleurs, cela vous fera plaisir quoique vous le sachiez déjà : Albertine vous adorait. » Je dis à Andrée que c'eût **été** [2207 V-TempA-0] une grande curiosité pour moi si elle avait **voulu** [2208 V-TempA-0] me laisser la voir, même simplement en se bornant à des caresses qui ne la gênassent pas trop devant moi, faire cela avec celles des amies d'Albertine qui avaient ces goûts, et je nommai Rosemonde, Berthe, toutes les amies d'Albertine, pour savoir. « Outre que pour rien au monde je ne ferais ce que vous dites devant vous, me répondit Andrée, je ne crois pas qu'aucune de celles que vous dites ait ces goûts. » Me rapprochant malgré moi du monstre qui m'attirait, je répondis : « Comment ! vous n'allez pas me faire croire que de toute votre bande il n'y avait qu'Albertine avec qui vous fissiez cela ! – Mais je ne l'ai jamais **fait** [2209 V-TempA-2] avec Albertine. – Voyons, ma petite Andrée, pourquoi nier des choses que je sais depuis au moins trois ans ; je n'y trouve rien de mal, au contraire. Justement, à propos du soir où elle voulait tant aller le lendemain avec vous chez Mme Verdurin, vous vous souvenez peut-être... » Avant que j'eusse **continué** [2210 V-TempA-0] ma phrase, je vis dans les yeux d'Andrée, qu'il faisait pointus comme ces pierres qu'à cause de cela les joailliers ont de la peine à employer, passer un regard **préoccupé** [2211 Adj-Epith-3], comme ces têtes de privilégiés qui soulèvent un coin du rideau avant qu'une pièce soit **commencée** [2212 V-Pass-1] et qui se sauvent aussitôt pour ne pas être **aperçus** [2213 V-Pass-1]. Ce regard inquiet disparut, tout était **rentré** [2214 V-TempE-1] dans l'ordre, mais je sentais que tout ce que je verrais maintenant ne serait plus qu'**arrangé** [2215 V-Pass-1] facticement pour moi. À ce moment je m'aperçus dans la glace ; je fus **frappé** [2216 V-Pass-1] d'une certaine ressemblance entre moi et Andrée. Si je n'avais pas **cessé** [2217 V-TempA-0] depuis longtemps de me raser et que je n'eusse **eu** [2218 V-TempA-0] qu'une ombre de moustache, cette ressemblance eût **été** [2219 V-TempA-0] presque complète. C'était peut-être en regardant, à Balbec, ma moustache qui repoussait à peine qu'Albertine avait subitement **eu** [2220 V-TempA-0] ce désir impatient, furieux, de revenir à Paris. « Mais je ne peux pourtant pas dire ce qui n'est pas vrai pour la simple raison que vous ne le trouveriez pas mal. Je vous jure que je n'ai jamais rien **fait** [2221 V-TempA-2] avec Albertine, et j'ai la conviction qu'elle détestait ces choses-là. Les gens qui vous ont **dit** [2222 V-TempA-0] cela vous ont **menti** [2223 V-TempA-0], peut-être dans un but **intéressé** [2224 Adj-Epith-3] », me dit-elle d'un air interrogateur et méfiant. « Enfin soit, puisque vous ne voulez pas me le dire », répondis-je. Je préférais avoir l'air de ne pas vouloir donner une preuve que je ne possédais pas. Pourtant je prononçai vaguement et à tout hasard le nom des Buttes-Chaumont. « J'ai **pu** [2225 V-TempA0] aller aux Buttes-Chaumont avec Albertine, mais est-ce un endroit qui a quelque chose de particulièrement mal ? » Je lui demandai si elle ne pourrait pas en parler à Gisèle qui, à une certaine époque, avait intimement **connu** [2226 V-TempA-0] Albertine. Mais Andrée me déclara, qu'après une infamie que venait de lui faire dernièrement Gisèle, lui demander un service était la seule chose qu'elle refuserait toujours de faire pour moi. « Si vous la voyez, ajouta-t-elle, ne lui dites pas ce que je vous ai **dit** [2227 V-TempA-2] d'elle, inutile de m'en faire une ennemie. Elle sait ce que je pense d'elle, mais j'ai toujours mieux **aimé** [2228 V-TempA-0] éviter avec elle les brouilles violentes qui n'amènent que des raccommodements. Et puis elle est dangereuse. Mais vous comprenez que, quand on a **lu** [2229 V-TempA-0] la lettre que j'ai **eue** [2230 V-TempA-2] il y a huit jours sous les yeux et où elle mentait avec une telle perfidie, rien, même les plus belles actions du monde, ne peuvent effacer le souvenir de cela. » En somme, si Andrée ayant ces goûts au point de ne s'en cacher nullement, et

Albertine ayant **eu** [2231 V-TempA-0]⁷⁸ pour elle la grande affection que très certainement elle avait, malgré cela Andrée n'avait jamais **eu** [2232 V-TempA-0] de relations charnelles avec Albertine et avait toujours **ignoré** [2233 V-TempA-0] qu'Albertine eût de tels goûts, c'est qu'Albertine ne les avait pas, et n'avait **eu** [2234 V-TempA-0] avec personne les relations que plus qu'avec aucune autre elle aurait **eues** [2235 V-TempA-2] avec Andrée. Aussi quand Andrée fut **partie** [2236 V-TempE-1], je m'aperçus que son affirmation si nette m'avait **apporté** [2237 V-TempA-0] du calme. Mais peut-être était-elle **dictée** [2238 V-Pass-1] par le devoir, auquel Andrée se croyait **obligée** [2239 Adj-Attr-2] envers la morte dont le souvenir existait encore en elle, de ne pas laisser croire ce qu'Albertine lui avait sans doute, pendant sa vie, **demandé** [2240 V-TempA-0] de nier.

Les romanciers prétendent souvent, dans une introduction, qu'en voyageant dans un pays ils ont **rencontré** [2241 V-TempA-0] quelqu'un qui leur a **raconté** [2242 V-TempA-0] la vie d'une personne. Ils laissent alors la parole à cet ami de rencontre, et le récit qu'il leur fait, c'est précisément leur roman. Ainsi la vie de Fabrice del Dongo fut **racontée** [2243 V-Pass-1] à Stendhal par un chanoine de Padoue. Combien nous voudrions, quand nous aimons, c'est-à-dire quand l'existence d'une autre personne nous semble mystérieuse, trouver un tel narrateur **informé** [2244 Adj-Epith-3] ! Et certes il existe. Nous-même, ne racontons-nous pas souvent, sans aucune passion, la vie de telle ou telle femme à un de nos amis, ou à un étranger, qui ne connaissaient rien de ses amours et nous écoutent avec curiosité ? L'homme que j'étais quand je parlais à Bloch de la princesse de Guermantes, de Mᵐᵉ Swann, cet être-là existait qui eût **pu** [2245 V-TempA-0] me parler d'Albertine, cet être-là existe toujours... mais nous ne le rencontrons jamais. Il me semblait que, si j'avais **pu** [2246 V-TempA-0] trouver des femmes qui l'eussent **connue** [2247 V-TempA-2], j'eusse **appris** [2248 V-TempA-0] tout ce que j'ignorais. Pourtant, à des étrangers il eût **dû** [2249 V-TempA-0] sembler que personne autant que moi ne pouvait connaître sa vie. Même ne connaissais-je pas sa meilleure amie, Andrée ? C'est ainsi que l'on croit que l'ami d'un ministre doit savoir la vérité sur certaines affaires ou ne pourra pas être **impliqué** [2250 V-Pass-1] dans un procès. Seul, à l'user, l'ami a **appris** [2251 V-TempA-0] que, chaque fois qu'il parlait politique au ministre, celui-ci restait dans des

---

⁷⁸ Var. ms. : [...] Albertine *l'ayant aimée* [...].

généralités et lui disait tout au plus ce qu'il y avait dans les journaux, ou que, s'il a **eu** [2252 V-TempA-0] quelque ennui, ses démarches **multipliées** [2253 Adj-Epith-3] auprès du ministre ont **abouti** [2254 V-TempA-0] chaque fois à un « ce n'est pas en mon pouvoir » sur lequel l'ami est lui-même sans pouvoir. Je me disais : « Si j'avais **pu** [2255 V-TempA-0] connaître tels témoins ! » desquels, si je <u>les</u> avais **connus** [2256 V-TempA-2], je n'aurais probablement pas **pu** [2257 V-TempA-0] obtenir plus que d'Andrée, dépositaire elle-même d'un secret qu'elle ne voulait pas livrer. Différant en cela encore de Swann qui, quand il ne fut plus jaloux, cessa d'être curieux de ce qu'Odette avait **pu** [2258 V-TempA-0] faire avec Forcheville, même, après ma jalousie **passée** [2259 V-Sub-TempE-1], connaître la blanchisseuse d'Albertine, des personnes de son quartier, y reconstituer sa vie, ses intrigues, cela seul avait du charme pour moi. Et comme le désir vient toujours d'un prestige préalable, comme il était **advenu** [2260 V-TempE-1] pour Gilberte, pour la duchesse de Guermantes, ce furent, dans ces quartiers où avait autrefois **vécu** [2261 V-TempA-0] Albertine, les femmes de son milieu que je recherchai et dont seules j'eusse **pu** [2262 V-TempA-0] désirer la présence. Même sans rien pouvoir en apprendre, c'étaient les seules femmes vers lesquelles je <u>me</u> sentais **attiré** [2263 Adj-Attr-2], étant celles qu'Albertine avait **connues** [2264 V-TempA-2] ou qu'elle aurait **pu** [2265 V-TempA-0] connaître, femmes de son milieu ou des milieux où elle se plaisait, en un mot celles qui avaient pour moi le prestige de lui ressembler ou d'être de celles qui lui eussent **plu** [2266 V-TempA-0]. Me rappelant ainsi soit Albertine elle-même, soit le type pour lequel elle avait sans doute une préférence, ces femmes éveillaient en moi un sentiment cruel de jalousie ou de regret, qui plus tard, quand mon chagrin s'apaisa, se mua en une curiosité non exempte de charme. Et parmi ces dernières, surtout les filles du peuple, à cause de cette vie si différente de celle que je connaissais, et qui est la leur. Sans doute, c'est seulement par la pensée qu'on possède des choses, et on ne possède pas un tableau parce qu'on l'a dans sa salle à manger si on ne sait pas le comprendre, ni un pays parce qu'on y réside sans même le regarder. Mais enfin j'avais autrefois l'illusion de ressaisir Balbec quand, à Paris, Albertine venait me voir et que je la tenais dans mes bras. De même je prenais un contact, bien étroit et furtif d'ailleurs, avec la vie d'Albertine, l'atmosphère des ateliers, une conversation de comptoir, l'âme des taudis, quand j'embrassais une ouvrière. Andrée, ces autres femmes, tout cela par rapport à Albertine – comme Albertine avait **été** [2267 V-TempA-0] elle-même par rapport à Balbec – étaient de ces substituts de plaisirs se remplaçant l'un l'autre en dégradations successives, qui nous permettent de nous passer de celui que nous ne pouvons plus atteindre, voyage à Balbec ou amour d'Albertine (comme le fait d'aller au Louvre voir un Titien qui y fut jadis console de ne pouvoir aller à Venise), de ces plaisirs qui, **séparés** [2268 Adj-Epith-3] les uns des autres par des nuances indiscernables, font de notre vie comme une suite de zones concentriques, contiguës, harmoniques et **dégradées** [2269 Adj-Epith-3], autour d'un désir premier qui a **donné** [2270 V-TempA-0] le ton, **éliminé** [2271 V-TempA-0] ce qui ne se fond pas avec lui et **répandu** [2272 V-TempA-0] la teinte maîtresse (comme cela m'était **arrivé** [2273 V-TempE-1] aussi, par exemple, pour la duchesse de Guermantes et pour Gilberte). Andrée, ces femmes, étaient pour le désir, que je savais ne plus pouvoir exaucer, d'avoir auprès de moi Albertine ce qu'un soir, avant que je connusse Albertine autrement que de vue, avait **été** [2274 V-TempA-0] l'ensoleillement tortueux et frais d'une grappe de raisin.

Associées [2275 Adj-Epith-3] maintenant au souvenir de mon amour, les particularités physiques et sociales d'Albertine, malgré lesquelles je l'avais **aimée** [2276 V-TempA-2], orientaient au contraire mon désir vers ce qu'il eût autrefois le moins naturellement **choisi** [2277 V-TempA-2] : des brunes de la petite bourgeoisie. Certes, ce qui commençait partiellement à renaître en moi, c'était cet immense désir que mon amour pour Albertine n'avait **pu** [2278 V-TempA-0] assouvir, cet immense désir de connaître la vie que j'éprouvais autrefois sur les routes de Balbec, dans les rues de Paris, ce désir qui m'avait **fait** [2279 V-TempA-0] tant souffrir quand, supposant qu'il existait aussi au cœur d'Albertine, j'avais **voulu** [2280 V-TempA-0] la priver des moyens de le contenter avec d'autres que moi. Maintenant que je pouvais supporter l'idée de son désir, comme cette idée était aussitôt **éveillée** [2281 V-Pass-1] par le mien ces deux immenses appétits coïncidaient, j'aurais **voulu** [2282 V-TempA-0] que nous pussions nous y livrer ensemble, je me disais : « cette fille lui aurait **plu** [2283 V-TempA-0] », et par ce brusque détour pensant à elle et à sa mort, je me sentais trop triste pour pouvoir poursuivre plus loin mon désir. Comme autrefois le côté de Méséglise et celui de Guermantes avaient **établi** [2284 V-TempA-0] les assises de mon goût pour la campagne et m'eussent **empêché** [2285 V-TempA-2] de trouver un charme profond dans un pays où il n'y aurait pas **eu** [2286 V-TempA-0] de vieille église, de bleuets, de boutons d'or, c'est de même en les rattachant en moi à un passé plein de charme que mon amour pour Albertine me faisait exclusivement rechercher un certain genre de femmes ; je recommençais, comme avant de l'aimer, à avoir besoin d'harmoniques d'elle qui fussent interchangeables avec mon souvenir **devenu** [2287 Adj-Epith-3] peu à peu moins exclusif. Je n'aurais **pu** [2288 V-TempA-0] me plaire maintenant auprès d'une blonde et fière duchesse, parce qu'elle n'eût **éveillé** [2289 V-TempA-0] en moi aucune des émotions qui partaient d'Albertine, de mon désir d'elle, de la jalousie que j'avais **eue** [2290 V-TempA-2] de ses amours, de mes souffrances, de sa mort. Car nos sensations pour être fortes ont besoin de déclencher en nous quelque chose de différent d'elles, un sentiment qui ne pourra pas trouver dans le plaisir de satisfaction mais qui s'ajoute au désir, l'enfle, le fait s'accrocher désespérément au plaisir. Au fur et à mesure que l'amour qu'avait **éprouvé** [2291 V-TempA-2] Albertine pour certaines femmes ne me faisait plus souffrir, il rattachait ces femmes à mon passé, leur donnait quelque chose de plus réel, comme aux boutons d'or, aux aubépines le souvenir de Combray donnait plus de réalité qu'aux fleurs nouvelles. Même d'Andrée, je ne me disais plus avec rage : « Albertine l'aimait », mais au contraire, pour m'expliquer à moi-même mon désir, d'un air **attendri** [2292 Adj-Epith-3] : « Albertine l'aimait bien ». Je comprenais maintenant les veufs qu'on croit **consolés** [2293 Adj-Attr-2] et qui prouvent au contraire qu'ils sont inconsolables, parce qu'ils se remarient avec leur belle-sœur. Ainsi mon amour finissant semblait rendre possible pour moi de nouvelles amours, et Albertine, comme ces femmes longtemps **aimées** [2294 Adj-Epith-3] pour elles-mêmes qui plus tard, sentant le goût de leur amant s'affaiblir, conservent leur pouvoir en se contentant du rôle d'entremetteuses, parait pour moi, comme la Pompadour pour Louis XV, de nouvelles fillettes. Même autrefois, mon temps était **divisé** [2295 V-Pass-1 / Adj-Attr-1] par périodes où je désirais telle femme, ou telle autre. Quand les plaisirs violents **donnés** [2296 Adj-Epith-3] par l'une étaient **apaisés** [2297 V-Pass-1], je souhaitais celle qui donnait une tendresse presque pure, jusqu'à ce que le besoin de caresses plus savantes ramenât le désir de la première. Maintenant ces alternances avaient **pris** [2298 V-TempA-0] fin, ou du moins l'une des périodes se prolongeait indéfiniment. Ce que j'aurais **voulu** [2299 V-TempA-2], c'est que la nouvelle **venue** [2300 N] vînt habiter chez moi et me donnât le soir avant de me quitter un baiser familial de sœur. De sorte que j'aurais **pu** [2301 V-TempA-0] croire – si je n'avais **fait** [2302 V-TempA-0] l'expérience de la présence insupportable d'une autre – que je regrettais plus un baiser que certaines lèvres, un plaisir qu'un amour, une habitude qu'une personne. J'aurais **voulu** [2303 V-TempA-0] aussi que les nouvelles venues pussent me jouer du Vinteuil comme Albertine, causer comme elle avec moi d'Elstir. Tout cela était impossible. Leur amour ne vaudrait pas le sien, pensais-je, soit qu'un amour auquel s'annexaient tous ces épisodes, des visites aux musées, des soirées au concert, toute une vie **compliquée** [2304 Adj-Epith-3] qui permet des correspondances, des conversations, un flirt préliminaire aux relations elles-mêmes, une amitié grave après, possédât plus de ressources qu'un amour pour une femme qui ne sait que se donner, comme un orchestre plus qu'un piano ; soit que, plus profondément, mon besoin du même genre de tendresse que me donnait Albertine, la tendresse d'une fille assez **cultivée** [2305 Adj-Epith-3] et qui fût en même temps une sœur, ne fût – comme le besoin de femmes du même milieu qu'Albertine – qu'une reviviscence du souvenir d'Albertine, du souvenir de mon amour pour elle. Et une fois de plus j'éprouvais d'abord que le souvenir n'est pas inventif, qu'il est impuissant à désirer rien d'autre, même rien de mieux que ce que nous avons **possédé** [2306 V-TempA-2] ; ensuite qu'il est spirituel, de sorte que la réalité ne peut lui fournir l'état qu'il cherche ; enfin que, s'appliquant à une personne **morte** [2307 Adj-Epith-3], la renaissance qu'il incarne est moins celle du besoin d'aimer, auquel il fait croire, que celle du besoin de l'absente. De sorte que la ressemblance avec Albertine, de la femme que j'avais **choisie** [2308 V-TempA-2], la ressemblance même, si j'arrivais à l'obtenir, de sa tendresse avec celle d'Albertine, ne me faisaient que mieux sentir l'absence de ce que j'avais, sans le savoir, **cherché** [2309 V-TempA-2], de ce qui était indispensable pour que renaquît mon bonheur, c'est-à-dire Albertine elle-même, le temps que nous avions **vécu** [2310 V-TempA-2] ensemble, le passé à la recherche duquel j'étais sans le savoir. Certes, par les jours clairs, Paris m'apparaissait innombrablement **fleuri** [2311 Adj-Attr-1] de toutes les fillettes, non que je désirais, mais qui plongeaient leurs racines dans l'obscurité du désir et des soirées inconnues d'Albertine. C'était telle de celles dont elle m'avait **dit** [2312 V-TempA-0] tout au début, quand elle ne se méfiait pas de moi : « Elle est ravissante, cette petite, comme elle a de jolis cheveux ! » Toutes les curiosités que j'avais **eues** [2313 V-TempA-2] autrefois de sa vie, quand je ne la connaissais encore que de vue, et, d'autre part, tous mes désirs de la vie se confondaient en cette seule curiosité, voir Albertine avec d'autres femmes, peut-être parce que ainsi, elles **parties** [2314 V-Sub-TempE-1], je serais **resté** [2315 V-TempE-1] seul avec elle, le dernier et le maître. Et en voyant ses hésitations, son incertitude en se demandant s'il valait la peine de passer la soirée avec telle ou telle, sa satiété quand l'autre était **partie** [2316 V-TempE-1], peut-être sa déception, j'eusse **éclairé** [2317 V-TempA-0], j'eusse **ramené** [2318 V-TempA-0] à de justes proportions la jalousie que m'inspirait Albertine, parce que, la voyant ainsi les éprouver, j'aurais **pris** [2319 V-TempA-0] la mesure et **découvert** [2320 V-TempA-0] la limite de ses plaisirs. De combien de plaisirs, de quelle douce vie elle nous a **privés** [2321 V-TempA-2], me disais-je, par cette farouche obstination à nier son goût ! Et comme une fois de plus je cherchais quelle avait **pu** [2322 V-TempA-0] être la raison de cette obstination, tout d'un coup le souvenir me revint d'une phrase que je lui avais **dite** [2323 V-TempA-2] à Balbec le jour où elle m'avait **donné** [2324 V-TempA-0] un crayon. Comme je lui reprochais de ne pas m'avoir **laissé** [2325 V-TempA-0] l'embrasser, je[79] lui avais **dit** [2326 V-TempA-0] que je trouvais cela aussi naturel que je trouvais ignoble qu'une femme eût des relations avec une autre femme. Hélas, peut-être Albertine s'était-elle toujours **rappelé** [2327 V-TempE-0] cette phrase imprudente.

Je ramenais avec moi les filles qui m'eussent le moins **plu** [2328 V-TempA-0], je lissais des bandeaux à la vierge, j'admirais un petit nez bien **modelé** [2329 Adj-Epith-3], une pâleur espagnole. Certes autrefois, même pour une femme que je ne faisais qu'apercevoir sur une route de Balbec, dans une rue de Paris, j'avais **senti** [2330 V-TempA-0] ce que mon désir avait d'individuel, et que c'était le fausser que de chercher à l'assouvir avec un autre objet. Mais la vie, en me découvrant peu à peu la permanence de nos besoins, m'avait **appris** [2331 V-TempA-0] que faute d'un être il faut se contenter d'un autre, – et je sentais que ce que j'avais **demandé** [2332 V-TempA-2] à Albertine, une autre, Mlle de Stermaria, eût **pu** [2333 V-TempA-0] me le donner. Mais ç'avait **été** [2334 V-TempA-0] Albertine ; et entre la satisfaction de mes besoins de tendresse et les particularités de son corps un entrelacement de

---

[79] Var. ms. : [...] crayon, *quand je lui avais reproché* de ne pas m'avoir laissé l'embrasser ; je [...].

souvenirs s'était **fait** [2335 V-TempE-1] tellement inextricable que je ne pouvais plus arracher à un désir de tendresse toute cette broderie des souvenirs du corps d'Albertine. Elle seule pouvait me donner ce bonheur. L'idée de son unicité n'était plus un *a priori* métaphysique **puisé** [2336 Adj-Epith-3] dans ce qu'Albertine avait d'individuel, comme jadis pour les passantes, mais un *a posteriori* **constitué** [2337 Adj-Epith-3] par l'imbrication contingente et indissoluble de mes souvenirs. Je ne pouvais plus désirer une tendresse sans avoir besoin d'elle, sans souffrir de son absence. Aussi la ressemblance même de la femme **choisie** [2338 Adj-Epith-3], de la tendresse **demandée** [2339 Adj-Epith-3], avec le bonheur que j'avais **connu** [2340 V-TempA-2], ne me faisait que mieux sentir tout ce qui leur manquait pour qu'il pût renaître. Ce même vide que je sentais dans ma chambre depuis qu'Albertine était **partie** [2341 V-TempE-1], et que j'avais **cru** [2342 V-TempA-0] combler en serrant des femmes contre moi, je le retrouvais en elles. Elles ne m'avaient jamais **parlé** [2343 V-TempA-0], elles, de la musique de Vinteuil, des Mémoires de Saint-Simon, elles n'avaient pas **mis** [2344 V-TempA-0] un parfum trop fort pour venir me voir, elles n'avaient pas **joué** [2345 V-TempA-0] à mêler leurs cils aux miens, toutes choses importantes parce qu'elles permettent, semble-t-il, de rêver autour de l'acte sexuel lui-même et de se donner l'illusion de l'amour, mais en réalité parce qu'elles faisaient partie du souvenir d'Albertine et que c'était elle que j'aurais **voulu** [2346 V-TempA-0] trouver. Ce que ces femmes avaient d'Albertine me faisait mieux ressentir ce que d'elle il leur manquait, et qui était tout, et qui ne serait plus jamais puisque Albertine était **morte** [2347 V-TempE-1]. Et ainsi mon amour pour Albertine, qui m'avait **attiré** [2348 V-TempA-2] vers ces femmes, me les rendait indifférentes, et peut-être mon regret d'Albertine et la persistance de ma jalousie, qui avaient déjà **dépassé** [2349 V-TempA-0] par leur durée mes prévisions les plus pessimistes, n'auraient sans doute jamais **changé** [2350 V-TempA-0] beaucoup, si leur existence, **isolée** [2351 Adj-Epith-3] du reste de ma vie, avait seulement été [2352 V-TempA-0] **soumise** [2353 V-Pass-1] au jeu de mes souvenirs, aux actions et réactions d'une psychologie applicable à des états immobiles, et n'avait pas **été** [2354 V-TempA-0] **entraînée** [2355 V-Pass-1] vers un système plus vaste où les âmes se meuvent dans le temps comme les corps dans l'espace. Comme il y a une géométrie dans l'espace, il y a une psychologie dans le temps, où les calculs d'une psychologie plane ne seraient plus exacts parce qu'on n'y tiendrait pas compte du temps et d'une des formes qu'il revêt, l'oubli ; l'oubli dont je commençais à sentir la force et qui est un si puissant instrument d'adaptation à la réalité parce qu'il détruit peu à peu en nous le passé survivant qui est en constante contradiction avec elle. Et j'aurais vraiment bien **pu** [2356 V-TempA-0] deviner plus tôt qu'un jour je n'aimerais plus Albertine. Quand j'avais **compris** [2357 V-TempA-0], par la différence qu'il y avait entre ce que l'importance de sa personne et de ses actions était pour moi et pour les autres, que mon amour était moins un amour pour elle qu'un amour en moi, j'aurais **pu** [2358 V-TempA-0] déduire diverses conséquences de ce caractère subjectif de mon amour, et, qu'étant un état mental, il pouvait notamment survivre assez longtemps à la personne, mais aussi que n'ayant avec cette personne aucun lien véritable, n'ayant aucun soutien en dehors de soi, il devrait, comme tout état mental, même les plus durables, se trouver un jour hors d'usage, être « **remplacé** [2359 V-Pass-1] », et que ce jour-là tout ce qui semblait m'attacher si doucement, indissolublement, au souvenir d'Albertine n'existerait plus pour moi. C'est le malheur des êtres de n'être pour nous que des planches de collections fort usables dans notre pensée. Justement à cause de cela on fonde sur eux des projets qui ont l'ardeur de la pensée ; mais la pensée se fatigue, le souvenir se détruit, le jour viendrait où je donnerais volontiers à la première venue la chambre d'Albertine, comme j'avais sans aucun chagrin **donné** [2360 V-TempA-0] à Albertine la bille d'agate ou d'autres présents de Gilberte.

Chapitre II. *Mademoiselle de Forcheville*

Ce n'était pas que je n'aimasse encore Albertine, mais déjà pas de la même façon que les derniers temps. Non, c'était à la façon des temps plus anciens où tout ce qui se rattachait à elle, lieux et gens, me faisait éprouver une curiosité où il y avait plus de charme que de souffrance. Et, en effet, je sentais bien maintenant qu'avant de l'oublier tout à fait, avant d'atteindre à l'indifférence initiale, il me faudrait, comme un voyageur qui revient par la même route au point d'où il est **parti** [2361 V-TempE-1], traverser en sens inverse tous les sentiments par lesquels j'avais **passé** [2362 V-TempA-0] avant d'arriver à mon grand amour. Mais ces fragments, ces moments du passé ne sont pas immobiles, ils ont **gardé** [2363 V-TempA-0] la force terrible, l'ignorance heureuse de l'espérance qui s'élançait alors vers un temps **devenu** [2364 Adj-Epith-3] aujourd'hui le passé, mais qu'une hallucination nous fait un instant prendre rétrospectivement pour l'avenir. Je lisais une lettre d'Albertine où elle m'avait **annoncé** [2365 V-TempA-0] sa visite pour le soir et j'avais une seconde la joie de l'attente. Dans ces retours par la même ligne d'un pays où l'on ne retournera jamais, où l'on reconnaît le nom, l'aspect de toutes les stations par où on a déjà **passé** [2366 V-TempA-0] à l'aller, il arrive que, tandis qu'on est **arrêté** [2367 V-Pass-1] à l'une d'elles, en gare, on a un instant l'illusion qu'on repart, mais dans la direction du lieu d'où l'on vient, comme l'on avait **fait** [2368 V-TempA-0] la première fois. Tout de suite l'illusion cesse, mais une seconde on s'était **senti** [2369 V-TempE-1] de nouveau **emporté** [2370 Adj-Attr-2] : telle est la cruauté du souvenir.

Parfois la lecture d'un roman un peu triste me ramenait brusquement en arrière, car certains romans sont comme de grands deuils momentanés, abolissent l'habitude, nous remettent en contact avec la réalité de la vie, mais pour quelques heures seulement, comme un cauchemar, puisque les forces de l'habitude, l'oubli qu'elles produisent, la gaîté qu'elles ramènent par l'impuissance du cerveau à lutter contre elles et à recréer le vrai, l'emportent infiniment sur la suggestion presque hypnotique d'un beau livre qui, comme toutes les suggestions, a des effets très courts.

Et pourtant, s'il ne peut pas, avant de revenir à l'indifférence d'où on était **parti** [2371 V-TempE-1], se dispenser de couvrir en sens inverse les distances qu'on avait **franchies** [2372 V-TempA-2] pour arriver à l'amour, le trajet, la ligne qu'on suit, ne sont pas forcément les mêmes. Ils ont de commun de ne pas être directs parce que l'oubli pas plus que l'amour ne progresse régulièrement. Mais ils n'empruntent pas forcément les mêmes voies. Et dans celle que je suivis au retour, il y eut, au milieu d'un voyage confus, trois arrêts, dont je me souviens à cause de la lumière qu'il y avait autour de moi alors que j'étais déjà bien près de l'arrivée, étapes que je me rappelle particulièrement, sans doute parce que j'y aperçus des choses qui ne faisaient pas partie de mon amour d'Albertine, ou du moins qui ne s'y rattachaient que dans la mesure où ce qui était déjà dans notre âme avant un grand amour s'associe à lui, soit en le nourrissant, soit en le combattant, soit en faisant avec lui, pour notre intelligence qui analyse, contraste d'image.

La première de ces étapes commença au début de l'hiver, un beau dimanche de Toussaint où j'étais **sorti** [2373 V-TempE-1]. Tout en approchant du Bois, je me rappelais avec tristesse le retour d'Albertine venant me chercher du Trocadéro, car c'était la même journée, mais sans Albertine. Avec tristesse et pourtant non sans plaisir tout de même, car la reprise en mineur, sur un ton **désolé** [2374 Adj-Epith-3], du même motif qui avait **empli** [2375 V-TempA-0] ma journée d'autrefois, l'absence même de ce téléphonage de Françoise, de cette arrivée d'Albertine, qui n'était pas quelque chose de négatif mais la suppression dans la réalité de ce que je me rappelais et qui donnait à la journée quelque chose de douloureux, en faisait quelque chose de plus beau qu'une journée **unie** [2376 Adj-Epith-3] et simple parce que ce qui n'y était plus, ce qui en avait **été** [2377 V-TempA-0] **arraché** [2378 V-Pass-1], y restait **imprimé** [2379 Adj-Attr-1] comme en creux.

Au Bois, je fredonnais des phrases de la sonate de Vinteuil. Je ne souffrais plus beaucoup de penser qu'Albertine me l'avait **jouée** [2380 V-TempA-2], car presque tous mes souvenirs d'elle étaient **entrés** [2381 V-TempE-1] dans ce second état chimique où ils ne causent plus d'anxieuse oppression au cœur, mais de la douceur. Par moment, dans les passages qu'elle jouait le plus souvent, où elle avait l'habitude de faire telle réflexion qui me paraissait alors charmante, de suggérer telle réminiscence, je me disais : « Pauvre petite », mais sans tristesse, en ajoutant seulement au passage musical une valeur de plus, une valeur en quelque sorte historique et de curiosité, comme celle que le tableau de Charles Ier par Van Dyck, déjà si beau par lui-même, acquiert encore du fait qu'il est **entré** [2382 V-TempE-1] dans les collections nationales, par la volonté de Mme du Barry d'impressionner le Roi. Quand la petite phrase, avant de disparaître tout à fait, se défit en ses divers éléments, où elle flotta encore un instant **éparpillée** [2383 Adj-Epith-3], ce ne fut pas pour moi, comme pour Swann, une messagère d'Albertine qui disparaissait. Ce n'était pas tout à fait les mêmes associations d'idées chez moi que chez Swann que la petite phrase avait **éveillées** [2384 V-TempA-2]. J'avais **été** [2385 V-TempA-0] surtout sensible à l'élaboration, aux essais, aux reprises, au « devenir » d'une phrase qui se faisait durant la sonate comme cet amour s'était **fait** [2386 V-TempE-1] durant ma vie. Et maintenant, sachant combien chaque jour un élément de plus de mon amour s'en allait, le côté jalousie, puis tel autre, revenant, en somme, peu à peu dans un vague souvenir à la faible amorce du début, c'était mon amour qu'il me semblait, en la petite phrase **éparpillée** [2387

Adj-Epith-3], voir se désagréger devant moi.

Comme je suivais les allées **séparées** [2388 Adj-Epith-3] d'un sous-bois, **tendues** [2389 Adj-Epith-3] d'une gaze chaque jour **amincie** [2390 Adj-Epith-3], le souvenir d'une promenade où Albertine était à côté de moi dans la voiture, où elle était **rentrée** [2391 V-TempE-1] avec moi, où je sentais qu'elle enveloppait ma vie, flotter maintenant autour de moi, dans la brume incertaine des branches **assombries** [2392 Adj-Epith-3] au milieu desquelles le soleil couchant faisait briller, comme **suspendue** [2393 Adj-Epith-3] dans le vide, l'horizontalité clairsemée des feuillages d'or, D'ailleurs, je tressaillais de moment en moment, comme tous ceux pour lesquels une idée fixe donne à toute femme **arrêtée** [2394 Adj-Epith-3] au coin d'une allée la ressemblance, l'identité possible avec celle à qui on pense. « C'est peut-être elle ! » On se retourne, la voiture continue à avancer et on ne revient pas en arrière. Ces feuillages, je ne me contentais pas de les voir avec les yeux de la mémoire, ils m'intéressaient, me touchaient comme ces pages purement descriptives au milieu desquelles un artiste, pour les rendre plus complètes, introduit une fiction, tout un roman ; et cette nature prenait ainsi le seul charme de mélancolie qui pouvait aller jusqu'à mon cœur. La raison de ce charme me parut être que j'aimais toujours autant Albertine, tandis que la raison véritable était au contraire que l'oubli continuait à faire en moi des progrès que le souvenir d'Albertine ne m'était plus cruel, c'est-à-dire avait **changé** [2395 V-TempA-0] ; mais nous avons beau voir clair dans nos impressions, comme je crus alors voir clair dans la raison de ma mélancolie, nous ne savons pas remonter jusqu'à leur signification plus **éloignée** [2396 Adj-Epith-3]. Comme ces malaises dont le médecin écoute son malade lui raconter l'histoire et à l'aide desquels il remonte à une cause plus profonde, **ignorée** [2397 Adj-Epith-3] du patient, de même nos impressions, nos idées, n'ont qu'une valeur de symptômes. Ma jalousie étant **tenue** [2398 V-Sub-Pass-1] à l'écart par l'impression de charme et de douce tristesse que je ressentais, mes sens se réveillaient. Une fois de plus, comme lorsque j'avais **cessé** [2399 V-TempA-0] de voir Gilberte, l'amour de la femme s'élevait de moi, **débarrassé** [2400 Adj-Epith-3] de toute association exclusive avec une certaine femme déjà **aimée** [2401 Adj-Epith-3], et flottait comme ces essences qu'ont **libérées** [2402 V-TempA-2] des destructions antérieures et qui errent en suspens dans l'air printanier, ne demandant qu'à s'unir à une nouvelle créature. Nulle part il ne germe autant de fleurs, s'appelassent-elles « ne m'oubliez pas », que dans un cimetière. Je regardais les jeunes filles dont était innombrablement **fleuri** [2403 V-Pass-1] ce beau jour, comme j'eusse **fait** [2404 V-TempA-0] jadis de la voiture de Mme de Villeparisis ou de celle où j'étais, par un même dimanche, **venu** [2405 V-TempE-1] avec Albertine. Aussitôt, au regard que je venais de poser sur telle ou telle d'entre elles s'appariait immédiatement le regard curieux, furtif, entreprenant, reflétant d'insaisissables pensées, que leur eût à la dérobée **jeté** [2406 V-TempA-2] Albertine et qui, géminant le mien d'une aile mystérieuse, rapide et bleuâtre, faisait passer dans ces allées, jusque-là si naturelles, le frisson d'un inconnu dont mon propre désir n'eût pas **suffi** [2407 V-TempA-0] à les renouveler s'il fût **demeuré** [2408 V-TempE-1] seul, car lui, pour moi, n'avait rien d'étranger.

D'ailleurs, à Balbec, quand j'avais **désiré** [2409 V-TempA-0] connaître Albertine la première fois, n'était-ce pas parce qu'elle m'avait **semblé** [2410 V-TempA-0] représentative de ces jeunes filles dont la vue m'avait si souvent **arrêté** [2411 V-TempA-2] dans les rues, sur les routes, et que pour moi elle pouvait résumer leur vie ? Et n'était-il pas naturel que maintenant l'étoile finissante de mon amour, dans lequel elles s'étaient **condensées** [2412 V-TempE-1], se dispersât de nouveau en cette poussière **disséminée** [2413 Adj-Epith-3] de nébuleuses ? Toutes me semblaient des Albertine – l'image que je portais en moi me la faisant retrouver partout – et même, au détour d'une allée, l'une d'elles qui remontait dans une automobile me la rappela tellement, était si exactement de la même corpulence, que je me demandai un instant si ce n'était pas elle que je venais de voir, si on ne m'avait pas **trompé** [2414 V-TempA-2] en me faisant le récit de sa mort. Je la revoyais ainsi dans un angle d'allée, peut-être à Balbec, remontant en voiture de la même manière, alors qu'elle avait tant de confiance dans la vie. Et l'acte de cette jeune fille de remonter en automobile, je ne le constatais pas seulement avec mes yeux, comme la superficielle apparence qui se déroule si souvent au cours d'une promenade : **devenu** [2415 Adj-Epith-3] une sorte d'acte durable, il me semblait s'étendre aussi dans le passé par ce côté qui venait de lui être **surajouté** [2416 V-Pass-1] et qui s'appuyait si voluptueusement, si tristement contre mon cœur. Mais déjà la jeune fille avait **disparu** [2417 V-TempA-0].

Un peu plus loin je vis un groupe de trois jeunes filles un peu plus âgées, peut-être des jeunes femmes, dont l'allure élégante et énergique correspondait si bien à ce qui m'avait **séduit** [2418 V-TempA-2] le premier jour où j'avais **aperçu** [2419 V-TempA-0] Albertine et ses amies que j'emboîtai le pas à ces trois nouvelles jeunes filles et, au moment où elles prirent une voiture, j'en cherchai désespérément une autre dans tous les sens. Je la trouvai, mais trop tard. Je ne les rejoignis pas. Mais quelques jours plus tard, comme je rentrais, j'aperçus, sortant de sous la voûte de notre maison, les trois jeunes filles que j'avais **suivies** [2420 V-TempA-2] au Bois. C'était tout à fait, les deux brunes surtout, et un peu plus âgées seulement, de ces jeunes filles du monde qui souvent, **vues** [2421 Adj-Epith-3] de ma fenêtre, ou **croisées** [2422 Adj-Epith-3][80] dans la rue, m'avaient **fait** [2423 V-TempA-0] faire mille projets, aimer la vie, et que je n'avais **pu** [2424 V-TempA-0] connaître. La blonde avait un air un peu plus délicat, presque souffrant, qui me plaisait moins. Ce fut pourtant elle qui fut cause que je ne me contentai pas de les considérer un instant, mais, qu'ayant **pris** [2425 Adj-Epith-0] racine, je les contemplai avec ces regards qui, par leur fixité impossible à distraire, leur application comme à un problème, semblent avoir conscience qu'il s'agit d'aller bien au-delà de ce qu'on voit. Je les aurais sans doute **laissé** [2426 V-TempA-0] disparaître comme tant d'autres si, au moment où elles passèrent devant moi, la blonde – était-ce parce que je les contemplais avec cette attention ? – ne m'eût **lancé** [2427 V-TempA-0] furtivement un premier regard, puis, m'ayant **dépassé** [2428 Adj-Epith-0] et retournant la tête vers moi, un second qui acheva de m'enflammer. Cependant, comme elle cessa de s'occuper de moi et se remit à causer avec ses amies, mon ardeur eût sans doute **fini** [2429 V-TempA-0] par tomber si elle n'avait **été** [2430 V-TempA-0] **centuplée** [2431 V-Pass-1] par le fait suivant. Ayant **demandé** [2432 VSub-TempA-0] au concierge qui elles étaient : « Elles ont **demandé** [2433 V-TempA-0] Mme la Duchesse, me dit-il. Je crois qu'il n'y en a qu'une qui la connaisse et que les autres l'avaient seulement **accompagnée** [2434 V-TempA-2] jusqu'à la porte. Voici le nom, je ne sais pas si j'ai bien **écrit** [2435 V-TempA-0]. » Et je lus : Mlle Déporcheville, que je rétablis aisément : d'Éporcheville, c'est-à-dire le nom ou à peu près, autant que je me souvenais, de la jeune fille d'excellente famille et **apparentée** [2436 Adj-Epith-3] vaguement aux Guermantes dont Robert m'avait **parlé** [2437 V-TempA-0] pour l'avoir **rencontrée** [2438 V-TempA-2]

---

[80] Var. ms. : *rencontrées*.

dans une maison de passe et avec laquelle il avait **eu** [2439 V-TempA-0] des relations. Je comprenais maintenant la signification de son regard, pourquoi elle s'était **retournée** [2440 V-TempE-1] et **cachée** [2441 V-TempE-1] de ses compagnes. Que de fois j'avais **pensé** [2442 V-TempA-0] à elle, me l'imaginant d'après le nom que m'avait **dit** [2443 V-TempA-2] Robert. Et voici que je venais de la voir, nullement différente de ses amies, sauf par ce regard **dissimulé** [2444 Adj-Epith-3] qui ménageait entre moi et elle une entrée secrète dans des parties de sa vie qui, évidemment, étaient **cachées** [2445 V-Pass-1] à ses amies, et qui me la faisaient paraître plus accessible – presque à demi mienne – plus douce que ne sont d'habitude les jeunes filles de l'aristocratie. Dans l'esprit de celle-ci, entre elle et moi il y avait d'avance de commun les heures que nous aurions **pu** [2446 V-TempA-0] passer ensemble si elle avait la liberté de me donner un rendez-vous. N'était-ce pas ce que son regard avait **voulu** [2447 V-TempA-0] m'exprimer avec une éloquence qui ne fut claire que pour moi ? Mon cœur battait de toutes ses forces, je n'aurais pas **pu** [2448 V-TempA-0] dire exactement comment était **faite** [2449 Adj-Attr-1] Mlle d'Éporcheville, je revoyais vaguement un blond visage **aperçu** [2450 Adj-Epith-3] de côté, mais j'étais amoureux fou d'elle. Tout d'un coup je m'avisai que je raisonnais comme si, entre les trois, Mlle d'Éporcheville était précisément la blonde qui s'était **retournée** [2451 V-TempE-1] et m'avait **regardé** [2452 V-TempA-2] deux fois. Or le concierge ne me l'avait pas **dit** [2453 V-TempA-2]. Je revins à sa loge, l'interrogeai à nouveau, il me dit qu'il ne pouvait me renseigner là-dessus, mais qu'il allait le demander à sa femme qui les avait déjà **vues** [2454 V-TempA-2] une autre fois. Elle était en train de faire l'escalier de service. Qui n'a **eu** [2455 V-TempA-0], au cours de sa vie, de ces incertitudes plus ou moins semblables à celles-là, et délicieuses ? Un ami charitable à qui on a **décrit** [2456 V-TempA-0] une jeune fille qu'on a **vue** [2457 V-TempA-2] au bal en conclut qu'elle devait être une de ses amies et vous invite avec elle. Mais, entre tant d'autres et sur un simple portrait **parlé** [2458 Adj-Epith-3], n'y-aura-t-il pas **eu** [2459 V-TempA-0] d'erreur **commise** [2460 Adj-Attr-2] ? La jeune fille que vous allez voir tout à l'heure ne sera-t-elle pas une autre que celle que vous désirez ? Ou au contraire n'allez-vous pas voir vous tendre la main en souriant précisément celle que vous souhaitiez qu'elle fût ? Ce dernier cas, assez fréquent, sans être **justifié** [2461 V-Pass-1] toujours par un raisonnement aussi probant que celui qui concernait Mlle d'Éporcheville, résulte d'une sorte d'intuition et aussi de ce souffle de chance qui parfois nous favorise. Alors, en la voyant, nous nous disons : « C'était bien elle. » Je me rappelle que, dans la petite bande de jeunes filles se promenant au bord de la mer, j'avais **deviné** [2462 V-TempA-0] juste celle qui s'appelait Albertine Simonet. Ce souvenir me causa une douleur aiguë mais brève, et tandis que le concierge cherchait sa femme, je songeais surtout – pensant à Mlle d'Éporcheville et comme dans ces minutes d'attente où un nom, un renseignement qu'on a, on ne sait pourquoi, **adapté** [2463 V-TempA-2] à un visage se trouve un instant libre et flotte, prêt, s'il adhère à un nouveau visage, à rendre rétrospectivement le premier sur lequel il vous avait **renseigné** [2464 V-TempA-2] inconnu, innocent, insaisissable – que la concierge allait peut-être m'apprendre que Mlle d'Éporcheville était au contraire une des deux brunes. Dans ce cas s'évanouissait l'être à l'existence duquel je croyais, que j'aimais déjà, que je ne songeais plus qu'à posséder, cette blonde et sournoise Mlle d'Éporcheville que la fatale réponse allait alors dissocier en deux éléments distincts, que j'avais arbitrairement **unis** [2465 V-TempA-2] à la façon d'un romancier qui fond ensemble divers éléments **empruntés** [2466 Adj-Epith-3] à la réalité pour créer un personnage imaginaire, et qui, **pris** [2467 Adj-Epith-3] chacun à part – le nom ne corroborant pas l'intention du regard – perdaient toute signification. Dans ce cas mes arguments se trouvaient **détruits** [2468 Adj-Attr-1], mais combien ils se trouvèrent au contraire **fortifiés** [2469 Adj-Attr-1] quand le concierge revint me dire que Mlle d'Éporcheville était bien la blonde.

Dès lors je ne pouvais plus croire à une homonymie. Le hasard eût **été** [2470 V-TempA-0] trop grand que sur ces trois jeunes filles l'une s'appelât Mlle d'Éporcheville, que ce fût justement (ce qui était la première vérification typique de ma supposition) celle qui m'avait **regardé** [2471 V-TempA-2] de cette façon, presque en me souriant, et que ce ne fût pas celle qui allait dans les maisons de passe.

Alors commença une journée d'une folle agitation. Avant même de partir acheter tout ce que je croyais propre à me parer pour produire une meilleure impression quand j'irais voir Mme de Guermantes le surlendemain, jour où la jeune fille devait, m'avait **dit** [2472 V-TempA-0] le concierge, revenir voir la duchesse, chez qui je trouverais ainsi une jeune fille facile et prendrais rendez-vous avec elle (car je trouverais bien le moyen de l'entretenir un instant dans un coin du salon), j'allai pour plus de sûreté télégraphier à Robert pour lui demander le nom exact et la description de la jeune fille, espérant avoir sa réponse avant le surlendemain (je ne pensais pas une seconde à autre chose, même pas à Albertine), **décidé** [2473 Adj-Epith-3], quoi qu'il pût m'arriver d'ici là, dussé-je m'y faire descendre en chaise à porteur si j'étais malade, à faire une visite **prolongée** [2474 Adj-Epith-3] à la duchesse. Si je télégraphiais à Saint-Loup, ce n'est pas qu'il me restât des doutes sur l'identité de la personne, et que la jeune fille **vue** [2475 Adj-Epith-3] et celle dont il m'avait **parlé** [2476 V-TempA-0] fussent encore distinctes pour moi. Je ne doutais pas qu'elles n'en fissent qu'une seule. Mais dans mon impatience d'attendre le surlendemain, il m'était doux, c'était déjà pour moi comme un pouvoir secret sur elle, de recevoir une dépêche la concernant, pleine de détails. Au télégraphe, tout en rédigeant ma dépêche avec l'animation de l'homme qu'échauffe l'espérance, je remarquai combien j'étais moins **désarmé** [2477 Adj-Attr-1] maintenant que dans mon enfance, et vis-à-vis de Mlle d'Éporcheville que de Gilberte. À partir du moment où j'avais **pris** [2478 V-TempA-0] seulement la peine d'écrire ma dépêche, l'employé n'avait plus qu'à la prendre, les réseaux les plus rapides de communication électrique à la transmettre à l'étendue de la France et de la Méditerranée, et tout le passé noceur de Robert allait être **appliqué** [2479 V-Pass-1] à identifier la personne que je venais de rencontrer, se trouver au service du roman que je venais d'ébaucher et auquel je n'avais même plus besoin de penser, car la réponse allait se charger de le conclure avant que vingt-quatre heures fussent **accomplies** [2480 V-Pass-1]. Tandis qu'autrefois, **ramené** [2481 Adj-Epith-3] des Champs-Élysées par Françoise, nourrissant seul à la maison d'impuissants désirs, ne pouvant user des moyens pratiques de la civilisation, j'aimais comme un sauvage ou même, car je n'avais pas la liberté de bouger, comme une fleur. À partir de ce moment mon temps se passa dans la fièvre ; une absence de quarante-huit heures que mon père me demanda de faire avec lui et qui m'eût **fait** [2482 V-TempA-0] manquer la visite chez la duchesse me mit dans une rage et un désespoir tels que ma mère s'interposa et obtint de mon père de me laisser à Paris. Mais pendant plusieurs heures ma colère ne put s'apaiser, tandis que mon désir de Mlle d'Éporcheville avait **été** [2483 V-TempA-0] **centuplé** [2484 V-Pass-1] par l'obstacle qu'on avait **mis** [2485 V-TempA-2] entre nous, par la crainte que j'avais **eue** [2486 V-TempA-2] un instant que ces heures, auxquelles je souriais d'avance sans trêve, de ma visite chez Mme de Guermantes, comme à un bien certain que nul ne pourrait m'enlever, n'eussent pas lieu. Certains philosophes disent que le monde extérieur n'existe pas et que c'est en nous-même que nous développons notre vie. Quoi qu'il en soit, l'amour, même en ses plus humbles commencements, est un exemple frappant du peu qu'est la réalité pour nous. M'eût-il **fallu** [2487 V-TempA-0] dessiner de mémoire un portrait de Mlle d'Éporcheville, donner sa description, son signalement, cela m'eût **été** [2488 V-TempA-0] impossible. Je l'avais **aperçue** [2489 V-TempA-2] de profil, bougeante, elle m'avait **semblé** [2490 V-TempA-0] jolie, simple, grande et blonde, je n'aurais pas **pu** [2491 V-TempA-0] en dire davantage. Mais toutes les réactions du désir, de l'anxiété, du coup mortel **frappé** [2492 VSub-Pass-1] par la peur de ne pas la voir si mon père m'emmenait, tout cela, **associé** [2493 Adj-Epith-3] à une image qu'en somme je ne connaissais pas et dont il suffisait que je la susse agréable, constituait déjà un amour. Enfin le lendemain matin, après une nuit d'insomnie heureuse, je reçus la dépêche de Saint-Loup : « de l'Orgeville, *de* particule, *orge* la graminée, comme du seigle, *ville* comme une ville, petite, brune, boulotte, est en ce moment en Suisse. » Ce n'était pas elle !

Un instant avant que Françoise m'apportât la dépêche, ma mère était **entrée** [2494 V-TempE-1] dans ma chambre avec le courrier, l'avait **posé** [2495 V-TempA-2] sur mon lit avec négligence, en ayant l'air de penser à autre chose. Et se retirant aussitôt pour me laisser seul, elle avait **souri** [2496 V-TempA-0] en partant. Et moi, connaissant les ruses de ma chère maman et sachant qu'on pouvait toujours lire dans son visage sans crainte de se tromper, si l'on prenait comme clef le désir de faire plaisir aux autres, je souris et pensai : « Il y a quelque chose d'intéressant pour moi dans le courrier, et maman a **affecté** [2497 V-TempA-0] cet air indifférent et distrait pour que ma surprise soit complète et pour ne pas faire comme les gens qui vous ôtent la moitié de votre plaisir en vous l'annonçant. Et elle n'est pas **restée** [2498 V-TempE-1] là parce qu'elle a **craint** [2499 V-TempA-0] que par amour-propre je dissimule le plaisir que j'aurais et ainsi le ressente moins vivement. » Cependant, en allant vers la porte pour sortir elle avait **rencontré** [2500 V-TempA-0] Françoise qui entrait chez moi, la dépêche à la main. Dès qu'elle me l'eut **donnée** [2501 V-TempA-2], ma mère avait **forcé** [2502 V-TempA-0] Françoise à rebrousser chemin et l'avait **entraînée** [2503 V-TempA-2] dehors, **effarouchée** [2504 Adj-Attr-2], **offensée** [2505 Adj-Attr-2] et **surprise** [2506 Adj-Attr-2]. Car Françoise considérait que sa charge comportait le privilège de pénétrer à toute heure dans ma chambre et d'y rester s'il lui plaisait. Mais déjà, sur son visage, l'étonnement et la colère avaient **disparu** [2507 V-TempA-0] sous le sourire noirâtre et gluant d'une pitié transcendante et d'une ironie philosophique, liqueur visqueuse que sécrétait, pour guérir sa blessure, son amour-propre **lésé** [2508 Adj-Epith-3]. Pour ne pas <u>se</u> sentir **méprisée** [2509 Adj-Attr-2], elle nous méprisait. Aussi bien pensait-elle que nous étions des maîtres, c'est-à-dire des êtres capricieux, qui ne brillent pas par l'intelligence et qui trouvent leur plaisir à imposer par la peur à des personnes spirituelles, à des domestiques, pour bien montrer qu'ils sont les maîtres, des devoirs absurdes comme de faire bouillir l'eau en temps d'épidémie, de balayer ma chambre avec un linge **mouillé** [2510 Adj-Epith-3], et d'en sortir au moment où on avait justement l'intention d'y rester. Maman avait **posé** [2511 V-TempA-0] le courrier tout près de moi, pour qu'il ne pût pas m'échapper. Mais je sentis que ce n'était que des journaux. Sans doute y avait-il quelque article d'un écrivain que j'aimais et qui, écrivant rarement, serait pour moi une surprise. J'allai à la fenêtre, j'écartai les rideaux. Au-dessus du jour blême et brumeux, le ciel était tout rose comme, à cette heure, dans les cuisines, les fourneaux qu'on allume, et cette vue me remplit d'espérance et du désir de passer la nuit et de m'éveiller à la petite station campagnarde où j'avais **vu** [2512 V-TempA-0] la laitière aux joues roses.

    Pendant ce temps-là j'entendais Françoise qui, **indignée** [2513 Adj-Epith-3] qu'on <u>l</u>'eût **chassée** [2514 V-TempA-2] de ma chambre où elle considérait qu'elle avait ses grandes entrées, grommelait : « Si c'est pas malheureux, un enfant <u>qu</u>'on a **vu** [2515 V-TempA-2] naître. Je ne <u>l</u>'ai pas **vu** [2516 V-TempA-2] quand sa mère le faisait, bien sûr. Mais quand je <u>l</u>'ai **connu** [2517 V-TempA-2], pour bien dire, il n'y avait pas cinq ans qu'il était **naquis** [2518 V-TempE-1] ! »

    J'ouvris le *Figaro*. Quel ennui ! Justement le premier article avait le même titre que celui <u>que</u> j'avais **envoyé** [2519 V-TempA-2] et qui n'avait pas **paru** [2520 V-TempA-0], mais pas seulement le même titre, ... voici quelques mots absolument pareils. Cela, c'était trop fort. J'enverrais une protestation. Mais ce n'étaient pas que quelques mots, c'était tout, c'était ma signature. C'était mon article qui avait enfin **paru** [2521 V-TempA-0] ! Mais ma pensée qui, déjà à cette époque, avait **commencé** [2522 V-TempA-0] à vieillir et à se fatiguer un peu, continua un instant encore à raisonner comme si elle n'avait pas **compris** [2523 V-TempA-0] que c'était mon article, comme ces vieillards qui sont **obligés** [2524 V-Pass-1] de terminer jusqu'au bout un mouvement **commencé** [2525 Adj-Epith-3], même s'il est

devenu [2526 V-TempE-1] inutile, même si un obstacle imprévu devant lequel il faudrait se retirer immédiatement, le rend dangereux. Puis je considérai le pain spirituel qu'est un journal encore chaud et humide de la presse récente dans le brouillard du matin où on le distribue, dès l'aurore, aux bonnes qui l'apportent à leur maître avec le café au lait, pain miraculeux, multipliable, qui est à la fois un et dix mille, qui reste le même pour chacun tout en pénétrant innombrable, à la fois dans toutes les maisons.

Ce que je tenais en main, ce n'est pas un certain exemplaire du journal, c'est l'un quelconque des dix mille ; ce n'est pas seulement ce qui a **été** [2527 V-TempA-0] **écrit** [2528 V-Pass-1] pour moi, c'est ce qui a **été** [2529 V-TempA-0] **écrit** [2530 V-Pass-1] pour moi et pour tous. Pour apprécier exactement le phénomène qui se produit en ce moment dans les autres maisons, il faut que je lise cet article non en auteur, mais comme un des autres lecteurs du journal. Car ce que je tenais en main n'était pas seulement ce que j'avais **écrit** [2531 V-TempA-2], mais était le symbole de l'incarnation dans tant d'esprits. Aussi pour le lire, fallait-il que je cessasse un moment d'en être l'auteur, que je fusse l'un quelconque des lecteurs du *Figaro*. Mais d'abord une première inquiétude. Le lecteur non **prévenu** [2532 Adj-Epith-3] verrait-il cet article ? Je déplie distraitement le journal comme ferait ce lecteur non **prévenu** [2533 Adj-Epith-3], ayant même sur ma figure l'air d'ignorer ce qu'il y a ce matin dans mon journal et d'avoir hâte de regarder les nouvelles mondaines et la politique. Mais mon article est si long que mon regard, qui l'évite (pour rester dans la vérité et ne pas mettre la chance de mon côté, comme quelqu'un qui attend compte trop lentement exprès), en accroche un morceau au passage. Mais beaucoup de ceux qui aperçoivent le premier article et même qui le lisent ne regardent pas la signature ; moi-même je serais bien incapable de dire de qui était le premier article de la veille. Et je me promets maintenant de les lire toujours et le nom de leur auteur, mais comme un amant jaloux qui ne trompe pas sa maîtresse pour croire à sa fidélité, je songe tristement que mon attention future ne forcera pas en retour celle des autres. Et puis il y a ceux qui vont partir pour la chasse, ceux qui sont **sortis** [2534 V-TempE-1] brusquement de chez eux. Enfin, quelques-uns tout de même le liront. Je fais comme ceux-là, je commence. J'ai beau savoir que bien des gens qui liront cet article le trouveront détestable, au moment où je lis ce que je vois dans chaque mot me semble être sur le papier, je ne peux pas croire que chaque personne en ouvrant les yeux ne verra pas directement les images que je vois, croyant que la pensée de l'auteur est directement **perçue** [2535 V-Pass-1] par le lecteur, tandis que c'est une autre pensée qui se fabrique dans son esprit, avec la même naïveté que ceux qui croient que c'est la parole même qu'on a **prononcée** [2536 V-TempA-2] qui chemine telle quelle le long des fils du téléphone ; au moment même où je veux être un lecteur, mon esprit refait en auteur le travail de ceux qui liront mon article. Si M. de Guermantes ne comprenait pas telle phrase que Bloch aimerait, en revanche il pourrait s'amuser de telle réflexion que Bloch dédaignerait. Ainsi pour chaque partie que le lecteur précédent semblait délaisser, un nouvel amateur se présentant, l'ensemble de l'article se trouvait **élevé** [2537 Adj-Attr-1] aux nues par une foule et s'imposait ainsi à ma propre défiance de moi-même qui n'avais plus besoin de le détruire. C'est qu'en réalité, il en est de la valeur d'un article, si remarquable qu'il puisse être, comme de ces phrases des comptes **rendus** [2538 Adj-Epith-3] de la Chambre où les mots « Nous verrons bien », **prononcés** [2539 Adj-Epith-3] par le ministre, ne prennent toute leur importance qu'**encadrés** [2540 Adj-Attr-1] ainsi : LE PRESIDENT DU CONSEIL, MINISTRE DE L'INTERIEUR ET DES CULTES : « Nous verrons bien. » *(Vives exclamations à l'extrême-gauche. Très bien ! sur quelques bancs à gauche et au centre)* – la plus grande partie de leur beauté réside dans l'esprit des lecteurs. Et c'est la tare originelle de ce genre de littérature, dont ne sont pas **exceptés** [2541 V-Pass-1] les célèbres *Lundis*, que leur valeur réside dans l'impression qu'elle produit sur les lecteurs. C'est une Vénus collective, dont on n'a qu'un membre **mutilé** [2542 Adj-Epith-3] si l'on s'en tient à la pensée de l'auteur, car elle ne se réalise complète que dans l'esprit de ses lecteurs. En eux elle s'achève. Et comme une foule, fût-elle une élite, n'est pas artiste, ce cachet dernier qu'elle lui donne garde toujours quelque chose d'un peu commun. Ainsi Sainte-Beuve, le lundi, pouvait se représenter Mme de Boigne dans son lit à huit colonnes lisant son article du *Constitutionnel*, appréciant telle jolie pensée dans laquelle il s'était longtemps **complu** [2543 V-TempE-0] et qui ne serait peut-être jamais **sortie** [2544 V-TempE-1] de lui s'il n'avait **jugé** [2545 V-TempA-0] à propos d'en bourrer son feuilleton pour que le coup en portât plus loin. Sans doute le chancelier, le lisant de son côté, en parlerait à sa vieille amie dans la visite qu'il lui ferait un peu plus tard. Et en l'emmenant ce soir dans sa voiture, le duc de Noailles en pantalon gris lui dirait ce qu'on en avait **pensé** [2546 V-TempA-2] dans la société, si un mot de Mme d'Herbouville ne le lui avait déjà **appris** [2547 V-TempA-2].

Je voyais ainsi à cette même heure, pour tant de gens, ma pensée, ou même à défaut de ma pensée pour ceux qui ne pouvaient la comprendre, la répétition de mon nom et comme une évocation **embellie** [2548 Adj-Epith-3] de ma personne, briller sur eux, en une aurore qui me remplissait de plus de force et de joie triomphante que l'aurore innombrable qui en même temps se montrait rose à toutes les fenêtres.

Je voyais Bloch, M. de Guermantes, Legrandin, tirer chacun à son tour de chaque phrase les images qu'il y enferme ; au moment même où j'essaie d'être un lecteur quelconque, je lis en auteur, mais pas en auteur seulement. Pour que l'être impossible que j'essaie d'être réunisse tous les contraires qui peuvent m'être le plus favorables, si je lis en auteur je me juge en lecteur, sans aucune des exigences que peut avoir pour un écrit celui qui y confronte l'idéal qu'il a **voulu** [2549 V-TempA-0] y exprimer. Ces phrases de mon article, lorsque je les écrivis, étaient si pâles auprès de ma pensée, si **compliquées** [2550 Adj-Attr-1] et opaques auprès de ma vision harmonieuse et transparente, si pleines de lacunes que je n'étais pas **arrivé** [2551 V-TempE-1] à remplir, que leur lecture était pour moi une souffrance, elles n'avaient **fait** [2552 V-TempA-0] qu'accentuer en moi le sentiment de mon impuissance et de mon manque incurable de talent. Mais maintenant, en m'efforçant d'être lecteur, si je me déchargeais sur les autres du devoir douloureux de me juger, je réussissais du moins à faire table rase de ce que j'avais **voulu** [2553 V-TempA-0] faire en lisant ce que j'avais **fait** [2554 V-TempA-2]. Je lisais l'article en m'efforçant de me persuader qu'il était d'un autre. Alors toutes mes images, toutes mes réflexions, toutes mes épithètes **prises** [2555 Adj-Epith-3] en elles-mêmes et sans le souvenir de l'échec qu'elles représentaient pour mes visées, me charmaient par leur éclat, leur ampleur, leur profondeur. Et quand je sentais une défaillance trop grande, me réfugiant dans l'âme du lecteur quelconque **émerveillé** [2556 Adj-Epith-3], je me disais : « Bah ! comment un lecteur peut-il s'apercevoir de cela ? Il manque quelque chose là, c'est possible. Mais, sapristi, s'ils ne sont pas contents ! Il y a assez de jolies choses comme cela, plus qu'ils n'en ont d'habitude. » Et m'appuyant sur ces dix mille approbations qui me soutenaient, je puisais autant de sentiment de ma force et d'espoir de talent dans la lecture que je faisais à ce moment que j'y avais **puisé** [2557 V-TempA-0] de défiance quand ce que j'avais **écrit** [2558 V-TempA-2] ne s'adressait qu'à moi.

À peine eus-je **fini** [2559 V-TempA-0] cette lecture réconfortante, que moi, qui n'avais pas **eu** [2560 V-TempA-0] le courage de relire mon manuscrit, je souhaitai de la recommencer immédiatement, car il n'y a rien comme un vieil article de soi dont on puisse dire que « quand on l'a **lu** [2561 V-TempA-2] on peut le relire ». Je me promis d'en faire acheter d'autres exemplaires par Françoise, pour donner à des amis, lui dirais-je, en réalité pour toucher du doigt le miracle de la multiplication de ma pensée, et lire, comme si j'étais un autre Monsieur qui vient d'ouvrir le *Figaro*, dans un autre numéro les mêmes phrases. Il y avait justement un temps infini que je n'avais **vu** [2562 V-TempA-0] les Guermantes, je devais leur faire, le lendemain, cette visite que j'avais **projetée** [2563 V-TempA-2] avec tant d'agitation afin de rencontrer Mlle d'Éporcheville, lorsque je télégraphiais à Saint-Loup. Je me rendrais compte par eux de l'opinion qu'on avait de mon article. Je pensais à telle lectrice dans la chambre de qui j'eusse tant **aimé** [2564 V-TempA-0] pénétrer et à qui le journal apporterait sinon ma pensée, qu'elle ne pourrait comprendre, du moins mon nom, comme une louange de moi. Mais les louanges **décernées** [2565 Adj-Epith-3] à ce qu'on n'aime pas n'enchantent pas plus le cœur que les pensées d'un esprit qu'on ne peut pénétrer n'atteignent l'esprit. Pour d'autres amis, je me disais que, si l'état de ma santé continuait à s'aggraver et si je ne pouvais plus les voir, il serait agréable de continuer à écrire pour avoir encore par là accès auprès d'eux, pour leur parler entre les lignes, les faire penser à mon gré, leur plaire, être **reçu** [2566 V-Pass-1] dans leur cœur. Je me disais cela parce que, les relations mondaines ayant **eu** [2567 VSub-TempA-0] jusqu'ici une place dans ma vie quotidienne, un avenir où elles ne figureraient plus m'effrayait, et que cet expédient qui me permettrait de retenir sur moi l'attention de mes amis, peut-être d'exciter leur admiration, jusqu'au jour où je serais assez bien pour recommencer à les voir, me consolait. Je me disais cela, mais je sentais bien que ce n'était pas vrai, que si j'aimais à me figurer leur attention comme l'objet de mon plaisir, ce plaisir était un plaisir intérieur, spirituel, ultime, qu'eux ne pouvaient me donner et que je pouvais trouver non en causant avec eux, mais en écrivant loin d'eux, et que, si je commençais à écrire pour les voir indirectement, pour qu'ils eussent une meilleure idée de moi, pour me préparer une meilleure situation dans le monde, peut-être écrire m'ôterait l'envie de les voir, et que la situation que la littérature m'aurait peut-être

faite [2568 V-TempA-2] dans le monde, je n'aurais plus envie d'en jouir, car mon plaisir ne serait plus dans le monde mais dans la littérature.

Après le déjeuner, quand j'allai chez Mme de Guermantes, ce fut moins pour Mlle d'Éporcheville, qui avait **perdu** [2569 V-TempA-0], du fait de la dépêche de Saint-Loup, le meilleur de sa personnalité, que pour voir en la duchesse elle-même une de ces lectrices de mon article qui pourraient me permettre d'imaginer ce qu'avait **pu** [2570 V-TempA-0] penser le public – abonnés et acheteurs – du *Figaro*. Ce n'est pas, du reste, sans plaisir que j'allais chez Mme de Guermantes. J'avais beau me dire que ce qui différenciait pour moi ce salon des autres, c'était le long stage qu'il avait **fait** [2571 V-TempA-2] dans mon imagination, en connaissant les causes de cette différence je ne l'abolissais pas. Il existait, d'ailleurs, pour moi plusieurs noms de Guermantes. Si celui que ma mémoire n'avait **inscrit** [2572 V-TempA-2][81] que comme dans un livre d'adresses ne s'accompagnait d'aucune poésie, de plus anciens, ceux qui remontaient au temps où je ne connaissais pas Mme de Guermantes, étaient susceptibles de se reformer en moi, surtout quand il y avait longtemps que je ne l'avais **vue** [2573 V-TempA-2] et que la clarté crue de la personne au visage humain n'éteignait pas les rayons mystérieux du nom. Alors de nouveau je me remettais à penser à la demeure de Mme de Guermantes comme à quelque chose qui eût **été** [2574 V-TempA-0] au-delà du réel, de la même façon que je me remettais à penser au Balbec brumeux de mes premiers rêves et, comme si depuis je n'avais pas **fait** [2575 V-TempA-0] ce voyage, au train de une heure cinquante comme si je ne l'avais pas **pris** [2576 V-TempA-2]. J'oubliais un instant la connaissance que j'avais que tout cela n'existait pas, comme on pense quelquefois à un être **aimé** [2577 Adj-Epith-3] en oubliant pendant un instant qu'il est **mort** [2578 Adj-Attr-1]. Puis l'idée de la réalité revint en entrant dans l'antichambre de la duchesse. Mais je me consolai en me disant qu'elle était malgré tout pour moi le véritable point d'intersection entre la réalité et le rêve.

En entrant dans le salon, je vis la jeune fille blonde que j'avais **crue** [2579 V-TempA-2] pendant vingt-quatre heures être celle dont Saint-Loup m'avait **parlé** [2580 V-TempA-0]. Ce fut elle-même qui demanda à la duchesse de me « représenter » à elle. Et en effet, depuis que j'étais **rentré** [2581 V-TempE-1], j'avais une impression de très

---

[81] Var. ms. : [...] celui *qui n'était qu'*inscrit [...].

bien la connaître, mais que dissipa la duchesse en me disant : « Ah ! vous avez déjà **rencontré** [2582 V-TempA-0] Mlle de Forcheville ? » Or, au contraire, j'étais certain de n'avoir jamais **été** [2583 V-TempA-0] **présenté** [2584 V-Pass-1] à aucune jeune fille de ce nom, lequel m'eût certainement **frappé** [2585 V-TempA-2], tant il était familier à ma mémoire depuis qu'on m'avait **fait** [2586 V-TempA-0] un récit[82] rétrospectif des amours d'Odette et de la jalousie de Swann. En soi ma double erreur de nom, de m'être **rappelé** [2587 V-TempE-0] de l'Orgeville comme étant d'Éporcheville et d'avoir **reconstitué** [2588 V-TempA-0] en Éporcheville ce qui était en réalité Forcheville, n'avait rien d'extraordinaire. Notre tort est de croire que les choses se présentent habituellement telles qu'elles sont en réalité, les noms tels qu'ils sont **écrits** [2589 V-Pass-1], les gens tels que la photographie et la psychologie donnent d'eux une notion immobile. En fait ce n'est pas du tout cela que nous percevons d'habitude. Nous voyons, nous entendons, nous concevons le monde tout de travers. Nous répétons un nom tel que nous l'avons **entendu** [2590 V-TempA-2] jusqu'à ce que l'expérience ait **rectifié** [2591 V-TempA-0] notre erreur, ce qui n'arrive pas toujours. Tout le monde à Combray parla pendant vingt-cinq ans à Françoise de Mme Sazerat et Françoise continua à dire Mme Sazerin, non par cette volontaire et orgueilleuse persévérance dans ses erreurs qui était habituelle chez elle, se renforçait de notre contradiction et était tout ce qu'elle avait **ajouté** [2592 V-TempA-2] chez elle à la France de Saint-André-des-Champs (des principes égalitaires de 1789 elle ne réclamait qu'un droit du citoyen, celui de ne pas prononcer comme nous et de maintenir qu'hôtel, été et air étaient du genre féminin), mais parce qu'en réalité elle continua toujours d'entendre Sazerin. Cette perpétuelle erreur, qui est précisément la « vie », ne donne pas ses mille formes seulement à l'univers visible et à l'univers audible, mais à l'univers social, à l'univers sentimental, à l'univers historique, etc. La princesse de Luxembourg n'a qu'une situation de cocotte pour la femme du Premier Président, ce qui, du reste, est de peu de conséquence ; ce qui en a un peu plus, Odette est une femme difficile pour Swann, d'où il bâtit tout un roman qui ne devient que plus douloureux quand il comprend son erreur ; ce qui en a encore davantage, les Français ne rêvent que la revanche aux yeux des Allemands. Nous n'avons de l'univers que des visions informes, **fragmentées** [2593 Adj-Epith-3] et que nous complétons par des

---

[82] Var. ms. : [...] m'avait *raconté* [...].

associations d'idées arbitraires, créatrice de dangereuses suggestions. Je n'aurais donc pas **eu** [2594 V-TempA-0] lieu d'être **étonné** [2595 V-Pass-1] en entendant le nom de Forcheville (et déjà je me demandais si c'était une parente du Forcheville dont j'avais tant **entendu** [2596 V-TempA-0] parler) si la jeune fille blonde ne m'avait **dit** [2597 V-TempA-0][83] aussitôt, désireuse sans doute de prévenir avec tact des questions qui lui eussent **été** [2598 V-TempA-0] désagréables : « Vous ne vous souvenez pas que vous m'avez beaucoup **connue** [2599 V-TempA-2] autrefois, ... vous veniez à la maison, ... votre amie Gilberte. J'ai bien **vu** [2600 V-TempA-0] que vous ne me reconnaissiez pas. Moi je <u>vous</u> ai bien **reconnu** [2601 V-TempA-2] tout de suite. » (Elle dit cela comme si elle m'avait **reconnu** [2602 V-TempA-2] tout de suite dans le salon, mais la vérité est qu'elle m'avait **reconnu** [2603 V-TempA-2] dans la rue et m'avait **dit** [2604 V-TempA-0] bonjour, et plus tard Mme de Guermantes me dit qu'elle lui avait **raconté** [2605 V-TempA-0] comme une chose très drôle et extraordinaire que je l'avais **suivie** [2606 V-TempA-2] et **frôlée** [2607 V-TempA-2], la prenant pour une cocotte.) Je ne sus qu'après son départ pourquoi elle s'appelait Mlle de Forcheville. Après la mort de Swann, Odette, qui étonna tout le monde par une douleur profonde, **prolongée** [2608 Adj-Epith-3] et sincère, se trouvait être une veuve très riche. Forcheville l'épousa, après avoir **entrepris** [2609 V-TempA-0] une longue tournée de châteaux et s'être **assuré** [2610 V-TempE-0] que sa famille recevrait sa femme. (Cette famille fit quelques difficultés, mais céda devant l'intérêt de ne plus avoir à subvenir aux dépenses d'un parent besogneux qui allait passer d'une quasi-misère à l'opulence.) Peu après, un oncle de Swann, sur la tête duquel la disparition successive de nombreux parents avait **accumulé** [2611 V-TempA-0] un énorme héritage, mourut, laissant toute cette fortune à Gilberte qui devenait ainsi une des plus riches héritières de France. Mais c'était le moment où des suites de l'affaire Dreyfus était **né** [2612 V-TempE-1] un mouvement antisémite parallèle à un mouvement plus abondant de pénétration du monde par les Israélites. Les politiciens n'avaient pas **eu** [2613 V-TempA-0] tort[84] en pensant que la découverte de l'erreur judiciaire porterait un coup à l'antisémitisme. Mais, provisoirement au moins, un antisémitisme mondain s'en trouvait au contraire **accru** [2614 Adj-Attr-1] et

---

[83] Var. ms. : *n'avait ajouté.*
[84] Var. ms. : *s'étaient en somme trompés.*

exaspéré [2615 Adj-Attr-1]. Forcheville, qui, comme le moindre noble, avait **puisé** [2616 V-TempA-0] dans des conversations de famille la certitude que son nom était plus ancien que celui de La Rochefoucauld, considérait qu'en épousant la veuve d'un juif il avait **accompli** [2617 V-TempA-0] le même acte de charité qu'un millionnaire qui ramasse une prostituée dans la rue et la tire de la misère et de la fange ; il était prêt à étendre sa bonté jusqu'à la personne de Gilberte dont tant de millions aideraient, mais dont cet absurde nom de Swann gênerait le mariage. Il déclara qu'il l'adoptait. On sait que Mme de Guermantes, à l'étonnement – qu'elle avait d'ailleurs le goût et l'habitude de provoquer – de sa société, s'était, quand Swann s'était **marié** [2618 V-TempE-1], **refusée** [2619 V-TempE-1] à recevoir sa fille aussi bien que sa femme. Ce refus avait **été** [2620 V-TempA-0] en apparence d'autant plus cruel que ce qu'avait pendant longtemps **représenté** [2621 V-TempA-2] à Swann son mariage possible avec Odette, c'était la présentation de sa fille à Mme de Guermantes. Et sans doute il eût **dû** [2622 V-TempA-0] savoir, lui qui avait déjà tant **vécu** [2623 V-TempA-0], que ces tableaux qu'on se fait ne se réalisent jamais pour différentes raisons. Parmi celles-là il en est une qui fit qu'il pensa peu à regretter cette présentation. Cette raison est que, quelle que soit l'image, depuis la truite à manger au coucher du soleil qui décide un homme sédentaire à prendre le train, jusqu'au désir de pouvoir étonner un soir une orgueilleuse caissière en s'arrêtant devant elle en somptueux équipage, qui décide un homme sans scrupules à commettre un assassinat ou à souhaiter la mort et l'héritage des siens, selon qu'il est plus brave ou plus paresseux, qu'il va plus loin dans la suite de ses idées ou reste à en caresser le premier chaînon, l'acte qui est **destiné** [2624 V-Pass-1 / Adj-Attr-1] à nous permettre d'atteindre l'image, que cet acte soit le voyage, le mariage, le crime, ... cet acte nous modifie assez profondément pour que nous n'attachions plus d'importance à la raison qui nous a **fait** [2625 V-TempA-0] l'accomplir. Il se peut même que ne vienne plus une seule fois à son esprit l'image que se formait celui qui n'était pas encore un voyageur, ou un mari, ou un criminel, ou un isolé (qui s'est **mis** [2626 V-TempE-1] au travail pour la gloire et s'est du même coup **détaché** [2627 V-TempE-1] du désir de la gloire). D'ailleurs, missions-nous de l'obstination à ne pas avoir **voulu** [2628 V-TempA-0] agir en vain, il est probable que l'effet de soleil ne se retrouverait pas ; qu'ayant froid à ce moment-là, nous souhaiterions un potage au coin du feu et non une truite en plein air ; que notre équipage laisserait indifférente la caissière qui peut-être avait, pour des raisons tout autres, une grande considération pour nous et dont cette brusque richesse exciterait la méfiance. Bref nous avons **vu** [2629 V-TempA-0] Swann **marié** [2630 Adj-Epith-3] attacher surtout de l'importance aux relations de sa femme et de sa fille avec Mme Bontemps.

À toutes les raisons, **tirées** [2631 Adj-Epith-3] de la façon Guermantes de comprendre la vie mondaine, qui avaient **décidé** [2632 V-TempA-0] la duchesse à ne jamais se laisser présenter Mme et Mlle Swann, on peut ajouter aussi cette assurance heureuse avec laquelle les gens qui n'aiment pas se tiennent à l'écart de ce qu'ils blâment chez les amoureux et que l'amour de ceux-ci explique. « Oh ! je ne me mêle pas à tout ça ; si ça amuse le pauvre Swann de faire des bêtises et de ruiner son existence, c'est son affaire, mais on ne sait pas avec ces choses-là, tout ça peut très mal finir, je les laisse se débrouiller. » C'est le *Suave mari magno* que Swann lui-même me conseillait à l'égard des Verdurin, quand il avait depuis longtemps **cessé** [2633 V-TempA-0] d'être amoureux d'Odette et ne tenait plus au petit clan. C'est tout ce qui rend si sages les jugements des tiers sur les passions qu'ils n'éprouvent pas et les complications de conduite qu'elles entraînent.

Mme de Guermantes avait même **mis** [2634 V-TempA-0] à exclure Mme et Mlle Swann une persévérance qui avait **étonné** [2635 V-TempA-0]. Quand Mme Molé, Mme de Marsantes avaient **commencé** [2636 V-TempA-0] de se lier avec Mme Swann et de mener chez elle un grand nombre de femmes du monde, non seulement Mme de Guermantes était **restée** [2637 V-TempE-1] intraitable, mais elle s'était **arrangée** [2638 V-TempE-1] pour couper les ponts et que sa cousine la princesse de Guermantes l'imitât. Un des jours les plus graves de la crise où, pendant le ministère Rouvier, on crut qu'il allait y avoir la guerre entre la France et l'Allemagne, comme je dînais seul chez Mme de Guermantes avec M. de Bréauté, j'avais **trouvé** [2639 V-TempA-0] à la duchesse l'air soucieux. J'avais **cru** [2640 V-TempA-0], comme elle se mêlait volontiers de politique, qu'elle voulait montrer par là sa crainte de la guerre, comme un jour où elle était **venue** [2641 V-TempE-1] à table si soucieuse, répondant à peine par monosyllabes ; à quelqu'un qui l'interrogeait timidement sur l'objet de son souci elle avait **répondu** [2642 V-TempA-0] d'un air grave : « La Chine m'inquiète. » Or, au bout d'un moment, Mme de Guermantes, expliquant elle-même l'air soucieux que j'avais

attribué [2643 V-TempA-2] à la crainte d'une déclaration de guerre, avait **dit** [2644 V-TempA-0] à M. de Bréauté : « On dit que Mme Aynard veut faire une position aux Swann. Il faut absolument que j'aille demain matin voir Marie-Gilbert pour qu'elle m'aide à empêcher ça. Sans cela il n'y a plus de société. C'est très joli l'affaire Dreyfus. Mais alors l'épicière du coin n'a qu'à se dire nationaliste et à vouloir en échange être **reçue** [2645 V-Pass-1] chez nous. » Et j'avais **eu** [2646 V-TempA-0] de ce propos, si frivole auprès de celui que j'attendais, l'étonnement du lecteur qui, cherchant dans le *Figaro*, à la place habituelle, les dernières nouvelles de la guerre russo-japonaise, tombe au lieu de cela sur la liste des personnes qui ont **fait** [2647 V-TempA-0] des cadeaux de noce à Mlle de Mortemart, l'importance d'un mariage aristocratique ayant **fait** [2648 VSub-TempA-0] reculer à la fin du journal les batailles sur terre et sur mer. La duchesse finissait d'ailleurs par éprouver de sa persévérance **poursuivie** [2649 Adj-Epith-3] au-delà de toute mesure une satisfaction d'orgueil qu'elle ne manquait pas une occasion d'exprimer. « Bébel, disait-elle, prétend que nous sommes les deux personnes les plus élégantes de Paris, parce qu'il n'y a que moi et lui qui ne nous laissions pas saluer par Mme et Mlle Swann. Or il assure que l'élégance est de ne pas connaître Mme Swann. » Et la duchesse riait de tout son cœur.

Cependant, quand Swann fut **mort** [2650 V-TempE-1], il arriva que la décision de ne pas recevoir sa fille avait **fini** [2651 V-TempA-0] de donner à Mme de Guermantes toutes les satisfactions d'orgueil, d'indépendance, de self-government, de persécution qu'elle était susceptible d'en tirer et auxquelles avait **mis** [2652 V-TempA-0] fin la disparition de l'être qui lui donnait la sensation délicieuse qu'elle lui résistait, qu'il ne parvenait pas à lui faire rapporter ses décrets.

Alors la duchesse avait **passé** [2653 V-TempA-0] à la promulgation d'autres décrets qui, s'appliquant à des vivants, pussent lui faire sentir qu'elle était maîtresse de faire ce qui bon lui semblait. Elle ne pensait pas à la petite Swann, mais quand on lui parlait d'elle la duchesse ressentait une curiosité, comme d'un endroit nouveau, que ne venait plus lui masquer à elle-même le désir de résister à la prétention de Swann. D'ailleurs, tant de sentiments différents peuvent contribuer à en former un seul qu'on ne saurait pas dire s'il n'y avait pas quelque chose d'affectueux pour Swann dans cet intérêt. Sans doute – car à tous les étages de la société une vie mondaine et frivole paralyse la sensibilité et ôte le pouvoir de ressusciter les morts – la duchesse était de celles qui ont besoin de la présence – de cette présence qu'en vraie Guermantes elle excellait à prolonger – pour aimer vraiment, mais aussi, chose plus rare, pour détester un peu. De sorte que souvent ses bons sentiments pour les gens, **suspendus** [2654 Adj-Epith-3] de leur vivant par l'irritation que tels ou tels de leurs actes lui causaient, renaissaient après leur mort. Elle avait presque alors un désir de réparation, parce qu'elle ne les imaginait plus – très vaguement d'ailleurs – qu'avec leurs qualités et **dépourvus** [2655 Adj-Attr-2] des petites satisfactions, des petites prétentions qui l'agaçaient en eux quand ils vivaient. Cela donnait parfois, malgré la frivolité de Mme de Guermantes, quelque chose d'assez noble – **mêlé** [2656 Adj-Epith-3] à beaucoup de bassesse – à sa conduite. Tandis que les trois quarts des humains flattent les vivants et ne tiennent plus aucun compte des morts, elle faisait souvent après leur mort ce qu'auraient **désiré** [2657 V-TempA-2] ceux qu'elle avait mal **traités** [2658 V-TempA-2], vivants.

Quant à Gilberte, toutes les personnes qui l'aimaient et avaient un peu d'amour-propre pour elle n'eussent **pu** [2659 V-TempA-0] se réjouir du changement de dispositions de la duchesse à son égard qu'en pensant que Gilberte, en repoussant dédaigneusement des avances qui venaient après vingt-cinq ans d'outrages, dût enfin venger ceux-ci. Malheureusement, les réflexes moraux ne sont pas toujours identiques à ce que le bon sens imagine. Tel qui par une injure mal à propos a **cru** [2660 V-TempA-0] perdre à tout jamais ses ambitions auprès d'une personne à qui il tient les sauve au contraire par là. Gilberte, assez indifférente aux personnes qui étaient aimables pour elle, ne cessait de penser avec admiration à l'insolente Mme de Guermantes, à se demander les raisons de cette insolence ; même une fois, ce qui eût **fait** [2661 V-TempA-0] mourir de honte pour elle tous les gens qui lui témoignaient un peu d'amitié, elle avait **voulu** [2662 V-TempA-0] écrire à la duchesse pour lui demander ce qu'elle avait contre une jeune fille qui ne lui avait rien **fait** [2663 V-TempA-2]. Les Guermantes avaient **pris** [2664 V-TempA-0] à ses yeux des proportions que leur noblesse eût **été** [2665 V-TempA-0] impuissante à leur donner. Elle les mettait au-dessus non seulement de toute la noblesse, mais même de toutes les familles royales.

D'anciennes amies de Swann s'occupaient beaucoup de Gilberte. Quand on apprit dans l'aristocratie le dernier héritage qu'elle venait de faire, on commença à remarquer combien elle était bien **élevée** [2666 Adj-Attr-1] et quelle femme charmante elle ferait. On prétendait qu'une cousine de Mme de Guermantes, la princesse de Nièvre, pensait à Gilberte pour son fils. Mme de Guermantes détestait Mme de Nièvre. Elle dit qu'un tel mariage serait un scandale. Mme de Nièvre **effrayée** [2667 Adj-Epith-3] assura qu'elle n'y avait jamais **pensé** [2668 V-TempA-0]. Un jour, après déjeuner, comme il faisait beau et que M. de Guermantes devait sortir avec sa femme, Mme de Guermantes arrangeait son chapeau dans la glace, ses yeux bleus se regardaient eux-mêmes et regardaient ses cheveux encore blonds, la femme de chambre tenait à la main diverses ombrelles entre lesquelles sa maîtresse choisirait. Le soleil entrait à flots par la fenêtre et ils avaient **décidé** [2669 V-TempA-0] de profiter de la belle journée pour aller faire une visite à Saint-Cloud, et M. de Guermantes tout prêt, en gants gris perle et le tube sur la tête, se disait : « Oriane est vraiment encore étonnante. Je la trouve délicieuse », et voyant que sa femme avait l'air bien **disposée** [2670 Adj-Attr-1] : « À propos, dit-il, j'avais une commission à vous faire de Mme de Virelef. Elle voulait vous demander de venir lundi à l'Opéra, mais comme elle a la petite Swann, elle n'osait pas et m'a **prié** [2671 V-TempA-2] de tâter le terrain. Je n'émets aucun avis, je vous transmets tout simplement. Mon Dieu, il me semble que nous pourrions... », ajouta-t-il évasivement, car leur disposition à l'égard d'une personne étant une disposition collective et naissant identique en chacun d'eux, il savait par lui-même que l'hostilité de sa femme à l'égard de Mlle Swann était **tombée** [2672 V-TempE-1] et qu'elle était curieuse de la connaître. Mme de Guermantes acheva d'arranger son voile et choisit une ombrelle. « Mais comme vous voudrez, que voulez-vous que ça me fasse ? Je ne vois aucun inconvénient à ce que nous connaissions cette petite. Vous savez bien que je n'ai jamais rien **eu** [2673 V-TempA-2] *contre* elle. Simplement je ne voulais pas que nous ayons l'air de recevoir les faux ménages de mes amis. Voilà tout. – Et vous aviez parfaitement raison, répondit le duc. Vous êtes la sagesse même, Madame, et vous êtes, de plus, ravissante avec ce chapeau. – Vous êtes fort aimable », dit Mme de Guermantes en souriant à son mari et en se dirigeant vers la porte. Mais avant de monter en voiture, elle tint à lui donner encore quelques explications : « Maintenant il y a beaucoup de gens qui voient la mère, d'ailleurs elle a le bon esprit d'être malade les trois quarts de l'année... Il paraît que la petite est très gentille. Tout le monde sait que nous aimions beaucoup Swann. On trouvera cela tout naturel », et ils partirent ensemble pour Saint-Cloud.

Un mois après, la petite Swann, qui ne s'appelait pas encore Forcheville, déjeunait chez les Guermantes. On parla de mille choses ;

à la fin du déjeuner, Gilberte dit timidement : « Je crois que vous avez très bien **connu** [2674 V-TempA-0] mon père. – Mais je crois bien », dit Mme de Guermantes sur un ton mélancolique qui prouvait qu'elle comprenait le chagrin de la fille et avec un excès d'intensité **voulu** [2675 Adj-Epith-3] qui lui donnait l'air de dissimuler qu'elle n'était pas sûre de se rappeler très exactement le père. « Nous l'avons très bien **connu** [2676 V-TempA-2], je me le rappelle *très bien*. » (Et elle pouvait se le rappeler en effet, il était **venu** [2677 V-TempE-1] la voir presque tous les jours pendant vingt-cinq ans.) « Je sais très bien qui c'était, je vais vous dire, ajouta-t-elle comme si elle avait **voulu** [2678 V-TempA-0] expliquer à la fille <u>qui</u> elle avait **eu** [2679 V-TempA-2] pour père et donner à cette jeune fille des renseignements sur lui, c'était un grand ami à ma belle-mère et aussi il était très **lié** [2680 Adj-Attr-1] avec mon beau-frère Palamède. – Il venait aussi ici, il déjeunait même ici, ajouta M. de Guermantes par ostentation de modestie et scrupule d'exactitude. Vous vous rappelez, Oriane. Quel brave homme que votre père ! Comme on sentait qu'il devait être d'une famille honnête ! Du reste j'ai **aperçu** [2681 V-TempA-0] autrefois son père et sa mère. Eux et lui, quelles bonnes gens ! »

On sentait que s'ils avaient **été** [2682 V-TempA-0], les parents et le fils, encore en vie, le duc de Guermantes n'eût pas **eu** [2683 V-TempA-0] d'hésitation à les recommander pour une place de jardiniers ! Et voilà comment le faubourg Saint-Germain parle à tout bourgeois des autres bourgeois, soit pour le flatter de l'exception **faite** [2684 Adj-Epith-3] – le temps qu'on cause – en faveur de l'interlocuteur ou de l'interlocutrice, soit plutôt, et en même temps, pour l'humilier. C'est ainsi qu'un antisémite dit à un Juif, dans le moment même où il le couvre de son affabilité, du mal des Juifs, d'une façon générale qui permette d'être blessant sans être grossier.

Mais sachant vraiment vous combler quand elle vous voyait, ne pouvant alors se résoudre à vous laisser partir, Mme de Guermantes était aussi l'esclave de ce besoin de la présence. Swann avait **pu** [2685 V-TempA-0] parfois, dans l'ivresse de la conversation, donner à la duchesse l'illusion qu'elle avait de l'amitié pour lui, il ne le pouvait plus. « Il était charmant », dit la duchesse avec un sourire triste en posant sur Gilberte un regard très doux qui, à tout hasard, pour le cas où cette jeune fille serait sensible, lui montrerait qu'elle était **comprise** [2686 V-Pass-1] et que Mme de Guermantes, si elle se fût **trouvée** [2687 V-TempE-1] seule avec elle et si les circonstances <u>l</u>'eussent **permis** [2688 V-TempA-2], eût **aimé** [2689 V-TempA-0] lui dévoiler toute la profondeur de sa sensibilité. Mais M. de Guermantes, soit qu'il pensât précisément que les circonstances s'opposaient à de telles effusions, soit qu'il considérât que toute exagération de sentiment était l'affaire des femmes et que les hommes n'avaient pas plus à y voir que dans leurs autres attributions, sauf la cuisine et les vins, qu'il s'était **réservés** [2690 V-TempE-2], y ayant plus de lumières que la duchesse, crut bien faire de ne pas alimenter, en s'y mêlant, cette conversation qu'il écoutait avec une visible impatience.

Du reste, Mme de Guermantes, cet accès de sensibilité **passé** [2691 V-Sub-TempE-1], ajouta avec une frivolité mondaine, en s'adressant à Gilberte : « Tenez, c'était non seulement un grand ami à mon beau-frère Charlus, mais aussi il était très ami avec Voisenon (le château du prince de Guermantes) », comme si le fait de connaître M. de Charlus et le prince avait **été** [2692 V-TempA-0] pour Swann un hasard, comme si le beau-frère et le cousin de la duchesse avaient **été** [2693 V-TempA-0] deux hommes avec qui Swann se fût **trouvé** [2694 V-TempE-1] **lié** [2695 Adj-Attr-1] dans une certaine circonstance, alors que Swann était **lié** [2696 Adj-Attr-1] avec tous les gens de cette même société, et comme si Mme de Guermantes avait **voulu** [2697 V-TempA-0] faire comprendre à Gilberte qui était à peu près son père, le lui « situer » par un de ces traits caractéristiques à l'aide desquels, quand on veut expliquer comment on se trouve en relations avec quelqu'un qu'on n'aurait pas à connaître, ou pour singulariser son récit, on invoque le parrainage particulier d'une certaine personne.

Quant à Gilberte, elle fut d'autant plus heureuse de voir tomber la conversation qu'elle ne cherchait précisément qu'à en changer, ayant **hérité** [2698 Adj-Epith-0] de Swann son tact exquis avec un charme d'intelligence que reconnurent et goûtèrent le duc et la duchesse qui demandèrent à Gilberte de revenir bientôt. D'ailleurs, avec la minutie des gens dont la vie est sans but, tour à tour ils s'apercevaient, chez les gens avec qui ils se liaient, des qualités les plus simples, s'exclamant devant elles avec l'émerveillement naïf d'un citadin qui fait à la campagne la découverte d'un brin d'herbe, ou, au contraire, grossissant comme avec un microscope, commentant sans fin, prenant en grippe les moindres défauts, et souvent tour à tour chez une même personne. Pour Gilberte ce furent d'abord ses agréments sur lesquels s'exerça la perspicacité oisive de M. et de Mme de Guermantes : « Avez-vous **remarqué** [2699 V-TempA-0] la manière dont elle dit certains mots, dit après son départ la duchesse à son mari, c'était bien du Swann, je croyais l'entendre. – J'allais faire la même remarque que vous, Oriane. – Elle est spirituelle, c'est tout à fait le tour de son père. – Je trouve qu'elle lui est même très supérieure. Rappelez-vous comme elle a bien **raconté** [2700 V-TempA-0] cette histoire de bains de mer, elle a un brio que Swann n'avait pas. – Oh ! il était pourtant bien spirituel. – Mais je ne dis pas qu'il n'était pas spirituel. Je dis qu'il n'avait pas de brio », dit M. de Guermantes d'un ton gémissant, car sa goutte le rendait nerveux et, quand il n'avait personne d'autre à qui témoigner son agacement, c'est à la duchesse qu'il le manifestait. Mais incapable d'en bien comprendre les causes, il préférait prendre un air incompris.

Ces bonnes dispositions du duc et de la duchesse firent que dorénavant on eût au besoin **dit** [2701 V-TempA-0] quelquefois à Gilberte un « votre pauvre père » qui ne put, d'ailleurs, servir, Forcheville ayant précisément vers cette époque **adopté** [2702 V-Sub-TempA-0] la jeune fille. Elle disait : « mon père » à Forcheville, charmait les douairières par sa politesse et sa distinction, et on reconnaissait que, si Forcheville s'était admirablement **conduit** [2703 V-TempE-1] avec elle, la petite avait beaucoup de cœur et savait l'en récompenser. Sans doute, parce qu'elle pouvait parfois et désirait montrer beaucoup d'aisance, elle s'était **fait** [2704 V-TempE-0] reconnaître par moi, et devant moi avait **parlé** [2705 V-TempA-0] de son véritable père. Mais c'était une exception et on n'osait plus devant elle prononcer le nom de Swann.

Justement je venais de remarquer[85] dans le salon deux dessins d'Elstir qui autrefois étaient **relégués** [2706 V-Pass-1] dans un cabinet d'en haut où je ne les avais **vus** [2707 V-TempA-2] que par hasard. Elstir était maintenant à la mode. Mme de Guermantes ne se consolait pas d'avoir **donné** [2708 V-TempA-0] tant de tableaux de lui à sa cousine, non parce qu'ils étaient à la mode, mais parce qu'elle les goûtait maintenant. La mode est **faite** [2709 V-Pass-1] en effet de l'engouement d'un ensemble de gens dont les Guermantes sont représentatifs. Mais elle ne pouvait songer à acheter d'autres tableaux de lui, car ils étaient **montés** [2710 V-TempE-1] depuis quelque temps à des prix follement **élevés** [2711 Adj-Epith-3]. Elle voulait au moins avoir quelque chose d'Elstir dans son salon et y avait **fait** [2712 V-TempA-0] descendre ces deux dessins qu'elle déclarait « préférer à sa peinture ».

Gilberte reconnut cette facture. « On dirait des Elstir, dit-elle. –

---

[85] Var. ms. : *j'avais remarqué.*

Mais oui, répondit étourdiment la duchesse, c'est précisément vot... ce sont de nos amis qui nous les ont **fait** [2713 V-TempA-0] acheter. C'est admirable. À mon avis, c'est supérieur à sa peinture. » Moi qui n'avais pas **entendu** [2714 V-TempA-0] ce dialogue, j'allai regarder le dessin. « Tiens, c'est l'Elstir que... » Je vis les signes **désespérés** [2715 Adj-Epith-3] de Mme de Guermantes. « Ah ! oui, l'Elstir que j'admirais en haut. Il est bien mieux que dans ce couloir. À propos d'Elstir je l'ai **nommé** [2716 V-TempA-2] hier dans un article du *Figaro*. Est-ce que vous l'avez **lu** [2717 V-TempA-2] ? – Vous avez **écrit** [2718 V-TempA-0] un article dans le *Figaro* ? s'écria M. de Guermantes avec la même violence que s'il s'était **écrié** [2719 V-TempE-1] : « Mais c'est ma cousine. » – Oui, hier. – Dans le *Figaro*, vous êtes sûr ? Cela m'étonnerait bien. Car nous avons chacun notre *Figaro*, et s'il avait **échappé** [2720 V-TempA-0] à l'un de nous l'autre l'aurait **vu** [2721 V-TempA-2]. N'est-ce pas, Oriane, il n'y avait rien. » Le duc fit chercher le *Figaro* et se rendit qu'à l'évidence, comme si, jusque-là, il y eût **eu** [2722 V-TempA-0] plutôt chance que j'eusse **fait** [2723 V-TempA-0] erreur sur le journal où j'avais **écrit** [2724 V-TempA-0]. « Quoi ? je ne comprends pas, alors vous avez **fait** [2725 V-TempA-0] un article dans le *Figaro* ? » me dit la duchesse, faisant effort pour parler d'une chose qui ne l'intéressait pas. « Mais voyons, Basin, vous lirez cela plus tard. – Mais non, le duc est très bien comme cela avec sa grande barbe sur le journal, dit Gilberte. Je vais lire cela tout de suite en rentrant. – Oui, il porte la barbe maintenant que tout le monde est **rasé** [2726 Adj-Attr-1], dit la duchesse, il ne fait jamais rien comme personne. Quand nous nous sommes **mariés** [2727 V-TempE-1], il se rasait non seulement la barbe mais la moustache. Les paysans qui ne le connaissaient pas ne croyaient pas qu'il était français. Il s'appelait à ce moment le prince des Laumes. – Est-ce qu'il y a encore un prince des Laumes ? » demanda Gilberte qui était **intéressée** [2728 V-Pass-1] par tout ce qui touchait des gens qui n'avaient pas **voulu** [2729 V-TempA-0] lui dire bonjour pendant si longtemps. « Mais non, répondit avec un regard mélancolique et caressant la duchesse. – Un si joli titre ! Un des plus beaux titres français ! » dit Gilberte, un certain ordre de banalités venant inévitablement, comme l'heure sonne, dans la bouche de certaines personnes intelligentes. « Hé bien oui, je regrette aussi. Basin voudrait que le fils de sa sœur le relevât, mais ce n'est pas la même chose, au fond ça pourrait être parce que ce n'est pas forcément le fils aîné, cela peut passer de l'aîné au cadet. Je vous disais que

Basin était alors tout **rasé** [2730 Adj-Attr-1] ; un jour à un pèlerinage, vous rappelez-vous, mon petit, dit-elle à son mari, à ce pèlerinage à Paray-le-Monial, mon beau-frère Charlus, qui aime assez causer avec les paysans, disait à l'un, à l'autre : « D'où es-tu, toi ? » et comme il est très généreux, il leur donnait quelque chose, les emmenait boire. Car personne n'est à la fois plus simple et plus haut que Mémé. Vous le verrez ne pas vouloir saluer une duchesse qu'il ne trouve pas assez duchesse et combler un valet de chiens. Alors, je dis à Basin : « Voyons, Basin, parlez-leur un peu aussi. » Mon mari qui n'est pas toujours très inventif... – Merci, Oriane, dit le duc sans s'interrompre de la lecture de mon article où il était **plongé** [2731 V-Pass-1 / Adj-Attr-1] – ... avisa un paysan et lui répéta textuellement la question de son frère : « Et toi, d'où es-tu ? – Je suis des Laumes. – Tu es des Laumes ? Hé bien, je suis ton prince. » Alors le paysan regarda la figure toute glabre de Basin et lui répondit : « Pas vrai. Vous, vous êtes un *english*[86]. » On voyait ainsi dans ces petits récits de la duchesse ces grands titres éminents, comme celui de prince des Laumes, surgir à leur place vraie, dans leur état ancien et leur couleur locale, comme dans certains livres d'heures on reconnaît, au milieu de la foule de l'époque, la flèche de Bourges.

On apporta des cartes qu'un valet de pied venait de déposer. « Je ne sais pas ce qui lui prend, je ne la connais pas. C'est à vous que je dois ça, Basin. Ça ne vous a pourtant pas si bien **réussi** [2732 V-TempA-0] ce genre de relations, mon pauvre ami », et se tournant vers Gilberte : « Je ne saurais même pas vous expliquer qui c'est, vous ne la connaissez certainement pas, elle s'appelle Lady Rufus Israël. »

Gilberte rougit vivement : « Je ne la connais pas, dit-elle (ce qui était d'autant plus faux que Lady Israël s'était, deux ans avant la mort de Swann, **réconciliée** [2733 V-TempE-1] avec lui et qu'elle appelait Gilberte par son prénom), mais je sais très bien, par d'autres, qui est la personne que vous voulez dire. » C'est que Gilberte était **devenue** [2734 V-TempE-1] très snob. C'est ainsi qu'une jeune fille ayant un jour, soit méchamment, soit maladroitement, **demandé** [2735 V-Sub-TempA-0] quel était le nom de son père, non pas adoptif mais véritable, dans son trouble et pour dénaturer un peu ce qu'elle avait à dire, elle avait **prononcé** [2736 V-TempA-0] au lieu de Souann, Svann, changement qu'elle s'aperçut un peu après être péjoratif,

---

[86] Anecdote racontée avec une variante par Mme de Guermantes au sujet du prince de Léon. Cf. *La Prisonnière*. (Note du Dr Robert Proust)

puisque cela faisait de ce nom d'origine anglaise un nom allemand. Et même elle avait **ajouté** [2737 V-TempA-0], s'avilissant pour se rehausser : « On a **raconté** [2738 V-TempA-0] beaucoup de choses très différentes sur ma naissance, moi, je dois tout ignorer. »

« Si honteuse que Gilberte dût être à certains instants, en pensant à ses parents (car même Mme Swann représentait pour elle et était une bonne mère), d'une pareille façon d'envisager la vie, il faut malheureusement penser que les éléments en étaient sans doute **empruntés** [2739 V-Pass-1] à ses parents car nous ne nous faisons pas de toutes pièces nous-même. Mais à une certaine somme d'égoïsme qui existe chez la mère, un égoïsme différent, inhérent à la famille du père, vient s'ajouter, ce qui ne veut pas toujours dire s'additionner, ni même justement servir de multiple, mais créer un égoïsme nouveau infiniment plus puissant et redoutable. Et depuis le temps que le monde dure, que des familles où existe tel défaut sous une forme s'allient à des familles où le même défaut existe sous une autre, ce qui crée une variété particulièrement complexe et détestable chez l'enfant, les égoïsmes **accumulés** [2740 Adj-Epith-3] (pour ne parler ici que de l'égoïsme) prendraient une puissance telle que l'humanité entière serait **détruite** [2741 V-Pass-1], si du mal même ne naissaient, capables de le ramener à de justes proportions, des restrictions naturelles analogues à celles qui empêchent la prolifération infinie des infusoires d'anéantir notre planète, la fécondation **unisexuée** [2742 Adj-Epith-3] des plantes d'amener l'extinction du règne végétal, etc. De temps à autre une vertu vient composer avec cet égoïsme une puissance nouvelle et **désintéressée** [2743 Adj-Epith-3].

Les combinaisons par lesquelles, au cours des générations, la chimie morale fixe ainsi et rend inoffensifs les éléments qui devenaient trop redoutables sont infinies et donneraient une passionnante variété à l'histoire des familles. D'ailleurs, avec ces égoïsmes **accumulés** [2744 Adj-Epith-3], comme il devait y en avoir en Gilberte, coexiste telle vertu charmante des parents ; elle vient un moment faire toute seule un intermède, jouer son rôle touchant avec une sincérité complète.

Sans doute, Gilberte n'allait pas toujours aussi loin que quand elle insinuait qu'elle était peut-être la fille naturelle de quelque grand personnage, mais elle dissimulait le plus souvent ses origines. Peut-être lui était-il simplement trop désagréable de les confesser, et préférait-elle qu'on les apprît par d'autres. Peut-être croyait-elle vraiment les cacher, de cette croyance incertaine qui n'est pourtant pas le doute, qui réserve une possibilité à ce qu'on souhaite et dont Musset donne un exemple quand il parle de l'Espoir en Dieu. « Je ne la connais pas personnellement », reprit Gilberte. Avait-elle pourtant, en se faisant appeler Mlle de Forcheville, l'espoir qu'on ignorât qu'elle était la fille de Swann ? Peut-être pour certaines personnes qu'elle espérait devenir, avec le temps, presque tout le monde. Elle ne devait pas se faire de grandes illusions sur leur nombre actuel, et elle savait sans doute que bien des gens devaient chuchoter : « C'est la fille de Swann. » Mais elle ne le savait que de cette même science qui nous parle de gens se tuant par misère pendant que nous allons au bal, c'est-à-dire une science lointaine et vague, à laquelle nous ne tenons pas à substituer une connaissance plus précise, **due** [2745 Adj-Epith-3] à une impression directe. Gilberte appartenait, ou du moins appartint, pendant ces années-là, à la variété la plus **répandue** [2746 Adj-Epith-3] des autruches humaines, celles qui cachent leur tête dans l'espoir, non de ne pas être **vues** [2747 V-Pass-1], ce qu'elles croient peu vraisemblable, mais de ne pas voir qu'on les voit, ce qui leur paraît déjà beaucoup et leur permet de s'en remettre à la chance pour le reste. Comme l'éloignement rend les choses plus petites, plus incertaines, moins dangereuses, Gilberte préférait ne pas être près des personnes au moment où celles-ci faisaient la découverte qu'elle était **née** [2748 V-TempE-1] Swann.

Et comme on est près des personnes qu'on se représente, comme on peut se représenter les gens lisant leur journal, Gilberte préférait que les journaux l'appelassent Mlle de Forcheville. Il est vrai que pour les écrits dont elle avait elle-même la responsabilité, ses lettres, elle ménagea quelque temps la transition en signant G. S. Forcheville. La véritable hypocrisie dans cette signature était **manifestée** [2749 V-Pass-1] par la suppression bien moins des autres lettres du nom de Swann que de celles du nom de Gilberte. En effet, en réduisant le prénom innocent à un simple G, Mlle de Forcheville semblait insinuer à ses amis que la même amputation **appliquée** [2750 Adj-Epith-3] au nom de Swann n'était **due** [2751 V-Pass-1] aussi qu'à des motifs d'abréviation. Même elle donnait une importance particulière à l'S, et en faisait une sorte de longue queue qui venait barrer le G, mais qu'on sentait transitoire et **destinée** [2752 Adj-Attr-2] à disparaître comme celle qui, encore longue chez le singe, n'existe plus chez l'homme.

Malgré cela, dans son snobisme il y avait de l'intelligente curiosité de Swann. Je me souviens que cet après-midi-là elle demanda à Mme de Guermantes si elle ne pouvait pas connaître M. du Lau, et la duchesse ayant **répondu** [2753 V-Sub-TempA-0] qu'il était souffrant et ne sortait pas, Gilberte demanda comment il était, car, ajouta-t-elle en rougissant légèrement, elle en avait beaucoup **entendu** [2754 V-TempA-0] parler. (Le marquis du Lau avait **été** [2755 V-TempA-0], en effet, un des amis les plus intimes de Swann avant le mariage de celui-ci, et peut-être même Gilberte l'avait-elle **entrevu** [2756 V-TempA-2], mais à un moment où elle ne s'intéressait pas à cette société.) « Est-ce que M. de Bréauté ou le prince d'Agrigente peuvent m'en donner une idée ? demanda-t-elle. – Oh ! pas du tout », s'écria Mme de Guermantes, qui avait un sentiment vif de ces différences provinciales et faisait des portraits sobres, mais **colorés** [2757 Adj-Epith-3] par sa voix **dorée** [2758 Adj-Epith-3] et rauque, sous le doux fleurissement de ses yeux de violette. « Non, pas du tout. Du Lau c'était le gentilhomme du Périgord, charmant, avec toutes les belles manières et le sans-gêne de sa province. À Guermantes, quand il y avait le Roi d'Angleterre, avec qui du Lau était très ami, il y avait après la chasse un goûter... C'était l'heure où du Lau avait l'habitude d'aller ôter ses bottines et mettre de gros chaussons de laine. Hé bien, la présence du Roi Edouard et de tous les grands-ducs ne le gênait en rien, il descendait dans le grand salon de Guermantes avec ses chaussons de laine, il trouvait qu'il était le marquis du Lau d'Ollemans qui n'avait en rien à se contraindre pour le Roi d'Angleterre. Lui et ce charmant Quasimodo de Breteuil, c'était les deux que j'aimais le plus. C'étaient, du reste, des grands amis à... (elle allait dire à votre père et s'arrêta net). Non, ça n'a aucun rapport, ni avec Gri-Gri ni avec Bréauté. C'est le vrai grand seigneur du Périgord. Du reste, Mémé cite une page de Saint-Simon sur un marquis d'Ollemans[87], c'est tout à fait ça. » Je citai les premiers mots du portrait : « M. d'Ollemans, qui était un homme fort **distingué** [2759 Adj-Epith-3] parmi la noblesse du Périgord, par la sienne et par son mérite, et y était **considéré** [2760 V-Pass-1] par tout ce qui y vivait comme un arbitre général à qui chacun avait recours pour sa probité, sa capacité et la douceur de ses manières, et comme un coq de province... – Oui, il y a de cela, dit Mme de Guermantes, d'autant que du Lau a toujours **été** [2761 V-TempA-0] rouge comme un coq. – Oui, je me rappelle avoir **entendu** [2762 V-TempA-0] citer ce portrait », dit Gilberte, sans ajouter que c'était par son père, lequel était, en effet, grand admirateur de Saint-Simon.

---

[87] Var. ms. : [...] d'Allemans *qu'il aurait connu.* (et non d'Ollemans)

Elle aimait aussi parler du prince d'Agrigente et de M. de Bréauté pour une autre raison. Le prince d'Agrigente l'était par héritage de la maison d'Aragon, mais sa seigneurie était poitevine. Quant à son château, celui du moins où il résidait, ce n'était pas un château de sa famille mais de la famille d'un premier mari de sa mère, et il était **situé** [2763 Adj-Attr-1] à peu près à égale distance de Martinville et de Guermantes. Aussi Gilberte parlait-elle de lui et de M. de Bréauté comme de voisins de campagne qui lui rappelaient sa vieille province. Matériellement, il y avait une part de mensonge dans ces paroles, puisque ce n'est qu'à Paris, par la comtesse Molé, qu'elle avait **connu** [2764 V-TempA-0] M. de Bréauté, d'ailleurs vieil ami de son père. Quant au plaisir de parler des environs de Tansonville, il pouvait être sincère. Le snobisme est pour certaines personnes analogue à ces breuvages agréables auxquels elles mêlent des substances utiles. Gilberte s'intéressait à telle femme élégante parce qu'elle avait de superbes livres et des Nattiers que mon ancienne amie n'eût sans doute pas **été** [2765 V-TempA-0] voir à la Bibliothèque nationale et au Louvre, et je me figure que, malgré la proximité plus grande encore, l'influence attrayante de Tansonville se fût moins **exercée** [2766 V-TempE-1] pour Gilberte sur Mme Sazerat ou Mme Goupil que sur M. d'Agrigente.

« Oh ! pauvre Bébel et pauvre Gri-Gri, dit Mme de Guermantes, ils sont bien plus malades que du Lau, je crains qu'ils n'en aient pas pour longtemps, ni l'un ni l'autre. »

Quand M. de Guermantes eut **terminé** [2767 V-TempA-0] la lecture de mon article, il m'adressa des compliments, d'ailleurs **mitigés** [2768 Adj-Epith-3]. Il regrettait la forme un peu poncive de ce style où il y avait « de l'emphase, des métaphores comme dans la prose **démodée** [2769 Adj-Epith-3] de Chateaubriand » ; par contre il me félicita sans réserve de « m'occuper » : « J'aime qu'on fasse quelque chose de ses dix doigts. Je n'aime pas les inutiles qui sont toujours des importants ou des **agités** [2770 N]. Sotte engeance ! »

Gilberte, qui prenait avec une rapidité extrême les manières du monde, déclara combien elle allait être fière de dire qu'elle était l'amie d'un auteur. « Vous pensez si je vais dire que j'ai le plaisir, l'honneur de vous connaître. »

« Vous ne voulez pas venir avec nous, demain, à l'Opéra-Comique ? » me dit la duchesse, et je pensai que c'était sans doute dans cette même baignoire où je l'avais **vue** [2771 V-TempA-2] la première fois et qui m'avait **semblé** [2772 V-TempA-0] alors inaccessible comme le royaume sous-marin des Néréides. Mais je répondis d'une voix triste : « Non, je ne vais pas au théâtre, j'ai **perdu** [2773 V-TempA-0] une amie que j'aimais beaucoup. » J'avais presque les larmes aux yeux en le disant, mais pourtant, pour la première fois, cela me faisait un certain plaisir d'en parler. C'est à partir de ce moment-là que je commençai à écrire à tout le monde que je venais d'avoir un grand chagrin, et à cesser de le ressentir.

Quand Gilberte fut **partie** [2774 V-TempE-1], Mme de Guermantes me dit : « Vous n'avez pas **compris** [2775 V-TempA-0] mes signes, c'était pour que vous ne parliez pas de Swann. » Et comme je m'excusais : « Mais je vous comprends très bien. Moi-même, j'ai **failli** [2776 V-TempA-0] le nommer, je n'ai **eu** [2777 V-TempA-0] que le temps de me rattraper, c'est épouvantable, heureusement que je me suis **arrêtée** [2778 V-TempE-1] à temps. Vous savez que c'est très gênant », dit-elle à son mari pour diminuer un peu ma faute en ayant l'air de croire que j'avais **obéi** [2779 V-TempA-0] à une propension commune à tous et à laquelle il était difficile de résister. « Que voulez-vous que j'y fasse ? répondit le duc. Vous n'avez qu'à dire qu'on remette ces dessins en haut, puisqu'ils vous font penser à Swann. Si vous ne pensez pas à Swann, vous ne parlerez pas de lui. »

Le lendemain je reçus deux lettres de félicitation qui m'étonnèrent beaucoup, l'une de Mme Goupil que je n'avais pas **revue** [2780 V-TempA-2] depuis tant d'années et à qui, même à Combray, je n'avais pas trois fois **adressé** [2781 V-TempA-0] la parole. Un cabinet de lecture lui avait **communiqué** [2782 V-TempA-0] le *Figaro*. Ainsi, quand quelque chose vous arrive dans la vie qui retentit un peu, des nouvelles nous viennent de personnes **situées** [2783 Adj-Epith-3] si loin de nos relations et dont le souvenir est déjà si ancien que ces personnes semblent **situées** [2784 Adj-Attr-1] à une grande distance, surtout dans le sens de la profondeur. Une amitié de collège **oubliée** [2785 Adj-Epith-3], et qui avait vingt occasions de se rappeler à vous, vous donne signe de vie, non sans compensation d'ailleurs. C'est ainsi que Bloch, dont j'eusse tant **aimé** [2786 V-TempA-0] savoir ce qu'il pensait de mon article, ne m'écrivit pas. Il est vrai qu'il avait **lu** [2787 V-TempA-0] cet article et devait me l'avouer plus tard, mais par un choc en retour. En effet, il écrivit lui-même quelques années plus tard un article dans le *Figaro* et désira me signaler immédiatement cet événement. Comme il cessait d'être jaloux de ce qu'il considérait comme un privilège, puisqu'il lui était aussi **échu** [2788 V-TempE-1], l'envie qui lui avait **fait** [2789 V-TempA-0] feindre d'ignorer mon article cessait, comme un compresseur se soulève ; il m'en parla, mais tout autrement qu'il ne désirait m'entendre parler du sien : « J'ai **su** [2790 V-TempA-0] que toi aussi, me dit-il, avais **fait** [2791 V-TempA-0] un article. Mais je n'avais pas **cru** [2792 V-TempA-0] devoir t'en parler, craignant de t'être désagréable, car on ne doit pas parler à ses amis des choses humiliantes qui leur arrivent. Et c'en est une évidemment que d'écrire dans le journal du sabre et du goupillon, des *five o'clock*, sans oublier le bénitier. » Son caractère restait le même, mais son style était **devenu** [2793 V-TempE-1] moins précieux, comme il arrive à certains écrivains qui quittent le maniérisme quand, ne faisant plus de poèmes symbolistes, ils écrivent des romans-feuilletons.

Pour me consoler de son silence, je relus la lettre de Mme Goupil ; mais elle était sans chaleur, car si l'aristocratie a certaines formules qui font palissades entre elles, entre le Monsieur du début et les sentiments **distingués** [2794 Adj-Epith-3] de la fin, des cris de joie, d'admiration, peuvent jaillir comme des fleurs, et des gerbes pencher par-dessus la palissade leur parfum odorant. Mais le conventionnalisme bourgeois enserre l'intérieur même des lettres dans un réseau de « votre succès si légitime », au maximum « votre beau succès ». Des belles-sœurs fidèles à l'éducation **reçue** [2795 Adj-Epith-3] et **réservées** [2796 Adj-Epith-3] dans leur corsage comme il faut, croient s'être **épanchées** [2797 V-TempE-1] dans le malheur et l'enthousiasme si elles ont **écrit** [2798 V-TempA-0] « mes meilleures pensées ». « Mère se joint à moi » est un superlatif dont on est rarement **gâté** [2799 V-Pass-1].

Je reçus une autre lettre que celle de Mme Goupil, mais le nom du signataire m'était inconnu. C'était une écriture populaire, un langage charmant. Je fus **navré** [2800 V-Pass-1] de ne pouvoir découvrir qui m'avait **écrit** [2801 V-TempA-0].

Comme je me demandais si Bergotte eût **aimé** [2802 V-TempA-0] cet article, Mme de Forcheville m'avait **répondu** [2803 V-TempA-0] qu'il l'aurait infiniment **admiré** [2804 V-TempA-2] et n'aurait **pu** [2805 V-TempA-0] le lire sans envie. Mais elle me l'avait **dit** [2806 V-TempA-2] pendant que je dormais : c'était un rêve.

Presque tous nos rêves répondent ainsi aux questions que nous nous posons par des affirmations complexes, des mises en scène à plusieurs personnages, mais qui n'ont pas de lendemain.

Quant à Mlle de Forcheville, je ne pouvais m'empêcher de penser à elle avec désolation. Quoi ? fille de Swann qui eût tant **aimé** [2807 V-

TempA-0] la voir chez les Guermantes, que ceux-ci avaient **refusé** [2808 V-TempA-0] à leur grand ami de recevoir, ils l'avaient ensuite spontanément **recherchée** [2809 V-TempA-2], le temps ayant **passé** [2810 V-Sub-TempA-0] qui renouvelle tout pour nous, insuffle une autre personnalité, d'après ce qu'on dit d'eux, aux êtres que nous n'avons pas **vus** [2811 V-TempA-2] depuis longtemps, depuis que nous avons **fait** [2812 V-TempA-0] nous-même peau neuve et **pris** [2813 V-TempA-0] d'autres goûts. Je pensais qu'à cette fille Swann disait parfois, en la serrant contre lui et en l'embrassant : « C'est bon, ma chérie, d'avoir une fille comme toi ; un jour, quand je ne serai plus là, si on parle encore de ton pauvre papa, ce sera seulement avec toi et à cause de toi. » Swann, en mettant ainsi pour après sa mort un craintif et anxieux espoir de survivance dans sa fille, se trompait autant que le vieux banquier qui, ayant **fait** [2814 Adj-Epith-0] un testament pour une petite danseuse qu'il entretient et qui a très bonne tenue, se dit qu'il n'est pour elle qu'un grand ami, mais qu'elle restera fidèle à son souvenir. Elle avait très bonne tenue tout en faisant du pied sous la table aux amis du vieux banquier qui lui plaisaient, mais tout cela très **caché** [2815 Adj-Epith-3], avec d'excellents dehors. Elle portera le deuil de l'excellent homme, s'en sentira **débarrassée** [2816 Adj-Attr-2], profitera non seulement de l'argent liquide, mais des propriétés, des automobiles qu'il lui a **laissées** [2817 V-TempA-2], fera partout effacer le chiffre de l'ancien propriétaire qui lui cause un peu de honte, et à la jouissance du don n'associera jamais le regret du donateur. Les illusions de l'amour paternel ne sont peut-être pas moindres que celles de l'autre ; bien des filles ne considèrent leur père que comme le vieillard qui leur laisse sa fortune. La présence de Gilberte dans un salon, au lieu d'être une occasion qu'on parlât encore quelquefois de son père, était un obstacle à ce qu'on saisît celles, de plus en plus rares, qu'on aurait **pu** [2818 V-TempA-0] avoir encore de le faire. Même à propos des mots qu'il avait **dits** [2819 V-TempA-2], des objets qu'il avait **donnés** [2820 V-TempA-2], on prit l'habitude de ne plus le nommer, et celle qui aurait **dû** [2821 V-TempA-0] rajeunir, sinon perpétuer sa mémoire, se trouva hâter et consommer l'œuvre de la mort et de l'oubli.

Et ce n'est pas seulement à l'égard de Swann que Gilberte consommait peu à peu l'œuvre de l'oubli, elle avait **hâté** [2822 V-TempA-0] en moi cette œuvre de l'oubli à l'égard d'Albertine.

Sous l'action du désir, par conséquent du désir de bonheur que Gilberte avait **excité** [2823 V-TempA-2] en moi pendant les quelques heures où je l'avais **crue** [2824 V-TempA-2] une autre, un certain nombre de souffrances, de préoccupations douloureuses, lesquelles il y a peu de temps encore obsédaient ma pensée, s'étaient **échappées** [2825 V-TempE-1] de moi, entraînant avec elles tout un bloc de souvenirs, probablement **effrités** [2826 Adj-Epith-3] depuis longtemps et précaires, relatifs à Albertine. Car, si bien des souvenirs, qui étaient **reliés** [2827 V-Pass-1 / Adj-Attr-1] à elle, avaient d'abord **contribué** [2828 V-TempA-0] à maintenir en moi le regret de sa mort, en retour le regret lui-même avait **fixé** [2829 V-TempA-0] les souvenirs. De sorte que la modification de mon état sentimental, **préparée** [2830 Adj-Epith-3] sans doute obscurément jour par jour par les désagrégations continues de l'oubli, mais **réalisée** [2831 Adj-Epith-3] brusquement dans son ensemble, me donna cette impression, que je me rappelle avoir **éprouvée** [2832 V-TempA-2] ce jour-là pour la première fois, du vide, de la suppression en moi de toute une portion de mes associations d'idées, qu'éprouve un homme dont une artère cérébrale depuis longtemps **usée** [2833 Adj-Epith-3] s'est **rompue** [2834 V-TempE-1] et chez lequel toute une partie de la mémoire est **abolie** [2835 V-Pass-1] ou **paralysée** [2836 V-Pass-1].

La disparition de ma souffrance, et de tout ce qu'elle emmenait avec elle, me laissait **diminué** [2837 Adj-Attr-2] comme souvent la guérison d'une maladie qui tenait dans notre vie une grande place. Sans doute c'est parce que les souvenirs ne restent pas toujours vrais que l'amour n'est pas éternel, et parce que la vie est **faite** [2838 V-Pass-1] du perpétuel renouvellement des cellules. Mais ce renouvellement, pour les souvenirs, est tout de même **retardé** [2839 V-Pass-1] par l'attention qui arrête et fixe un moment qui doit changer. Et puisqu'il en est du chagrin comme du désir des femmes, qu'on grandit en y pensant, avoir beaucoup à faire rendrait plus facile, aussi bien que la chasteté, l'oubli.

Par une autre réaction (bien que ce fût la distraction – le désir de Mlle d'Éporcheville – qui m'eût **rendu** [2840 V-TempA-0] tout d'un coup l'oubli apparent et sensible), s'il reste que c'est le temps qui amène progressivement l'oubli, l'oubli n'est pas sans altérer profondément la notion du temps. Il y a des erreurs optiques dans le temps comme il y en a dans l'espace. La persistance en moi d'une velléité ancienne de travailler, de réparer le temps **perdu** [2841 Adj-Epith-3], de changer de vie, ou plutôt de commencer de vivre, me donnait l'illusion que j'étais toujours aussi jeune ; pourtant le souvenir de tous les événements qui s'étaient **succédé** [2842 V-TempE-0] dans ma vie (et aussi de ceux qui s'étaient **succédé** [2843 V-TempE-0] dans mon cœur, car, lorsqu'on a beaucoup **changé** [2844 V-TempA-0], on est **induit** [2845 V-Pass-1] à supposer qu'on a plus longtemps **vécu** [2846 V-TempA-0]), au cours de ces derniers mois de l'existence d'Albertine, me les avait **fait** [2847 V-TempA-0] paraître beaucoup plus longs qu'une année, et maintenant cet oubli de tant de choses, me séparant, par des espaces vides, d'événements tout récents qu'ils me faisaient paraître anciens, puisque j'avais **eu** [2848 V-TempA-0] ce qu'on appelle « le temps » de les oublier, par son interpolation **fragmentée** [2849 Adj-Epith-3], irrégulière, au milieu de ma mémoire – comme une brume épaisse sur l'océan, qui supprime les points de repère des choses – détraquait, disloquait mon sentiment des distances dans le temps, là **rétrécies** [2850 Adj-Epith-3], ici **distendues** [2851 Adj-Epith-3], et me faisait me croire tantôt beaucoup plus loin, tantôt beaucoup plus près des choses que je ne l'étais en réalité. Et comme dans les nouveaux espaces, encore non **parcourus** [2852 Adj-Epith-3], qui s'étendaient devant moi, il n'y aurait pas plus de traces de mon amour pour Albertine qu'il n'y en avait **eu** [2853 V-TempA-0], dans les temps **perdus** [2854 Adj-Epith-3] que je venais de traverser, de mon amour pour ma grand'mère, ma vie m'apparut – offrant une succession de périodes dans lesquelles, après un certain intervalle, rien de ce qui soutenait la précédente ne subsistait plus dans celle qui la suivait – comme quelque chose de si **dépourvu** [2855 Adj-Epith-3] du support d'un moi individuel identique et permanent, quelque chose de si inutile dans l'avenir et de si long dans le passé, que la mort pourrait aussi bien terminer le cours ici ou là sans nullement le conclure, que ces cours d'histoire de France qu'en rhétorique on arrête indifféremment, selon la fantaisie des programmes ou des professeurs, à la Révolution de 1830, à celle de 1848, ou à la fin du second Empire.

Peut-être alors la fatigue et la tristesse que je ressentais vinrent-elles moins d'avoir **aimé** [2856 V-TempA-0] inutilement ce que déjà j'oubliais que de commencer à me plaire avec de nouveaux vivants, de purs gens du monde, de simples amis des Guermantes, si peu intéressants par eux-mêmes. Je me consolais peut-être plus aisément de constater que celle <u>que</u> j'avais **aimée** [2857 V-TempA-2] n'était plus, au bout d'un certain temps, qu'un pâle souvenir que de retrouver en moi cette vaine activité qui nous fait perdre le temps à tapisser notre vie d'une végétation humaine vivace mais parasite, qui deviendra le néant aussi quand elle sera **morte** [2858 V-TempE-1], qui déjà est étrangère à tout ce que nous avons **connu** [2859 V-TempA-2] et à laquelle pourtant cherche à plaire notre sénilité bavarde, mélancolique et coquette. L'être nouveau qui supporterait aisément de vivre sans Albertine avait **fait** [2860 V-TempA-0] son apparition en moi, puisque j'avais **pu** [2861 V-TempA-0] parler d'elle chez Mme de Guermantes en paroles **affligées** [2862 Adj-Epith-3], sans souffrance profonde. Ces nouveaux « moi » qui devraient porter un autre nom que le précédent, leur venue possible, à cause de leur indifférence à ce que j'aimais, m'avait toujours **épouvanté** [2863 V-TempA-2], jadis à propos de Gilberte quand son père me disait que si j'allais vivre en Océanie je ne voudrais plus revenir, tout récemment quand j'avais **lu** [2864 V-TempA-0] avec un tel serrement de cœur le passage du roman de Bergotte où il est question de ce personnage qui, **séparé** [2865 Adj-Epith-3], par la vie, d'une femme qu'il avait **adorée** [2866 V-TempA-2] jeune homme, vieillard la rencontre sans plaisir, sans envie de la revoir. Or, au contraire, il m'apportait avec l'oubli une suppression presque complète de la souffrance, une possibilité de bien-être, cet être si **redouté** [2867 Adj-Epith-3], si bienfaisant et qui n'était autre qu'un de ces « moi » de rechange que la destinée tient en réserve pour nous et que, sans plus écouter nos prières qu'un médecin clairvoyant et d'autant plus autoritaire, elle substitue malgré nous, par une intervention opportune, au « moi » vraiment trop **blessé** [2868 Adj-Epith-3]. Ce rechange, au reste, elle l'accomplit de temps en temps, comme l'usure et la réfection des tissus, mais nous n'y prenons garde que si l'ancien « moi » contenait une grande douleur, un corps étranger et blessant, que nous nous étonnons de ne plus retrouver, dans notre émerveillement d'être **devenu** [2869 V-TempE-1] un autre pour qui la souffrance de son prédécesseur n'est plus que la souffrance d'autrui, celle dont on peut parler avec apitoiement parce qu'on ne la ressent pas. Même cela nous est égal d'avoir **passé** [2870 V-TempA-0] par tant de souffrances, car nous ne nous rappelons que confusément les avoir **souffertes** [2871 V-TempA-2]. Il est possible que, de même, nos cauchemars, la nuit, soient effroyables. Mais au réveil nous sommes une autre personne qui ne se soucie guère que celle à qui elle succède ait **eu** [2872 V-TempA-0] à fuir en dormant devant des assassins.

Sans doute, ce « moi » avait **gardé** [2873 V-TempA-0] quelque contact avec l'ancien, comme un ami, indifférent à un deuil, en parle pourtant aux personnes présentes avec la tristesse convenable, et retourne de temps en temps dans la chambre où le veuf qui l'a

chargé [2874 V-TempA-2] de recevoir pour lui continue à faire entendre ses sanglots. J'en poussais encore quand je redevenais pour un moment l'ancien ami d'Albertine. Mais c'est dans un personnage nouveau que je tendais à passer tout entier. Ce n'est pas parce que les autres sont **morts** [2875 V-TempE-1] que notre affection pour eux s'affaiblit, c'est parce que nous mourons nous-mêmes. Albertine n'avait rien à reprocher à son ami. Celui qui en usurpait le nom n'en était que l'héritier. On ne peut être fidèle qu'à ce dont on se souvient, on ne se souvient que de ce qu'on a **connu** [2876 V-TempA-2]. Mon « moi » nouveau, tandis qu'il grandissait à l'ombre de l'ancien, l'avait souvent **entendu** [2877 V-TempA-2] parler d'Albertine ; à travers lui, à travers les récits qu'il en recueillait, il croyait la connaître, elle lui était sympathique, il l'aimait, mais ce n'était qu'une tendresse de seconde main.

Une autre personne chez qui l'œuvre de l'oubli en ce qui concernait Albertine se fit probablement plus rapide à cette époque, et me permit par contre-coup de me rendre compte un peu plus tard d'un nouveau progrès que cette œuvre avait **fait** [2878 V-TempA-2] chez moi (et c'est là mon souvenir d'une seconde étape avant l'oubli définitif), ce fut Andrée. Je ne puis guère, en effet, ne pas donner l'oubli d'Albertine comme cause sinon unique, sinon même principale, au moins comme cause conditionnante et nécessaire, d'une conversation qu'Andrée eut avec moi à peu près six mois après celle que j'ai **rapportée** [2879 V-TempA-2] et où ses paroles furent si différentes de ce qu'elle m'avait **dit** [2880 V-TempA-2] la première fois. Je me rappelle que c'était dans ma chambre parce qu'à ce moment-là j'avais plaisir à avoir de demi-relations charnelles avec elle, à cause du côté collectif qu'avait **eu** [2881 V-TempA-2] au début et que reprenait maintenant mon amour pour les jeunes filles de la petite bande, longtemps indivis entre elles, et un moment uniquement **associé** [2882 Adj-Epith-3] à la personne d'Albertine pendant les derniers mois qui avaient **précédé** [2883 V-TempA-0] et **suivi** [2884 V-TempA-0] sa mort.

Nous étions dans ma chambre pour une autre raison encore qui me permet de situer très exactement cette conversation. C'est que j'étais **expulsé** [2885 V-Pass-1] du reste de l'appartement parce que c'était le jour de maman. Malgré que ce fût son jour, et après avoir **hésité** [2886 V-TempA-0], maman était **allée** [2887 V-TempE-1] déjeuner chez Mme Sazerat, pensant que, comme Mme Sazerat savait toujours vous inviter avec des gens ennuyeux, elle pourrait, sans manquer aucun plaisir, rentrer tôt. Elle était, en effet, **revenue** [2888 V-TempE-1] à temps et sans regrets, Mme Sazerat n'ayant **eu** [2889 VSub-TempA-0] chez elle que des gens assommants que glaçait déjà la voix particulière qu'elle prenait quand elle avait du monde, ce que maman appelait sa voix du mercredi. Ma mère, du reste, l'aimait bien, la plaignait de son infortune – suite des fredaines de son père **ruiné** [2890 Adj-Epith-3] par la duchesse de X... – infortune qui la forçait à vivre presque toute l'année à Combray, avec quelques semaines chez sa cousine à Paris et un grand « voyage d'agrément » tous les dix ans.

Je me rappelle que la veille, sur ma prière **répétée** [2891 Adj-Epith-3] depuis des mois, et parce que la princesse la réclamait toujours, maman était **allée** [2892 V-TempE-1] voir la princesse de Parme qui, elle, ne faisait pas de visites et chez qui on se contentait d'habitude de s'inscrire, mais qui avait **insisté** [2893 V-TempA-0] pour que ma mère vînt la voir, puisque le protocole empêchait qu'Elle vînt chez nous. Ma mère était **revenue** [2894 V-TempE-1] très mécontente : « Tu m'as **fait** [2895 V-TempA-0] faire un pas de clerc, me dit-elle, la princesse de Parme m'a à peine **dit** [2896 V-TempA-0] bonjour, elle s'est **retournée** [2897 V-TempE-1] vers les dames avec qui elle causait sans s'occuper de moi, et au bout de dix minutes, comme elle ne m'avait pas **adressé** [2898 V-TempA-0] la parole, je suis **partie** [2899 V-TempE-1] sans qu'elle me tendît même la main. J'étais très **ennuyée** [2900 V-Pass-1] ; en revanche, devant la porte, en m'en allant, j'ai **rencontré** [2901 V-TempA-0] la duchesse de Guermantes qui a **été** [2902 V-TempA-0] très aimable et qui m'a beaucoup **parlé** [2903 V-TempA-0] de toi. <u>Quelle singulière idée</u> tu as **eue** [2904 V-TempA-2] de lui parler d'Albertine. Elle m'a **raconté** [2905 V-TempA-0] que tu lui avais **dit** [2906 V-TempA-0] que sa mort avait **été** [2907 V-TempA-0] un tel chagrin pour toi. Je ne retournerai jamais chez la princesse de Parme. Tu m'as **fait** [2908 V-TempA-0] faire une bêtise. »

Or le lendemain, jour de ma mère, comme je l'ai **dit** [2909 V-TempA-2], Andrée vint me voir. Elle n'avait pas grand temps, car elle devait aller chercher Gisèle avec qui elle tenait beaucoup à dîner. « Je connais ses défauts, mais c'est tout de même ma meilleure amie et l'être pour qui j'ai le plus d'affection », me dit-elle. Et elle parut même avoir quelque effroi à l'idée que je pourrais lui demander de dîner avec elles. Elle était avide des êtres, et un tiers qui la connaissait trop bien, comme moi, en l'empêchant de se livrer, l'empêchait du coup de goûter auprès d'eux un plaisir complet.

Le souvenir d'Albertine était **devenu** [2910 V-TempE-1] chez moi si fragmentaire qu'il ne me causait plus de tristesse et n'était plus qu'une transition à de nouveaux désirs, comme un accord qui prépare des changements d'harmonie. Et même cette idée de caprice sensuel et passager étant **écartée** [2911 V-Sub-Adj-Attr-1] en tant que j'étais encore fidèle au souvenir d'Albertine, j'étais plus heureux d'avoir auprès de moi Andrée que je ne l'aurais **été** [2912 V-TempA-0] d'avoir Albertine miraculeusement **retrouvée** [2913 Adj-Attr-2]. Car Andrée pouvait me dire plus de choses sur Albertine que ne m'en aurait **dit** [2914 V-TempA-0] Albertine elle-même. Or les problèmes relatifs à Albertine restaient encore dans mon esprit alors que ma tendresse pour elle, tant physique que morale, avait déjà **disparu** [2915 V-TempA-0]. Et mon désir de connaître sa vie, parce qu'il avait moins **diminué** [2916 V-TempA-0], était maintenant comparativement plus grand que le besoin de sa présence. D'autre part, l'idée qu'une femme avait peut-être **eu** [2917 V-TempA-0] des relations avec Albertine ne me causait plus que le désir d'en avoir moi aussi avec cette femme. Je le dis à Andrée tout en la caressant. Alors sans chercher le moins du monde à mettre ses paroles d'accord avec celles d'il y avait quelques mois, Andrée me dit en souriant à demi : « Ah ! oui, mais vous êtes un homme. Aussi nous ne pouvons pas faire ensemble tout à fait les mêmes choses que je faisais avec Albertine. » Et soit qu'elle pensât que cela accroissait mon désir (dans l'espoir de confidences je lui avais **dit** [2918 V-TempA-0] que j'aimerais avoir des relations avec une femme en ayant **eu** [2919 Adj-Epith-0] avec Albertine) ou mon chagrin, ou peut-être détruisait un sentiment de supériorité sur elle qu'elle pouvait croire que j'éprouvais d'avoir **été** [2920 V-TempA-0] le seul à entretenir des relations avec Albertine : « Ah ! nous avons **passé** [2921 V-TempA-0] toutes les deux de bonnes heures, elle était si caressante, si **passionnée** [2922 Adj-Attr-1]. Du reste ce n'était pas seulement avec moi qu'elle aimait prendre du plaisir. Elle avait **rencontré** [2923 V-TempA-0] chez Mme Verdurin un joli garçon, Morel. Tout de suite ils s'étaient **compris** [2924 V-TempE-2]. Il se chargeait, ayant d'elle la permission d'y prendre aussi son plaisir, car il aimait les petites novices, de lui en procurer. Sitôt qu'il les avait **mises** [2925 V-TempA-2] sur le mauvais chemin, il les laissait. Il se chargeait ainsi de plaire à de petites pêcheuses d'une plage **éloignée** [2926 Adj-Epith-3], à de petites blanchisseuses, qui s'amourachaient d'un garçon mais n'eussent pas **répondu** [2927 V-TempA-0] aux avances d'une jeune fille. Aussitôt que la petite était bien sous sa domination, il la faisait venir dans un endroit tout à fait sûr, où il la livrait à Albertine. Par peur de perdre Morel, qui s'y mêlait du reste, la petite obéissait toujours, et d'ailleurs elle le perdait tout de même, car, par peur des conséquences et aussi parce qu'une ou deux fois lui suffisaient, il filait en laissant une fausse adresse. Il eut une fois l'audace d'en mener une, ainsi qu'Albertine, dans une maison de femmes à Corliville, où quatre ou cinq la prirent ensemble ou successivement. C'était sa passion, comme c'était aussi celle d'Albertine. Mais Albertine avait après d'affreux remords. Je crois que chez vous elle avait **dompté** [2928 V-TempA-0] sa passion et remettait de jour en jour de s'y livrer. Puis son amitié pour vous était si grande, qu'elle avait des scrupules. Mais il était bien certain que si jamais elle vous quittait elle recommencerait. Elle espérait que vous la sauveriez, que vous l'épouseriez. Au fond, elle sentait que c'était une espèce de folie criminelle, et je me suis souvent **demandé** [2929 V-TempE-0] si ce n'était pas après une chose comme cela, ayant **amené** [2930 Adj-Epith-0] un suicide dans une famille, qu'elle s'était elle-même **tuée** [2931 V-TempE-2]. Je dois avouer que, tout à fait au début de son séjour chez vous, elle n'avait pas entièrement **renoncé** [2932 V-TempA-0] à ses jeux avec moi. Il y avait des jours où elle semblait en avoir besoin, tellement qu'une fois, alors que c'eût **été** [2933 V-TempA-0] si facile dehors, elle ne se résigna pas à me dire au revoir avant de m'avoir **mise** [2934 V-TempA-2] auprès d'elle, chez vous. Nous n'eûmes pas de chance, nous avons **failli** [2935 V-TempA-0] être **prises** [2936 V-Pass-1]. Elle avait **profité** [2937 V-TempA-0] de ce que Françoise était **descendue** [2938 V-TempE-1] faire une course, et que vous n'étiez pas **rentré** [2939 V-TempE-1]. Alors elle avait tout **éteint** [2940 V-TempA-2] pour que quand vous ouvririez avec votre clef vous perdiez un peu de temps avant de trouver le bouton, et elle n'avait pas **fermé** [2941 V-TempA-0] la porte de sa chambre. Nous vous avons **entendu** [2942 V-TempA-2] monter, je n'eus que le temps de m'arranger, de descendre. Précipitation bien inutile, car par un hasard incroyable vous aviez **oublié** [2943 V-TempA-0] votre clef et avez **été** [2944 V-TempA-0] **obligé** [2945 V-Pass-1] de sonner. Mais nous avons tout de même **perdu** [2946 V-TempA-0] la tête de sorte que, pour cacher notre gêne, toutes les deux, sans avoir **pu** [2947 V-TempA-0] nous consulter, nous avions **eu** [2948 V-TempA-0] la même idée : faire semblant de craindre l'odeur du seringa, que nous adorions au contraire. Vous rapportiez avec vous une longue branche de cet arbuste, ce qui me permit de détourner la tête et de cacher mon trouble. Cela ne m'empêcha pas de vous dire avec une maladresse absurde que peut-être Françoise était **remontée** [2949 V-TempE-1] et pourrait vous ouvrir, alors qu'une seconde avant, je venais de vous faire le mensonge que nous venions seulement de rentrer de promenade et qu'à notre arrivée Françoise n'était pas encore **descendue** [2950 V-TempE-1] et allait partir faire une course. Mais le malheur fut – croyant que vous aviez votre clef – d'éteindre la lumière, car nous eûmes peur qu'en remontant vous ne la vissiez se rallumer, ou du moins nous hésitâmes trop. Et pendant trois nuits Albertine ne put fermer l'œil parce qu'elle avait tout le temps peur que vous n'ayez de la méfiance et ne demandiez à Françoise pourquoi elle n'avait pas **allumé** [2951 V-TempA-0] avant de partir. Car Albertine vous craignait beaucoup, et par moments assurait que vous étiez fourbe, méchant, la détestant au fond. Au bout de trois jours elle comprit à votre calme que vous n'aviez <u>rien</u> **demandé** [2952 V-TempA-2] à Françoise et elle put retrouver le sommeil. Mais elle ne reprit plus ses relations avec moi, soit par peur, soit par remords, car elle prétendait vous aimer beaucoup, ou bien aimait-elle quelqu'un d'autre. En tous cas on n'a plus **pu** [2953 V-TempA-0] jamais parler de seringa devant elle sans qu'elle devînt écarlate et passât la main sur sa figure en pensant cacher sa rougeur. »

Comme certains bonheurs, il y a certains malheurs qui viennent trop tard, ils ne prennent pas en nous toute la grandeur <u>qu'</u>ils auraient **eue** [2954 V-TempA-2] quelque temps plus tôt. Tel le malheur qu'était pour moi la terrible révélation d'Andrée. Sans doute, même quand de mauvaises nouvelles doivent nous attrister, il arrive que dans le divertissement, le jeu **équilibré** [2955 Adj-Epith-3] de la conversation, elles passent devant nous sans s'arrêter, et que nous, **préoccupés** [2956 Adj-Epith-3] de mille choses à répondre, **transformés** [2957 Adj-Epith-3], par le désir de plaire aux personnes présentes, en quelqu'un d'autre **protégé** [2958 Adj-Epith-3] pour quelques instants dans ce cycle nouveau contre les affections, les souffrances <u>qu'</u>il a **quittées** [2959 V-TempA-2] pour y entrer et qu'il retrouvera quand le court enchantement sera **brisé** [2960 V-Pass-1], nous n'ayons pas le temps de les accueillir. Pourtant, si ces affections, ces souffrances sont trop prédominantes, nous n'entrons que distraits dans la zone d'un monde nouveau et momentané, où, trop fidèles à la souffrance, nous ne pouvons devenir autres, et alors les paroles se mettent immédiatement en rapport avec notre cœur qui n'est pas **resté** [2961 V-TempE-1] hors de jeu. Mais depuis quelque temps les paroles concernant Albertine, comme un poison **évaporé** [2962 Adj-Epith-3], n'avaient plus leur pouvoir toxique. Elle m'était déjà trop lointaine.

Comme un promeneur voyant, l'après-midi, un croissant nuageux dans le ciel se dit : « C'est cela, l'immense lune », je me disais : « Comment ! cette vérité que j'ai tant **cherchée** [2963 V-TempA-2], tant **redoutée** [2964 V-TempA-2], c'est seulement ces quelques mots **dits** [2965 Adj-Epith-3] dans une conversation, auxquels on ne peut même pas penser complètement parce qu'on n'est pas seul ! » Puis elle me prenait vraiment au dépourvu, je m'étais beaucoup **fatigué** [2966 V-TempE-1] avec Andrée. Vraiment, une pareille vérité, j'aurais **voulu** [2967 V-TempA-0] avoir plus de force à lui consacrer ; elle me restait extérieure, mais c'est que je ne lui avais pas encore **trouvé** [2968 V-TempA-0] une place dans mon cœur. On voudrait que la vérité nous fût **révélée** [2969 V-Pass-1] par des signes nouveaux, non par une phrase pareille à celles qu'on s'était **dites** [2970 V-TempE-2] tant de fois. L'habitude de penser empêche parfois d'éprouver le réel, immunise contre lui, le fait paraître de la pensée encore.

Il n'y a pas une idée qui ne porte en elle sa réfutation possible, un mot, le mot contraire. En tout cas, si tout cela était vrai, quelle inutile vérité sur la vie d'une maîtresse qui n'est plus, remontant des profondeurs et apparaissant une fois que nous ne pouvons plus rien en faire ! Alors, pensant sans doute à quelque autre que nous aimons maintenant et à l'égard de qui la même chose pourrait arriver (car de celle qu'on a **oubliée** [2971 V-TempA-2] on ne se soucie plus), on se désole. On se dit : « Si elle vivait ! » On se dit : « Si celle qui vit pouvait comprendre tout cela et que, quand elle sera **morte** [2972 V-TempE-1], je saurai tout ce qu'elle me cache ! » Mais c'est un cercle vicieux. Si j'avais **pu** [2973 V-TempA-0] faire qu'Albertine vécût, du même coup j'eusse **fait** [2974 V-TempA-0] qu'Andrée ne m'eût rien **révélé** [2975 V-TempA-2]. C'est la même chose que l'éternel « Vous verrez quand je ne vous aimerai plus », qui est si vrai et si absurde, puisque, en effet, on obtiendrait beaucoup si on n'aimait plus, mais qu'on ne se soucierait pas d'obtenir. C'est tout à fait la même chose. Car la femme qu'on revoit quand on ne l'aime plus, si elle nous dit tout, c'est qu'en effet ce n'est plus elle, ou que ce n'est plus vous : l'être qui aimait n'existe plus. Là aussi il y a la mort qui a

passé [2976 V-TempA-0], a **rendu** [2977 V-TempA-0] tout aisé et tout inutile. Je faisais ces réflexions, me plaçant dans l'hypothèse où Andrée était véridique – ce qui était possible – et **amenée** [2978 Adj-Attr-1] à la sincérité envers moi précisément parce qu'elle avait maintenant des relations avec moi, par ce côté Saint-André-des-Champs qu'avait **eu** [2979 V-TempA-2], au début, avec moi, Albertine. Elle y était **aidée** [2980 V-Pass-1] dans ce cas par le fait qu'elle ne craignait plus Albertine, car la réalité des êtres ne survit pour nous que peu de temps après leur mort, et au bout de quelques années ils sont comme ces dieux des religions **abolies** [2981 Adj-Epith-3] qu'on offense sans crainte parce qu'on a **cessé** [2982 V-TempA-0] de croire à leur existence. Mais qu'Andrée ne crût plus à la réalité d'Albertine pouvait avoir pour effet qu'elle ne redoutât plus (aussi bien que de trahir une vérité qu'elle avait **promis** [2983 V-TempA-0] de ne pas révéler) d'inventer un mensonge qui calomniait rétrospectivement sa **prétendue** [2984 Adj-Epith-3] complice. Cette absence de crainte lui permettait-elle de révéler enfin, en me disant cela, la vérité, ou bien d'inventer un mensonge, si, pour quelque raison, elle me croyait plein de bonheur et d'orgueil et voulait me peiner. Peut-être avait-elle de l'irritation contre moi (irritation **suspendue** [2985 Adj-Epith-3] tant qu'elle m'avait **vu** [2986 V-TempA-2] malheureux, inconsolé) parce que j'avais **eu** [2987 V-TempA-0] des relations avec Albertine et qu'elle m'enviait peut-être – croyant que je me jugeais à cause de cela plus **favorisé** [2988 Adj-Attr-2] qu'elle – un avantage qu'elle n'avait peut-être pas **obtenu** [2989 V-TempA-2], ni même **souhaité** [2990 V-TempA-2]. C'est ainsi que je l'avais souvent **vue** [2991 V-TempA-2] dire qu'ils avaient l'air très malades à des gens dont la bonne mine, et surtout la conscience qu'ils avaient de leur bonne mine, l'exaspérait, et dire, dans l'espoir de les fâcher, qu'elle-même allait très bien, ce qu'elle ne cessa de proclamer quand elle était le plus malade, jusqu'au jour où, dans le détachement de la mort, il ne lui soucia plus que les heureux allassent bien et sussent qu'elle-même se mourait. Mais ce jour-là était encore loin. Peut-être était-elle contre moi[88], je ne savais pour quelle raison, dans une de ces rages comme jadis elle en avait **eu** [2992 V-TempA-0] contre le jeune homme si savant dans les choses de sport, si ignorant du reste, que nous avions **rencontré** [2993 V-TempA-2] à

---

[88] Il manque ici possiblement un mot. Dans une autre édition : « Peut-être était-elle *irritée* contre moi... ».

Balbec et qui depuis vivait avec Rachel et sur le compte de qui Andrée se répandait en propos diffamatoires, souhaitant être **poursuivie** [2994 V-Pass-1] en dénonciation calomnieuse pour pouvoir articuler contre son père des faits déshonorants dont il n'aurait **pu** [2995 V-TempA-0] prouver la fausseté. Or peut-être cette rage contre moi la reprenait seulement, ayant sans doute **cessé** [2996 Adj-Epith-0] quand elle me voyait si triste. En effet, ceux-là mêmes qu'elle avait, les yeux étincelants de rage, **souhaité** [2997 V-TempA-0] déshonorer, tuer, faire condamner, fût-ce sur faux témoignages, si seulement elle les savait tristes, **humiliés** [2998 Adj-Attr-2], elle ne leur voulait plus aucun mal, elle était prête à les combler de bienfaits. Car elle n'était pas foncièrement mauvaise, et si sa nature non apparente, un peu profonde, n'était pas la gentillesse qu'on croyait d'abord d'après ses délicates attentions, mais plutôt l'envie et l'orgueil, sa troisième nature, plus profonde encore, la vraie, mais pas entièrement **réalisée** [2999 Adj-Epith-3], tendait vers la bonté et l'amour du prochain. Seulement comme tous les êtres qui dans un certain état en désirent un meilleur mais, ne le connaissant que par le désir, ne comprennent pas que la première condition est de rompre avec le premier ; comme les neurasthéniques ou les morphinomanes qui voudraient bien être **guéris** [3000 V-Pass-1] mais pourtant qu'on ne les privât pas de leurs manies ou de leur morphine ; comme les cœurs religieux ou les esprits artistes **attachés** [3001 Adj-Epith-3] au monde qui souhaitent la solitude mais veulent se la représenter pourtant comme n'impliquant pas un renoncement absolu à leur vie antérieure – Andrée était prête à aimer toutes les créatures, mais à condition d'avoir **réussi** [3002 V-TempA-0] d'abord à ne pas se les représenter comme triomphantes, et pour cela de les avoir **humiliées** [3003 V-TempA-2] préalablement. Elle ne comprenait pas qu'il fallait aimer même les orgueilleux et vaincre leur orgueil par l'amour et non par un plus puissant orgueil. Mais c'est qu'elle était comme les malades qui veulent la guérison par les moyens mêmes qui entretiennent la maladie, qu'ils aiment et qu'ils cesseraient aussitôt d'aimer s'ils les renonçaient. Mais on veut apprendre à nager et pourtant garder un pied à terre. En ce qui concerne le jeune sportif, neveu des Verdurin, que j'avais **rencontré** [3004 V-TempA-2] dans mes deux séjours à Balbec, il faut dire, accessoirement et par anticipation, que quelque temps après la visite d'Andrée, visite dont le récit va être **repris** [3005 V-Pass-1] dans un instant, il arriva des faits qui causèrent une assez grande impression. D'abord ce jeune homme (peut-être par souvenir d'Albertine que je ne savais pas alors qu'il avait **aimée** [3006 V-TempA-2]) se fiança avec Andrée et l'épousa, malgré le désespoir de Rachel dont il ne tint aucun compte. Andrée ne dit plus alors (c'est-à-dire quelques mois après la visite dont je parle) qu'il était un misérable, et je m'aperçus plus tard qu'elle n'avait **dit** [3007 V-TempA-0] qu'il l'était que parce qu'elle était folle de lui et qu'elle croyait qu'il ne voulait pas d'elle. Mais un autre fait me frappa davantage. Ce jeune homme fit représenter des petits sketches, dans des décors et avec des costumes de lui qui ont **amené** [3008 V-TempA-0] dans l'art contemporain une révolution au moins égale à celle **accomplie** [3009 Adj-Epith-3] par les Ballets russes. Bref les juges les plus **autorisés** [3010 Adj-Epith-3] considérèrent ses œuvres comme quelque chose de capital, presque des œuvres de génie, et je pense d'ailleurs comme eux, ratifiant ainsi, à mon propre étonnement, l'ancienne opinion de Rachel. Les personnes qui l'avaient **connu** [3011 V-TempA-2] à Balbec, attentif seulement à savoir si la coupe des vêtements des gens qu'il avait à fréquenter était élégante ou non, qui l'avaient **vu** [3012 V-TempA-2] passer tout son temps au baccara, aux courses, au golf ou au polo, qui savaient que dans ses classes il avait toujours **été** [3013 V-TempA-0] un cancre et s'était même **fait** [3014 V-TempE-0] renvoyer du lycée (pour ennuyer ses parents, il avait **été** [3015 V-TempA-0] habiter deux mois la grande maison de femmes où M. de Charlus avait **cru** [3016 V-TempA-0] surprendre Morel), pensèrent que peut-être ses œuvres étaient d'Andrée qui, par amour, voulait lui en laisser la gloire, ou que plus probablement il payait, avec sa grande fortune personnelle que ses folies avaient seulement **ébréchée** [3017 V-TempA-2], quelque professionnel génial et besogneux pour les faire. Ce genre de société riche, non **décrassée** [3018 Adj-Epith-3] par la fréquentation de l'aristocratie et n'ayant aucune idée de ce qu'est un artiste – lequel est seulement **figuré** [3019 V-Pass-1] pour eux, soit par un acteur qu'ils font venir débiter des monologues pour les fiançailles de leur fille, en lui remettant tout de suite son cachet discrètement dans un salon voisin, soit par un peintre chez qui ils la font poser une fois qu'elle est **mariée** [3020 V-Pass-1], avant les enfants et quand elle est encore à son avantage – croient volontiers que tous les gens du monde qui écrivent, composent ou peignent, font faire leurs œuvres et payent pour avoir une réputation d'auteur comme d'autres pour s'assurer un siège de député. Mais tout cela était faux, et ce jeune homme était bien l'auteur de ces œuvres admirables. Quand je le sus, je fus

obligé [3021 V-Pass-1] d'hésiter entre diverses suppositions. Ou bien il avait **été** [3022 V-TempA-0], en effet, pendant de longues années la « brute épaisse » qu'il paraissait, et quelque cataclysme physiologique avait **éveillé** [3023 V-TempA-0] en lui le génie **assoupi** [3024 Adj-Epith-3] comme la Belle au bois dormant ; ou bien à cette époque de sa rhétorique orageuse, de ses recalages au bachot, de ses grosses pertes de jeu de Balbec, de sa crainte de monter dans le « tram » avec des fidèles de sa tante Verdurin à cause de leur vilain habillement, il était déjà un homme de génie, peut-être **distrait** [3025 Adj-Epith-3] de son génie, l'ayant **laissé** [3026 V-TempA-2] la clef sous la porte dans l'effervescence de passions juvéniles ; ou bien, même homme de génie déjà conscient, et dernier en classe parce que, pendant que le professeur disait des banalités sur Cicéron, lui lisait Rimbaud ou Gœthe. Certes, rien ne laissait soupçonner cette hypothèse quand je le rencontrai à Balbec, où ses préoccupations me parurent s'attacher uniquement à la correction des attelages et à la préparation des cocktails. Mais ce n'est pas encore une objection irréfutable. Il pouvait être très vaniteux, ce qui peut s'allier au génie, et chercher à briller de la manière qu'il savait propre à éblouir dans le monde où il vivait et qui n'était nullement de prouver une connaissance **approfondie** [3027 Adj-Epith-3] des affinités électives, mais bien plutôt de conduire à quatre. D'ailleurs je ne suis pas sûr que plus tard, quand il fut **devenu** [3028 V-TempE-1] l'auteur de ces belles œuvres si originales, il eût beaucoup **aimé** [3029 V-TempA-0], hors des théâtres où il était **connu** [3030 V-Pass-1], à dire bonjour à quelqu'un qui n'aurait pas **été** [3031 V-TempA-0] en smoking, comme les fidèles dans leur première manière, ce qui prouverait chez lui non de la bêtise mais de la vanité, et même un certain sens pratique, une certaine clairvoyance à adapter sa vanité à la mentalité des imbéciles, à l'estime de qui il tenait et pour lesquels le smoking brille peut-être d'un plus vif éclat que le regard d'un penseur. Qui sait si, **vu** [3032 Adj-Epith-3] du dehors, tel homme de talent, ou même un homme sans talent mais aimant les choses de l'esprit, moi par exemple, n'eût pas **fait** [3033 V-TempA-0], à qui l'eût **rencontré** [3034 V-TempA-2] à Rivebelle, à l'Hôtel de Balbec, ou sur la digue de Balbec, l'effet du plus parfait et prétentieux imbécile ? Sans compter que pour Octave les choses de l'art devaient être quelque chose de si intime, de vivant tellement dans les plus secrets replis de lui-même, qu'il n'eût sans doute pas **eu** [3035 V-TempA-0] l'idée d'en parler, comme eût **fait** [3036 V-TempA-0] Saint-Loup par exemple, pour qui les arts avaient le prestige que les attelages avaient pour Octave. Puis il pouvait avoir la passion du jeu, et on dit qu'il l'a **gardée** [3037 V-TempA-2]. Tout de même, si la piété qui fit revivre l'œuvre inconnue de Vinteuil est **sortie** [3038 V-TempE-1] du milieu si trouble de Montjouvain, je ne fus pas moins **frappé** [3039 V-Pass-1] de penser que les chefs-d'œuvre peut-être les plus extraordinaires de notre époque sont **sortis** [3040 V-TempE-1] non du concours général, d'une éducation modèle, académique, à la Broglie, mais de la fréquentation des « pesages » et des grands bars. En tous cas, à cette époque, à Balbec, les raisons qui faisaient désirer à moi de le connaître, à Albertine et ses amies que je ne le connusse pas, étaient également étrangères à sa valeur, et auraient **pu** [3041 V-TempA-0] seulement mettre en lumière l'éternel malentendu d'un « intellectuel » (**représenté** [3042 Adj-Epith-3] en l'espèce par moi) et des gens du monde (**représentés** [3043 Adj-Epith-3] par la petite bande) au sujet d'une personne mondaine (le jeune joueur de golf). Je ne pressentais nullement son talent, et son prestige à mes yeux, du même genre qu'autrefois celui de Mme Blatin, était d'être – quoi qu'elles prétendissent – l'ami de mes amies, et plus de leur bande que moi. D'autre part, Albertine et Andrée, symbolisant en cela l'incapacité des gens du monde à porter un jugement valable sur les choses de l'esprit et leur propension à s'attacher dans cet ordre à de faux-semblants, non seulement n'étaient pas loin de me trouver stupide parce que j'étais curieux d'un tel imbécile, mais s'étonnaient surtout que, joueur de golf pour joueur de golf, mon choix se fût justement **porté** [3044 V-TempE-1] sur le plus insignifiant. Si encore j'avais **voulu** [3045 V-TempA-0] me lier avec le jeune Gilbert de Bellœuvre ; en dehors du golf c'était un garçon qui avait de la conversation, qui avait **eu** [3046 V-TempA-0] un accessit au concours général et faisait agréablement les vers (or il était, en réalité, plus bête qu'aucun). Ou alors si mon but était de « faire une étude pour un livre », Guy Saumoy, qui était complètement fou, avait **enlevé** [3047 V-TempA-0] deux jeunes filles, était au moins un type curieux qui pouvait « m'intéresser ». Ces deux-là, on me les eût « **permis** [3048 V-TempA-2] », mais l'autre, quel agrément pouvais-je lui trouver ? c'était le type de la « grande brute », de la « brute épaisse ». Pour revenir à la visite d'Andrée, après la révélation qu'elle venait de me faire sur ses relations avec Albertine elle ajouta que la principale raison pour laquelle Albertine m'avait **quitté** [3049 V-TempA-2], c'était à cause de ce que pouvaient penser ses amies de la petite bande, et d'autres encore, de la voir ainsi habiter chez un jeune homme avec qui elle n'était pas **mariée** [3050 V-Pass-1] : « Je sais bien que c'était chez votre mère. Mais cela ne fait rien. Vous ne savez pas ce que c'est que tout ce monde de jeunes filles, ce qu'elles se cachent les unes des autres, comme elles craignent l'opinion des autres. J'en ai **vu** [3051 V-TempA-0] d'une sévérité terrible avec des jeunes gens, simplement parce qu'ils connaissaient leurs amies et qu'elles craignaient que certaines choses ne fussent **répétées** [3052 V-Pass-1], et celles-là même, le hasard me <u>les</u> a **montrées** [3053 V-TempA-2] tout autres, bien contre leur gré. » Quelques mois plus tôt, ce savoir que paraissait posséder Andrée des mobiles auxquels obéissent les filles de la petite bande m'eût **paru** [3054 V-TempA-0] le plus précieux du monde. Peut-être ce qu'elle disait suffisait-il à expliquer qu'Albertine, qui s'était **donnée** [3055 V-TempE-1] à moi ensuite à Paris, se fût **refusée** [3056 V-TempE-1] à Balbec où je voyais constamment ses amies, ce que j'avais l'absurdité de croire un tel avantage pour être au mieux avec elle. Peut-être même était-ce de voir quelques mouvements de confiance de moi avec Andrée, ou que j'eusse imprudemment **dit** [3057 V-TempA-0] à celle-ci qu'Albertine allait coucher au Grand Hôtel, qui faisait qu'Albertine qui peut-être, une heure avant, était prête à me laisser prendre certains plaisirs comme la chose la plus simple, avait **eu** [3058 V-TempA-0] un revirement et avait **menacé** [3059 V-TempA-0] de sonner. Mais alors, elle avait **dû** [3060 V-TempA-0] être facile avec bien d'autres. Cette idée réveilla ma jalousie et je dis à Andrée qu'il y avait une chose que je voulais lui demander. « Vous faisiez cela dans l'appartement inhabité de votre grand'mère ? – Oh ! non, jamais, nous aurions **été** [3061 V-TempA-0] **dérangées** [3062 V-Pass-1]. – Tiens, je croyais, il me semblait... – D'ailleurs, Albertine aimait surtout faire cela à la campagne. – Où ça ? – Autrefois, quand elle n'avait pas le temps d'aller très loin, nous allions aux Buttes-Chaumont. Elle connaissait là une maison. Ou bien sous les arbres, il n'y a personne ; dans la grotte du petit Trianon aussi. – Vous voyez bien, comment vous croire ? Vous m'aviez **juré** [3063 V-TempA-0], il n'y a pas un an, n'avoir <u>rien</u> **fait** [3064 V-TempA-2] aux Buttes-Chaumont. – J'avais peur de vous faire de la peine. » Comme je <u>l</u>'ai **dit** [3065 V-TempA-2], je pensai, beaucoup plus tard seulement, qu'au contraire, cette seconde fois, le jour des aveux, Andrée avait **cherché** [3066 V-TempA-0] à me faire de la peine. Et j'en aurais **eu** [3067 V-TempA-0] tout de suite, pendant qu'elle parlait, l'idée, parce que j'en aurais

éprouvé [3068 V-TempA-0] le besoin si j'avais encore autant **aimé** [3069 V-TempA-0] Albertine. Mais les paroles d'Andrée ne me faisaient pas assez mal pour qu'il me fût indispensable de les juger immédiatement mensongères. En somme, si ce que disait Andrée était vrai, et je n'en doutai pas d'abord, l'Albertine réelle que je découvrais, après avoir **connu** [3070 V-TempA-0] tant d'apparences diverses d'Albertine, différait fort peu de la fille orgiaque **surgie** [3071 Adj-Epith-3] et **devinée** [3072 Adj-Epith-3], le premier jour, sur la digue de Balbec et qui m'avait successivement **offert** [3073 V-TempA-0] tant d'aspects, comme modifie tour à tour la disposition de ses édifices, jusqu'à écraser, à effacer le monument capital qu'on voyait seul dans le lointain, une ville dont on approche, mais dont finalement, quand on la connaît bien et qu'on la juge exactement, les proportions vraies étaient celles que la perspective du premier coup d'œil avait **indiquées** [3074 V-TempA-2], le reste, par où on avait **passé** [3075 V-TempA-0], n'étant que cette série successive de lignes de défense que tout être élève contre notre vision et qu'il faut franchir l'une après l'autre, au prix de combien de souffrances, avant d'arriver au cœur. D'ailleurs, si je n'eus pas besoin de croire absolument à l'innocence d'Albertine, parce que ma souffrance avait **diminué** [3076 V-TempA-0], je peux dire que, réciproquement, si je ne souffris pas trop de cette révélation, c'est que, depuis quelque temps, à la croyance que je m'étais **forgée** [3077 V-TempE-2] de l'innocence d'Albertine s'était **substituée** [3078 V-TempE-1] peu à peu, et sans que je m'en rendisse compte, la croyance, toujours présente en moi, en sa culpabilité. Or si je ne croyais plus à l'innocence d'Albertine, c'est que je n'avais déjà plus le besoin, le désir **passionné** [3079 Adj-Epith-3] d'y croire. C'est le désir qui engendre la croyance, et si nous ne nous en rendons pas compte d'habitude, c'est que la plupart des désirs créateurs de croyances ne finissent – contrairement à celui qui m'avait **persuadé** [3080 V-TempA-2] qu'Albertine était innocente – qu'avec nous-même. À tant de preuves qui corroboraient ma version première j'avais stupidement **préféré** [3081 V-TempA-0] de simples affirmations d'Albertine. Pourquoi l'avoir **crue** [3082 V-TempA-2] ? Le mensonge est essentiel à l'humanité. Il y joue peut-être un aussi grand rôle que la recherche du plaisir, et d'ailleurs, est **commandé** [3083 V-Pass-1] par cette recherche. On ment pour protéger son plaisir ou son honneur si la divulgation du plaisir est contraire à l'honneur. On ment toute sa vie, même surtout, peut-être seulement, à ceux qui nous aiment. Ceux-là seuls, en effet, nous font craindre pour notre plaisir et désirer leur estime. J'avais d'abord **cru** [3084 V-TempA-0] Albertine coupable, et seul mon désir, employant à une œuvre de doute les forces de mon intelligence, m'avait **fait** [3085 V-TempA-0] faire fausse route. Peut-être vivons-nous **entourés** [3086 Adj-Attr-1] d'indications électriques, sismiques, qu'il nous faut interpréter de bonne foi pour connaître la vérité des caractères. S'il faut le dire, si triste malgré tout que je fusse des paroles d'Andrée, je trouvais plus beau que la réalité se trouvât enfin concorder avec ce que mon instinct avait d'abord **pressenti** [3087 V-TempA-2] plutôt qu'avec le misérable optimisme auquel j'avais lâchement **cédé** [3088 V-TempA-0] par la suite. J'aimais mieux que la vie fût à la hauteur de nos intuitions. Celles-ci, du reste, que j'avais **eues** [3089 V-TempA-2] le premier jour sur la plage, quand j'avais **cru** [3090 V-TempA-0] que ces jeunes filles incarnaient la frénésie du plaisir, le vice, et aussi le soir où j'avais **vu** [3091 V-TempA-0] l'institutrice d'Albertine faire rentrer cette fille **passionnée** [3092 Adj-Epith-3] dans la petite villa, comme on pousse dans sa cage un fauve que rien plus tard, malgré les apparences, ne pourra domestiquer, ne s'accordaient-elles pas à ce que m'avait **dit** [3093 V-TempA-2] Bloch quand il m'avait **rendu** [3094 V-TempA-0] la terre si belle en m'y montrant, me faisant frissonner dans toutes mes promenades, à chaque rencontre, l'universalité du désir ? Peut-être malgré tout, ces intuitions premières, valait-il mieux que je ne les rencontrasse à nouveau **vérifiées** [3095 Adj-Attr-2] que maintenant. Tandis que durait tout mon amour pour Albertine, elles m'eussent trop **fait** [3096 V-TempA-0] souffrir et il eût **été** [3097 V-TempA-0] mieux qu'il n'eût **subsisté** [3098 V-TempA-0] d'elles qu'une trace, mon perpétuel soupçon de choses que je ne voyais pas et qui pourtant se passaient continuellement si près de moi, et peut-être une autre trace encore, antérieure, plus vaste, qui était *mon amour lui-même*. N'était-ce pas, en effet, malgré toutes les dénégations de ma raison, connaître dans toute sa hideur Albertine, que la choisir, l'aimer ? et même dans les moments où la méfiance s'assoupit, l'amour n'en est-il pas la persistance et une transformation ? n'est-il pas une preuve de clairvoyance (preuve inintelligible à l'amant lui-même) puisque le désir, allant toujours vers ce qui nous est le plus **opposé** [3099 Adj-Attr-1], nous force d'aimer ce qui nous fera souffrir ? Il entre certainement dans le charme d'un être, dans l'attrait de ses yeux, de sa bouche, de sa taille, les éléments, inconnus de nous, qui sont susceptibles de nous rendre le plus malheureux, si bien que nous sentir **attiré** [3100 Adj-Attr-2] vers cet être, commencer à l'aimer, c'est, si innocent que nous le prétendions, lire déjà, dans une version différente, toutes ses trahisons et ses fautes. Et ces charmes qui, pour m'attirer, matérialisaient ainsi les parties nocives, dangereuses, mortelles, d'un être, peut-être étaient-ils avec ces secrets poisons dans un rapport de cause à effet plus direct que ne le sont la luxuriance séductrice et le suc **empoisonné** [3101 Adj-Epith-3] de certaines fleurs vénéneuses ? C'est peut-être, me disais-je, le vice lui-même d'Albertine, cause de mes souffrances futures, qui avait **produit** [3102 V-TempA-0] chez elle ces manières bonnes et franches, donnant l'illusion qu'on avait avec elle la même camaraderie loyale et sans restriction qu'avec un homme, comme un vice parallèle avait **produit** [3103 V-TempA-0] chez M. de Charlus une finesse féminine de sensibilité et d'esprit. Au milieu du plus complet aveuglement, la perspicacité subsiste sous la forme même de la prédilection et de la tendresse. De sorte qu'on a tort de parler en amour de mauvais choix puisque, dès qu'il y a choix, il ne peut être que mauvais. « Est-ce que ces promenades aux Buttes-Chaumont eurent lieu quand vous veniez la chercher à la maison ? dis-je à Andrée. – Oh ! non, du jour où Albertine fut **revenue** [3104 V-TempE-1] de Balbec avec vous, sauf ce que je vous ai **dit** [3105 V-TempA-2], elle ne fit plus jamais rien avec moi. Elle ne me permettait même plus de lui parler de ces choses. – Mais, ma petite Andrée, pourquoi mentir encore ? Par le plus grand des hasards, car je ne cherche jamais à rien connaître, j'ai **appris** [3106 V-TempA-0], jusque dans les détails les plus précis, des choses de ce genre qu'Albertine faisait, je peux vous préciser, au bord de l'eau, avec une blanchisseuse, quelques jours à peine avant sa mort. – Ah ! peut-être après vous avoir **quitté** [3107 V-TempA-2], cela je ne sais pas. Elle sentait qu'elle n'avait **pu** [3108 V-TempA-0], ne pourrait plus jamais regagner votre confiance. » Ces derniers mots m'accablèrent. Puis je repensai au soir de la branche de seringa, je me rappelai qu'environ quinze jours après, comme ma jalousie changeait successivement d'objet, j'avais **demandé** [3109 V-TempA-0] à Albertine si elle n'avait jamais **eu** [3110 V-TempA-0] de relations avec Andrée, et qu'elle m'avait **répondu** [3111 V-TempA-0] : « Oh ! jamais, certes j'adore Andrée ; j'ai pour elle une affection profonde, mais comme pour une sœur, et même si j'avais les goûts que vous semblez croire, c'est la dernière personne à qui j'aurais **pensé** [3112 V-TempA-0] pour cela. Je peux vous le jurer sur tout ce que vous voudrez, sur ma tante, sur la tombe de ma pauvre mère. » Je l'avais **crue** [3113 V-

TempA-2]. Et pourtant, même si je n'avais pas **été** [3114 V-TempA-0] **mis** [3115 V-Pass-1] en méfiance par la contradiction entre ses demi-aveux d'autrefois relativement à certaines choses et la netteté avec laquelle elle les avait **niées** [3116 V-TempA-2] ensuite dès qu'elle avait **vu** [3117 V-TempA-0] que cela ne m'était pas égal, j'aurais **dû** [3118 V-TempA-0] me rappeler Swann **persuadé** [3119 Adj-Epith-3 / Adj-Attr-2] du platonisme des amitiés de M. de Charlus et me l'affirmant le soir même du jour où j'avais **vu** [3120 V-TempA-0][89] le giletier et le baron dans la cour. J'aurais **dû** [3121 V-TempA-0] penser qu'il y a l'un devant l'autre deux mondes, l'un **constitué** [3122 Adj-Epith-3] par les choses que les êtres les meilleurs, les plus sincères, disent, et derrière lui le monde **composé** [3123 Adj-Epith-3] par la succession de ce que ces mêmes êtres font ; si bien que quand une femme **mariée** [3124 Adj-Epith-3] vous dit d'un jeune homme : « Oh ! c'est parfaitement vrai que j'ai une immense amitié pour lui, mais c'est quelque chose de très innocent, de très pur, je pourrais le jurer sur le souvenir de mes parents », on devrait soi-même, au lieu d'avoir une hésitation, se jurer qu'elle sort probablement du cabinet de toilette où, après chaque rendez-vous qu'elle a **eu** [3125 V-TempA-2] avec ce jeune homme, elle se précipite pour n'avoir pas d'enfants. La branche de seringa me rendait mortellement triste, et aussi qu'Albertine m'eût **cru** [3126 V-TempA-2], m'eût **dit** [3127 V-TempA-2] fourbe et la détestant ; plus que tout peut-être, des mensonges si inattendus que j'avais peine à les assimiler à ma pensée. Un jour Albertine m'avait **raconté** [3128 V-TempA-0] qu'elle avait **été** [3129 V-TempA-0] à un camp d'aviation, qu'elle était amie de l'aviateur (sans doute pour détourner mon soupçon des femmes, pensant que j'étais moins jaloux des hommes), que c'était amusant de voir comme Andrée était **émerveillée** [3130 Adj-Attr-1] devant cet aviateur, devant tous les hommages qu'il rendait à Albertine, au point qu'Andrée avait **voulu** [3131 V-TempA-0] faire une promenade en avion avec lui. Or cela était **inventé** [3132 V-Pass-1] de toutes pièces, jamais Andrée n'était **allée** [3133 V-TempE-1] dans ce camp d'aviation.

Quand Andrée fut **partie** [3134 V-TempE-1], l'heure du dîner était **arrivée** [3135 V-TempE-1]. « Tu ne devineras jamais qui m'a **fait** [3136 V-TempA-0] une visite d'au moins trois heures, me dit ma mère. Je compte trois heures, c'est peut-être plus, elle était

---

[89] Var. ms. : *entendu*.

arrivée [3137 V-TempE-1] presque en même temps que la première personne, qui était Mme Cottard, a **vu** [3138 V-TempA-0] successivement, sans bouger, entrer et sortir mes différentes visites – et j'en ai **eu** [3139 V-TempA-0] plus de trente – et ne m'a **quittée** [3140 V-TempA-2] qu'il y a un quart d'heure. Si tu n'avais pas **eu** [3141 V-TempA-0] ton amie Andrée, je t'aurais **fait** [3142 V-TempA-0] appeler. – Mais enfin qui était-ce ? – Une personne qui ne fait jamais de visites. – La princesse de Parme ? – Décidément, j'ai un fils plus intelligent que je ne croyais. Ce n'est pas un plaisir de te faire chercher un nom, car tu trouves tout de suite. – Elle ne s'est pas **excusée** [3143 V-TempE-1] de sa froideur d'hier ? – Non, ça aurait **été** [3144 V-TempA-0] stupide, sa visite était justement cette excuse. Ta pauvre grand'mère aurait **trouvé** [3145 V-TempA-0] cela très bien. Il paraît qu'elle avait **fait** [3146 V-TempA-0] demander vers deux heures par un valet de pied si j'avais un jour. On lui a **répondu** [3147 V-TempA-0] que c'était justement aujourd'hui, et elle est **montée** [3148 V-TempE-1]. » Ma première idée, que je n'osai pas dire à maman, fut que la princesse de Parme, **entourée** [3149 Adj-Epith-3] la veille de personnes brillantes avec qui elle était très **liée** [3150 Adj-Attr-1] et avec qui elle aimait à causer, avait **ressenti** [3151 V-TempA-0] de voir entrer ma mère un dépit qu'elle n'avait pas **cherché** [3152 V-TempA-0] à dissimuler. Et c'était tout à fait dans le genre des grandes dames allemandes, qu'avaient, du reste, beaucoup **adopté** [3153 V-TempA-2] les Guermantes, cette morgue qu'on croyait réparer par une scrupuleuse amabilité. Mais ma mère crut, et j'ai **cru** [3154 V-TempA-0] ensuite comme elle, que tout simplement la princesse de Parme ne l'avait pas **reconnue** [3155 V-TempA-2], n'avait pas **cru** [3156 V-TempA-0] devoir s'occuper d'elle, qu'elle avait **appris** [3157 V-TempA-0] après le départ de ma mère qui elle était, soit par la duchesse de Guermantes que ma mère avait **rencontrée** [3158 V-TempA-2] en bas, soit par la liste des visiteuses auxquelles les huissiers avant qu'elles entrassent demandaient leur nom pour l'inscrire sur un registre. Elle avait **trouvé** [3159 V-TempA-0] peu aimable de faire dire ou de dire à ma mère : « Je ne vous ai pas **reconnue** [3160 V-TempA-2] », mais, ce qui n'était pas moins conforme à la politesse des cours allemandes et aux façons Guermantes que ma première version, avait **pensé** [3161 V-TempA-0] qu'une visite, chose exceptionnelle de la part de l'Altesse, et surtout une visite de plusieurs heures, fournirait à ma mère, sous une forme indirecte et tout aussi persuasive, cette explication, ce qui arriva en effet. Mais je ne m'attardai pas à demander à ma mère un récit de la visite de la princesse, car je venais de me rappeler plusieurs faits relatifs à Albertine sur lesquels je voulais et j'avais **oublié** [3162 V-TempA-0] d'interroger Andrée. Combien peu, d'ailleurs, je savais, je saurais jamais de cette histoire d'Albertine, la seule histoire qui m'eût particulièrement **intéressé** [3163 V-TempA-2], du moins qui recommençait à m'intéresser à certains moments. Car l'homme est cet être sans âge fixe, cet être qui a la faculté de redevenir en quelques secondes de beaucoup d'années plus jeune, et qui **entouré** [3164 Adj-Epith-3] des parois du temps où il a **vécu** [3165 V-TempA-0], y flotte, mais comme dans un bassin dont le niveau changerait constamment et le mettrait à portée tantôt d'une époque, tantôt d'une autre. J'écrivis à Andrée de revenir. Elle ne le put qu'une semaine plus tard. Presque dès le début de sa visite, je lui dis : « En somme, puisque vous prétendez qu'Albertine ne faisait plus ce genre de choses quand elle vivait ici, d'après vous, c'est pour les faire plus librement qu'elle m'a **quitté** [3166 V-TempA-2], mais pour quelle amie ? – Sûrement pas, ce n'est pas du tout pour cela. – Alors parce que j'étais trop désagréable ? – Non, je ne crois pas. Je crois qu'elle a **été** [3167 V-TempA-0] **forcée** [3168 V-Pass-1] de vous quitter par sa tante qui avait des vues pour elle sur cette canaille, vous savez, ce jeune homme que vous appeliez « *je suis dans les choux* », ce jeune homme qui aimait Albertine et l'avait **demandée** [3169 V-TempA-2]. Voyant que vous ne l'épousiez pas, ils ont **eu** [3170 V-TempA-0] peur que la prolongation choquante de son séjour chez vous n'empêchât ce jeune homme de l'épouser. Mme Bontemps, sur qui le jeune homme ne cessait de faire agir, a **rappelé** [3171 V-TempA-0] Albertine. Albertine, au fond, avait besoin de son oncle et de sa tante et quand elle a **su** [3172 V-TempA-0] qu'on lui mettait le marché en mains, elle vous a **quitté** [3173 V-TempA-2]. » Je n'avais jamais dans ma jalousie **pensé** [3174 V-TempA-0] à cette explication, mais seulement aux désirs d'Albertine pour les femmes et à ma surveillance, j'avais **oublié** [3175 V-TempA-0] qu'il y avait aussi Mme Bontemps qui pouvait trouver étrange un peu plus tard ce qui avait **choqué** [3176 V-TempA-0] ma mère dès le début. Du moins Mme Bontemps craignait que cela ne choquât ce fiancé possible qu'elle lui gardait comme une poire pour la soif, si je ne l'épousais pas. Ce mariage était-il vraiment la raison du départ d'Albertine, et par amour-propre, pour ne pas avoir l'air de dépendre de sa tante, ou de me forcer à l'épouser, n'avait-elle pas

voulu [3177 V-TempA-0] le dire ? Je commençais à me rendre compte que le système des causes nombreuses d'une seule action, dont Albertine était adepte dans ses rapports avec ses amies quand elle laissait croire à chacune que c'était pour elle qu'elle était **venue** [3178 V-TempE-1], n'était qu'une sorte de symbole artificiel, **voulu** [3179 Adj-Epith-3], des différents aspects que prend une action selon le point de vue où on se place. L'étonnement et l'espèce de honte que je ressentais de ne pas m'être une seule fois **dit** [3180 V-TempE-0] qu'Albertine était chez moi dans une position fausse qui pouvait ennuyer sa tante, cet étonnement, ce n'était pas la première fois, ce ne fut pas la dernière fois, que je l'éprouvai. Que de fois il m'est **arrivé** [3181 V-TempE-1], après avoir **cherché** [3182 V-TempA-0] à comprendre les rapports de deux êtres et les crises qu'ils amènent, d'entendre tout d'un coup un troisième m'en parler à son point de vue à lui, car il a des rapports plus grands encore avec l'un des deux, point de vue qui a peut-être **été** [3183 V-TempA-0] la cause de la crise. Et si les actes restent ainsi incertains, comment les personnes elles-mêmes ne le seraient-elles pas ? À entendre les gens qui prétendaient qu'Albertine était une roublarde qui avait **cherché** [3184 V-TempA-0] à se faire épouser par tel ou tel, il n'est pas difficile de supposer comment ils eussent **défini** [3185 V-TempA-0] sa vie chez moi. Et pourtant, à mon avis elle avait **été** [3186 V-TempA-0] une victime, une victime peut-être pas tout à fait pure, mais dans ce cas coupable pour d'autres raisons, à cause de vices dont on ne parlait point. Mais il faut surtout se dire ceci : d'une part, le mensonge est souvent un trait de caractère ; d'autre part, chez des femmes qui ne seraient pas sans cela menteuses, il est une défense naturelle, **improvisée** [3187 Adj-Epith-3], puis de mieux en mieux **organisée** [3188 Adj-Epith-3], contre ce danger subit et qui serait capable de détruire toute vie : l'amour. D'autre part, ce n'est pas l'effet du hasard si les êtres intellectuels et sensibles se donnent toujours à des femmes insensibles et inférieures, et tiennent cependant à elles au point que la preuve qu'ils ne sont pas **aimés** [3189 V-Pass-1] ne les guérit nullement de tout sacrifier à conserver près d'eux une telle femme. Si je dis que de tels hommes ont besoin de souffrir, je dis une chose exacte, en supprimant les vérités préliminaires qui font de ce besoin – involontaire en un sens – de souffrir une conséquence parfaitement compréhensible de ces vérités. Sans compter que, les natures complètes étant rares, un être très sensible et très intellectuel aura généralement peu de volonté, sera le jouet de l'habitude et de cette peur de souffrir dans la minute qui vient, qui voue aux souffrances perpétuelles – et que dans ces conditions il ne voudra jamais répudier la femme qui ne l'aime pas. On s'étonnera qu'il se contente de si peu d'amour, mais il faudra plutôt se représenter la douleur que peut lui causer l'amour qu'il ressent. Douleur qu'il ne faut pas trop plaindre, car il en est de ces terribles commotions que nous donnent l'amour malheureux, le départ, la mort d'une amante, comme de ces attaques de paralysie qui nous foudroient d'abord, mais après lesquelles les muscles tendent peu à peu à reprendre leur élasticité, leur énergie vitales. De plus cette douleur n'est pas sans compensation. Ces êtres intellectuels et sensibles sont généralement peu enclins au mensonge. Celui-ci les prend d'autant plus au dépourvu que, même très intelligents, ils vivent dans le monde des possibles, réagissent peu, vivent dans la douleur qu'une femme vient de leur infliger plutôt que dans la claire perception de ce qu'elle voulait, de ce qu'elle faisait, de celui qu'elle aimait, perception **donnée** [3190 Adj-Epith-3] surtout aux natures volontaires et qui ont besoin de cela pour parer à l'avenir au lieu de pleurer le passé. Donc ces êtres se sentent **trompés** [3191 Adj-Attr-2] sans trop savoir comment. Par là la femme médiocre, qu'on s'étonnait de les voir aimer, leur enrichit bien plus l'univers que n'eût **fait** [3192 V-TempA-0] une femme intelligente. Derrière chacune de ses paroles, ils sentent un mensonge ; derrière chaque maison où elle dit être **allée** [3193 V-TempE-1], une autre maison ; derrière chaque action, chaque être une autre action, un autre être. Sans doute ils ne savent pas lesquels, n'ont pas l'énergie, n'auraient peut-être pas la possibilité d'arriver à le savoir. Une femme menteuse, avec un truc extrêmement simple, peut leurrer, sans se donner la peine de le changer, des quantités de personnes et, qui plus est, la même, qui aurait **dû** [3194 V-TempA-0] le découvrir. Tout cela crée, en face de l'intellectuel sensible, un univers tout en profondeurs que sa jalousie voudrait sonder et qui n'est pas sans intéresser son intelligence.

Sans être précisément de ceux-là j'allais peut-être, maintenant qu'Albertine était **morte** [3195 V-TempE-1], savoir le secret de sa vie. Mais cela, ces indiscrétions qui ne se produisent qu'après que la vie terrestre d'une personne est **finie** [3196 V-TempE-1], ne prouvent-elles pas que personne ne croit, au fond, à une vie future ? Si ces indiscrétions sont vraies, on devrait redouter le ressentiment de celle dont on dévoile les actions, autant pour le jour où on la rencontrera au ciel, qu'on le redoutait tant qu'elle vivait, lorsqu'on se croyait

tenu [3197 Adj-Attr-2] à cacher son secret. Et si ces indiscrétions sont fausses, **inventées** [3198 Adj-Attr-1] parce qu'elle n'est plus là pour démentir, on devrait craindre plus encore la colère de la morte si on croyait au ciel. Mais personne n'y croit. De sorte qu'il était possible qu'un long drame se fût **joué** [3199 V-TempE-1] dans le cœur d'Albertine entre rester et me quitter, mais que me quitter fût à cause de sa tante, ou de ce jeune homme, et pas à cause de femmes auxquelles peut-être elle n'avait jamais **pensé** [3200 V-TempA-0]. Le plus grave pour moi fut qu'Andrée, qui n'avait pourtant plus rien à me cacher sur les mœurs d'Albertine, me jura qu'il n'y avait pourtant rien **eu** [3201 V-TempA-0] de ce genre entre Albertine d'une part, Mlle Vinteuil et son amie d'autre part (Albertine ignorait elle-même ses propres goûts quand elle <u>les</u> avait **connues** [3202 V-TempA-2], et celles-ci, par cette peur de se tromper dans le sens qu'on désire, qui engendre autant d'erreurs que le désir lui-même, la considéraient comme très hostile à ces choses. Peut-être bien, plus tard, avaient-elles **appris** [3203 V-TempA-0] sa conformité de goûts avec elles, mais alors elles connaissaient trop Albertine et Albertine les connaissait trop pour qu'elles pussent songer à faire cela ensemble). En somme, je ne comprenais toujours pas davantage pourquoi Albertine <u>m</u>'avait **quitté** [3204 V-TempA-2]. Si la figure d'une femme est difficilement saisissable aux yeux qui ne peuvent s'appliquer à toute cette surface mouvante, aux lèvres, plus encore à la mémoire, si des nuages la modifient selon sa position sociale, selon la hauteur où l'on est **situé** [3205 Adj-Attr-1], quel rideau plus épais encore est **tiré** [3206 V-Pass-1] entre les actions de celle que nous voyons et ses mobiles. Les mobiles sont dans un plan plus profond, que nous n'apercevons pas, et engendrent d'ailleurs d'autres actions que celles que nous connaissons et souvent en absolue contradiction avec elles. À quelle époque n'y a-t-il pas **eu** [3207 V-TempA-0] d'homme public, **cru** [3208 Adj-Epith-3] un saint par ses amis, et qui soit **découvert** [3209 V-Pass-1] avoir **fait** [3210 V-TempA-0] des faux, **volé** [3211 V-TempA-0] l'État, **trahi** [3212 V-TempA-0] sa patrie ? Que de fois un grand seigneur est **volé** [3213 V-Pass-1] par un intendant <u>qu</u>'il a **élevé** [3214 V-TempA-2], dont il eût **juré** [3215 V-TempA-0] qu'il était un brave homme, et qui l'était peut-être ? Or ce rideau **tiré** [3216 Adj-Epith-3] sur les mobiles d'autrui, combien devient-il plus impénétrable si nous avons de l'amour pour cette personne, car il obscurcit notre jugement et les actions aussi de celle qui, <u>se</u> sentant **aimée** [3217 Adj-Attr-2], cesse tout d'un coup d'attacher du prix à ce qui en aurait **eu** [3218 V-TempA-0] sans cela pour elle, comme la fortune par exemple. Peut-être aussi est-elle **poussée** [3219 V-Pass-1] à feindre en partie ce dédain de la fortune dans l'espoir d'obtenir plus en faisant souffrir. Le marchandage peut aussi se mêler au reste. De même, des faits positifs de sa vie, une intrigue qu'elle n'a **confiée** [3220 V-TempA-2] à personne de peur qu'elle ne nous fût **révélée** [3221 V-Pass-1], que beaucoup malgré cela auraient peut-être **connue** [3222 V-TempA-2] s'ils avaient **eu** [3223 V-TempA-0] de la connaître le même désir **passionné** [3224 Adj-Epith-3] que nous, en gardant plus de liberté d'esprit, en éveillant chez l'intéressée moins de suspicions, une intrigue que certains peut-être n'ont pas **ignorée** [3225 V-TempA-2] – mais certains que nous ne connaissons pas et que nous ne saurions où trouver. Et parmi toutes les raisons d'avoir avec nous une attitude inexplicable, il faut faire entrer ces singularités du caractère qui poussent un être, soit par négligence de son intérêt, soit par haine, soit par amour de la liberté, soit par de brusques impulsions de colère, ou par crainte de ce que penseront certaines personnes, à faire le contraire de ce que nous pensions. Et puis il y a les différences de milieu, d'éducation, auxquelles on ne veut pas croire parce que, quand on cause tous les deux, on les efface par les paroles, mais qui se retrouvent, quand on est seul, pour diriger les actes de chacun d'un point de vue si **opposé** [3226 Adj-Epith-3] qu'il n'y a pas de véritable rencontre possible. « Mais, ma petite Andrée, vous mentez encore. Rappelez-vous – vous-même me l'avez **avoué** [3227 V-TempA-2] – je vous ai **téléphoné** [3228 V-TempA-0] la veille, vous rappelez-vous, qu'Albertine avait tant **voulu** [3229 V-TempA-0], et en me le cachant comme quelque chose que je ne devais pas savoir, aller à la matinée Verdurin où Mlle Vinteuil devait venir. – Oui, mais Albertine ignorait absolument que Mlle Vinteuil dût y venir. – Comment ? Vous-même m'avez **dit** [3230 V-TempA-0] que quelques jours avant elle avait **rencontré** [3231 V-TempA-0] Mme Verdurin. D'ailleurs Andrée, inutile de nous tromper l'un l'autre. J'ai **trouvé** [3232 V-TempA-0] un papier un matin dans la chambre d'Albertine, un mot de Mme Verdurin la pressant de venir à la matinée. » Et je lui montrai le mot qu'en effet Françoise s'était **arrangée** [3233 V-TempE-1] pour me faire voir en le plaçant tout au-dessus des affaires d'Albertine quelques jours avant son départ, et, je le crains, en le laissant là pour faire croire à Albertine que j'avais **fouillé** [3234 V-TempA-0] dans ses affaires, pour lui faire savoir en tous cas que j'avais **vu** [3235 V-

TempA-0] ce papier. Et je m'étais souvent **demandé** [3236 V-TempE-0] si cette ruse de Françoise n'avait pas **été** [3237 V-TempA-0] pour beaucoup dans le départ d'Albertine qui, voyant qu'elle ne pouvait plus rien me cacher, se sentait **découragée** [3238 Adj-Attr-2], **vaincue** [3239 Adj-Attr-2]. Je lui montrai le papier : « Je n'ai aucun remords, tout **excusée** [3240 Adj-Epith-3] par ce sentiment si familial... » « Vous savez bien, Andrée, qu'Albertine avait toujours **dit** [3241 V-TempA-0] que l'amie de Mlle Vinteuil était, en effet, pour elle une mère, une sœur. – Mais vous avez mal **compris** [3242 V-TempA-0] ce billet. La personne que Mme Verdurin voulait ce jour-là faire rencontrer chez elle avec Albertine, ce n'était pas du tout l'amie de Mlle Vinteuil, c'était le fiancé « *je suis dans les choux* », et le sentiment familial est celui que Mme Verdurin portait à cette crapule qui est, en effet, son neveu. Pourtant je crois qu'ensuite Albertine a **su** [3243 V-TempA-0] que Mlle Vinteuil devait venir, Mme Verdurin avait **pu** [3244 V-TempA-0] le lui faire savoir accessoirement. Certainement l'idée qu'elle reverrait son amie lui avait **fait** [3245 V-TempA-0] plaisir, lui rappelait un passé agréable, mais comme vous seriez content, si vous deviez aller dans un endroit, de savoir qu'Elstir y est, mais pas plus, pas même autant. Non, si Albertine ne voulait pas dire pourquoi elle voulait aller chez Mme Verdurin, c'est qu'il y avait une répétition où Mme Verdurin avait **convoqué** [3246 V-TempA-0] très peu de personnes, parmi lesquelles ce neveu à elle que vous aviez **rencontré** [3247 V-TempA-2] à Balbec, que Mme Bontemps voulait faire épouser à Albertine et avec qui Albertine voulait parler. C'est une jolie canaille. » Ainsi Albertine, contrairement à ce qu'avait **cru** [3248 V-TempA-2] autrefois la mère d'Andrée, avait **eu** [3249 V-TempA-0], somme toute, un beau parti bourgeois. Et quand elle avait **voulu** [3250 V-TempA-0] voir Mme Verdurin, quand elle lui avait **parlé** [3251 V-TempA-0] en secret, quand elle avait **été** [3252 V-TempA-0] si **fâchée** [3253 V-Pass-1] que j'y fusse **allé** [3254 V-TempE-1] en soirée sans la prévenir, l'intrigue qu'il y avait entre elle et Mme Verdurin avait pour objet de lui faire rencontrer non Mlle Vinteuil, mais le neveu qui aimait Albertine et pour qui Mme Verdurin s'entremettait, avec cette satisfaction de travailler à la réalisation d'un de ces mariages qui surprennent de la part de certaines familles dans la mentalité de qui on n'entre pas complètement, croyant qu'elles tiennent à un mariage riche. Or jamais je n'avais **repensé** [3255 V-TempA-0] à ce neveu qui avait peut-être **été** [3256 V-TempA-0] le déniaiseur grâce auquel j'avais **été** [3257 V-TempA-0] **em-**

brassé [3258 V-Pass-1] la première fois par elle. Et à tout le plan des mobiles d'Albertine que j'avais **construit** [3259 V-TempA-2] il fallait en substituer un autre, ou le lui superposer, car peut-être il ne l'excluait pas, le goût pour les femmes n'empêchant pas de se marier. « Et puis, il n'y a pas besoin de chercher tant d'explications, ajouta Andrée. Dieu sait combien j'aimais Albertine et quelle bonne créature c'était, mais surtout depuis qu'elle avait **eu** [3260 V-TempA-0] la fièvre typhoïde (une année avant que vous ayez **fait** [3261 V-TempA-0] notre connaissance à toutes), c'était un vrai cerveau **brûlé** [3262 Adj-Epith-3]. Tout à coup elle se dégoûtait de ce qu'elle faisait, il fallait changer à la minute même, et elle ne savait sans doute pas elle-même pourquoi. Vous rappelez-vous la première année où vous êtes **venu** [3263 V-TempE-1] à Balbec, l'année où vous nous avez **connues** [3264 V-TempA-2] ? Un beau jour elle s'est **fait** [3265 V-TempE-0] envoyer une dépêche qui la rappelait à Paris, c'est à peine si on a **eu** [3266 V-TempA-0] le temps de faire ses malles. Or elle n'avait aucune raison de partir. Tous les prétextes qu'elle a **donnés** [3267 V-TempA-2] étaient faux. Paris était assommant pour elle à ce moment-là. Nous étions toutes encore à Balbec. Le golf n'était pas **fermé** [3268 V-Pass-1], et même les épreuves pour la grande coupe, qu'elle avait tant **désirée** [3269 V-TempA-2], n'étaient pas **finies** [3270 V-TempE-1]. Sûrement c'est elle qui l'aurait **eue** [3271 V-TempA-2]. Il n'y avait que huit jours à attendre. Eh bien, elle est **partie** [3272 V-TempE-1] au galop ! Souvent je lui en avais **reparlé** [3273 V-TempA-0] depuis. Elle disait elle-même qu'elle ne savait pas pourquoi elle était **partie** [3274 V-TempE-1], que c'était le mal du pays (le pays, c'est Paris, vous pensez si c'est probable), qu'elle se déplaisait à Balbec, qu'elle croyait qu'il y avait des gens qui se moquaient d'elle. » Et je me disais qu'il y avait cela de vrai dans ce que disait Andrée que, si des différences entre les esprits expliquent les impressions différentes **produites** [3275 Adj-Epith-3] sur telle ou telle personne par une même œuvre, les différences de sentiment, l'impossibilité de persuader une personne qui ne vous aime pas, il y a aussi les différences entre les caractères, les particularités d'un caractère qui sont aussi une cause d'action. Puis je cessais de songer à cette explication et je me disais combien il est difficile de savoir la vérité dans la vie. J'avais bien **remarqué** [3276 V-TempA-0] le désir et la dissimulation d'Albertine pour aller chez Mme Verdurin et je ne m'étais pas **trompé** [3277 V-TempE-1]. Mais alors même qu'on tient ainsi un fait, des autres on ne perçoit que l'apparence ; car l'envers de la tapisserie, l'envers réel de l'action, de l'intrigue – aussi bien que celui de l'intelligence, du cœur – se dérobe et nous ne voyons passer que des silhouettes plates dont nous nous disons : c'est ceci, c'est cela ; c'est à cause d'elle, ou de telle autre. La révélation que Mlle Vinteuil devait venir m'avait **paru** [3278 V-TempA-0] l'explication d'autant plus logique qu'Albertine, allant au-devant, m'en avait **parlé** [3279 V-TempA-0]. Et plus tard n'avait-elle pas **refusé** [3280 V-TempA-0] de me jurer que la présence de Mlle Vinteuil ne lui faisait aucun plaisir ? Et ici, à propos de ce jeune homme, je me rappelai ceci que j'avais <u>**oublié**</u> [3281 V-TempA-2] : peu de temps auparavant, pendant qu'Albertine habitait chez moi, je <u>l'</u>avais **rencontré** [3282 V-TempA-2] et il avait **été** [3283 V-TempA-0], contrairement à son attitude à Balbec, excessivement aimable, même affectueux avec moi, <u>m'</u>avait **supplié** [3284 V-TempA-2] de le laisser venir me voir, ce <u>que</u> j'avais **refusé** [3285 V-TempA-2] pour beaucoup de raisons. Or maintenant je comprenais que, tout bonnement, sachant qu'Albertine habitait la maison, il avait **voulu** [3286 V-TempA-0] se mettre bien avec moi pour avoir toutes facilités de la voir et de me l'enlever, et je conclus que c'était un misérable. Quelque temps après, lorsque furent **jouées** [3287 V-Pass-1] devant moi les premières œuvres de ce jeune homme, sans doute je continuai à penser que s'il avait tant **voulu** [3288 V-TempA-0] venir chez moi, c'était à cause d'Albertine, et tout en trouvant cela coupable, je me rappelai que jadis si j'étais **parti** [3289 V-TempE-1] pour Doncières, voir Saint-Loup, c'était en réalité parce que j'aimais Mme de Guermantes. Il est vrai que le cas n'était pas le même, Saint-Loup n'aimant pas Mme de Guermantes, si bien qu'il y avait dans ma tendresse peut-être un peu de duplicité, mais nulle trahison. Mais je songeai ensuite que cette tendresse qu'on éprouve pour celui qui détient le bien que vous désirez, on l'éprouve aussi si, ce bien, celui-là le détient même en l'aimant pour lui-même. Sans doute, il faut alors lutter contre une amitié qui conduira tout droit à la trahison. Et je crois que c'est ce <u>que</u> j'ai toujours **fait** [3290 V-TempA-2]. Mais pour ceux qui n'en ont pas la force, on ne peut pas dire que chez eux l'amitié qu'ils affectent pour le détenteur soit une pure ruse ; ils l'éprouvent sincèrement et à cause de cela la manifestent avec une ardeur qui, une fois la trahison **accomplie** [3291 V-Sub-Pass-1], fait que le mari ou l'amant **trompé** [3292 Adj-Epith-3] peut dire avec une indignation **stupéfiée** [3293 Adj-Epith-3] : « Si vous aviez **entendu** [3294 V-TempA-0] les protestations d'affection que me prodiguait ce misérable ! Qu'on vienne voler un homme de son trésor, je le comprends encore. Mais qu'on éprouve le besoin diabolique de l'assurer d'abord de son amitié, c'est un degré d'ignominie et de perversité qu'on ne peut imaginer. » Or il n'y a pas là une telle perversité, ni même mensonge tout à fait lucide. L'affection de ce genre que m'avait **manifestée** [3295 V-TempA-2] ce jour-là le pseudo-fiancé d'Albertine avait encore une autre excuse, étant plus complexe qu'un simple dérivé de l'amour pour Albertine. Ce n'est que depuis peu qu'il se savait, qu'il s'avouait, qu'il voulait être **proclamé** [3296 V-Pass-1] un intellectuel. Pour la première fois les valeurs autres que sportives ou noceuses existaient pour lui. Le fait que j'eusse **été** [3297 V-TempA-0] **estimé** [3298 V-Pass-1] d'Elstir, de Bergotte, qu'Albertine lui eût peut-être **parlé** [3299 V-TempA-0] de la façon dont je jugeais les écrivains et dont elle se figurait que j'aurais **pu** [3300 V-TempA-0] écrire moi-même, faisait que tout d'un coup j'étais **devenu** [3301 V-TempE-1] pour lui (pour l'homme nouveau qu'il s'apercevait enfin être) quelqu'un d'intéressant avec qui il eût **eu** [3302 V-TempA-0] plaisir à être **lié** [3303 V-Pass-1], à qui il eût **voulu** [3304 V-TempA-0] confier ses projets, peut-être demander de le présenter à Elstir. De sorte qu'il était sincère en demandant à venir chez moi, en m'exprimant une sympathie où des raisons intellectuelles en même temps qu'un reflet d'Albertine mettaient de la sincérité. Sans doute ce n'était pas *pour cela* qu'il tenait tant à venir chez moi, et il eût tout **lâché** [3305 V-TempA-2] pour cela. Mais cette raison dernière, qui ne faisait guère qu'élever à une sorte de paroxysme **passionné** [3306 Adj-Epith-3] les deux premières, il l'ignorait peut-être lui-même, et les deux autres existaient réellement, comme avait **pu** [3307 V-TempA-0] réellement exister chez Albertine ; quand elle avait **voulu** [3308 V-TempA-0] aller, l'après-midi de la répétition, chez Mme Verdurin, le plaisir parfaitement honnête qu'elle aurait **eu** [3309 V-TempA-2] à revoir des amies d'enfance qui pour elle n'étaient pas plus vicieuses qu'elle n'était pour celles-ci, à causer avec elles, à leur montrer, par sa seule présence chez les Verdurin, que la pauvre petite fille qu'elles avaient **connue** [3310 V-TempA-2] était maintenant **invitée** [3311 V-Pass-1] dans un salon marquant, le plaisir aussi qu'elle aurait peut-être **eu** [3312 V-TempA-2] à entendre de la musique de Vinteuil. Si tout cela était vrai, la rougeur qui était **venue** [3313 V-TempE-1] au visage d'Albertine quand j'avais **parlé** [3314 V-TempA-0] de Mlle Vinteuil venait de ce que je l'avais **fait** [3315 V-TempA-2] à propos de cette matinée qu'elle avait **voulu** [3316 V-TempA-0] me cacher à cause de ce projet de mariage que je ne devais pas savoir. Le refus d'Albertine de me jurer qu'elle n'aurait **eu** [3317 V-TempA-0] aucun plaisir à revoir à cette matinée Mlle Vinteuil avait à ce moment-là **augmenté** [3318 V-TempA-0] mon tourment, **fortifié** [3319 V-TempA-0] mes soupçons, mais me prouvait rétrospectivement qu'elle avait **tenu** [3320 V-TempA-0] à être sincère, et même pour une chose innocente, peut-être justement parce que c'était une chose innocente. Il restait ce qu'Andrée m'avait **dit** [3321 V-TempA-2] sur ses relations avec Albertine. Peut-être pourtant, même sans aller jusqu'à croire qu'Andrée les inventait entièrement pour que je ne fusse pas heureux et ne pusse pas me croire supérieur à elle, pouvais-je encore supposer qu'elle avait un peu **exagéré** [3322 V-TempA-0] ce qu'elle faisait avec Albertine, et qu'Albertine, par restriction mentale, diminuait aussi un peu ce qu'elle avait **fait** [3323 V-TempA-2] avec Andrée, se servant systématiquement de certaines définitions que stupidement j'avais **formulées** [3324 V-TempA-2] sur ce sujet, trouvant que ses relations avec Andrée ne rentraient pas dans ce qu'elle devait m'avouer et qu'elle pouvait les nier sans mentir. Mais pourquoi croire que c'était plutôt elle qu'Andrée qui mentait ? La vérité et la vie sont bien ardues, et il me restait d'elles, sans qu'en somme je les connusse, une impression où la tristesse était peut-être encore **dominée** [3325 V-Pass-1] par la fatigue.

Quant à la troisième fois où je me souviens d'avoir **eu** [3326 V-TempA-0] conscience que j'approchais de l'indifférence absolue à l'égard d'Albertine (et, cette dernière fois, jusqu'à sentir que j'y étais tout à fait **arrivé** [3327 V-TempE-1]), ce fut un jour, à Venise, assez longtemps après la dernière visite d'Andrée.

Chapitre III. *Séjour à Venise*

Ma mère m'avait **emmené** [3328 V-TempA-2] passer quelques semaines à Venise et – comme il peut y avoir de la beauté aussi bien que dans les choses les plus humbles dans les plus précieuses – j'y goûtais des impressions analogues à celles que j'avais si souvent **ressenties** [3329 V-TempA-2] autrefois à Combray, mais **transposées** [3330 Adj-Epith-3] selon un mode entièrement différent et plus riche. Quand, à dix heures du matin, on venait ouvrir mes volets, je voyais flamboyer, au lieu du marbre noir que devenaient en resplendissant les ardoises de Saint-Hilaire, l'Ange d'Or du campanile de Saint-Marc. Rutilant d'un soleil qui le rendait presque impossible à fixer, il me faisait avec ses bras grands ouverts, pour quand je serais, une demi-heure plus tard, sur la piazzetta, une promesse de joie plus certaine que celle qu'il put être jadis **chargé** [3331 V-Pass-1] d'annoncer aux hommes de bonne volonté. Je ne pouvais apercevoir que lui tant que j'étais **couché** [3332 Adj-Attr-1], mais comme le monde n'est qu'un vaste cadran solaire où un seul segment **ensoleillé** [3333 Adj-Epith-3][90] nous permet de voir l'heure qu'il est, dès le premier matin je pensai aux boutiques de Combray sur la place de l'Église, qui, le dimanche, étaient sur le point de fermer quand j'arrivais à la messe, tandis que la paille du marché sentait fort sous le soleil déjà chaud. Mais dès le second jour, ce que je vis en m'éveillant, ce pourquoi je me levai (parce que cela s'était **substitué** [3334 V-TempE-1] dans ma mémoire et dans mon désir aux souvenirs de Combray), ce furent les impressions de ma première sortie du matin à Venise, à Venise où la vie quotidienne n'était pas moins réelle qu'à Combray, où comme à Combray le dimanche matin on avait bien le plaisir de descendre dans une rue en fête, mais où cette rue était toute en une eau de saphir, **rafraîchie** [3335 Adj-Epith-3/Adj-Attr-1] de souffles tièdes, et d'une couleur si résistante que mes yeux **fatigués** [3336 Adj-Epith-3] pouvaient, pour se détendre et sans craindre qu'elle fléchît, y appuyer leurs regards. Comme à Combray les bonnes gens de la rue de l'Oiseau, dans cette nouvelle vie aussi les habitants sortaient bien des maisons **alignées** [3337 Adj-Epith-3] l'une à côté de l'autre dans la grande rue, mais ce rôle de maisons projetant un peu d'ombre à leurs pieds était, à Venise, **confié** [3338 V-Pass-1] à des palais de porphyre et de jaspe, au-dessus de la porte **cintrée** [3339 Adj-Epith-3] desquels la tête d'un Dieu barbu (en dépassant l'alignement, comme le marteau d'une porte à Combray) avait pour résultat de rendre plus **foncé** [3340 Adj-Attr-2] par son reflet, non le brun du sol mais le bleu splendide de l'eau. Sur la piazza l'ombre qu'eussent **développée** [3341 V-TempA-2] à Combray la toile du magasin de nouveautés et l'enseigne du coiffeur, c'étaient les petites fleurs bleues que sème à ses pieds sur le désert du dallage **ensoleillé** [3342 Adj-Epith-3] le relief d'une façade Renaissance, non pas que, quand le soleil tapait fort, on ne fût **obligé** [3343 V-Pass-1], à Venise comme à Combray, de baisser, au bord du canal, des stores, mais ils étaient **tendus** [3344 V-Pass-1 / Adj-Attr-1] entre les

---

[90] Var. ms. : *une seule partie ensoleillée.*

quadrilobes et les rinceaux de fenêtres gothiques. J'en dirai autant de celle de notre hôtel devant les balustres de laquelle ma mère m'attendait en regardant le canal avec une patience qu'elle n'eût pas **montrée** [3345 V-TempA-2] autrefois à Combray, en ce temps où, mettant en moi des espérances qui depuis n'avaient pas **été** [3346 V-TempA-0] **réalisées** [3347 V-Pass-1], elle ne voulait pas me laisser voir combien elle m'aimait. Maintenant elle sentait bien que sa froideur apparente n'eût plus rien **changé** [3348 V-TempA-0], et la tendresse qu'elle me prodiguait était comme ces aliments **défendus** [3349 Adj-Epith-3] qu'on ne refuse plus aux malades quand il est **assuré** [3350 Adj-Attr-1] qu'ils ne peuvent guérir. Certes, les humbles particularités qui faisaient individuelle la fenêtre de la chambre de ma tante Léonie, sur la rue de l'Oiseau, son asymétrie à cause de la distance inégale entre les deux fenêtres voisines, la hauteur excessive de son appui de bois, et la barre **coudée** [3351 Adj-Epith-3] qui servait à ouvrir les volets, les deux pans de satin bleu et **glacé** [3352 Adj-Epith-3] qu'une embrasse divisait et retenait **écartés** [3353 Adj-Attr-2], l'équivalent de tout cela existait à cet hôtel de Venise où j'entendais aussi ces mots si particuliers, si éloquents qui nous font reconnaître de loin la demeure où nous rentrons déjeuner, et plus tard restent dans notre souvenir comme un témoignage que pendant un certain temps cette demeure fut la nôtre ; mais le soin de les dire était, à Venise, dévolu[91], non comme il l'était à Combray et comme il l'est un peu partout, aux choses les plus simples, voire les plus laides, mais à l'ogive encore à demi arabe d'une façade qui est **reproduite** [3354 V-Pass-1], dans tous les musées de moulages et tous les livres d'art **illustrés** [3355 Adj-Epith-3], comme un des chefs-d'œuvre de l'architecture domestique au moyen âge ; de bien loin et quand j'avais à peine **dépassé** [3356 V-TempA-0] Saint-Georges le Majeur, j'apercevais cette ogive qui m'avait **vu** [3357 V-TempA-2], et l'élan de ses arcs **brisés** [3358 Adj-Epith-3] ajoutait à son sourire de bienvenue la distinction d'un regard plus **élevé** [3359 Adj-Epith-3], et presque incompris. Et parce que, derrière ses balustres de marbre de diverses couleurs, maman lisait en m'attendant, le visage **contenu** [3360 VSub-Pass-1] dans une voilette de tulle d'un blanc aussi déchirant que celui de ses cheveux, pour moi qui sentais que ma mère l'avait, en cachant ses larmes, **ajoutée** [3361 V-TempA-2] à son chapeau de paille, un peu pour avoir l'air « **habillée** [3362 Adj-Attr-

---

[91] Var. ms. : *confié*.

1] » devant les gens de l'hôtel, mais surtout pour me paraître moins en deuil, moins triste, presque **consolée** [3363 Adj-Attr-1] de la mort de ma grand'mère, parce que, ne m'ayant pas **reconnu** [3364 V-TempA-2] tout de suite, dès que de la gondole je l'appelais elle envoyait vers moi, du fond de son cœur, son amour qui ne s'arrêtait que là où il n'y avait plus de matière pour le soutenir à la surface de son regard **passionné** [3365 Adj-Epith-3] qu'elle faisait aussi proche de moi que possible, qu'elle cherchait à exhausser, à l'avancée de ses lèvres, en un sourire qui semblait m'embrasser, dans le cadre et sous le dais du sourire plus discret de l'ogive **illuminée** [3366 Adj-Epith-3] par le soleil de midi ; à cause de cela, cette fenêtre a **pris** [3367 V-TempA-0] dans ma mémoire la douceur des choses qui eurent en même temps que nous, à côté de nous, leur part dans une certaine heure qui sonnait, la même pour nous et pour elles ; et si pleins de formes admirables que soient ses meneaux, cette fenêtre illustre garde pour moi l'aspect intime d'un homme de génie avec qui nous aurions **passé** [3368 V-TempA-0] un mois dans une même villégiature, qui y aurait **contracté** [3369 V-TempA-0] pour nous quelque amitié, et si depuis, chaque fois que je vois le moulage de cette fenêtre dans un musée, je suis **obligé** [3370 V-Pass-1] de retenir mes larmes, c'est tout simplement parce qu'elle me dit la chose qui peut le plus me toucher : « Je me rappelle très bien votre mère. »

Et pour aller chercher maman qui avait **quitté** [3371 V-TempA-0] la fenêtre, j'avais bien en laissant la chaleur du plein air cette sensation de fraîcheur, jadis **éprouvée** [3372 Adj-Epith-3] à Combray quand je montais dans ma chambre ; mais à Venise c'était un courant d'air marin qui l'entretenait, non plus dans un petit escalier de bois aux marches **rapprochées** [3373 Adj-Epith-3] mais sur les nobles surfaces de degrés de marbre, **éclaboussées** [3374 Adj-Epith-3] à tout moment d'un éclair de soleil glauque, et qui à l'utile leçon de Chardin, **reçue** [3375 Adj-Epith-3] autrefois, ajoutaient celle de Véronèse. Et puisque à Venise ce sont des œuvres d'art, des choses magnifiques, qui sont **chargées** [3376 V-Pass-1] de nous donner les impressions familières de la vie, c'est esquiver le caractère de cette ville, sous prétexte que la Venise de certains peintres est froidement esthétique dans sa partie la plus célèbre, qu'en représenter seulement (exceptons les superbes études de Maxime Dethomas) les aspects misérables, là où ce qui fait sa splendeur s'efface, et pour rendre Venise plus intime et plus vraie lui donner de la ressemblance avec Aubervilliers. Ce fut le tort de très grands artistes, par une réaction bien naturelle contre la

Venise factice des mauvais peintres, de s'être **attachés** [3377 V-TempE-1] uniquement à la Venise, qu'ils trouvèrent plus réaliste, des humbles campi, des petits rii **abandonnés** [3378 Adj-Epith-3]. C'était elle que j'explorais souvent l'après-midi, si je ne sortais pas avec ma mère. J'y trouvais plus facilement, en effet, de ces femmes du peuple, les allumettières, les enfileuses de perles, les travailleuses du verre ou de la dentelle, les petites ouvrières aux grands châles noirs à franges. Ma gondole suivait les petits canaux ; comme la main mystérieuse d'un génie qui m'aurait **conduit** [3379 V-TempA-2] dans les détours de cette ville d'Orient, ils semblaient, au fur et à mesure que j'avançais, me pratiquer un chemin **creusé** [3380 Adj-Epith-3] en plein cœur d'un quartier qu'ils divisaient en écartant à peine d'un mince sillon arbitrairement **tracé** [3381 Adj-Epith-3] les hautes maisons aux petites fenêtres mauresques ; et, comme si le guide magique avait **tenu** [3382 V-TempA-0] une bougie entre ses doigts et m'eût **éclairé** [3383 V-TempA-2] au passage, ils faisaient briller devant eux un rayon de soleil à qui ils frayaient sa route.

On sentait qu'entre les pauvres demeures que le petit canal venait de séparer et qui eussent sans cela **formé** [3384 V-TempA-0] un tout compact, aucune place n'avait **été** [3385 V-TempA-0] **réservée** [3386 V-Pass-1]. De sorte que le campanile de l'église ou les treilles des jardins surplombaient à pic le rio comme dans une ville **inondée** [3387 Adj-Epith-3]. Mais pour les églises comme pour les jardins, grâce à la même transposition que dans le Grand Canal, la mer se prêtait si bien à faire la fonction de voie de communication, de rue grande ou petite, que de chaque côté du canaletto les églises montaient de l'eau en ce vieux quartier populaire, **devenues** [3388 Adj-Epith-3] des paroisses humbles et **fréquentées** [3389 Adj-Epith-3], portant sur elles le cachet de leur nécessité, de la fréquentation de nombreuses petites gens ; que les jardins **traversés** [3390 Adj-Epith-3] par la percée du canal laissaient traîner dans l'eau leurs feuilles ou leurs fruits **étonnés** [3391 Adj-Epith-3], et que, sur le rebord de la maison dont le grès grossièrement **fendu** [3392 Adj-Epith-3] était encore rugueux comme s'il venait d'être brusquement **scié** [3393 V-Pass-1], des gamins **surpris** [3394 Adj-Epith-3] et gardant leur équilibre laissaient pendre leurs jambes bien d'aplomb, à la façon de matelots **assis** [3395 Adj-Epith-3] sur un pont mobile dont les deux moitiés viennent de s'écarter et ont **permis** [3396 V-TempA-0] à la mer de passer entre elles.

Parfois apparaissait un monument plus beau, qui se trouvait là comme une surprise dans une boîte que nous viendrions d'ouvrir, un petit temple d'ivoire avec ses ordres corinthiens et sa statue allégorique au fronton, un peu **dépaysé** [3397 Adj-Epith-3] parmi les choses usuelles au milieu desquelles il traînait, et le péristyle que lui réservait le canal gardait l'air d'un quai de débarquement pour maraîchers.

Le soleil était encore haut dans le ciel quand j'allais retrouver ma mère sur la piazzetta. Nous remontions le Grand Canal en gondole, nous regardions la file des palais entre lesquels nous passions refléter la lumière et l'heure sur leurs flancs **rosés** [3398 Adj-Epith-3] et changer avec elles, moins à la façon d'habitations **privées** [3399 Adj-Epith-3] et de monuments célèbres que comme une chaîne de falaises de marbre au pied de laquelle on va se promener le soir en barque pour voir se coucher le soleil. Telles, les demeures **disposées** [3400 Adj-Epith-3] des deux côtés du chenal faisaient penser à des sites de la nature, mais d'une nature qui aurait **créé** [3401 V-TempA-0] ses œuvres avec une imagination humaine. Mais en même temps (à cause du caractère des impressions toujours urbaines que Venise donne presque en pleine mer, sur ces flots où le flux et le reflux se font sentir deux fois par jour, et qui tour à tour recouvrent à marée haute et découvrent à marée basse les magnifiques escaliers extérieurs des palais), comme nous l'eussions **fait** [3402 V-TempA-2] à Paris sur les boulevards, dans les Champs-Élysées, au Bois, dans toute large avenue à la mode, parmi la lumière poudroyante du soir, nous croisions les femmes les plus élégantes, presque toutes étrangères, et qui, mollement **appuyées** [3403 Adj-Epith-3] sur les coussins de leur équipage flottant, prenaient la file, s'arrêtaient devant un palais où elles avaient une amie à aller voir, faisaient demander si elle était là ; et, tandis qu'en attendant la réponse elles préparaient à tout hasard leur carte pour la laisser, comme elles eussent **fait** [3404 V-TempA-0] à la porte de l'hôtel de Guermantes, elles cherchaient dans leur guide de quelle époque, de quel style était le palais, non sans être **secouées** [3405 V-Pass-1] comme au sommet d'une vague bleue, par le remous de l'eau étincelante et **cabrée** [3406 Adj-Epith-3], qui s'effarait d'être **resserrée** [3407 V-Pass-1] entre la gondole dansante et le marbre retentissant. Et ainsi les promenades, même rien que pour aller faire des visites ou des courses, étaient triples et uniques dans cette Venise où les simples allées et venues mondaines prennent en même temps la forme et le charme d'une visite à un musée et d'une bordée en mer.

Plusieurs des palais du Grand Canal étaient **transformés** [3408 V-Pass-1] en hôtels, et, par goût du changement ou par amabilité pour Mme Sazerat que nous avions **retrouvée** [3409 V-TempA-2] – la connaissance imprévue et inopportune qu'on rencontre chaque fois qu'on voyage – et que maman avait **invitée** [3410 V-TempA-2], nous voulûmes un soir essayer de dîner dans un hôtel qui n'était pas le nôtre et où l'on prétendait que la cuisine était meilleure. Tandis que ma mère payait le gondolier et entrait avec Mme Sazerat dans le salon qu'elle avait **retenu** [3411 V-TempA-2], je voulus jeter un coup d'œil sur la grande salle du restaurant aux beaux piliers de marbre et jadis **couverte** [3412 Adj-Epith-3] tout entière de fresques, depuis mal **restaurées** [3413 Adj-Epith-3]. Deux garçons causaient en un italien que je traduis :

« Est-ce que les vieux mangent dans leur chambre ? Ils ne préviennent jamais. C'est assommant, je ne sais jamais si je dois garder leur table (« non so se bisogna conservar loro la tavola »). Et puis, tant pis s'ils descendent et qu'ils la trouvent **prise** [3414 Adj-Attr-2] ! Je ne comprends pas qu'on reçoive des forestieri comme ça dans un hôtel aussi chic. C'est pas le monde d'ici. »

Malgré son dédain, le garçon aurait **voulu** [3415 V-TempA-0] savoir ce qu'il devait décider relativement à la table, et il allait faire demander au liftier de monter s'informer à l'étage quand, avant qu'il en eût le temps, la réponse lui fut **donnée** [3416 V-Pass-1] : il venait d'apercevoir la vieille dame qui entrait. Je n'eus pas de peine, malgré l'air de tristesse et de fatigue que donne l'appesantissement des années et malgré une sorte d'eczéma, de lèpre rouge qui couvrait sa figure, à reconnaître sous son bonnet, dans sa cotte noire **faite** [3417 Adj-Epith-3] chez W..., mais, pour les profanes, pareille à celle d'une vieille concierge, la marquise de Villeparisis. Le hasard fit que l'endroit où j'étais, debout, en train d'examiner les vestiges d'une fresque, se trouvait, le long des belles parois de marbre, exactement derrière la table où venait de s'asseoir Mme de Villeparisis.

« Alors M. de Villeparisis ne va pas tarder à descendre. Depuis un mois qu'ils sont ici ils n'ont **mangé** [3418 V-TempA-0] qu'une fois l'un sans l'autre », dit le garçon.

Je me demandais quel était celui de ses parents avec lequel elle voyageait et qu'on appelait M. de Villeparisis, quand je vis, au bout de quelques instants, s'avancer vers la table et s'asseoir à côté d'elle son vieil amant, M. de Norpois.

Son grand âge avait **affaibli** [3419 V-TempA-0] la sonorité de sa voix, mais **donné** [3420 V-TempA-0] en revanche à son langage, jadis si plein de réserve, une véritable intempérance. Peut-être fallait-il en chercher la cause dans des ambitions qu'il sentait ne plus avoir grand temps pour réaliser et qui le remplissaient d'autant plus de véhémence et de fougue ; peut-être dans le fait que, **laissé** [3421 Adj-Epith-3] à l'écart d'une politique où il brûlait de rentrer, il croyait, dans la naïveté de son désir, faire mettre à la retraite, par les sanglantes critiques qu'il dirigeait contre eux, ceux qu'il se faisait fort de remplacer. Ainsi voit-on <u>des politiciens</u> **assurés** [3422 Adj-Attr-2] que le cabinet dont ils ne font pas partie n'en a pas pour trois jours. Il serait, d'ailleurs, **exagéré** [3423 Adj-Attr-1] de croire que M. de Norpois avait **perdu** [3424 V-TempA-0] entièrement les traditions du langage diplomatique. Dès qu'il était question de « grandes affaires » il se retrouvait, on va le voir, l'homme <u>que</u> nous avons **connu** [3425 V-TempA-2], mais le reste du temps il s'épanchait sur l'un et sur l'autre avec cette violence sénile de certains octogénaires qui les jette sur des femmes à qui ils ne peuvent plus faire grand mal.

Mme de Villeparisis garda, pendant quelques minutes, le silence d'une vieille femme à qui la fatigue de la vieillesse a **rendu** [3426 V-TempA-0] difficile de remonter du ressouvenir du passé au présent. Puis, dans ces questions toutes pratiques où s'empreint le prolongement d'un mutuel amour :

– Êtes-vous **passé** [3427 V-TempE-1] chez Salviati ?

– Oui.

– Enverront-ils demain ?

– J'ai **rapporté** [3428 V-TempA-0] moi-même la coupe. Je vous la montrerai après le dîner. Voyons le menu.

– Avez-vous **donné** [3429 V-TempA-0] l'ordre de bourse pour mes Suez ?

– Non, l'attention de la Bourse est **retenue** [3430 V-Pass-1] en ce moment par les valeurs de pétrole. Mais il n'y a pas lieu de se presser étant **donné** [3431 Prep] les excellentes dispositions du marché. Voilà le menu. Il y a comme entrée des rougets. Voulez-vous que nous en prenions ?

– Moi, oui, mais vous, cela vous est **défendu** [3432 V-Pass-1]. Demandez à la place du risotto. Mais ils ne savent pas le faire.

– Cela ne fait rien. Garçon, apportez-nous d'abord des rougets pour Madame et un risotto pour moi.

Un nouveau et long silence.

« Tenez, je vous apporte des journaux, le *Corriere della Sera*, la

Gazzetta del Popolo, etc. Est-ce que vous savez qu'il est fortement question d'un mouvement diplomatique dont le premier bouc émissaire serait Paléologue, notoirement insuffisant en Serbie ? Il serait peut-être **remplacé** [3433 V-Pass-1] par Lozé et il y aurait à pourvoir au poste de Constantinople. Mais, s'empressa d'ajouter avec âcreté M. de Norpois, pour une ambassade d'une telle envergure et où il est de toute évidence que la Grande-Bretagne devra toujours, quoi qu'il arrive, avoir la première place à la table des délibérations, il serait prudent de s'adresser à des hommes d'expérience mieux **outillés** [3434 Adj-Epith-3] pour résister aux embûches des ennemis de notre alliée britannique que des diplomates de la jeune école qui donneraient tête **baissée** [3435 Adj-Attr-2] dans le panneau. » La volubilité **irritée** [3436 Adj-Epith-3] avec laquelle M. de Norpois prononça ces dernières paroles venait surtout de ce que les journaux, au lieu de prononcer son nom comme il leur avait **recommandé** [3437 V-TempA-0] de le faire, donnaient comme « grand favori » un jeune ministre des Affaires étrangères. « Dieu sait si les hommes d'âge sont **éloignés** [3438 Adj-Attr-1] de se mettre, à la suite de je ne sais quelles manœuvres tortueuses, aux lieu et place de plus ou moins incapables recrues ! J'en ai beaucoup **connu** [3439 V-TempA-0] de tous ces **prétendus** [3440 Adj-Epith-3] diplomates de la méthode empirique, qui mettaient tout leur espoir dans un ballon d'essai que je ne tardais pas à dégonfler. Il est hors de doute, si le gouvernement a le manque de sagesse de remettre les rênes de l'État en des mains turbulentes, qu'à l'appel du devoir un conscrit répondra toujours : présent. Mais qui sait (et M. de Norpois avait l'air de très bien savoir de qui il parlait) s'il n'en serait pas de même le jour où l'on irait chercher quelque vétéran plein de savoir et d'adresse ? À mon sens, chacun peut avoir sa manière de voir, le poste de Constantinople ne devrait être **accepté** [3441 V-Pass-1] qu'après un règlement de nos difficultés pendantes avec l'Allemagne. Nous ne devons rien à personne, et il est inadmissible que tous les six mois on vienne nous réclamer, par des manœuvres dolosives et à notre corps défendant, je ne sais quel quitus, toujours **mis** [3442 Adj-Epith-3] en avant par une presse de sportulaires. Il faut que cela finisse, et naturellement un homme de haute valeur et qui a **fait** [3443 V-TempA-0] ses preuves, un homme qui aurait, si je puis dire, l'oreille de l'empereur, jouirait de plus d'autorité que quiconque pour mettre le point final au conflit. »

Un monsieur qui finissait de dîner salua M. de Norpois.

– Ah ! mais c'est le prince Foggi, dit le marquis.

– Ah ! je ne sais pas au juste qui vous voulez dire, soupira Mme de Villeparisis.

– Mais parfaitement si. C'est le prince Odon. C'est le propre beau-frère de votre cousine Doudeauville. Vous vous rappelez bien que j'ai **chassé** [3444 V-TempA-0] avec lui à Bonnétable ?

– Ah ! Odon, c'est celui qui faisait de la peinture ?

– Mais pas du tout, c'est celui qui a **épousé** [3445 V-TempA-0] la sœur du grand-duc N...

M. de Norpois disait tout cela sur le ton assez désagréable d'un professeur mécontent de son élève et, de ses yeux bleus, regardait fixement Mme de Villeparisis.

Quand le prince eut **fini** [3446 V-TempA-0] son café et quitta sa table, M. de Norpois se leva, marcha avec empressement vers lui et, d'un geste majestueux, il s'écarta, et, s'effaçant lui-même, le présenta à Mme de Villeparisis. Et pendant les quelques minutes que le prince demeura debout auprès d'eux, M. de Norpois ne cessa un instant de surveiller Mme de Villeparisis de sa pupille bleue, par complaisance ou sévérité de vieil amant, et surtout dans la crainte qu'elle ne se livrât à un des écarts de langage qu'il avait **goûtés** [3447 V-TempA-2], mais qu'il redoutait. Dès qu'elle disait au prince quelque chose d'inexact il rectifiait le propos et fixait les yeux de la marquise **accablée** [3448 Adj-Epith-3] et docile, avec l'intensité continue d'un magnétiseur.

Un garçon vint me dire que ma mère m'attendait, je la rejoignis et m'excusai auprès de Mme Sazerat en disant que cela m'avait **amusé** [3449 V-TempA-2] de voir Mme de Villeparisis. À ce nom, Mme Sazerat pâlit et sembla près de s'évanouir. Cherchant à se dominer :

– Mme de Villeparisis, Mlle de Bouillon ? me dit-elle.

– Oui.

– Est-ce que je ne pourrais pas l'apercevoir une seconde ? C'est le rêve de ma vie.

– Alors ne perdez pas trop de temps, Madame, car elle ne tardera pas à avoir **fini** [3450 V-TempA-0] de dîner. Mais comment peut-elle tant vous intéresser ?

– Mais Mme de Villeparisis, c'était en premières noces la duchesse d'Havré, belle comme un ange, méchante comme un démon, qui a **rendu** [3451 V-TempA-0] fou mon père, l'a **ruiné** [3452 V-TempA-2] et **abandonné** [3453 V-TempA-2] aussitôt après. Eh bien ! elle a beau avoir **agi** [3454 V-TempA-0] avec lui comme la dernière des filles, avoir **été** [3455 V-TempA-0] cause que j'ai **dû** [3456 V-TempA-0], moi et les miens, vivre petitement à Combray, maintenant que mon père est mort, ma consolation c'est qu'il ait **aimé** [3457 V-TempA-0] la plus belle femme de son époque, et comme je ne l'ai jamais **vue** [3458 V-TempA-2], malgré tout ce sera une douceur...

Je menai Mme Sazerat, tremblante d'émotion, jusqu'au restaurant et je lui montrai Mme de Villeparisis.

Mais comme les aveugles qui dirigent leurs yeux ailleurs qu'où il faut, Mme Sazerat n'arrêta pas ses regards à la table où dînait Mme de Villeparisis, et, cherchant un autre point de la salle :

– Mais elle doit être **partie** [3459 V-TempE-1], je ne la vois pas où vous me dites.

Et elle cherchait toujours, poursuivant la vision **détestée** [3460 Adj-Epith-3], **adorée** [3461 Adj-Epith-3], qui habitait son imagination depuis si longtemps.

– Mais si, à la seconde table.

– C'est que nous ne comptons pas à partir du même point. Moi, comme je compte, la seconde table, c'est une table où il y a seulement, à côté d'un vieux monsieur, une petite bossue, rougeaude, affreuse.

– C'est elle !

Cependant, Mme de Villeparisis ayant **demandé** [3462 VSub-TempA-0] à M. de Norpois de faire asseoir le prince Foggi, une aimable conversation suivit entre eux trois, on parla politique, le prince déclara qu'il était indifférent au sort du cabinet, et qu'il resterait encore une bonne semaine à Venise. Il espérait que d'ici là toute crise ministérielle serait **évitée** [3463 V-Pass-1]. Le prince Foggi crut au premier instant que ces questions de politique n'intéressaient pas M. de Norpois, car celui-ci, qui jusque-là s'était **exprimé** [3464 V-TempE-1] avec tant de véhémence, s'était **mis** [3465 V-TempE-1] soudain à garder un silence presque angélique qui semblait ne pouvoir s'épanouir, si la voix revenait, qu'en un chant innocent et mélodieux de Mendelssohn ou de César Franck. Le prince pensait aussi que ce silence était **dû** [3466 V-Pass-1] à la réserve d'un Français qui, devant un Italien, ne veut pas parler des affaires de l'Italie. Or l'erreur du prince était complète. Le silence, l'air d'indifférence étaient **restés** [3467 V-TempE-1] chez M. de Norpois non la marque de la réserve mais le prélude coutumier d'une immixtion dans des affaires importantes. Le marquis n'ambitionnait rien moins, comme nous l'avons **vu** [3468 V-TempA-2], que Constantinople, avec un règlement préalable des affaires allemandes, pour lequel il comptait forcer la main au cabinet de Rome. Le marquis jugeait, en effet, que de sa part un acte d'une portée internationale pouvait être le digne couronnement de sa carrière, peut-être même le commencement de nouveaux honneurs, de fonctions difficiles auxquelles il n'avait pas **renoncé** [3469 V-TempA-0]. Car la vieillesse nous rend d'abord incapables d'entreprendre mais non de désirer. Ce n'est que dans une troisième période que ceux qui vivent très vieux ont **renoncé** [3470 V-TempA-0] au désir, comme ils ont **dû** [3471 V-TempA-0] abandonner l'action. Ils ne se présentent même plus à des élections futiles où ils tentèrent si souvent de réussir, comme celle de président de la République. Ils se contentent de sortir, de manger, de lire les journaux, ils se survivent à eux-mêmes.

Le prince, pour mettre le marquis à l'aise et lui montrer qu'il le considérait comme un compatriote, se mit à parler des successeurs possibles du président du Conseil actuel. Successeurs dont la tâche serait difficile. Quand le prince Foggi eut **cité** [3472 V-TempA-0] plus de vingt noms d'hommes politiques qui lui semblaient ministrables, noms que l'ancien ambassadeur écouta les paupières à demi **abaissées** [3473 Adj-Epith-3] sur ses yeux bleus et sans faire un mouvement, M. de Norpois rompit enfin le silence pour prononcer ces mots qui devaient pendant vingt ans alimenter la conversation des chancelleries, et ensuite, quand on <u>les</u> crut **oubliées** [3474 Adj-Attr-2], être **exhumés** [3475 V-Pass-1] par quelque personnalité signant « un Renseigné » ou « Testis » ou « Machiavel » dans un journal où l'oubli même où ils étaient **tombés** [3476 V-TempE-1] leur vaut le bénéfice de faire à nouveau sensation. Donc le prince Foggi venait de citer plus de vingt noms devant le diplomate aussi immobile et muet qu'un homme sourd, quand M. de Norpois leva légèrement la tête et, dans la forme où avaient **été** [3477 V-TempA-0] **rédigées** [3478 V-Pass-1] ses interventions diplomatiques les plus grosses de conséquence, quoique cette fois-ci avec une audace **accrue** [3479 Adj-Epith-3] et une brièveté moindre, demanda finement : « Et est-ce que personne n'a **prononcé** [3480 V-TempA-0] le nom de M. Giolitti » À ces mots les écailles du prince Foggi tombèrent ; il entendit un murmure céleste. Puis aussitôt M. de Norpois se mit à parler de choses et autres, ne craignit pas de faire quelque bruit, comme, lorsque la dernière note d'un sublime aria de Bach est **terminée** [3481 V-Pass-1], on ne craint plus de parler à haute voix, d'aller chercher ses vêtements au vestiaire. Il rendit même la cassure plus nette en priant le prince de mettre ses hommages aux pieds de Leurs Majestés le Roi et la Reine quand il aurait l'occasion de les voir, phrase de départ qui correspondait à ce qu'est, à la fin d'un concert, ces mots **hurlés** [3482 Adj-Epith-3] : « Le cocher Auguste de la rue de Belloy ». Nous ignorons quelles furent exactement les impressions du prince Foggi. Il était assurément **ravi** [3483 Adj-Attr-1] d'avoir **entendu** [3484 V-TempA-0] ce chef-d'œuvre : « Et M. Giolitti, est-ce que personne n'a **prononcé** [3485 V-TempA-0] son nom ? » Car M. de Norpois, chez qui l'âge avait **éteint** [3486 V-TempA-0] ou **désordonné** [3487 V-TempA-0] les qualités les plus belles, en revanche avait **perfectionné** [3488 V-TempA-0] en vieillissant les « airs de bravoure », comme certains musiciens âgés, en déclin pour tout le reste, acquièrent jusqu'au dernier jour, pour la musique de chambre, une virtuosité parfaite qu'ils ne possédaient pas jusque-là.

Toujours est-il que le prince Foggi, qui comptait passer quinze jours à Venise, rentra à Rome le jour même et fut **reçu** [3489 V-Pass-1] quelques jours après en audience par le Roi au sujet de propriétés que, nous croyons l'avoir déjà **dit** [3490 V-TempA-2], le prince possédait en Sicile. Le cabinet végéta plus longtemps qu'on n'aurait **cru** [3491 V-TempA-0]. À sa chute, le Roi consulta divers hommes d'État sur le chef qu'il convenait de donner au nouveau cabinet. Puis il fit appeler M. Giolitti, qui accepta. Trois mois après, un journal raconta l'entrevue du prince Foggi avec M. de Norpois. La conversation était **rapportée** [3492 V-Pass-1] comme nous l'avons **fait** [3493 V-TempA-2], avec la différence qu'au lieu de dire « M. de Norpois demanda finement », on lisait : « dit avec ce fin et charmant sourire qu'on lui connaît ». M. de Norpois jugea que « finement » avait déjà une force explosive suffisante pour un diplomate et que cette adjonction était pour le moins intempestive. Il avait bien **demandé** [3494 V-TempA-0] que le quai d'Orsay démentît officiellement, mais le quai d'Orsay ne savait où donner de la tête. En effet, depuis que l'entrevue avait **été** [3495 V-TempA-0] **dévoilée** [3496 V-Pass-1], M. Barrère télégraphiait plusieurs fois par heure avec Paris pour se plaindre qu'il y eût un ambassadeur officieux au Quirinal et pour rapporter le mécontentement que ce fait avait **produit** [3497 V-TempA-2] dans l'Europe entière. Ce mécontentement n'existait pas, mais les divers ambassadeurs étaient trop polis pour démentir M. Barrère leur assurant que sûrement tout le monde était **révolté** [3498 V-Pass-1]. M. Barrère, n'écoutant que sa pensée, prenait ce silence courtois pour une adhésion. Aussitôt il télégraphiait à Paris : « Je me suis **entretenu** [3499 V-TempE-1] une heure durant avec le marquis

Visconti-Venosta, etc. » Ses secrétaires étaient sur les dents.

Pourtant M. de Norpois avait à sa dévotion un très ancien journal français et qui même en 1870, quand il était ministre de France dans un pays allemand, lui avait **rendu** [3500 V-TempA-0] grand service. Ce journal était (surtout le premier article, non **signé** [3501 Adj-Epith-3]) admirablement **rédigé** [3502 Adj-Attr-1 / V-Pass-1]. Mais il intéressait mille fois davantage quand ce premier article (**dit** [3503 Adj-Epith-3] premier-Paris dans ces temps lointains, et **appelé** [3504 Adj-Epith-3] aujourd'hui, on ne sait pourquoi, « éditorial ») était au contraire mal **tourné** [3505 V-Pass-1], avec des répétitions de mots infinies. Chacun sentait alors avec émotion que l'article avait **été** [3506 V-TempA-0] « **inspiré** [3507 V-Pass-1] ». Peut-être par M. de Norpois, peut-être par tel autre grand maître de l'heure. Pour donner une idée **anticipée** [3508 Adj-Epith-3] des événements d'Italie, montrons comment M. de Norpois se servit de ce journal en 1870, inutilement trouvera-t-on, puisque la guerre eut lieu tout de même ; très efficacement, pensait M. de Norpois, dont l'axiome était qu'il faut avant tout préparer l'opinion. Ses articles, où chaque mot était **pesé** [3509 V-Pass-1][92], ressemblaient à ces notes optimistes que suit immédiatement la mort du malade. Par exemple, à la veille de la déclaration de guerre, en 1870, quand la mobilisation était presque **achevée** [3510 V-Pass-1], M. de Norpois (restant dans l'ombre naturellement) avait **cru** [3511 V-TempA-0] devoir envoyer à ce journal fameux, l'éditorial suivant :

« L'opinion semble prévaloir dans les cercles **autorisés** [3512 Adj-Epith-3] que, depuis hier, dans le milieu de l'après-midi, la situation, sans avoir, bien **entendu** [3513 Adv], un caractère alarmant, pourrait être **envisagée** [3514 V-Pass-1] comme sérieuse et même, par certains côtés, comme susceptible d'être **considérée** [3515 V-Pass-1] comme critique. M. le marquis de Norpois aurait **eu** [3516 V-TempA-0] plusieurs entretiens avec le ministre de Prusse afin d'examiner dans un esprit de fermeté et de conciliation, et d'une façon tout à fait concrète, les différents motifs de friction existants, si l'on peut parler ainsi. La nouvelle n'a malheureusement pas **été** [3517 V-TempA-0] **reçue** [3518 V-Pass-1] par nous, à l'heure où nous mettons sous presse, que Leurs Excellences aient **pu** [3519 V-TempA-0] se mettre d'accord sur une formule pouvant servir de base à un instrument diplomatique. »

---

[92] Var. ms. : *Ses bulletins mûrement pesés* ressemblaient […].

Dernière heure : « On a **appris** [3520 V-TempA-0] avec satisfaction dans les cercles bien **informés** [3521 Adj-Epith-3], qu'une légère détente semble s'être **produite** [3522 V-TempE-1] dans les rapports franco-prussiens. On attacherait une importance toute particulière au fait que M. de Norpois aurait **rencontré** [3523 V-TempA-0] « unter den Linden » le ministre d'Angleterre, avec qui il s'est **entretenu** [3524 V-TempE-1] une vingtaine de minutes. Cette nouvelle est **considérée** [3525 V-Pass-1] comme satisfaisante. » (On avait **ajouté** [3526 V-TempA-0] entre parenthèses, après satisfaisante, le mot allemand équivalent : *befriedigend*.) Et le lendemain on lisait dans l'éditorial : « Il semblerait, malgré toute la souplesse de M. de Norpois, à qui tout le monde se plaît à rendre hommage pour l'habile énergie avec laquelle il a **su** [3527 V-TempA-0] défendre les droits imprescriptibles de la France, qu'une rupture n'a plus pour ainsi dire presque aucune chance d'être **évitée** [3528 V-Pass-1]. »

Le journal ne pouvait pas se dispenser de faire suivre un pareil éditorial de quelques commentaires, **envoyés** [3529 Adj-Epith-3], bien **entendu** [3530 Adv], par M. de Norpois. On a peut-être **remarqué** [3531 V-TempA-0] dans les pages précédentes que le « conditionnel » était une des formes grammaticales **préférées** [3532 Adj-Epith-3] de l'ambassadeur, dans la littérature diplomatique. (« On attacherait une importance particulière », pour « il paraît qu'on attache une importance particulière ».) Mais le présent de l'indicatif **pris** [3533 Adj-Epith-3] non pas dans son sens habituel mais dans celui de l'ancien optatif n'était pas moins cher à M. de Norpois. Les commentaires qui suivaient l'éditorial étaient ceux-ci :

« Jamais le public n'a **fait** [3534 V-TempA-0] preuve d'un calme aussi admirable. » (M. de Norpois aurait bien **voulu** [3535 V-TempA-0] que ce fût vrai, mais craignait tout le contraire.) « Il est las des agitations stériles et a **appris** [3536 V-TempA-0] avec satisfaction que le gouvernement de Sa Majesté prendrait ses responsabilités selon les éventualités qui pourraient se produire. Le public n'en demande « (optatif) » pas davantage. À son beau sang-froid, qui est déjà un indice de succès, nous ajouterons encore une nouvelle bien **faite** [3537 Adj-Epith-3] pour rassurer l'opinion publique, s'il en était besoin. On assure, en effet, que M. de Norpois, qui, pour raison de santé, devait depuis longtemps venir faire à Paris une petite cure, aurait **quitté** [3538 V-TempA-0] Berlin où il ne jugeait plus sa présence utile. » *Dernière heure.* « Sa Majesté l'Empereur a **quitté** [3539 V-TempA-0] ce matin Compiègne pour Paris afin de conférer avec le marquis de Norpois, le ministre de la Guerre et le maréchal Bazaine en qui l'opinion publique a une confiance particulière. S. M. l'Empereur a **décommandé** [3540 V-TempA-0] le dîner qu'il devait offrir à sa belle-sœur la duchesse d'Albe. Cette mesure a **produit** [3541 V-TempA-0] partout, dès qu'elle a **été** [3542 V-TempA-0] **connue** [3543 V-Pass-1], une impression particulièrement favorable. L'Empereur a **passé** [3544 V-TempA-0] en revue les troupes, dont l'enthousiasme est indescriptible. Quelques corps, sur un ordre de mobilisation **lancé** [3545 Adj-Epith-3] dès l'arrivée des souverains à Paris, sont, à toute éventualité, prêts à partir dans la direction du Rhin. »

* * *

Parfois, au crépuscule, en rentrant à l'hôtel je sentais que l'Albertine d'autrefois, invisible à moi-même, était pourtant **enfermée** [3546 Adj-Attr-1] au fond de moi comme aux plombs d'une Venise intérieure, dont parfois un incident faisait glisser le couvercle **durci** [3547 Adj-Epith-3] jusqu'à me donner une ouverture sur ce passé.

Ainsi, par exemple, un soir une lettre de mon coulissier rouvrit un instant pour moi les portes de la prison où Albertine était en moi vivante, mais si loin, si profondément qu'elle me restait inaccessible. Depuis sa mort je ne m'étais plus **occupé** [3548 V-TempE-1] des spéculations que j'avais **faites** [3549 V-TempA-2] afin d'avoir plus d'argent pour elle. Or le temps avait **passé** [3550 V-TempA-0] ; de grandes sagesses de l'époque précédente étaient **démenties** [3551 V-Pass-1] par celle-ci, comme il était **arrivé** [3552 V-TempE-1] autrefois de M. Thiers disant que les chemins de fer ne pourraient jamais réussir. Les titres dont M. de Norpois nous avait **dit** [3553 V-TempA-0] : « Leur revenu n'est pas très **élevé** [3554 Adj-Attr-1] sans doute, mais du moins le capital ne sera jamais **déprécié** [3555 Adj-Attr-1 / V-Pass-1] », étaient le plus souvent ceux qui avaient le plus **baissé** [3556 V-TempA-0]. Il me fallait payer des différences considérables et d'un coup de tête je me décidai à tout vendre et me trouvai ne plus posséder que le cinquième à peine de ce que j'avais du vivant d'Albertine. On le sut à Combray dans ce qui restait de notre famille et de nos relations, et, comme on savait que je fréquentais le marquis de Saint-Loup et les Guermantes, on se dit : « Voilà où mènent les idées de grandeur. » On y eût **été** [3557 V-TempA-0] bien

étonné [3558 V-Pass-1] d'apprendre que c'était pour une jeune fille de condition aussi modeste qu'Albertine que j'avais **fait** [3559 V-TempA-0] ces spéculations. D'ailleurs, dans cette vie de Combray où chacun est à jamais **classé** [3560 V-Pass-1] suivant les revenus qu'on lui connaît, comme dans une caste indienne, on n'eût **pu** [3561 V-TempA-0] se faire une idée de cette grande liberté qui régnait dans le monde des Guermantes, où on n'attachait aucune importance à la fortune et où la pauvreté était **considérée** [3562 V-Pass-1] comme aussi désagréable, mais nullement plus diminuante et n'affectant pas plus la situation sociale, qu'une maladie d'estomac. Sans doute se figurait-on au contraire, à Combray que Saint-Loup et M. de Guermantes devaient être des nobles **ruinés** [3563 Adj-Epith-3], aux châteaux **hypothéqués** [3564 Adj-Epith-3], à qui je prêtais de l'argent, tandis que si j'avais **été** [3565 V-TempA-0] **ruiné** [3566 V-Pass-1] ils eussent **été** [3567 V-TempA-0] les premiers à m'offrir vraiment de me venir en aide. Quant à ma ruine relative, j'en étais d'autant plus **ennuyé** [3568 V-Pass-1] que mes curiosités vénitiennes s'étaient **concentrées** [3569 V-TempE-1] depuis peu sur une jeune marchande de verrerie, à la carnation de fleur qui fournissait aux yeux **ravis** [3570 Adj-Epith-3] toute une gamme de tons orangés et me donnait un tel désir de la revoir chaque jour que, sentant que nous quitterions bientôt Venise, ma mère et moi, j'étais **résolu** [3571 Adj-Attr-1] à tâcher de lui faire à Paris une situation quelconque qui me permît de ne pas me séparer d'elle. La beauté de ses dix-sept ans était si noble, si radieuse, que c'était un vrai Titien à acquérir avant de s'en aller. Et le peu qui me restait de fortune suffirait-il à la tenter assez pour qu'elle quittât son pays et vînt vivre à Paris pour moi seul ? Mais comme je finissais la lettre du coulissier, une phrase où il disait : « Je soignerai vos reports » me rappela une expression presque aussi hypocritement professionnelle que la baigneuse de Balbec avait **employée** [3572 V-TempA-2] en parlant à Aimé d'Albertine : « C'est moi qui la soignais », avait-elle **dit** [3573 V-TempA-0], et ces mots, qui ne m'étaient jamais **revenus** [3574 V-TempE-1] à l'esprit, firent jouer comme un Sésame les gonds du cachot. Mais au bout d'un instant ils se refermèrent sur l'emmurée – que je n'étais pas coupable de ne pas vouloir rejoindre, puisque je ne parvenais plus à la voir, à me la rappeler, et que les êtres n'existent pour nous que par l'idée que nous avons d'eux – que m'avait un instant **rendue** [3575 V-TempA-2] si touchante le délaissement, que pourtant elle ignorait, que j'avais, l'espace d'un éclair, **envié** [3576 V-TempA-0] le temps déjà lointain où je souffrais nuit et jour du compagnonnage de son souvenir. Une autre fois, à San Giorgio dei Schiavoni, un aigle auprès d'un des apôtres et **stylisé** [3577 Adj-Epith-3] de la même façon réveilla le souvenir et presque la souffrance **causée** [3578 Adj-Epith-3] par les deux bagues dont Françoise m'avait **découvert** [3579 V-TempA-0] la similitude et dont je n'avais jamais **su** [3580 V-TempA-0] qui <u>les</u> avait **données** [3581 V-TempA-2] à Albertine. Un soir enfin, une circonstance telle se produisit qu'il sembla que mon amour aurait **dû** [3582 V-TempA-0] renaître. Au moment où notre gondole s'arrêta aux marches de l'hôtel, le portier me remit une dépêche que l'employé du télégraphe était déjà **venu** [3583 V-TempE-1] trois fois pour m'apporter, car, à cause de l'inexactitude du nom du destinataire (que je compris pourtant, à travers les déformations des employés italiens, être le mien), on demandait un accusé de réception certifiant que le télégramme était bien pour moi. Je l'ouvris dès que je fus dans ma chambre, et, jetant un coup d'œil sur ce libellé **rempli** [3584 Adj-Epith-3] de mots mal **transmis** [3585 Adj-Epith-3], je pus lire néanmoins : « Mon ami, vous me croyez morte, pardonnez-moi, je suis très vivante, je voudrais vous voir, vous parler mariage, quand revenez-vous ? Tendrement, Albertine. » Alors il se passa, d'une façon inverse, la même chose que pour ma grand'mère : quand j'avais **appris** [3586 V-TempA-0] en fait que ma grand'mère était **morte** [3587 V-TempE-1], je n'avais d'abord **eu** [3588 V-TempA-0] aucun chagrin. Et je n'avais **souffert** [3589 V-TempA-0] effectivement de sa mort que quand des souvenirs involontaires <u>l</u>'avaient **rendue** [3590 V-TempA-2] vivante pour moi. Maintenant qu'Albertine dans ma pensée ne vivait plus pour moi, la nouvelle qu'elle était vivante ne me causa pas la joie que j'aurais **cru** [3591 V-TempA-0]. Albertine n'avait **été** [3592 V-TempA-0] pour moi qu'un faisceau de pensées, elle avait **survécu** [3593 V-TempA-0] à sa mort matérielle tant que ces pensées vivaient en moi ; en revanche, maintenant que ces pensées étaient **mortes** [3594 V-TempE-1], Albertine ne ressuscitait nullement pour moi avec son corps. Et en m'apercevant que je n'avais pas de joie qu'elle fût vivante, que je ne l'aimais plus, j'aurais **dû** [3595 V-TempA-0] être plus **bouleversé** [3596 V-Pass-1] que quelqu'un qui, se regardant dans une glace après des mois de voyage ou de maladie, s'aperçoit qu'il a des cheveux blancs et une figure nouvelle d'homme mûr ou de vieillard. Cela bouleverse parce que cela veut dire : l'homme que j'étais, le jeune homme blond n'existe plus, je suis un autre. Or l'impression que j'éprouvais ne prouvait-elle pas un changement aussi profond, une mort aussi totale du moi ancien et la substitution aussi complète d'un moi nouveau à ce moi ancien, que la vue d'un visage **ridé** [3597 Adj-Epith-3] **surmonté** [3598 Adj-Epith-3] d'une perruque blanche remplaçant le visage de jadis ? Mais on ne s'afflige pas plus d'être **devenu** [3599 V-TempE-1] un autre, les années ayant **passé** [3600 V-Sub-TempA-0] et dans l'ordre de la succession des temps, qu'on ne s'afflige à une même époque d'être tour à tour les êtres contradictoires, le méchant, le sensible, le délicat, le mufle, le désintéressé, l'ambitieux qu'on est tour à tour chaque journée. Et la raison pour laquelle on ne s'en afflige pas est la même, c'est que le moi **éclipsé** [3601 Adj-Epith-3] – momentanément dans le dernier cas et quand il s'agit du caractère, pour toujours dans le premier cas et quand il s'agit des passions – n'est pas là pour déplorer l'autre, l'autre qui est à ce moment-là, ou désormais, tout vous ; le mufle sourit de sa muflerie car il est le mufle, et l'oublieux ne s'attriste pas de son manque de mémoire, précisément parce qu'il a **oublié** [3602 V-TempA-0].

J'aurais **été** [3603 V-TempA-0] incapable de ressusciter Albertine parce que je l'étais de me ressusciter moi-même, de ressusciter mon moi d'alors. La vie, selon son habitude qui est, par des travaux incessants d'infiniment petits, de changer la face du monde, ne m'avait pas **dit** [3604 V-TempA-0] au lendemain de la mort d'Albertine : « Sois un autre », mais, par des changements trop imperceptibles pour me permettre de me rendre compte du fait même du changement, avait presque tout **renouvelé** [3605 V-TempA-0] en moi, de sorte que ma pensée était déjà **habituée** [3606 Adj-Attr-1] à son nouveau maître – mon nouveau moi – quand elle s'aperçut qu'il était **changé** [3607 V-TempE-1] ; c'était à celui-ci qu'elle tenait. Ma tendresse pour Albertine, ma jalousie tenaient, on l'a **vu** [3608 V-TempA-2], à l'irradiation par association d'idées de certaines impressions douces ou douloureuses, au souvenir de Mlle Vinteuil à Montjouvain, aux doux baisers du soir qu'Albertine me donnait dans le cou. Mais au fur et à mesure que ces impressions s'étaient **affaiblies** [3609 V-TempE-1], l'immense champ d'impressions qu'elles coloraient d'une teinte angoissante ou douce avait **repris** [3610 V-TempA-0] des tons neutres. Une fois que l'oubli se fut **emparé** [3611 V-TempE-1] de quelques points dominants de souffrance et de plaisir, la résistance de mon amour était **vaincue** [3612 V-Pass-1], je n'aimais plus Albertine. J'essayais de me la rappeler.

J'avais **eu** [3613 V-TempA-0] un juste pressentiment quand, deux jours après le départ d'Albertine, j'avais **été** [3614 V-TempA-0] **épouvanté** [3615 V-Pass-1] d'avoir **pu** [3616 V-TempA-0] vivre quarante-huit heures sans elle. Il en avait **été** [3617 V-TempA-0] de même quand j'avais **écrit** [3618 V-TempA-0] autrefois à Gilberte en me disant : si cela continue deux ans, je ne l'aimerai plus. Et si, quand Swann m'avait **demandé** [3619 V-TempA-0] de revoir Gilberte, cela m'avait **paru** [3620 V-TempA-0] l'incommodité d'accueillir une morte, pour Albertine la mort – ou ce que j'avais **cru** [3621 V-TempA-2] la mort – avait **fait** [3622 V-TempA-0] la même œuvre que pour Gilberte la rupture **prolongée** [3623 Adj-Epith-3]. La mort n'agit que comme l'absence. Le monstre à l'apparition duquel mon amour avait **frissonné** [3624 V-TempA-0], l'oubli, avait bien, comme je l'avais **cru** [3625 V-TempA-2], **fini** [3626 V-TempA-0] par le dévorer. Non seulement cette nouvelle qu'elle était vivante ne réveilla pas mon amour, non seulement elle me permit de constater combien était déjà **avancé** [3627 V-TempE-1] mon retour vers l'indifférence, mais elle lui fit instantanément subir une accélération si brusque que je me demandai rétrospectivement si jadis la nouvelle contraire, celle de la mort d'Albertine, n'avait pas inversement, en parachevant l'œuvre de son départ, **exalté** [3628 V-TempA-0] mon amour et **retardé** [3629 V-TempA-0] son déclin. Et maintenant que la savoir vivante et pouvoir être **réuni** [3630 V-Pass-1] à elle me la rendait tout d'un coup si peu précieuse, je me demandais si les insinuations de Françoise, la rupture elle-même, et jusqu'à la mort (imaginaire mais **crue** [3631 Adj-Epith-3] réelle) n'avaient pas **prolongé** [3632 V-TempA-0] mon amour, tant les efforts des tiers, et même du destin, nous séparant d'une femme, ne font que nous attacher à elle. Maintenant c'était le contraire qui se produisait. D'ailleurs, j'essayai de me la rappeler, et peut-être parce que je n'avais plus qu'un signe à faire pour l'avoir à moi, le souvenir qui me vint fut celui d'une fille fort grosse, hommasse, dans le visage **fané** [3633 Adj-Epith-3] de laquelle saillait déjà, comme une graine, le profil de Mme Bontemps. Ce qu'elle avait **pu** [3634 V-TempA-0] faire avec Andrée ou d'autres ne m'intéressait plus. Je ne souffrais plus du mal que j'avais **cru** [3635 V-TempA-2] si longtemps inguérissable, et, au fond, j'aurais **pu** [3636 V-TempA-0] le prévoir. Certes, le regret d'une maîtresse, la jalousie survivante sont des maladies physiques au même titre que la tuberculose ou la leucémie. Pourtant, entre les maux physiques il y a lieu de distinguer ceux qui sont **causés** [3637 V-Pass-

1] par un agent purement physique et ceux qui n'agissent sur le corps que par l'intermédiaire de l'intelligence. Si la partie de l'intelligence qui sert de lien de transmission est la mémoire – c'est-à-dire si la cause est **anéantie** [3638 V-Pass-1] ou **éloignée** [3639 V-Pass-1] – si cruelle que soit la souffrance, si profond que paraisse le trouble **apporté** [3640 Adj-Epith-3] dans l'organisme, il est bien rare, la pensée ayant un pouvoir de renouvellement ou plutôt une impuissance de conservation que n'ont pas les tissus, que le pronostic ne soit pas favorable. Au bout du même temps où un malade **atteint** [3641 Adj-Epith-3] de cancer sera **mort** [3642 V-TempE-1], il est bien rare qu'un veuf, un père inconsolables ne soient pas **guéris** [3643 V-Pass-1]. Je l'étais. Est-ce pour cette fille que je revoyais en ce moment si bouffie et qui avait certainement **vieilli** [3644 V-TempA-0] comme avaient **vieilli** [3645 V-TempA-0] les filles qu'elle avait **aimées** [3646 V-TempA-2], est-ce pour elle qu'il fallait renoncer à l'éclatante fille qui était mon souvenir d'hier, mon espoir de demain (à qui je ne pourrais rien donner, non plus qu'à aucune autre, si j'épousais Albertine), renoncer à cette Albertine nouvelle, non point « telle que l'ont **vue** [3647 V-TempA-2] les enfers » mais fidèle, et « même un peu farouche » ? C'était elle qui était maintenant ce qu'Albertine avait **été** [3648 V-TempA-0] autrefois : mon amour pour Albertine n'avait **été** [3649 V-TempA-0] qu'une forme passagère de ma dévotion à la jeunesse. Nous croyons aimer une jeune fille, et nous n'aimons hélas ! en elle que cette aurore dont son visage reflète momentanément la rougeur. La nuit passa. Au matin je rendis la dépêche au portier de l'hôtel en disant qu'on me l'avait **remise** [3650 V-TempA-2] par erreur et qu'elle n'était pas pour moi. Il me dit que maintenant qu'elle avait **été** [3651 V-TempA-0] **ouverte** [3652 V-Pass-1] il aurait des difficultés, qu'il valait mieux que je la gardasse ; je la remis dans ma poche, mais je promis de faire comme si je ne l'avais jamais **reçue** [3653 V-TempA-2]. J'avais définitivement **cessé** [3654 V-TempA-0] d'aimer Albertine. De sorte que cet amour, après s'être tellement **écarté** [3655 V-TempE-1] de ce que j'avais **prévu** [3656 V-TempA-2] d'après mon amour pour Gilberte, après m'avoir **fait** [3657 V-TempA-0] faire un détour si long et si douloureux, finissait lui aussi, après y avoir **fait** [3658 V-TempA-0] exception, par rentrer, tout comme mon amour pour Gilberte, dans la toi générale de l'oubli.

Mais alors je songeai : je tenais à Albertine plus qu'à moi-même ; je ne tiens plus à elle maintenant parce que pendant un certain temps j'ai **cessé** [3659 V-TempA-0] de la voir. Mais mon désir de ne pas être **séparé** [3660 V-Pass-1] de moi-même par la mort, de ressusciter après la mort, ce désir-là n'était pas comme le désir de ne jamais être **séparé** [3661 V-Pass-1] d'Albertine, il durait toujours. Cela tenait-il à ce que je me croyais plus précieux qu'elle, à ce que quand je l'aimais je m'aimais davantage ? Non, cela tenait à ce que cessant de la voir j'avais **cessé** [3662 V-TempA-0] de l'aimer, et que je n'avais pas **cessé** [3663 V-TempA-0] de m'aimer parce que mes liens quotidiens avec moi-même n'avaient pas **été** [3664 V-TempA-0] **rompus** [3665 V-Pass-1] comme l'avaient **été** [3666 V-TempA-0] ceux avec Albertine. Mais si ceux avec mon corps, avec moi-même, l'étaient aussi... ? Certes il en serait de même. Notre amour de la vie n'est qu'une vieille liaison dont nous ne savons pas nous débarrasser. Sa force est dans sa permanence. Mais la mort qui la rompt nous guérira du désir de l'immortalité.

Après le déjeuner, quand je n'allais pas errer seul dans Venise, je montais me préparer dans ma chambre pour sortir avec ma mère. Aux brusques à-coups des coudes du mur qui lui faisaient rentrer ses angles, je sentais les restrictions **édictées** [3667 Adj-Epith-3] par la mer, la parcimonie du sol. Et en descendant pour rejoindre maman qui m'attendait, à cette heure où à Combray il faisait si bon goûter le soleil tout proche, dans l'obscurité **conservée** [3668 Adj-Epith-3] par les volets clos, ici, du haut en bas de l'escalier de marbre dont on ne savait pas plus que dans une peinture de la Renaissance s'il était **dressé** [3669 V-Pass-1] dans un palais ou sur une galère, la même fraîcheur et le même sentiment de la splendeur du dehors étaient **donnés** [3670 V-Pass-1] grâce au velum qui se mouvait devant les fenêtres perpétuellement **ouvertes** [3671 Adj-Epith-3] et par lesquelles, dans un incessant courant d'air, l'ombre tiède et le soleil verdâtre filaient comme sur une surface flottante et évoquaient le voisinage mobile, l'illumination, la miroitante instabilité du flot.

Le soir, je sortais seul, au milieu de la ville **enchantée** [3672 Adj-Epith-3] où je me trouvais au milieu de quartiers nouveaux comme un personnage des Mille et une Nuits. Il était bien rare que je ne découvrisse pas au hasard de mes promenades quelque place inconnue et spacieuse dont aucun guide, aucun voyageur ne m'avait **parlé** [3673 V-TempA-0].

Je m'étais **engagé** [3674 V-TempE-1] dans un réseau de petites ruelles, de calli divisant en tous sens, de leurs rainures, le morceau de Venise **découpé** [3675 Adj-Epith-3] entre un canal et la lagune, comme s'il avait **cristallisé** [3676 V-TempA-0] suivant ces formes innombrables, ténues et minutieuses. Tout à coup, au bout d'une de ces petites rues, il semblait que dans la matière **cristallisée** [3677 Adj-Epith-3] se fût **produite** [3678 V-TempE-1] une distension. Un vaste et somptueux campo à qui je n'eusse assurément pas, dans ce réseau de petites rues, **pu** [3679 V-TempA-0] deviner cette importance, ni même trouver une place, s'étendait devant moi **entouré** [3680 Adj-Attr-1] de charmants palais pâles de clair de lune. C'était un de ces ensembles architecturaux vers lesquels, dans une autre ville, les rues se dirigent, vous conduisent et le désignent. Ici, il semblait exprès **caché** [3681 Adj-Attr-1] dans un entre-croisement de ruelles, comme ces palais des contes orientaux où on mène la nuit un personnage qui, **ramené** [3682 Adj-Epith-3] chez lui avant le jour, ne doit pas pouvoir retrouver la demeure magique où il finit par croire qu'il n'est **allé** [3683 V-TempE-1] qu'en rêve.

Le lendemain je partais à la recherche de ma belle place nocturne, je suivais des calli qui se ressemblaient toutes et se refusaient à me donner le moindre renseignement, sauf pour m'égarer mieux. Parfois un vague indice que je croyais reconnaître me faisait supposer que j'allais voir apparaître, dans sa claustration, sa solitude et son silence, la belle place **exilée** [3684 Adj-Epith-3]. À ce moment, quelque mauvais génie qui avait **pris** [3685 V-TempA-0] l'apparence d'une nouvelle calle me faisait rebrousser chemin malgré moi, et je me trouvais brusquement **ramené** [3686 Adj-Attr-1] au Grand Canal. Et comme il n'y a pas, entre le souvenir d'un rêve et le souvenir d'une réalité, de grandes différences, je finissais par me demander si ce n'était pas pendant mon sommeil que s'était **produit** [3687 V-TempE-1], dans un sombre morceau de cristallisation vénitienne, cet étrange flottement qui offrait une vaste place, **entourée** [3688 Adj-Epith-3] de palais romantiques, à la méditation du clair de lune.

La veille de notre départ, nous voulûmes pousser jusqu'à Padoue où se trouvaient ces Vices et ces Vertus dont Swann m'avait **donné** [3689 V-TempA-0] les reproductions ; après avoir **traversé** [3690 V-TempA-0] en plein soleil le jardin de l'Arena, j'entrai dans la chapelle des Giotto, où la voûte entière et le fond des fresques sont si bleus qu'il semble que la radieuse journée ait **passé** [3691 V-TempA-0] le seuil, elle aussi, avec le visiteur et soit **venue** [3692 V-TempE-1] un instant mettre à l'ombre et au frais son ciel pur, à peine un peu plus **foncé** [3693 Adj-Epith-3] d'être **débarrassé** [3694 V-Pass-1] des dorures de la lumière, comme en ces courts répits dont s'interrompent les plus beaux jours quand, sans qu'on ait **vu** [3695 V-TempA-0] aucun nuage, le soleil ayant **tourné** [3696 V-Sub-TempA-0] son regard ailleurs pour un moment, l'azur, plus doux encore, s'assombrit. Dans ce ciel, sur la pierre **bleuie** [3697 Adj-Epith-3], des anges volaient avec une telle ardeur céleste, ou au moins enfantine, qu'ils semblaient des volatiles d'une espèce particulière ayant **existé** [3698 Adj-Epith-0] réellement, ayant **dû** [3699 Adj-Epith-0] figurer dans l'histoire naturelle des temps bibliques et évangéliques, et qui ne manquent pas de volter devant les saints quand ceux-ci se promènent ; il y en a toujours quelques-uns de **lâchés** [3700 Adj-Epith-3] au-dessus d'eux, et, comme ce sont des créatures réelles et effectivement volantes, on les voit s'élevant, décrivant des courbes, mettant la plus grande aisance à exécuter des loopings, fondant vers le sol la tête en bas à grand renfort d'ailes qui leur permettent de se maintenir dans des conditions contraires aux lois de la pesanteur, et ils font beaucoup plutôt penser à une variété d'oiseaux ou à de jeunes élèves de Garros s'exerçant au vol **plané** [3701 Adj-Epith-3] qu'aux anges de l'art de la Renaissance et des époques suivantes, dont les ailes ne sont plus que des emblèmes et dont le maintien est habituellement le même que celui de personnages célestes qui ne seraient pas **ailés** [3702 Adj-Attr-1].

* * *

Quand j'appris, le jour même où nous allions rentrer à Paris, que Mme Putbus, et par conséquent sa femme de chambre, venaient d'arriver à Venise, je demandai à ma mère de remettre notre départ de quelques jours ; l'air qu'elle eut de ne pas prendre ma prière en considération ni même au sérieux réveilla dans mes nerfs **excités** [3703 Adj-Epith-3] par le printemps vénitien ce vieux désir de résistance à un complot imaginaire **tramé** [3704 Adj-Epith-3] contre moi par mes parents (qui se figuraient que je serais bien **forcé** [3705 V-Pass-1] d'obéir), cette volonté de lutte, ce désir qui me poussait jadis à imposer brusquement ma volonté à ceux que j'aimais le plus, quitte à me conformer à la leur après que j'avais **réussi** [3706 V-TempA-0] à les faire céder. Je dis à ma mère que je ne partirais pas, mais elle, croyant plus habile de ne pas avoir l'air de penser que je disais cela sérieusement, ne me répondit même pas. Je repris qu'elle verrait bien si c'était sérieux ou non. Et quand fut **venue** [3707 V-TempE-1] l'heure où, **suivie** [3708 Adj-Epith-3] de toutes mes affaires, elle partit pour la gare, je me fis apporter une consommation sur la terrasse, devant le canal, et m'y installai, regardant se coucher le soleil tandis que sur une barque **arrêtée** [3709 Adj-Epith-3] en face de l'hôtel un musicien chantait « sole mio ».

Le soleil continuait de descendre. Ma mère ne devait pas être loin de la gare. Bientôt, elle serait **partie** [3710 V-TempE-1], je serais seul à Venise, seul avec la tristesse de la savoir **peinée** [3711 Adj-Attr-2] par moi, et sans sa présence pour me consoler. L'heure du train approchait. Ma solitude irrévocable était si prochaine qu'elle me semblait déjà **commencée** [3712 Adj-Attr-1] et totale. Car je me sentais seul. Les choses m'étaient **devenues** [3713 V-TempE-1] étrangères. Je n'avais plus assez de calme pour sortir de mon cœur palpitant et introduire en elles quelque stabilité. La ville que j'avais devant moi avait **cessé** [3714 V-TempA-0] d'être Venise. Sa personnalité, son nom, me semblaient comme des fictions menteuses que je n'avais plus le courage d'inculquer aux pierres. Les palais m'apparaissaient **réduits** [3715 Adj-Attr-1] à leurs simples parties, quantités de marbre pareilles à toutes les autres, et l'eau comme une combinaison d'hydrogène et d'oxygène, éternelle, aveugle, antérieure et extérieure à Venise, ignorante des Doges et de Turner. Et cependant ce lieu quelconque était étrange comme un lieu où on vient d'arriver, qui ne vous connaît pas encore – comme un lieu d'où l'on est **parti** [3716 V-TempE-1] et qui vous a déjà **oublié** [3717 V-TempA-2]. Je ne pouvais plus rien lui dire de moi, je ne pouvais rien laisser de moi poser sur lui, il me laissait **contracté** [3718 Adj-Attr-2], je n'étais plus qu'un cœur qui battait et qu'une attention suivant anxieusement le développement de « sole mio ». J'avais beau raccrocher désespérément ma pensée à la belle coudée caractéristique du Rialto, il m'apparaissait, avec la médiocrité de l'évidence, comme un pont non seulement inférieur, mais aussi étranger à l'idée que j'avais de lui qu'un acteur dont, malgré sa perruque blonde et son vêtement noir, nous savons bien qu'en son essence il n'est pas Hamlet. Tels les palais, le Canal, le Rialto, se trouvaient **dévêtus** [3719 Adj-Attr-1] de l'idée qui faisait leur individualité et **dissous** [3720 Adj-Attr-1] en leurs vulgaires éléments matériels. Mais en même temps ce lieu médiocre me semblait lointain. Dans le bassin de l'arsenal, à cause d'un élément scientifique lui aussi, la latitude, il y avait cette singularité des choses qui, même semblables en apparence à celles de notre pays, se révèlent étrangères, en exil sous d'autres cieux ; je sentais que cet horizon si voisin, que j'aurais **pu** [3721 V-TempA-0] atteindre en une heure, c'était une courbure de la terre tout autre que celle des mers de France, une courbure lointaine qui se trouvait, par l'artifice du voyage, **amarrée** [3722 Adj-Attr-1] près de moi ; si bien que ce bassin de l'arsenal, à la fois insignifiant et lointain, me remplissait de ce mélange de dégoût et d'effroi que j'avais **éprouvé** [3723 V-TempA-2] tout enfant la première fois que j'accompagnai ma mère aux bains Deligny ; en effet, dans le site fantastique **composé** [3724 Adj-Epith-3] par une eau sombre que ne couvraient pas le ciel ni le soleil et que cependant, **borné** [3725 Adj-Epith-3] par des cabines, on sentait communiquer avec d'invisibles profondeurs **couvertes** [3726 Adj-Epith-3] de corps humains en caleçon, je m'étais **demandé** [3727 V-TempE-0] si ces profondeurs, **cachées** [3728 Adj-Epith-3] aux mortels par des baraquements qui ne les laissaient pas soupçonner de la rue, n'étaient pas l'entrée des mers glaciales qui commençaient là, si les pôles n'y étaient pas **compris** [3729 V-Pass-1], et si cet étroit espace n'était pas précisément la mer libre du pôle. Cette Venise sans sympathie pour moi, où j'allais rester seul, ne me semblait pas moins **isolée** [3730 Adj-Attr-1], moins irréelle, et c'était ma détresse que le chant de « sole mio », s'élevant comme une déploration de la Venise que j'avais **connue** [3731 V-TempA-2], semblait prendre à témoin. Sans doute il aurait **fallu** [3732 V-TempA-0] cesser de l'écouter si j'avais **voulu** [3733 V-TempA-0] pouvoir rejoindre encore ma mère et prendre le train avec elle ; il aurait **fallu** [3734 V-TempA-0] décider sans perdre une seconde que je partais, mais c'est justement ce que je ne pouvais pas ; je restais immobile, sans être capable non seulement de me lever mais même de décider que je me lèverais.

Ma pensée, sans doute pour ne pas envisager une résolution à prendre, s'occupait tout entière à suivre le déroulement des phrases successives de « sole moi » en chantant mentalement avec le chanteur, à prévoir pour chacune d'elles l'élan qui allait l'emporter, à m'y laisser aller avec elle, avec elle aussi à retomber ensuite.

Sans doute ce chant insignifiant, **entendu** [3735 Adj-Epith-3] cent fois, ne m'intéressait nullement. Je ne pouvais faire plaisir à personne ni à moi-même en l'écoutant aussi religieusement jusqu'au bout. Enfin aucun des motifs, **connus** [3736 Adj-Epith-3] d'avance par moi, de cette vulgaire romance ne pouvait me fournir la résolution dont j'avais besoin ; bien plus, chacune de ces phrases, quand elle passait à son tour, devenait un obstacle à prendre efficacement cette résolution, ou plutôt elle m'obligeait à la résolution contraire de ne pas partir, car elle me faisait passer l'heure. Par là cette occupation sans plaisir en elle-même d'écouter « sole mio » se chargeait d'une tristesse profonde, presque **désespérée** [3737 Adj-Epith-3]. Je sentais bien qu'en réalité, c'était la résolution de ne pas partir que je prenais par le fait de rester là sans bouger ; mais me dire : « Je ne pars pas », qui ne m'était pas possible sous cette forme directe, me le devenait sous cette autre : « Je vais entendre encore une phrase de « sole mio » ; mais la signification pratique de ce langage **figuré** [3738 Adj-Epith-3] ne m'échappait pas et, tout en me disant : « Je ne fais en somme qu'écouter une phrase de plus », je savais que cela voulait dire : « Je resterai seul à Venise. » Et c'est peut-être cette tristesse, comme une sorte de froid engourdissant, qui faisait le charme **désespéré** [3739 Adj-Epith-3] mais fascinateur de ce chant. Chaque note que lançait la voix du chanteur avec une force et une ostentation presque musculaires venait me frapper en plein cœur ; quand la phrase était **consommée** [3740 Adj-Attr-1] et que le morceau semblait **fini** [3741 Adj-Attr-1], le chanteur n'en avait pas assez et reprenait plus haut comme s'il avait besoin de proclamer une fois de plus ma solitude et mon désespoir.

Ma mère devait être **arrivée** [3742 V-TempE-1] à la gare. Bientôt elle serait **partie** [3743 V-TempE-1]. J'étais **étreint** [3744 V-Pass-1] par l'angoisse que me causait, avec la vue du canal **devenu** [3745 Adj-Epith-3] tout petit depuis que l'âme de Venise s'en était **échappée** [3746 V-TempE-1], de ce Rialto banal qui n'était plus le Rialto, ce chant de désespoir que devenait « sole mio » et qui, ainsi **clamé** [3747 Adj-Epith-3] devant les palais inconstants, achevait de les mettre en miettes et consommait la ruine de Venise ; j'assistais à la lente réalisation de mon malheur, **construit** [3748 Adj-Epith-3] artistement, sans hâte, note par note, par le chanteur que regardait avec étonnement le soleil **arrêté** [3749 Adj-Epith-3] derrière Saint-Georges le Majeur, si bien que cette lumière crépusculaire devait faire à jamais dans ma mémoire, avec le frisson de mon émotion et la voix de bronze du chanteur, un alliage équivoque, immuable et poignant.

Ainsi restais-je immobile, avec une volonté **dissoute** [3750 Adj-Epith-3], sans décision apparente ; sans doute à ces moments-là elle est déjà **prise** [3751 V-Pass-1] : nos amis eux-mêmes peuvent souvent la prévoir. Mais nous, nous ne le pouvons pas, sans quoi tant de souffrances nous seraient **épargnées** [3752 V-Pass-1].

Mais enfin, d'antres plus obscurs que ceux d'où s'élance la comète qu'on peut prédire – grâce à l'insoupçonnable puissance défensive de l'habitude **invétérée** [3753 Adj-Epith-3], grâce aux réserves **cachées** [3754 Adj-Epith-3] que par une impulsion subite elle jette au dernier moment dans la mêlée – mon action surgit enfin : je pris mes jambes à mon cou et j'arrivai, les portières déjà **fermées** [3755 V-Sub-Pass-1], mais à temps pour retrouver ma mère rouge d'émotion, se retenant pour ne pas pleurer, car elle croyait que je ne viendrais plus. Puis le train partit et nous vîmes Padoue et Vérone venir au-devant de nous, nous dire adieu presque jusqu'à la gare et, quand nous nous fûmes **éloignés** [3756 V-TempE-1], regagner – elles qui ne partaient pas et allaient reprendre leur vie – l'une sa plaine, l'autre sa colline.

Les heures passaient. Ma mère ne se pressait pas de lire deux lettres qu'elle tenait à la main et avait seulement **ouvertes** [3757 V-TempA-2] et tâchait que moi-même je ne tirasse pas tout de suite mon portefeuille pour y prendre celle que le concierge de l'hôtel m'avait **remise** [3758 V-TempA-2]. Ma mère craignait toujours que je ne trouvasse les voyages trop longs, trop fatigants, et reculait le plus tard possible, pour m'occuper pendant les dernières heures, le moment où elle chercherait pour moi de nouvelles distractions, déballerait les œufs durs, me passerait les journaux, déferait le paquet de livres qu'elle avait **achetés** [3759 V-TempA-2] sans me le dire. Nous avions **traversé** [3760 V-TempA-0] Milan depuis longtemps lorsqu'elle se décida à lire la première des deux lettres. Je regardai d'abord ma mère, qui la lisait avec étonnement, puis levait la tête, et ses yeux semblaient se poser tour à tour sur des souvenirs distincts, incompatibles, et qu'elle ne pouvait parvenir à rapprocher. Cependant j'avais **reconnu** [3761 V-TempA-0] l'écriture de Gilberte sur l'enveloppe que je venais de prendre dans mon portefeuille. Je l'ouvris. Gilberte m'annonçait son mariage avec Robert de Saint-Loup. Elle me disait qu'elle m'avait **télégraphié** [3762 V-TempA-0] à ce sujet à Venise et n'avait pas **eu** [3763 V-TempA-0] de réponse. Je me rappelai comme on m'avait **dit** [3764 V-TempA-0] que le service des télégraphes y était mal **fait** [3765 Adj-Attr-1]. Je n'avais jamais **eu** [3766 V-TempA-0] sa dépêche. Peut-être ne voudrait-elle pas le croire. Tout d'un coup, je sentis dans mon cerveau un fait, qui y était **installé** [3767 V-Pass-1 / Adj-Attr-1] à l'état de souvenir, quitter sa place et la céder à un autre. La dépêche que j'avais **reçue** [3768 V-TempA-2] dernièrement et que j'avais **crue** [3769 V-TempA-2] d'Albertine était de Gilberte. Comme l'originalité assez factice de l'écriture de Gilberte consistait principalement, quand elle écrivait une ligne, à faire figurer dans la ligne supérieure les barres de T qui avaient l'air de souligner les mots, ou les points sur les I qui avaient l'air d'interrompre les phrases de la ligne d'au-dessus, et en revanche à intercaler dans la ligne d'au-dessous les queues et arabesques des mots qui leur étaient **superposés** [3770 V-Pass-1 / Adj-Attr-1], il était tout naturel que l'employé du télégraphe eût **lu** [3771 V-TempA-0][93] les boucles d'*s* ou de *z* de la ligne supérieure comme un « ine » finissant le mot de Gilberte. Le point sur l'*i* de Gilberte était **monté** [3772 V-TempE-1] au-dessus faire point de suspension. Quant à son *G*, il avait l'air d'un *A* gothique. Qu'en dehors de cela deux ou trois mots eussent **été** [3773 V-TempA-0] mal **lus** [3774 V-Pass-1], **pris** [3775 V-Pass-1] les uns dans les autres (certains, d'ailleurs, m'avaient **paru** [3776 V-TempA-0] incompréhensibles), cela était suffisant pour expliquer les détails de mon erreur et n'était même pas nécessaire. Combien de lettres lit dans un mot une personne **distraite** [3777 Adj-Epith-3] et surtout **prévenue** [3778 Adj-Epith-3], qui part de l'idée que la lettre est d'une certaine personne ? combien de mots dans la phrase ? On devine en lisant, on crée ; tout part d'une erreur initiale ; celles qui suivent (et ce n'est pas seulement dans la lecture des lettres et des télégrammes, pas seulement dans toute lecture), si extraordinaires qu'elles puissent paraître à celui qui n'a pas le même point de départ, sont toutes naturelles. Une bonne partie de ce que nous croyons (et jusque dans les conclusions dernières c'est ainsi) avec un entêtement et une bonne foi égales vient d'une première méprise sur les prémisses.

Chapitre IV. *Nouvel aspect de Robert de Saint-Loup*

« Oh ! c'est inouï, me dit ma mère. Écoute, on ne s'étonne plus de rien à mon âge, mais je t'assure qu'il n'y a rien de plus inattendu que la nouvelle que m'annonce cette lettre. – Écoute bien, répondis-je, je ne sais pas ce que c'est, mais, si étonnant que cela puisse être, cela ne peut pas l'être autant que ce que m'apprend celle-ci. C'est un mariage. C'est Robert de Saint-Loup qui épouse Gilberte Swann. – Ah ! me dit ma mère, alors c'est sans doute ce que m'annonce l'autre lettre, celle que je n'ai pas encore **ouverte** [3779 V-TempA-2], car j'ai **reconnu** [3780 V-TempA-0] l'écriture de ton ami. » Et ma mère me sourit avec cette légère émotion dont, depuis qu'elle avait

---

[93] Var. ms. : *eût cru que.*

perdu [3781 V-TempA-0] sa mère, se revêtait pour elle tout événement, si mince qu'il fût, qui intéressait des créatures humaines capables de douleur, de souvenir, et ayant, elles aussi, leurs morts. Ainsi ma mère me sourit et me parla d'une voix douce, comme si elle eût **craint** [3782 V-TempA-0], en traitant légèrement ce mariage, de méconnaître ce qu'il pouvait éveiller d'impressions mélancoliques chez la fille et la veuve de Swann, chez la mère de Robert prête à se séparer de son fils, et auxquelles ma mère par bonté, par sympathie à cause de leur bonté pour moi, prêtait sa propre émotivité filiale, conjugale, et maternelle. « Avais-je raison de te dire que tu ne trouverais rien de plus étonnant ? lui dis-je. – Hé bien si ! répondit-elle d'une voix douce, c'est moi qui détiens la nouvelle la plus extraordinaire, je ne te dirai pas la plus grande, la plus petite, car cette situation de Sévigné **faite** [3783 Adj-Epith-3] par tous les gens qui ne savent que cela d'elle écœurait ta grand'mère autant que « la jolie chose que c'est de fumer ». Nous ne daignons pas ramasser ce Sévigné de tout le monde. Cette lettre-ci m'annonce le mariage du petit Cambremer. – Tiens ! dis-je avec indifférence, avec qui ? Mais en tous cas la personnalité du fiancé ôte déjà à ce mariage tout caractère sensationnel. – À moins que celle de la fiancée ne le lui donne. – Et qui est cette fiancée ? – Ah ! si je te dis tout de suite il n'y a pas de mérite, voyons, cherche un peu », me dit ma mère qui, voyant qu'on n'était pas encore à Turin, voulait me laisser un peu de pain sur la planche et une poire pour la soif. « Mais comment veux-tu que je sache ? Est-ce avec quelqu'un de brillant ? Si Legrandin et sa sœur sont contents, nous pouvons être sûrs que c'est un mariage brillant. – Legrandin, je ne sais pas, mais la personne qui m'annonce le mariage dit que Mme de Cambremer est **ravie** [3784 Adj-Attr-1]. Je ne sais pas si tu appelleras cela un mariage brillant. Moi, cela me fait l'effet d'un mariage du temps où les rois épousaient les bergères, et encore la bergère est-elle moins qu'une bergère, mais d'ailleurs charmante. Cela eût **stupéfié** [3785 V-TempA-0] ta grand'mère et ne lui eût pas **déplu** [3786 V-TempA-0]. – Mais enfin qui est-ce cette fiancée ? – C'est Mlle d'Oloron. – Cela m'a l'air immense et pas bergère du tout, mais je ne vois pas qui cela peut être. C'est un titre qui était dans la famille des Guermantes. – Justement, et M. de Charlus l'a **donné** [3787 V-TempA-2], en l'adoptant, à la nièce de Jupien. C'est elle qui épouse le petit Cambremer. – La nièce de Jupien ! Ce n'est pas possible ! – C'est la récompense de la vertu. C'est un mariage à la fin d'un roman de Mme Sand », dit ma mère. « C'est le prix du vice, c'est un mariage à la fin d'un roman de Balzac », pensai-je. « Après tout, dis-je à ma mère, en y réfléchissant, c'est assez naturel. Voilà les Cambremer **ancrés** [3788 Adj-Attr-2] dans ce clan des Guermantes où ils n'espéraient pas pouvoir jamais planter leur tente ; de plus, la petite, **adoptée** [3789 Adj-Epith-3] par M. de Charlus, aura beaucoup d'argent, ce qui était indispensable depuis que les Cambremer ont **perdu** [3790 V-TempA-0] le leur ; et, en somme, elle est la fille adoptive et, selon les Cambremer, probablement la fille véritable – la fille naturelle – de quelqu'un qu'ils considèrent comme un prince du sang. Un bâtard de maison presque royale, cela a toujours **été** [3791 V-TempA-0] **considéré** [3792 V-Pass-1] comme une alliance flatteuse par la noblesse française et étrangère. Sans remonter même si loin, tout près de nous, pas plus tard qu'il y a six mois, tu te rappelles le mariage de l'ami de Robert avec cette jeune fille dont la seule raison d'être sociale était qu'on la supposait, à tort ou à raison, fille naturelle d'un prince souverain. » Ma mère, tout en maintenant le côté castes de Combray, qui eût **fait** [3793 V-TempA-0] que ma grand'mère eût **dû** [3794 V-TempA-0] être **scandalisée** [3795 V-Pass-1] de ce mariage, voulant avant tout montrer la valeur du jugement de sa mère, ajouta : « D'ailleurs, la petite est parfaite, et ta chère grand'mère n'aurait pas **eu** [3796 V-TempA-0] besoin de son immense bonté, de son indulgence infinie pour ne pas être sévère au choix du jeune Cambremer. Te souviens-tu combien elle avait **trouvé** [3797 V-TempA-0] cette petite **distinguée** [3798 Adj-Attr-2], il y a bien longtemps, un jour qu'elle était **entrée** [3799 V-TempE-1] se faire recoudre sa jupe ? Ce n'était qu'une enfant alors. Et maintenant, bien que très **montée** [3800 Adj-Epith-3] en graine et vieille fille, elle est une autre femme, mille fois plus parfaite. Mais ta grand'mère d'un coup d'œil avait **discerné** [3801 V-TempA-0] tout cela. Elle avait **trouvé** [3802 V-TempA-0] la petite nièce d'un giletier plus « noble » que le duc de Guermantes. » Mais plus encore que louer grand'mère, il fallait à ma mère trouver « mieux » pour elle qu'elle ne fût plus là. C'était la suprême finalité de sa tendresse et comme si cela lui épargnait un dernier chagrin. « Et pourtant, crois-tu tout de même, me dit ma mère, si le père Swann – que tu n'as pas **connu** [3803 V-TempA-2], il est vrai – avait **pu** [3804 V-TempA-0] penser qu'il aurait un jour un arrière-petit-fils ou une arrière-petite-fille où couleraient **confondus** [3805 Adj-Attr-1] le sang de la mère Moser qui disait : « Ponchour Mezieurs » et le sang du duc de Guise ! – Mais remarque, maman, que c'est beaucoup plus étonnant que tu ne dis. Car les Swann étaient des gens très bien et, avec la situation qu'avait leur fils, sa fille, s'il avait **fait** [3806 V-TempA-0] un bon mariage, aurait **pu** [3807 V-TempA-0] en faire un très beau. Mais tout était **retombé** [3808 V-TempE-1] à pied d'œuvre puisqu'il avait **épousé** [3809 V-TempA-0] une cocotte. – Oh ! une cocotte, tu sais, on était peut-être méchant, je n'ai jamais tout **cru** [3810 V-TempA-2]. – Si, une cocotte, je te ferai même des révélations sensationnelles un autre jour. » **Perdue** [3811 Adj-Epith-3] dans sa rêverie, ma mère disait : « La fille d'une femme que ton père n'aurait jamais **permis** [3812 V-TempA-0] que je salue épousant le neveu de Mme de Villeparisis que ton père ne me permettait pas, au commencement, d'aller voir parce qu'il la trouvait d'un monde trop brillant pour moi ! » Puis : « Le fils de Mme de Cambremer, pour qui Legrandin craignait tant d'avoir à nous donner une recommandation parce qu'il ne nous trouvait pas assez chic, épousant la nièce d'un homme qui n'aurait jamais **osé** [3813 V-TempA-0] monter chez nous que par l'escalier de service !... Tout de même, ta pauvre grand'mère avait raison – tu te rappelles – quand elle disait que la grande aristocratie faisait des choses qui choqueraient de petits bourgeois, et que la reine Marie-Amélie lui était **gâtée** [3814 V-Pass-1] par les avances qu'elle avait **faites** [3815 V-TempA-2] à la maîtresse du prince de Condé pour qu'elle le fît tester en faveur du duc d'Aumale. Tu te souviens, elle était **choquée** [3816 V-Pass-1] que, depuis des siècles, des filles de la maison de Gramont, qui furent de véritables saintes, aient **porté** [3817 V-TempA-0] le nom de Corisande en mémoire de la liaison d'une aïeule avec Henri IV. Ce sont des choses qui se font peut-être aussi dans la bourgeoisie, mais on les cache davantage. Crois-tu que cela l'eût **amusée** [3818 V-TempA-2], ta pauvre grand'mère ! » disait maman avec tristesse – car les joies dont nous souffrions que ma grand'mère fût **écartée** [3819 V-Pass-1], c'étaient les joies les plus simples de la vie, une nouvelle, une pièce, moins que cela une « imitation », qui l'eussent **amusée** [3820 V-TempA-2]. – « Crois-tu qu'elle eût **été** [3821 V-TempA-0] **étonnée** [3822 V-Pass-1] ! Je suis sûre pourtant que cela eût **choqué** [3823 V-TempA-0] ta grand'mère, ces mariages, que cela lui eût **été** [3824 V-TempA-0] pénible, je crois qu'il vaut mieux qu'elle ne les ait pas **sus** [3825 V-TempA-2] », reprit ma mère, car en présence de tout événement elle aimait à penser que ma grand'mère en eût **reçu** [3826 V-TempA-0] une impression toute particulière qui eût **tenu** [3827 V-TempA-0] à la merveilleuse singularité de sa nature et qui avait une importance extraordinaire. Devant tout événement triste qu'on n'eût **pu** [3828 V-TempA-0] prévoir autrefois, la disgrâce ou la ruine d'un de nos vieux amis, quelque calamité publique, une épidémie, une guerre, une révolution, ma mère se disait que peut-être valait-il mieux que grand'mère n'eût <u>rien</u> **vu** [3829 V-TempA-2] de tout cela, que cela lui eût **fait** [3830 V-TempA-0] trop de peine, que peut-être elle n'eût **pu** [3831 V-TempA-0] le supporter. Et quand il s'agissait d'une chose choquante comme celle-ci, ma mère, par le mouvement du cœur inverse de celui des méchants, qui se plaisent à supposer que ceux qu'ils n'aiment pas ont plus **souffert** [3832 V-TempA-0] qu'on ne croit, ne voulait pas dans sa tendresse pour ma grand'mère admettre que rien de triste, de diminuant eût **pu** [3833 V-TempA-0] lui arriver. Elle se figurait toujours ma grand'mère comme au-dessus des atteintes même de tout mal qui n'eût pas **dû** [3834 V-TempA-0] se produire, et se disait que la mort de ma grand'mère avait peut-être **été** [3835 V-TempA-0], en somme, un bien en épargnant le spectacle trop laid du temps présent à cette nature si noble qui n'aurait pas **su** [3836 V-TempA-0] s'y résigner. Car l'optimisme est la philosophie du passé. Les événements qui ont **eu** [3837 V-TempA-0] lieu étant, entre tous ceux qui étaient possibles, les seuls que nous connaissions, le mal <u>qu</u>'ils ont **causé** [3838 V-TempA-2] nous semble inévitable, et le peu de bien qu'ils n'ont pas **pu** [3839 V-TempA-0] ne pas amener avec eux, c'est à eux que nous en faisons honneur, et nous nous imaginons que sans eux il ne se fût pas **produit** [3840 V-TempE-1]. Mais elle cherchait en même temps à mieux deviner ce <u>que</u> ma grand'mère eût **éprouvé** [3841 V-TempA-2] en apprenant ces nouvelles et à croire en même temps que c'était impossible à deviner pour nos esprits moins **élevés** [3842 Adj-Epith-3] que le sien. « Crois-tu ! me dit d'abord ma mère, combien ta pauvre grand'mère eût **été** [3843 V-TempA-0] **étonnée** [3844 V-Pass-1] ! » Et je sentais que ma mère souffrait de ne pas pouvoir le lui apprendre, regrettait que ma grand'mère ne pût le savoir, et trouvait quelque chose d'injuste à ce que la vie amenât au jour des faits que ma grand'mère n'aurait **pu** [3845 V-TempA-0] croire, rendant ainsi rétrospectivement la connaissance, <u>que</u> celle-ci avait **emportée** [3846 V-TempA-2] des êtres et de la société, fausse et incomplète, le mariage de la petite Jupien avec le neveu de Legrandin ayant **été** [3847 V-Sub-TempA-0] de nature à modifier les notions générales de ma grand'mère, autant que la nouvelle – si ma mère avait **pu** [3848 V-TempA-0] la lui faire parvenir – qu'on était **arrivé** [3849 V-TempE-1] à résoudre le problème, **cru** [3850 Adj-Epith-3] par ma grand'mère insoluble, de la navigation aérienne et de la télégraphie sans fil.

Le train entrait en gare de Paris que nous parlions encore avec ma mère de ces deux nouvelles que, pour que la route ne me parût pas trop longue, elle eût **voulu** [3851 V-TempA-0] réserver pour la seconde partie du voyage et ne m'avait **laissé** [3852 V-TempA-0] apprendre qu'après Milan. Et ma mère continuait quand nous fûmes **rentrés** [3853 V-TempE-1] à la maison : « Crois-tu, ce pauvre Swann qui désirait tant que sa Gilberte fût **reçue** [3854 V-Pass-1] chez les Guermantes, serait-il assez heureux s'il pouvait voir sa fille devenir une Guermantes ! – Sous un autre nom que le sien, **conduite** [3855 Adj-Epith-3] à l'autel comme Mlle de Forcheville ; crois-tu qu'il en serait si heureux ? – Ah ! c'est vrai, je n'y pensais pas. – C'est ce qui fait que je ne peux pas me réjouir pour cette petite « rosse » ; cette pensée qu'elle a **eu** [3856 V-TempA-0] le cœur de quitter le nom de son père qui était si bon pour elle. – Oui, tu as raison, tout compte **fait** [3857 V-Sub-Pass-1], il est peut-être mieux qu'il ne l'ait pas **su** [3858 V-TempA-2]. » Tant pour les morts que pour les vivants, on ne peut savoir si une chose leur ferait plus de joie ou plus de peine. « Il paraît que les Saint-Loup vivront à Tansonville. Le père Swann, qui désirait tant montrer son étang à ton pauvre grand-père, aurait-il jamais **pu** [3859 V-TempA-0] supposer que le duc de Guermantes le verrait souvent, surtout s'il avait **su** [3860 V-TempA-0] le mariage de son fils ? Enfin, toi qui as tant **parlé** [3861 V-TempA-0] à Saint-Loup des épines roses, des lilas et des iris de Tansonville, il te comprendra mieux. C'est lui qui les possédera. » Ainsi se déroulait dans notre salle à manger, sous la lumière de la lampe dont elles sont amies, une de ces causeries où la sagesse, non des nations mais des familles, s'emparant de quelque événement, mort, fiançailles, héritage, ruine, et le glissant sous le verre grossissant de la mémoire, lui donne tout son relief, dissocie, recule une surface, et situe en perspective à différents points de l'espace et du temps ce qui, pour ceux qui n'ont pas **vécu** [3862 V-TempA-0] cette époque, semble **amalgamé** [3863 Adj-Attr-1] sur une même surface, les noms des décédés, les adresses successives, les origines de la fortune et ses changements, les mutations de propriété. Cette sagesse-là n'est-elle pas **inspirée** [3864 V-Pass-1] par la Muse qu'il convient de méconnaître le plus longtemps possible si l'on veut garder quelque fraîcheur d'impressions et quelque vertu créatrice, mais que ceux-là mêmes qui l'ont **ignorée** [3865 V-TempA-2] rencontrent au soir de leur vie dans la nef de la vieille église provinciale, à l'heure où tout à coup ils se sentent moins sensibles à la beauté éternelle **exprimée** [3866 Adj-Epith-3] par les sculptures de l'autel qu'à la conception des fortunes diverses qu'elles subirent, passant dans une illustre collection particulière, dans une chapelle, de là dans un musée, puis ayant **fait** [3867 Adj-Epith-0] retour à l'église ; ou qu'à sentir, quand ils y foulent un pavé presque pensant, qu'il recouvre la dernière poussière d'Arnauld ou de Pascal ; ou tout simplement qu'à déchiffrer, imaginant peut-être l'image d'une fraîche paroissienne, sur la plaque de cuivre du prie-Dieu de bois, les noms des filles du hobereau ou du notable. La Muse qui a **recueilli** [3868 V-TempA-0] tout ce que les muses plus hautes de la philosophie et de l'art ont **rejeté** [3869 V-TempA-2], tout ce qui n'est pas **fondé** [3870 Adj-Attr-1] en vérité, tout ce qui n'est que contingent mais révèle aussi d'autres lois, c'est l'Histoire.

Ce que je devais apprendre par la suite – car je n'avais **pu** [3871 V-TempA-0] assister à tout cela de Venise – c'est que Mlle de Forcheville avait **été** [3872 V-TempA-0] **demandée** [3873 V-Pass-1] d'abord par le prince de Silistrie, cependant que Saint-Loup cherchait à épouser Mlle d'Entragues, fille du duc de Luxembourg. Voici ce qui s'était **passé** [3874 V-TempE-1]. Mlle de Forcheville ayant cent millions, Mme de Marsantes avait **pensé** [3875 V-TempA-0] que c'était un excellent mariage pour son fils. Elle eut le tort de dire que cette jeune fille était charmante, qu'elle ignorait absolument si elle était riche ou pauvre, qu'elle ne voulait pas le savoir mais que, même sans dot, ce serait une chance pour le jeune homme le plus difficile d'avoir une femme pareille. C'était beaucoup d'audace pour une femme **tentée** [3876 Adj-Epith-3] seulement par les cent millions qui lui fermaient les yeux sur le reste. Aussitôt on comprit qu'elle y pensait pour son fils. La princesse de Silistrie jeta partout les hauts cris, se répandit sur les grandeurs de Saint-Loup, et clama que si Saint-Loup épousait la fille d'Odette et d'un juif, il n'y avait plus de faubourg Saint-Germain. Mme de Marsantes, si sûre d'elle-même qu'elle fût, n'osa pas pousser alors plus loin et se retira devant les cris de la princesse de Silistrie, qui fit aussitôt faire la demande pour son propre fils. Elle n'avait **crié** [3877 V-TempA-0] qu'afin de se réserver Gilberte. Cependant Mme de Marsantes, ne voulant pas rester sur un échec, s'était aussitôt **tournée** [3878 V-TempE-1] vers Mlle d'Entragues, fille du duc de Luxembourg. N'ayant que vingt millions, celle-ci lui convenait moins, mais elle dit à tout le monde qu'un Saint-Loup ne pouvait épouser une Mlle Swann (il n'était même plus question de Forcheville). Quelque temps après, quelqu'un disant étourdiment que le duc de Châtellerault pensait à épouser Mlle d'Entragues, Mme de Marsantes, qui était pointilleuse plus que personne, le prit de haut, changea ses batteries, revint à Gilberte, fit faire la demande pour Saint-Loup, et les fiançailles eurent lieu immédiatement. Ces fiançailles excitèrent de vifs commentaires dans les mondes les plus différents. D'anciennes amies de ma mère, plus ou moins de Combray, vinrent la voir pour lui parler du mariage de Gilberte, lequel ne les éblouissait nullement. « Vous savez ce que c'est que Mlle de Forcheville, c'est tout simplement Mlle Swann. Et le témoin de son mariage, le « Baron » de Charlus, comme il se fait appeler, c'est ce vieux qui entretenait déjà la mère autrefois au vu et au su de Swann qui y trouvait son intérêt. – Mais qu'est-ce que vous dites ? protestait ma mère, Swann, d'abord, était extrêmement riche. – Il faut croire qu'il ne l'était pas tant que ça pour avoir besoin de l'argent des autres. Mais qu'est-ce qu'elle a donc, cette femme-là, pour tenir ainsi ses anciens amants ? Elle a **trouvé** [3879 V-TempA-0] le moyen de se faire épouser par le troisième et elle retire à moitié de la tombe le deuxième pour qu'il serve de témoin à la fille qu'elle a **eue** [3880 V-TempA-2] du premier ou d'un autre, car comment se reconnaître dans la quantité ? elle n'en sait plus rien elle-même ! Je dis le troisième, c'est le trois centième qu'il faudrait dire. Du reste, vous savez que si elle n'est pas plus Forcheville que vous et moi, cela va bien avec le mari qui, naturellement, n'est pas noble. Vous pensez bien qu'il n'y a qu'un aventurier pour épouser cette fille-là. Il paraît que c'est un Monsieur Dupont ou Durand quelconque. S'il n'y avait pas maintenant un maire radical à Combray, qui ne salue même pas le curé, j'aurais **su** [3881 V-TempA-0] le fin de la chose. Parce que, vous comprenez bien, quand on a **publié** [3882 V-TempA-0] les bans, il a bien **fallu** [3883 V-TempA-0] dire le vrai nom. C'est très joli, pour les journaux ou pour le papetier qui envoie les lettres de faire-part, de se faire appeler le marquis de Saint-Loup. Ça ne fait mal à personne, et si ça peut leur faire plaisir à ces bonnes gens, ce n'est pas moi qui y trouverai à redire ! en quoi ça peut-il me gêner ? Comme je ne fréquenterai jamais la fille d'une femme qui a **fait** [3884 V-TempA-0] parler d'elle, elle peut bien être marquise long comme le bras pour ses domestiques. Mais dans les actes de l'état civil ce n'est pas la même chose. Ah ! si mon cousin Sazerat était encore premier adjoint, je lui aurais **écrit** [3885 V-TempA-0], à moi il m'aurait **dit** [3886 V-TempA-0] sous quel nom il avait **fait** [3887 V-TempA-0] faire les publications. »

D'autres amies de ma mère, qui avaient **vu** [3888 V-TempA-0] Saint-Loup à la maison, vinrent à son « jour » et s'informèrent si le fiancé était bien celui qui était mon ami. Certaines personnes allaient jusqu'à prétendre, en ce qui concernait l'autre mariage, qu'il ne s'agissait pas des Cambremer-Legrandin. On le tenait de bonne source, car la marquise, **née** [3889 Adj-Epith-3] Legrandin, l'avait **démenti** [3890 V-TempA-2] la veille même du jour où les fiançailles furent **publiées** [3891 V-Pass-1]. Je me demandais de mon côté pourquoi M. de Charlus d'une part, Saint-Loup de l'autre, lesquels avaient **eu** [3892 V-TempA-0] l'occasion de m'écrire peu auparavant, m'avaient **parlé** [3893 V-TempA-0] de projets amicaux et de voyages dont la réalisation eût **dû** [3894 V-TempA-0] exclure la possibilité de ces cérémonies, et ne m'avaient rien **dit** [3895 V-TempA-2]. J'en concluais, sans songer au secret que l'on garde jusqu'à la fin sur ces sortes de choses, que j'étais moins leur ami que je n'avais **cru** [3896 V-TempA-0], ce qui, pour ce qui concernait Saint-Loup, me peinait. Aussi pourquoi, ayant **remarqué** [3897 Adj-Epith-0] que l'amabilité, le côté plain-pied, « pair à compagnon » de l'aristocratie était une comédie, m'étonnais-je d'en être **excepté** [3898 V-Pass-1] ? Dans la maison de femmes – où on procurait de plus en plus des hommes – où M. de Charlus avait **surpris** [3899 V-TempA-0] Morel et où la « sous-maîtresse », grande lectrice du *Gaulois*, commentait les nouvelles mondaines, cette patronne, parlant à un gros Monsieur qui venait chez elle, sans arrêter, boire du Champagne avec des jeunes gens, parce que, déjà très gros, il voulait devenir assez obèse pour être certain de ne pas être « **pris** [3900 V-Pass-1] » si jamais il y avait une guerre, déclara : « Il paraît que le petit Saint-Loup est comme « ça » et le petit Cambremer aussi. Pauvres épouses ! – En tout cas, si vous connaissez ces fiancés, il faut nous les envoyer, ils trouveront ici tout ce qu'ils voudront, et il y a beaucoup d'argent à gagner avec eux. » Sur quoi le gros Monsieur, bien qu'il fût lui-même comme « ça », se récria, répliqua, étant un peu snob, qu'il rencontrait souvent Cambremer et Saint-Loup chez ses cousins d'Ardouvillers, et qu'ils étaient grands amateurs de femmes et tout le contraire de « ça ». « Ah ! » conclut la sous-maîtresse d'un ton sceptique, mais ne possédant aucune preuve, et **persuadée** [3901 Adj-Epith-3] qu'en notre siècle la perversité des mœurs le disputait à l'absurdité calomniatrice des cancans. Certaines personnes, que je ne vis pas, m'écrivirent et me demandèrent « ce que je pensais » de ces deux mariages, absolument comme si elles eussent **ouvert** [3902 V-TempA-0] une enquête sur la hauteur des chapeaux des femmes au théâtre ou sur le roman psychologique. Je n'eus pas le courage de répondre à ces lettres. De ces deux mariages je ne pensais rien, mais j'éprouvais une immense tristesse, comme quand deux parties de votre existence **passée** [3903 Adj-Epith-3], **amarrées** [3904 Adj-Epith-3] auprès de vous, et sur lesquelles on fonde peut-être paresseusement au jour le jour, quelque espoir inavoué, s'éloignent définitivement, avec un claquement joyeux de flammes, pour des destinations étrangères, comme deux vaisseaux. Pour les intéressés eux-mêmes, ils eurent à l'égard de leur propre mariage une opinion bien naturelle, puisqu'il s'agissait non des autres mais d'eux. Ils n'avaient jamais **eu** [3905 V-TempA-0] assez de railleries pour ces « grands mariages » **fondés** [3906 Adj-Epith-3] sur une tare secrète. Et même les Cambremer, de maison si ancienne et de prétentions si modestes, eussent **été** [3907 V-TempA-0] les premiers à oublier Jupien et à se souvenir seulement des grandeurs inouïes de la maison d'Oloron, si une exception ne s'était **produite** [3908 V-TempE-1] en la personne qui eût **dû** [3909 V-TempA-0] être le plus **flattée** [3910 Adj-Attr-1] de ce mariage, la marquise de Cambremer-Legrandin. Mais, méchante de nature, elle faisait passer le plaisir d'humilier les siens avant celui de se glorifier elle-même. Aussi, n'aimant pas son fils, et ayant tôt **fait** [3911 Adj-Epith-0] de prendre en grippe sa future belle-fille, déclara-t-elle qu'il était malheureux pour un Cambremer d'épouser une personne qui sortait on ne savait d'où, en somme, et avait <u>des dents</u> si mal **rangées** [3912 Adj-Attr-2]. Quant au jeune Cambremer, qui avait déjà une certaine propension à fréquenter des gens de lettres, on pense bien qu'une si brillante alliance n'eut pas pour effet de le rendre plus snob, mais que, se sentant maintenant le successeur des ducs d'Oloron – « princes souverains » comme disaient les journaux – il était suffisamment **persuadé** [3913 Adj-Attr-1] de sa grandeur pour pouvoir frayer avec n'importe qui. Et il délaissa la petite noblesse pour la bourgeoisie intelligente les jours où il ne se consacrait pas aux Altesses. Les notes des journaux, surtout en ce qui concernait Saint-Loup, donnèrent à mon ami, dont les ancêtres royaux étaient **énumérés** [3914 V-Pass-1], une grandeur nouvelle mais qui ne fit que m'attrister – comme s'il était **devenu** [3915 V-TempE-1] quelqu'un d'autre, le descendant de Robert le Fort, plutôt que l'ami qui s'était **mis** [3916 V-TempE-1] si peu de temps auparavant sur le strapontin de la voiture afin que je fusse mieux au fond ; le fait de n'avoir pas soupçonné [3917 V-TempA-0] d'avance son mariage avec Gilberte, dont la réalité m'était **apparue** [3918 V-TempE-1] soudain, dans une lettre, si différente de ce que je pouvais penser de chacun d'eux la veille, et qu'il ne m'eût pas **averti** [3919 V-TempA-2] me faisait souffrir, alors que j'eusse **dû** [3920 V-TempA-0] penser qu'il avait **eu** [3921 V-TempA-0] beaucoup à faire et que, d'ailleurs, dans le monde les mariages se font souvent ainsi tout d'un coup, fréquemment pour se substituer à une combinaison différente qui a **échoué** [3922 V-TempA-0] – inopinément – comme un précipité chimique. Et la tristesse, morne comme un déménagement, amère comme une jalousie, que me causèrent par la brusquerie, par l'accident de leur choc, ces deux mariages fut si profonde, que plus tard on me la rappela, en m'en faisant absurdement gloire, comme ayant **été** [3923 Adj-Attr-0] tout le contraire de ce qu'elle fut au moment même, un double, triple, et même quadruple pressentiment.

Les gens du monde qui n'avaient **fait** [3924 V-TempA-0] aucune attention à Gilberte me dirent d'un air gravement **intéressé** [3925 Adj-Epith-3] : « Ah ! c'est elle qui épouse le marquis de Saint-Loup ? » et jetaient sur elle le regard attentif des gens non seulement friands des événements de la vie parisienne, mais aussi qui cherchent à s'instruire et croient à la profondeur de leur regard. Ceux qui n'avaient, au contraire, **connu** [3926 V-TempA-0] que Gilberte regardèrent Saint-Loup avec une extrême attention, me demandèrent (souvent des gens qui me connaissaient à peine) de les présenter et revenaient de la présentation au fiancé **parés** [3927 Adj-Attr-1] des joies de la fatuité en me disant : « Il est très bien de sa personne. » Gilberte était **convaincue** [3928 V-Pass-1 / Adj-Attr-1] que le nom de marquis de Saint-Loup était plus grand mille fois que celui de duc d'Orléans.

« Il paraît que c'est la princesse de Parme qui a **fait** [3929 V-TempA-0] le mariage du petit Cambremer », me dit maman. Et c'était vrai. La princesse de Parme connaissait depuis longtemps, par les œuvres, d'une part Legrandin qu'elle trouvait un homme **distingué** [3930 Adj-Epith-3], de l'autre Mme de Cambremer qui changeait la conversation quand la princesse lui demandait si elle était bien la sœur de Legrandin. La princesse savait le regret qu'avait Mme de Cambremer d'être **restée** [3931 V-TempE-1] à la porte de la haute société aristocratique, où personne ne la recevait. Quand la princesse de Parme, qui s'était **chargée** [3932 V-TempE-1] de trouver un parti pour Mlle d'Oloron, demanda à M. de Charlus s'il savait qui était un homme aimable et **instruit** [3933 Adj-Epith-3] qui s'appelait

Legrandin de Méséglise (c'était ainsi que se faisait appeler maintenant Legrandin), le baron répondit d'abord que non, puis tout d'un coup un souvenir lui revint d'un voyageur avec qui il avait **fait** [3934 V-TempA-0] connaissance en wagon, une nuit, et qui lui avait **laissé** [3935 V-TempA-0] sa carte. Il eut un vague sourire. « C'est peut-être le même », se dit-il. Quand il apprit qu'il s'agissait du fils de la sœur de Legrandin, il dit : « Tiens, ce serait vraiment extraordinaire ! S'il tenait de son oncle, après tout, ce ne serait pas pour m'effrayer, j'ai toujours **dit** [3936 V-TempA-0] qu'ils faisaient les meilleurs maris. – Qui ils ? demanda la princesse. – Oh ! Madame, je vous expliquerais bien si nous nous voyions plus souvent. Avec vous on peut causer. Votre Altesse est si intelligente », dit Charlus **pris** [3937 Adj-Epith-3] d'un besoin de confidence qui pourtant n'alla pas plus loin. Le nom de Cambremer lui plut, bien qu'il n'aimât pas les parents, mais il savait que c'était une des quatre baronnies de Bretagne et tout ce qu'il pouvait espérer de mieux pour sa fille adoptive ; c'était un nom vieux, **respecté** [3938 Adj-Epith-3], avec de solides alliances dans sa province. Un prince eût **été** [3939 V-TempA-0] impossible et, d'ailleurs, peu désirable. C'était ce qu'il fallait. La princesse fit ensuite venir Legrandin. Il avait physiquement passablement **changé** [3940 V-TempA-0], et assez à son avantage, depuis quelque temps. Comme les femmes qui sacrifient résolument leur visage à la sveltesse de leur taille et ne quittent plus Marienbad, Legrandin avait **pris** [3941 V-TempA-0] l'aspect désinvolte d'un officier de cavalerie. Au fur et à mesure que M. de Charlus s'était **alourdi** [3942 V-TempE-1] et **abruti** [3943 V-TempE-1], Legrandin était **devenu** [3944 V-TempE-1] plus **élancé** [3945 Adj-Attr-1] et rapide, effet contraire d'une même cause. Cette vélocité avait d'ailleurs des raisons psychologiques. Il avait l'habitude d'aller dans certains mauvais lieux où il aimait qu'on ne le vît ni entrer, ni sortir : il s'y engouffrait. Legrandin s'était **mis** [3946 V-TempE-1] au tennis à cinquante-cinq ans. Quand la princesse de Parme lui parla des Guermantes, de Saint-Loup, il déclara qu'il <u>les</u> avait toujours **connus** [3947 V-TempA-2], faisant une espèce de mélange entre le fait d'avoir toujours **connu** [3948 V-TempA-0] de nom les châtelains de Guermantes et d'avoir **rencontré** [3949 V-TempA-0], chez ma tante, Swann, le père de la future Mme de Saint-Loup, Swann dont Legrandin d'ailleurs ne voulait à Combray fréquenter ni la femme ni la fille. « J'ai même **voyagé** [3950 V-TempA-0] dernièrement avec le frère du duc de Guermantes, M. de Charlus. Il a spontanément

engagé [3951 V-TempA-0] la conversation, ce qui est toujours bon signe, car cela prouve que ce n'est ni un sot **gourmé** [3952 Adj-Epith-3], ni un prétentieux. Oh ! je sais tout ce qu'on dit de lui. Mais je ne crois jamais ces choses-là. D'ailleurs, la vie **privée** [3953 Adj-Epith-3] des autres ne me regarde pas. Il m'a **fait** [3954 V-TempA-0] l'effet d'un cœur sensible, d'un homme bien **cultivé** [3955 Adj-Epith-3]. » Alors la princesse de Parme parla de Mlle d'Oloron. Dans le milieu des Guermantes on s'attendrissait sur la noblesse de cœur de M. de Charlus qui, bon comme il avait toujours **été** [3956 V-TempA-0], faisait le bonheur d'une jeune fille pauvre et charmante. Et le duc de Guermantes, souffrant de la réputation de son frère, laissait entendre que, si beau que cela fût, c'était fort naturel. « Je ne sais si je me fais bien entendre, tout est naturel dans l'affaire », disait-il maladroitement à force d'habileté. Mais son but était d'indiquer que la jeune fille était une enfant de son frère qu'il reconnaissait. Du même coup cela expliquait Jupien. La princesse de Parme insinua cette version pour montrer à Legrandin qu'en somme le jeune Cambremer épouserait quelque chose comme Mlle de Nantes, une de ces bâtardes de Louis XIV qui ne furent **dédaignées** [3957 V-Pass-1] ni par le duc d'Orléans, ni par le prince de Conti.

Ces deux mariages dont nous parlions déjà avec ma mère dans le train qui nous ramenait à Paris eurent sur certains des personnages qui ont **figuré** [3958 V-TempA-0] jusqu'ici dans ce récit des effets assez remarquables. D'abord sur Legrandin ; inutile de dire qu'il entra en ouragan dans l'hôtel de M. de Charlus, absolument comme dans une maison mal famée où il ne faut pas être **vu** [3959 V-Pass-1][94], et aussi tout à la fois pour montrer sa bravoure et cacher son âge – car nos habitudes nous suivent même là où elles ne nous servent plus à rien – et presque personne ne remarqua qu'en lui disant bonjour M. de Charlus lui adressa un sourire difficile à percevoir, plus encore à interpréter ; ce sourire était pareil en apparence, et au fond était exactement l'inverse, de celui que deux hommes qui ont l'habitude de se voir dans la bonne société échangent si par hasard ils se rencontrent dans ce qu'ils trouvent un mauvais lieu (par exemple l'Élysée où le général de Froberville, quand il y rencontrait jadis Swann, avait en l'apercevant le regard d'ironique et mystérieuse complicité de deux habitués de la princesse des Laumes qui se commettaient chez M. Grévy). Legrandin cultivait obscurément depuis bien longtemps – et

---

[94] Var. ms. : […] comme *s'il eût fallu tâcher de ne* pas être vu […].

dès le temps où j'allais tout enfant passer à Combray mes vacances – des relations aristocratiques, productives tout au plus d'une invitation **isolée** [3960 Adj-Epith-3] à une villégiature inféconde. Tout à coup, le mariage de son neveu étant **venu** [3961 V-Sub-TempE-1] rejoindre entre eux ces tronçons lointains, Legrandin eut une situation mondaine à laquelle rétroactivement ses relations anciennes avec des gens qui ne l'avaient **fréquenté** [3962 V-TempA-2] que dans le particulier, mais intimement, donnèrent une sorte de solidité. Des dames à qui on croyait le présenter racontaient que depuis vingt ans il passait quinze jours à la campagne chez elles, et que c'était lui qui leur avait **donné** [3963 V-TempA-0] le beau baromètre ancien du petit salon. Il avait par hasard **été** [3964 V-TempA-0] **pris** [3965 V-Pass-1] dans des « groupes » où figuraient des ducs qui lui étaient **apparentés** [3966 Adj-Attr-1]. Or dès qu'il eut cette situation mondaine il cessa d'en profiter. Ce n'est pas seulement parce que, maintenant qu'on le savait **reçu** [3967 Adj-Attr-2], il n'éprouvait plus de plaisir à être **invité** [3968 V-Pass-1], c'est que des deux vices qui se l'étaient longtemps **disputé** [3969 V-TempE-2], le moins naturel, le snobisme, cédait la place à un autre moins factice, puisqu'il marquait du moins une sorte de retour, même **détourné** [3970 Adj-Epith-3], vers la nature. Sans doute ils ne sont pas incompatibles, et l'exploration d'un faubourg peut se pratiquer en quittant le raout d'une duchesse. Mais le refroidissement de l'âge détournait Legrandin de cumuler tant de plaisirs, de sortir autrement qu'à bon escient, et aussi rendait pour lui ceux de la nature assez platoniques, consistant surtout en amitiés, en causeries qui prennent du temps, et lui faisaient passer presque tout le sien dans le peuple, lui en laissant peu pour la vie de société. Mme de Cambremer elle-même devint assez indifférente à l'amabilité de la duchesse de Guermantes. Celle-ci, **obligée** [3971 Adj-Epith-3] de fréquenter la marquise, s'était **aperçue** [3972 V-TempE-1], comme il arrive chaque fois qu'on vit davantage avec des êtres humains, c'est-à-dire **mêlés** [3973 Adj-Epith-3] de qualités qu'on finit par découvrir et de défauts auxquels on finit par s'habituer, que Mme de Cambremer était une femme **douée** [3974 Adj-Epith-3] d'une intelligence et **pourvue** [3975 Adj-Epith-3] d'une culture que, pour ma part, j'appréciais peu, mais qui parurent remarquables à la duchesse. Elle vint donc souvent, à la tombée du jour, voir Mme de Cambremer et lui faire de longues visites. Mais le charme merveilleux que celle-ci se figurait exister chez la duchesse de Guermantes s'évanouit dès qu'elle s'en vit **recherchée** [3976 Adj-Attr-2], et elle la recevait plutôt par politesse que par plaisir. Un changement plus frappant se manifesta chez Gilberte, à la fois symétrique et différent de celui qui s'était **produit** [3977 V-TempE-1] chez Swann **marié** [3978 Adj-Epith-3]. Certes, les premiers mois Gilberte avait **été** [3979 V-TempA-0] heureuse de recevoir chez elle la société la plus **choisie** [3980 Adj-Epith-3]. Ce n'est sans doute qu'à cause de l'héritage qu'on invitait les amies intimes auxquelles tenait sa mère, mais à certains jours seulement où il n'y avait qu'elles, **enfermées** [3981 Adj-Epith-3] à part, loin des gens chics, et comme si le contact de Mme Bontemps ou de Mme Cottard avec la princesse de Guermantes ou la princesse de Parme eût **pu** [3982 V-TempA-0], comme celui de deux poudres instables, produire des catastrophes irréparables. Néanmoins les Bontemps, les Cottard et autres, quoique **déçus** [3983 Adj-Epith-3] de dîner entre eux, étaient fiers de pouvoir dire : « Nous avons **dîné** [3984 V-TempA-0] chez la marquise de Saint-Loup », d'autant plus qu'on poussait quelquefois l'audace jusqu'à inviter avec eux Mme de Marsantes, qui se montrait véritable grande dame, avec un éventail d'écaille et de plumes, toujours dans l'intérêt de l'héritage. Elle avait seulement soin de faire de temps en temps l'éloge des gens discrets qu'on ne voit jamais que quand on leur fait signe, avertissement moyennant lequel elle adressait aux bons entendeurs du genre Cottard, Bontemps, etc., son plus gracieux et hautain salut. Peut-être j'eusse **préféré** [3985 V-TempA-0] être de ces séries-là. Mais Gilberte, pour qui j'étais maintenant surtout un ami de son mari et des Guermantes (et qui – peut-être bien dès Combray, où mes parents ne fréquentaient pas sa mère – m'avait, à l'âge où nous n'ajoutons pas seulement tel ou tel avantage aux choses mais où nous les classons par espèces, **doué** [3986 V-TempA-2] de ce prestige qu'on ne perd plus ensuite), considérait ces soirées-là comme indignes de moi et quand je partais me disait : « J'ai **été** [3987 V-TempA-0] très contente de vous voir, mais venez plutôt après-demain, vous verrez ma tante Guermantes, Mme de Poix ; aujourd'hui c'était des amies de maman, pour faire plaisir à maman. » Mais ceci ne dura que quelques mois, et très vite tout fut **changé** [3988 V-Pass-1] de fond en comble. Était-ce parce que la vie sociale de Gilberte devait présenter les mêmes contrastes que celle de Swann ? En tout cas, Gilberte n'était que depuis peu de temps marquise de Saint-Loup (et bientôt après, comme on le verra, duchesse de Guermantes) que, ayant **atteint** [3989 Adj-Epith-0] ce qu'il y avait de plus éclatant et de plus difficile, elle pensait que le nom de Saint-Loup s'était maintenant **incorporé** [3990 V-TempE-1] à elle comme un émail **mordoré** [3991 Adj-Epith-3] et que, qui qu'elle fréquentât, désormais elle resterait pour tout le monde marquise de Saint-Loup, ce qui était une erreur, car la valeur d'un titre de noblesse, aussi bien que de bourse, monte quand on le demande et baisse quand on l'offre. Tout ce qui nous semble impérissable tend à la destruction ; une situation mondaine, tout comme autre chose, n'est pas **créée** [3992 V-Pass-1] une fois pour toutes, mais, aussi bien que la puissance d'un empire, se reconstruit à chaque instant par une sorte de création perpétuellement continue, ce qui explique les anomalies apparentes de l'histoire mondaine ou politique au cours d'un demi-siècle. La création du monde n'a pas **eu** [3993 V-TempA-0] lieu au début, elle a lieu tous les jours. La marquise de Saint-Loup se disait : « Je suis la marquise de Saint-Loup », elle savait qu'elle avait **refusé** [3994 V-TempA-0] la veille trois dîners chez des duchesses. Mais si, dans une certaine mesure, son nom relevait le milieu aussi peu aristocratique que possible qu'elle recevait, par un mouvement inverse le milieu que recevait la marquise dépréciait le nom qu'elle portait. Rien ne résiste à de tels mouvements, les plus grands noms finissent par succomber. Swann n'avait-il pas **connu** [3995 V-TempA-0] une duchesse de la maison de France dont le salon, parce que n'importe qui y était **reçu** [3996 V-Pass-1], était **tombé** [3997 V-TempE-1] au dernier rang ? Un jour que la princesse des Laumes était **allée** [3998 V-TempE-1] par devoir passer un instant chez cette Altesse, où elle n'avait **trouvé** [3999 V-TempA-0] que des gens de rien, en entrant ensuite chez Mme Leroi elle avait **dit** [4000 V-TempA-0] à Swann et au marquis de Modène : « Enfin je me retrouve en pays ami. Je viens de chez Mme la duchesse de X..., il n'y avait pas trois figures de connaissance. » Partageant, en un mot, l'opinion de ce personnage d'opérette qui déclare : « Mon nom me dispense, je pense, d'en dire plus long », Gilberte se mit à afficher son mépris pour ce qu'elle avait tant **désiré** [4001 V-TempA-2], à déclarer que tous les gens du faubourg Saint-Germain étaient idiots, infréquentables, et, passant de la parole à l'action, cessa de les fréquenter. Des gens qui n'ont **fait** [4002 V-TempA-0] sa connaissance qu'après cette époque, et pour leurs débuts auprès d'elle, l'ont **entendue** [4003 V-TempA-2], **devenue** [4004 Adj-Epith-3] duchesse de Guermantes, se moquer drôlement du monde qu'elle eût **pu** [4005 V-TempA-0] si aisément voir, la voyant ne pas recevoir une seule personne de cette société, et si l'une, voire la plus brillante, s'aventurait chez elle, lui bâiller ouvertement au nez, rougissent rétrospectivement d'avoir **pu** [4006 V-

TempA-0], eux, trouver quelque prestige au grand monde, et n'oseraient jamais confier ce secret humiliant de leurs faiblesses **passées** [4007 Adj-Epith-3] à une femme qu'ils croient, par une élévation essentielle de sa nature, avoir **été** [4008 V-TempA-0] de tout temps incapable de comprendre celles-ci. Ils l'entendent railler avec tant de verve les ducs, et la voient, chose plus significative, mettre si complètement sa conduite en accord avec ses railleries ! Sans doute ne songent-ils pas à rechercher les causes de l'accident qui fit de Mlle Swann Mlle de Forcheville, et de Mlle de Forcheville la marquise de Saint-Loup, puis la duchesse de Guermantes. Peut-être ne songent-ils pas non plus que cet accident ne servirait pas moins par ses effets que par ses causes à expliquer l'attitude ultérieure de Gilberte, la fréquentation des roturiers n'étant pas tout à fait **conçue** [4009 V-Sub-Pass-1] de la même façon qu'elle l'eût été [4010 V-TempA-0] par Mlle Swann par une dame à qui tout le monde dit « Madame la Duchesse » et ces duchesses qui l'ennuient « ma cousine ». On dédaigne volontiers un but qu'on n'a pas **réussi** [4011 V-TempA-0] à atteindre, ou qu'on a **atteint** [4012 V-TempA-2] définitivement. Et ce dédain nous paraît faire partie des gens que nous ne connaissons pas encore. Peut-être, si nous pouvions remonter le cours des années, <u>les trouverions-nous</u> **déchirés** [4013 Adj-Attr-2], plus frénétiquement que personne, par ces mêmes défauts qu'ils ont **réussi** [4014 V-TempA-0] si complètement à masquer ou à vaincre que nous les estimons incapables non seulement d'en avoir jamais **été** [4015 V-TempA-0] **atteints** [4016 V-Pass-1] eux-mêmes, mais même de les excuser jamais chez les autres, faute d'être capables de les concevoir. D'ailleurs, bientôt le salon de la nouvelle marquise de Saint-Loup prit son aspect définitif, au moins au point de vue mondain, car on verra quels troubles devaient y sévir par ailleurs ; or cet aspect était surprenant en ceci : on se rappelait encore que les plus pompeuses, les plus **raffinées** [4017 Adj-Epith-3] des réceptions de Paris, aussi brillantes que celles de la princesse de Guermantes, étaient celles de Mme de Marsantes, la mère de Saint-Loup. D'autre part, dans les derniers temps, le salon d'Odette, infiniment moins bien **classé** [4018 Adj-Epith-3], n'en avait pas moins **été** [4019 V-TempA-0] éblouissant de luxe et d'élégance. Or Saint-Loup, heureux d'avoir, grâce à la grande fortune de sa femme, tout ce qu'il pouvait désirer de bien-être, ne songeait qu'à être tranquille après un bon dîner où des artistes venaient lui faire de la bonne musique. Et ce jeune homme qui avait **paru** [4020 V-TempA-0] à une époque si fier, si ambitieux, invitait à partager son luxe des camarades que sa mère n'aurait pas **reçus** [4021 V-TempA-2]. Gilberte de son côté mettait en pratique la parole de Swann : « La qualité m'importe peu, mais je crains la quantité. » Et Saint-Loup fort à genoux devant sa femme, et parce qu'il l'aimait et parce qu'il lui devait précisément ce luxe extrême, n'avait garde de contrarier ces goûts si pareils aux siens. De sorte que les grandes réceptions de Mme de Marsantes et de Mme de Forcheville, **données** [4022 Adj-Epith-3] pendant des années surtout en vue de l'établissement éclatant de leurs enfants, ne donnèrent lieu à aucune réception de M. et de Mme de Saint-Loup. Ils avaient les plus beaux chevaux pour monter ensemble à cheval, le plus beau yacht pour faire des croisières – mais où on n'emmenait que deux invités. À Paris on avait tous les soirs trois ou quatre amis à dîner, jamais plus ; de sorte que, par une régression imprévue mais pourtant naturelle, chacune des deux immenses volières maternelles avait **été** [4023 V-TempA-0] **remplacée** [4024 V-Pass-1] par un nid silencieux.

La personne qui profita le moins de ces deux unions fut la jeune Mademoiselle d'Oloron qui, déjà **atteinte** [4025 Adj-Epith-3] de la fièvre typhoïde le jour du mariage religieux, se traîna péniblement à l'église et mourut quelques semaines après. La lettre de faire-part, qui fut **envoyé** [4026 V-Pass-1] quelque temps après sa mort, mêlait à des noms comme celui de Jupien presque tous les plus grands de l'Europe, comme ceux du vicomte et de la vicomtesse de Montmorency, de S. A. R. la comtesse de Bourbon-Soissons, du prince de Modène-Este, de la vicomtesse d'Edumea, de lady Essex, etc., etc. Sans doute, même pour qui savait que la défunte était la nièce de Jupien, le nombre de toutes ces grandes alliances ne pouvait surprendre. Le tout, en effet, est d'avoir une grande alliance. Alors, le « casus fœderis » venant à jouer, la mort de la petite roturière met en deuil toutes les familles princières de l'Europe. Mais bien des jeunes gens des nouvelles générations et qui ne connaissaient pas les situations réelles, outre qu'ils pouvaient prendre Marie-Antoinette d'Oloron, marquise de Cambremer, pour une dame de la plus haute naissance, auraient **pu** [4027 V-TempA-0] commettre bien d'autres erreurs en lisant cette lettre de faire-part. Ainsi, pour peu que leurs randonnées à travers la France leur eussent **fait** [4028 V-TempA-0] connaître un peu le pays de Combray, en voyant que le comte de Méséglise faisait part dans les premiers, et tout près du duc de Guermantes, ils auraient **pu** [4029 V-TempA-0] n'éprouver aucun étonnement. Le côté de Méséglise et le côté de Guermantes se touchent, vieille noblesse de la même région, peut-être **alliée** [4030 Adj-Epith-3] depuis des générations, eussent-ils **pu** [4031 V-TempA-0] se dire. « Qui sait ? c'est peut-être une branche des Guermantes qui porte le nom de comtes de Méséglise. » Or le comte de Méséglise n'avait rien à voir avec les Guermantes et ne faisait même pas part du côté Guermantes, mais du côté Cambremer, puisque le comte de Méséglise, qui, par un avancement rapide, n'était **resté** [4032 V-TempE-1] que deux ans Legrandin de Méséglise, c'était notre vieil ami Legrandin. Sans doute, faux titre pour faux titre, il en était peu qui eussent **pu** [4033 V-TempA-0] être aussi désagréables aux Guermantes que celui-là. Ils avaient **été** [4034 V-TempA-0] **alliés** [4035 V-Pass-1] autrefois avec les vrais comtes de Méséglise desquels il ne restait plus qu'une femme, fille de gens obscurs et **dégradés** [4036 Adj-Epith-3], **mariée** [4037 Adj-Epith-3] elle-même à un gros fermier **enrichi** [4038 Adj-Epith-3] de ma tante, **nommé** [4039 Adj-Epith-3] Ménager, qui lui avait **acheté** [4040 V-TempA-0] Mirougrain et se faisait appeler maintenant Ménager de Mirougrain, de sorte que quand on disait que sa femme était **née** [4041 V-TempE-1] de Méséglise on pensait qu'elle devait être plutôt **née** [4042 V-TempE-1] à Méséglise et qu'elle était de Méséglise comme son mari de Mirougrain.

Tout autre titre faux eût **donné** [4043 V-TempA-0] moins d'ennuis aux Guermantes. Mais l'aristocratie sait les assumer, et bien d'autres encore, du moment qu'un mariage, **jugé** [4044 Adj-Epith-3] utile à quelque point de vue que ce soit, est en jeu. **Couvert** [4045 Adj-Epith-3] par le duc de Guermantes, Legrandin fut pour une partie de cette génération-là, et sera pour la totalité de celle qui la suivra, le véritable comte de Méséglise.

Une autre erreur encore que tout jeune lecteur peu au courant eût **été** [4046 V-TempA-0] **porté** [4047 V-Pass-1] à faire eût **été** [4048 V-TempA-0] de croire que le baron et la baronne de Forcheville faisaient part en tant que parents et beaux-parents du marquis de Saint-Loup, c'est-à-dire du côté Guermantes. Or de ce côté ils n'avaient pas à figurer puisque c'était Robert qui était parent des Guermantes et non Gilberte. Non, le baron et la baronne de Forcheville, malgré cette fausse apparence, figuraient du côté de la mariée, il est vrai, et non du côté Cambremer, à cause non pas des Guermantes mais de Jupien, dont notre lecteur doit savoir qu'Odette était la cousine.

Toute la faveur de M. de Charlus s'était **portée** [4049 V-TempE-1] dès le mariage de sa fille adoptive sur le jeune marquis de Cambremer ; les goûts de celui-ci, qui étaient pareils à ceux du baron, du moment qu'ils n'avaient pas **empêché** [4050 V-TempA-0] qu'il le choisît pour mari de Mlle d'Oloron, ne firent naturellement que le lui faire apprécier davantage quand il fut veuf. Ce n'est pas que le marquis n'eût d'autres qualités qui en faisaient un charmant compagnon pour M. de Charlus. Mais même quand il s'agit d'un homme de haute valeur, c'est une qualité que ne dédaigne pas celui qui l'admet dans son intimité et qui le lui rend particulièrement commode s'il sait jouer aussi le whist. L'intelligence du jeune marquis était remarquable et, comme on disait déjà à Féterne où il n'était encore qu'enfant, il était tout à fait « du côté de sa grand'mère », aussi enthousiaste, aussi musicien. Il en reproduisait aussi certaines particularités, mais celles-là plus par imitation, comme toute la famille, que par atavisme. C'est ainsi que quelque temps après la mort de sa femme, ayant **reçu** [4051 Adj-Epith-0] une lettre **signée** [4052 Adj-Epith-3] Léonor, prénom que je ne me rappelais pas être le sien, je compris seulement qui m'écrivait quand j'eus **lu** [4053 V-TempA-0] la formule finale : « Croyez à ma sympathie vraie », le « vraie », mis à sa place, ajoutait au prénom Léonor le nom de Cambremer.

Je vis pas mal à cette époque Gilberte, avec laquelle je m'étais de nouveau **lié** [4054 V-TempE-1] : car notre vie, dans sa longueur, n'est pas **calculée** [4055 V-Pass-1] sur la vie de nos amitiés. Qu'une certaine période de temps s'écoule et l'on voit reparaître (de même qu'en politique d'anciens ministères, au théâtre des pièces **oubliées** [4056 Adj-Epith-3] qu'on reprend) des relations d'amitié **renouées** [4057 Adj-Epith-3] entre les mêmes personnes qu'autrefois, après de longues années d'interruption, et **renouées** [4058 Adj-Epith-3] avec plaisir. Au bout de dix ans les raisons que l'un avait de trop aimer, l'autre de ne pouvoir supporter un trop exigeant despotisme, ces raisons n'existent plus. La convenance seule subsiste, et tout ce que Gilberte m'eût **refusé** [4059 V-TempA-2] autrefois, ce qui lui avait **semblé** [4060 V-TempA-0] intolérable, impossible, elle me l'accordait aisément – sans doute parce que je ne le désirais plus. Sans que nous nous fussions jamais **dit** [4061 V-TempE-0] la raison du changement, si elle était toujours prête à venir à moi, jamais **pressée** [4062 Adj-Epith-3] de me quitter, c'est que l'obstacle avait **disparu** [4063 V-TempA-0] : mon amour.

J'allai d'ailleurs passer un peu plus tard quelques jours à Tansonville. Le déplacement me gênait assez, car j'avais à Paris une jeune fille qui couchait dans le pied-à-terre que j'avais **loué** [4064 V-TempA-2]. Comme d'autres de l'arôme des forêts ou du murmure d'un lac, j'avais besoin de son sommeil près de moi la nuit, et le jour de l'avoir toujours à mon côté dans la voiture. Car un amour a beau s'oublier, il peut déterminer la forme de l'amour qui le suivra. Déjà au sein même de l'amour précédent des habitudes quotidiennes existaient, et dont nous ne nous rappelions pas nous-même l'origine. C'est une angoisse d'un premier jour qui nous avait **fait** [4065 V-TempA-0] souhaiter passionnément, puis adopter d'une manière fixe, comme les coutumes dont on a **oublié** [4066 V-TempA-0] le sens, ces retours en voiture jusqu'à la demeure même de l'aimée, ou sa résidence dans notre demeure, notre présence ou celle de quelqu'un en qui nous avons confiance, dans toutes ces sorties, toutes ces habitudes, sorte de grandes voies uniformes par où passe chaque jour notre amour et qui furent **fondues** [4067 V-Pass-1] jadis dans le feu volcanique d'une émotion ardente. Mais ces habitudes survivent à la femme, même au souvenir de la femme. Elles deviennent la forme, sinon de tous nos amours, du moins de certains de nos amours qui alternent entre eux. Et ainsi ma demeure avait **exigé** [4068 V-TempA-0], en souvenir d'Albertine **oubliée** [4069 Adj-Epith-3], la présence de ma maîtresse actuelle, que je cachais aux visiteurs et qui remplissait ma vie comme jadis Albertine. Et pour aller à Tansonville, je dus obtenir d'elle qu'elle se laissât garder par un de mes amis qui n'aimait pas les femmes, pendant quelques jours.

J'avais **appris** [4070 V-TempA-0] que Gilberte était malheureuse, **trompée** [4071 Adj-Epith-3] par Robert, mais pas de la manière que tout le monde croyait, que peut-être elle-même croyait encore, qu'en tout cas elle disait. Opinion que justifiait l'amour-propre, le désir de tromper les autres, de se tromper soi-même, la connaissance d'ailleurs imparfaite des trahisons, qui est celle de tous les êtres **trompés** [4072 Adj-Epith-3], d'autant plus que Robert, en vrai neveu de M. de Charlus, s'affichait avec des femmes qu'il compromettait, que le monde croyait et qu'en somme Gilberte supposait être ses maîtresses. On trouvait même dans le monde qu'il ne se gênait pas assez, ne lâchant pas d'une semelle, dans les soirées, telle femme qu'il ramenait ensuite, laissant Mme de Saint-Loup rentrer comme elle pouvait. Qui eût **dit** [4073 V-TempA-0] que l'autre femme qu'il compromettait ainsi n'était pas en réalité sa maîtresse eût **passé** [4074 V-TempA-0] pour un naïf, aveugle devant l'évidence, mais j'avais **été** [4075 V-TempA-0] malheureusement **aiguillé** [4076 V-Pass-1] vers la vérité, vers la vérité qui me fit une peine infinie, par quelques mots **échappés** [4077 Adj-Epith-3] à Jupien. Quelle n'avait pas **été** [4078

V-TempA-0] ma stupéfaction quand, étant **allé** [4079 Adj-Epith-3], quelques mois avant mon départ pour Tansonville, prendre des nouvelles de M. de Charlus, chez lequel certains troubles cardiaques s'étaient **manifestés** [4080 V-TempE-1] non sans causer de grandes inquiétudes, et parlant à Jupien, que j'avais **trouvé** [4081 V-TempA-2] seul, d'une correspondance amoureuse **adressée** [4082 Adj-Epith-3] à Robert et **signée** [4083 Adj-Epith-3] Bobette que Mme de Saint-Loup avait **surprise** [4084 V-TempA-2], j'avais **appris** [4085 V-TempA-0] par l'ancien factotum du baron que la personne qui signait Bobette n'était autre que le violoniste qui avait **joué** [4086 V-TempA-0] un si grand rôle dans la vie de M. de Charlus. Jupien n'en parlait pas sans indignation : « Ce garçon pouvait agir comme bon lui semblait, il était libre. Mais s'il y a un côté où il n'aurait pas **dû** [4087 V-TempA-0] regarder, c'est le côté du neveu du baron. D'autant plus que le baron aimait son neveu comme son fils. Il a **cherché** [4088 V-TempA-0] à désunir le ménage, c'est honteux. Et il a **fallu** [4089 V-TempA-0] qu'il y mette des ruses diaboliques, car personne n'était plus **opposé** [4090 V-Pass-1 / Adj-Attr-1] de nature à ces choses-là que le marquis de Saint-Loup. A-t-il **fait** [4091 V-TempA-0] assez de folies pour ses maîtresses ! Non, que ce misérable musicien ait **quitté** [4092 V-TempA-0] le baron comme il l'a **quitté** [4093 V-TempA-2], salement, on peut bien le dire, c'était son affaire. Mais se tourner vers le neveu, il y a des choses qui ne se font pas. » Jupien était sincère dans son indignation ; chez les personnes **dites** [4094 Adj-Epith-3] immorales, les indignations morales sont tout aussi fortes que chez les autres et changent seulement un peu d'objet. De plus, les gens dont le cœur n'est pas directement en cause, jugeant toujours les liaisons à éviter, les mauvais mariages, comme si on était libre de choisir ce qu'on aime, ne tiennent pas compte du mirage délicieux que l'amour projette et qui enveloppe si entièrement et si uniquement la personne dont on est amoureux que la « sottise » que fait un homme en épousant une cuisinière ou la maîtresse de son meilleur ami est, en général, le seul acte poétique qu'il accomplisse au cours de son existence.

Je compris qu'une séparation avait **failli** [4095 V-TempA-0] se produire entre Robert et sa femme (sans que Gilberte se rendît bien compte encore de quoi il s'agissait) et que c'était Mme de Marsantes, mère aimante, ambitieuse et philosophe qui avait **arrangé** [4096 V-TempA-0], **imposé** [4097 V-TempA-0] la réconciliation. Elle faisait partie de ces milieux où le mélange des sangs qui vont se recroisant sans cesse et l'appauvrissement des patrimoines font refleurir à tout moment dans le domaine des passions, comme dans celui des intérêts, les vices et les compromissions héréditaires. Avec la même énergie qu'elle avait autrefois **protégé** [4098 V-TempA-0] Mme Swann, elle avait **aidé** [4099 V-TempA-0] le mariage de la fille de Jupien et **fait** [4100 V-TempA-0] celui de son propre fils avec Gilberte, usant ainsi pour elle-même, avec une résignation douloureuse, de cette même sagesse atavique dont elle faisait profiter tout le faubourg. Et peut-être n'avait-elle à un certain moment **bâclé** [4101 V-TempA-0] le mariage de Robert avec Gilberte – ce qui lui avait certainement **donné** [4102 V-TempA-0] moins de mal et **coûté** [4103 V-TempA-0] moins de pleurs que de le faire rompre avec Rachel – que dans la peur qu'il ne commençât avec une autre cocotte – ou peut-être avec la même, car Robert fut long à oublier Rachel – un nouveau collage qui eût peut-être **été** [4104 V-TempA-0] son salut. Maintenant je comprenais ce que Robert avait **voulu** [4105 V-TempA-0] me dire chez la princesse de Guermantes : « C'est malheureux que ta petite amie de Balbec n'ait pas la fortune **exigée** [4106 Adj-Epith-3] par ma mère, je crois que nous nous serions bien **entendus** [4107 V-TempE-1] tous les deux. » Il avait **voulu** [4108 V-TempA-0] dire qu'elle était de Gomorrhe comme lui de Sodome, ou peut-être, s'il n'en était pas encore, ne goûtait-il plus que les femmes qu'il pouvait aimer d'une certaine manière et avec d'autres femmes. Gilberte aussi eût **pu** [4109 V-TempA-0] me renseigner sur Albertine. Si donc, sauf de rares retours en arrière, je n'avais **perdu** [4110 V-TempA-0] la curiosité de rien savoir sur mon amie, j'aurais **pu** [4111 V-TempA-0] interroger sur elle non seulement Gilberte mais son mari. Et, en somme, c'était le même fait qui nous avait **donné** [4112 V-TempA-0] à Robert et à moi le désir d'épouser Albertine (à savoir qu'elle aimait les femmes). Mais les causes de notre désir, comme ses buts aussi, étaient **opposés** [4113 Adj-Attr-1]. Moi, c'était par le désespoir où j'avais **été** [4114 V-TempA-0] de l'apprendre, Robert par la satisfaction ; moi pour l'empêcher, grâce à une surveillance perpétuelle, de s'adonner à son goût ; Robert pour le cultiver et pour la liberté qu'il lui laisserait afin qu'elle lui amenât des amies. Si Jupien faisait ainsi remonter à très peu de temps la nouvelle orientation, si divergente de la primitive, qu'avaient **prise** [4115 V-TempA-2] les goûts charnels de Robert, une conversation que j'eus avec Aimé, et qui me rendit fort malheureux, me montra que l'ancien maître d'hôtel de Balbec faisait remonter cette divergence, cette inversion, beaucoup plus haut.

L'occasion de cette conversation avait **été** [4116 V-TempA-0] quelques jours que j'avais **été** [4117 V-TempA-0] passer à Balbec, où Saint-Loup lui-même était **venu** [4118 V-TempE-1] avec sa femme que, dans cette première phase, il ne quittait d'un seul pas. J'avais **admiré** [4119 V-TempA-0] comme l'influence de Rachel se faisait encore sentir sur Robert. Un jeune marié qui a **eu** [4120 V-TempA-0] longtemps une maîtresse sait seul ôter aussi bien le manteau de sa femme avant d'entrer dans un restaurant, avoir avec elle les égards qu'il convient. Il a **reçu** [4121 V-TempA-0] pendant sa liaison l'instruction que doit avoir un bon mari. Non loin de lui, à une table voisine de la mienne, Bloch, au milieu de prétentieux jeunes universitaires, prenait des airs faussement à l'aise, et criait très fort à un de ses amis, en lui passant avec ostentation la carte avec un geste qui renversa deux carafes d'eau : « Non, non, mon cher, commandez ! De ma vie je n'ai jamais **su** [4122 V-TempA-0] faire un menu. Je n'ai jamais **su** [4123 V-TempA-0] commander ! » répétait-il avec un orgueil peu sincère et, mêlant la littérature à la gourmandise, il opina tout de suite pour une bouteille de champagne qu'il aimait à voir « d'une façon tout à fait symbolique » orner une causerie. Saint-Loup, lui, savait commander. Il était **assis** [4124 V-TempE-1] à côté de Gilberte – déjà grosse – (il ne devait pas cesser par la suite de lui faire des enfants) comme il couchait à côté d'elle dans leur lit commun à l'hôtel. Il ne parlait qu'à sa femme, le reste de l'hôtel n'avait pas l'air d'exister pour lui, mais, au moment où un garçon prenait une commande, était tout près, il levait rapidement ses yeux clairs et jetait sur lui un regard qui ne durait pas plus de deux secondes, mais dans sa limpide clairvoyance semblait témoigner d'un ordre de curiosités et de recherches entièrement différent de celui qui aurait **pu** [4125 V-TempA-0] animer n'importe quel client regardant même longtemps un chasseur ou un commis pour faire sur lui des remarques humoristiques ou autres qu'il communiquerait à ses amis. Ce petit regard court, en apparence **désintéressé** [4126 Adj-Epith-3], montrant que le garçon l'intéressait en lui-même, révélait à ceux qui l'eussent **observé** [4127 V-TempA-2] que cet excellent mari, cet amant jadis **passionné** [4128 Adj-Epith-3] de Rachel, avait dans sa vie un autre plan et qui lui paraissait infiniment plus intéressant que celui sur lequel il se mouvait par devoir. Mais on ne le voyait que dans celui-là. Déjà ses yeux étaient **revenus** [4129 V-TempE-1] sur Gilberte qui n'avait rien **vu** [4130 V-TempA-2], il lui présentait un ami au passage et partait se promener avec elle. Or Aimé me parla à ce moment d'un temps bien plus ancien, celui où j'avais **fait** [4131 V-TempA-0] la connaissance de Saint-Loup par Mme de Villeparisis, en ce même Balbec. « Mais oui, Monsieur, me dit-il, c'est archiconnu, il y a bien longtemps que je le sais. La première année que Monsieur était à Balbec, M. le marquis s'enferma avec mon liftier, sous prétexte de développer des photographies de Madame la grand'mère de Monsieur. Le petit voulait se plaindre, nous avons **eu** [4132 V-TempA-0] toutes les peines du monde à étouffer la chose. Et tenez, Monsieur, Monsieur se rappelle sans doute ce jour où il est **venu** [4133 V-TempE-1] déjeuner au restaurant avec M. le marquis de Saint-Loup et sa maîtresse, dont M. le marquis se faisait un paravent. Monsieur se rappelle sans doute que M. le marquis s'en alla en prétextant une crise de colère. Sans doute je ne veux pas dire que Madame avait raison. Elle lui en faisait voir de cruelles. Mais ce jour-là on ne m'ôtera pas de l'idée que la colère de M. le marquis était **feinte** [4134 V-Pass-1] et qu'il avait besoin d'éloigner Monsieur et Madame. » Pour ce jour-là, du moins, je sais bien que, si Aimé ne mentait pas sciemment, il se trompait du tout au tout. Je me rappelais trop l'état dans lequel était Robert, la gifle qu'il avait **donnée** [4135 V-TempA-2] au journaliste. Et d'ailleurs, pour Balbec, c'était de même : ou le liftier avait **menti** [4136 V-TempA-0], ou c'était Aimé qui mentait. Du moins je le crus ; une certitude, je ne pouvais l'avoir, car on ne voit jamais qu'un côté des choses. Si cela ne m'eût pas **fait** [4137 V-TempA-0] tant de peine, j'eusse **trouvé** [4138 V-TempA-0] une certaine ironie à ce que, tandis que pour moi la course du lift chez Saint-Loup avait **été** [4139 V-TempA-0] le moyen commode de lui faire porter une lettre et d'avoir sa réponse, pour lui cela avait **été** [4140 V-TempA-0] le moyen de faire la connaissance de quelqu'un qui lui avait **plu** [4141 V-TempA-0]. Les choses, en effet, sont pour le moins doubles. Sur l'acte le plus insignifiant que nous accomplissons un autre homme embranche une série d'actes entièrement différents ; il est certain que l'aventure de Saint-Loup et du liftier, si elle eut lieu, ne me semblait pas plus **contenue** [4142 Adj-Attr-1] dans le banal envoi de ma lettre que quelqu'un qui ne connaîtrait de Wagner que le duo de Lohengrin ne pourrait prévoir le prélude de Tristan. Certes, pour les hommes, les choses n'offrent qu'un nombre **restreint** [4143 Adj-Epith-3] de leurs innombrables attributs, à cause de la pauvreté de leurs sens. Elles sont **colorées** [4144 Adj-Attr-1] parce que nous avons des yeux ; combien d'autres épithètes ne mériteraient-elles pas si nous avions des centaines de sens ? Mais cet aspect différent qu'elles pourraient avoir nous est **rendu** [4145 V-Pass-1] plus facile à comprendre par ce qu'est dans la vie un événement même minime dont nous connaissons une partie que nous croyons le tout, et qu'un autre regard comme par une fenêtre **percée** [4146 Adj-Epith-3] de l'autre côté de la maison et qui donne sur une autre vue. Dans le cas où Aimé ne se fût pas **trompé** [4147 V-TempE-1], la rougeur de Saint-Loup quand Bloch lui avait **parlé** [4148 V-TempA-0] du lift ne venait peut-être pas de ce que celui-ci prononçait « laift ». Mais j'étais **persuadé** [4149 V-Pass-1] que l'évolution physiologique de Saint-Loup n'était pas **commencée** [4150 V-TempE-1] à cette époque et qu'alors il aimait encore uniquement les femmes. Plus qu'à un autre signe, je pus le discerner rétrospectivement à l'amitié que Saint-Loup m'avait **témoignée** [4151 V-TempA-2] à Balbec. Ce n'est que tant qu'il aima les femmes qu'il fut vraiment capable d'amitié. Après cela, au moins pendant quelque temps, les hommes qui ne l'intéressaient pas directement, il leur manifestait une indifférence, sincère, je le crois, en partie – car il était **devenu** [4152 V-TempE-1] très sec – et qu'il exagérait aussi pour faire croire qu'il ne faisait attention qu'aux femmes. Mais je me rappelle tout de même qu'un jour, à Doncières, comme j'allais dîner chez les Verdurin et comme il venait de regarder d'une façon un peu **prolongée** [4153 Adj-Epith-3] Morel, il m'avait **dit** [4154 V-TempA-0] : « C'est curieux, ce petit, il a des choses de Rachel. Cela ne te frappe pas ? Je trouve qu'ils ont des choses identiques. En tout cas cela ne peut pas m'intéresser. » Et tout de même ses yeux étaient ensuite **restés** [4155 V-TempE-1] longtemps **perdus** [4156 Adj-Attr-1] à l'horizon, comme quand on pense, avant de se remettre à une partie de cartes ou de partir dîner en ville, à un de ces lointains voyages qu'on ne fera jamais mais dont on éprouve un instant la nostalgie. Mais si Robert trouvait quelque chose de Rachel à Charlie, Gilberte, elle, cherchait à avoir quelque chose de Rachel afin de plaire à son mari, mettait comme elle des nœuds de soie ponceau, ou rose, ou jaune, dans ses cheveux, se coiffait de même, car elle croyait que son mari l'aimait encore et elle en était jalouse. Que l'amour de Robert eût **été** [4157 V-TempA-0] par moments sur les confins qui séparent l'amour d'un homme pour une femme et l'amour d'un homme pour un homme, c'était possible. En tout cas, le souvenir de Rachel ne jouait plus à cet égard qu'un rôle esthétique. Il n'est même pas probable qu'il eût **pu** [4158 V-TempA-0] en jouer d'autres. Un jour, Robert était **allé** [4159 V-TempE-1] lui demander de s'habiller en homme, de laisser pendre une longue mèche de ses cheveux, et pourtant il s'était **contenté** [4160 V-TempE-1] de la regarder, insatisfait. Il ne lui restait pas moins **attaché** [4161 Adj-Attr-1] et lui faisait scrupuleusement, mais sans plaisir, la rente énorme qu'il lui avait **promise** [4162 V-TempA-2] et qui ne l'empêcha pas d'avoir pour lui par la suite les plus vilains procédés. De cette générosité envers Rachel Gilberte n'eût pas **souffert** [4163 V-TempA-0] si elle avait **su** [4164 V-TempA-0] qu'elle était seulement l'accomplissement **résigné** [4165 Adj-Epith-3] d'une promesse à laquelle ne correspondait plus aucun amour. Mais de l'amour, c'est au contraire ce qu'il feignait de ressentir pour Rachel. Les homosexuels seraient les meilleurs maris du monde s'ils ne jouaient pas la comédie d'aimer les femmes. Gilberte ne se plaignait d'ailleurs pas. C'est d'avoir **cru** [4166 V-TempA-0] Robert **aimé** [4167 Adj-Attr-2], si longtemps **aimé** [4168 Adj-Attr-2], par Rachel, qui le lui avait **fait** [4169 V-TempA-0] désirer, l'avait **fait** [4170 V-TempA-0] renoncer pour lui à des partis plus beaux ; il lui semblait qu'il fît une sorte de concession en l'épousant. Et de fait, les premiers temps, des comparaisons entre les deux femmes (pourtant si inégales comme charme et comme beauté) ne furent pas en faveur de la délicieuse Gilberte. Mais celle-ci grandit ensuite dans l'estime de son mari pendant que Rachel diminuait à vue d'œil. Une autre personne se démentit : ce fut Mme Swann. Si pour Gilberte, Robert avant le mariage était déjà **entouré** [4171 V-Pass-1] de la double auréole que lui créaient d'une part sa vie avec Rachel perpétuellement **dénoncée** [4172 Adj-Epith-3] par les lamentations de Mme de Marsantes, d'autre part le prestige que les Guermantes avaient toujours **eu** [4173 V-TempA-2] pour son père et qu'elle avait **hérité** [4174 V-TempA-2] de lui, Mme de Forcheville, en revanche, eût **préféré** [4175 V-TempA-0] un mariage plus éclatant, peut-être princier (il y avait des familles royales pauvres et qui eussent **accepté** [4176 V-TempA-0] l'argent – qui se trouva d'ailleurs être fort inférieur aux millions **promis** [4177 Adj-Epith-3] – **décrassé** [4178 V-Pass-1] qu'il était par le nom de Forcheville), et un gendre moins **démonétisé** [4179 Adj-Epith-3] par une vie **passée** [4180 Adj-Epith-3] loin du monde. Elle n'avait **pu** [4181 V-TempA-0] triompher de la volonté de Gilberte, s'était **plainte** [4182 V-TempE-1] amèrement à tout le monde, flétrissant son gendre. Un beau jour tout avait **été** [4183 V-TempA-0] **changé** [4184 V-Pass-1], le gendre était **devenu** [4185 V-TempE-1] un ange, on ne se moquait plus de lui qu'à la **dérobée** [4186 N]. C'est que l'âge avait **laissé** [4187 V-TempA-0] à Mme Swann (**devenue** [4188 Adj-Epith-3] Mme de Forcheville) le goût qu'elle avait toujours **eu** [4189 V-TempA-2] d'être **entretenue** [4190 V-Pass-1], mais, par la désertion des admirateurs, lui en avait **retiré** [4191 V-TempA-0] les moyens. Elle souhaitait chaque jour un nouveau collier, une nouvelle robe **brochée** [4192 Adj-Epith-3] de brillants, une plus luxueuse automobile, mais elle avait peu de fortune, Forcheville ayant presque tout **mangé** [4193 V-Sub-TempA-0], et – quel ascendant israélite gouvernait en cela Gilberte ? – elle avait une fille adorable, mais affreusement avare, comptant l'argent à son mari et naturellement bien plus à sa mère. Or tout à coup le protecteur, elle l'avait **flairé** [4194 V-TempA-2], puis **trouvé** [4195 V-TempA-2] en Robert. Qu'elle ne fût plus de la première jeunesse était de peu d'importance aux yeux d'un gendre qui n'aimait pas les femmes. Tout ce qu'il demandait à sa belle-mère, c'était d'aplanir telle ou telle difficulté entre lui et Gilberte, d'obtenir d'elle le consentement qu'il fît un voyage avec Morel. Odette s'y était-elle **employée** [4196 V-TempE-1], qu'aussitôt un magnifique rubis l'en récompensait. Pour cela il fallait que Gilberte fût plus généreuse envers son mari. Odette le lui prêchait avec d'autant plus de chaleur que c'était elle qui devait bénéficier de la générosité. Ainsi, grâce à Robert, pouvait-elle, au seuil de la cinquantaine (d'aucuns disaient de la soixantaine), éblouir chaque table où elle allait dîner, chaque soirée où elle paraissait, d'un luxe inouï sans avoir besoin d'avoir comme autrefois un « ami » qui maintenant n'eût plus **casqué** [4197 V-TempA-0] – voire **marché** [4198 V-TempA-0]. Aussi était-elle **entrée** [4199 V-TempE-1] pour toujours semblait-il, dans la période de la chasteté finale, et elle n'avait jamais **été** [4200 V-TempA-0] aussi élégante.

Ce n'était pas seulement la méchanceté, la rancune de l'ancien pauvre contre le maître qui l'a **enrichi** [4201 V-TempA-2] et lui a d'ailleurs (c'était dans le caractère, et plus encore dans le vocabulaire de M. de Charlus) **fait** [4202 V-TempA-0] sentir la différence de leurs conditions, qui avait **poussé** [4203 V-TempA-0] Charlie vers Saint-Loup afin de faire souffrir davantage le baron. C'était peut-être aussi l'intérêt. J'eus l'impression que Robert devait lui donner beaucoup d'argent. Dans une soirée où j'avais **rencontré** [4204 V-TempA-0] Robert avant que je ne partisse pour Combray, et où la façon dont il s'exhibait à côté d'une femme élégante qui passait pour être sa maîtresse, où il s'attachait à elle, ne faisant qu'un avec elle, **enveloppé** [4205 Adj-Epith-3] en public dans sa jupe, me faisait penser, avec quelque chose de plus nerveux, de plus tressautant, à une sorte de répétition involontaire d'un geste ancestral que j'avais

pu [4206 V-TempA-0] observer chez M. de Charlus, comme **enrobé** [4207 Adj-Epith-3] dans les atours de Mme Molé, ou d'une autre, bannière d'une cause gynophile qui n'était pas la sienne, mais qu'il aimait, bien que sans droit à l'arborer ainsi, soit qu'il la trouvât protectrice, ou esthétique, j'avais **été** [4208 V-TempA-0] **frappé** [4209 V-Pass-1], au retour, de voir combien ce garçon, si généreux quand il était bien moins riche, était **devenu** [4210 V-TempE-1] économe. Qu'on ne tienne qu'à ce qu'on possède, et que tel qui semait l'or qu'il avait si rarement jadis thésaurise maintenant celui dont il est **pourvu** [4211 V-Pass-1 / Adj-Attr-1], c'est sans doute un phénomène assez général, mais qui pourtant me parut prendre là une forme plus particulière. Saint-Loup refusa de prendre un fiacre, et je vis qu'il avait **gardé** [4212 V-TempA-0] une correspondance de tramway. Sans doute en ceci Saint-Loup déployait-il, pour des fins différentes, des talents qu'il avait **acquis** [4213 V-TempA-2] au cours de sa liaison avec Rachel. Un jeune homme qui a longtemps **vécu** [4214 V-TempA-0] avec une femme n'est pas aussi inexpérimenté que le puceau pour qui celle qu'il épouse est la première. Pareillement, ayant **eu** [4215 Adj-Epith-0] à s'occuper dans les plus minutieux détails du ménage de Rachel, d'une part parce que celle-ci n'y entendait rien, ensuite parce qu'à cause de sa jalousie il voulait garder la haute main sur la domesticité, il put, dans l'administration des biens de sa femme et l'entretien du ménage, continuer ce rôle habile et **entendu** [4216 Adj-Epith-3] que peut-être Gilberte n'eût pas **su** [4217 V-TempA-0] tenir et qu'elle lui abandonnait volontiers. Mais sans doute le faisait-il surtout pour faire bénéficier Charlie des moindres économies de bouts de chandelle, l'entretenant, en somme, richement sans que Gilberte s'en aperçût ni en souffrît. Je pleurais en pensant que j'avais **eu** [4218 V-TempA-0] autrefois pour un Saint-Loup différent une affection si grande et que je sentais bien, à ses nouvelles manières froides et évasives, qu'il ne me rendait plus, les hommes, dès qu'ils étaient **devenus** [4219 V-TempE-1] susceptibles de lui donner des désirs, ne pouvant plus lui inspirer d'amitié. Comment cela avait-il **pu** [4220 V-TempA-0] naître chez un garçon qui avait tellement **aimé** [4221 V-TempA-0] les femmes que je l'avais **vu** [4222 V-TempA-2] **désespéré** [4223 Adj-Attr-2] jusqu'à craindre qu'il se tuât parce que « Rachel quand du Seigneur » avait **voulu** [4224 V-TempA-0] le quitter ? La ressemblance entre Charlie et Rachel – invisible pour moi – avait-elle **été** [4225 V-TempA-0] la planche qui avait **permis** [4226 V-TempA-0] à Robert de passer des goûts de son père à ceux de son oncle, afin d'accomplir l'évolution physiologique qui, même chez ce dernier, s'était **produite** [4227 V-TempE-1] assez tard ? Parfois, pourtant, les paroles d'Aimé revenaient m'inquiéter ; je me rappelais Robert cette année-là à Balbec ; il avait en parlant au liftier une façon de ne pas faire attention à lui qui rappelait beaucoup celle de M. de Charlus quand il adressait la parole à certains hommes. Mais Robert pouvait très bien tenir cela de M. de Charlus, d'une certaine hauteur et d'une certaine attitude physique des Guermantes, et nullement des goûts spéciaux au baron. C'est ainsi que le duc de Guermantes, qui n'avait aucunement ces goûts, avait la même manière nerveuse que M. de Charlus de tourner son poignet comme s'il crispait autour de celui-ci une manchette de dentelles, et aussi dans la voix des intonations pointues et **affectées** [4228 Adj-Epith-3], toutes manières auxquelles chez M. de Charlus on eût **été** [4229 V-TempA-0] **tenté** [4230 V-Pass-1] de donner une autre signification, auxquelles il en avait **donné** [4231 V-TempA-0] une autre lui-même, l'individu exprimant ses particularités à l'aide de traits impersonnels et ataviques qui ne sont peut-être, d'ailleurs, que des particularités anciennes **fixées** [4232 Adj-Epith-3] dans le geste et dans la voix. Dans cette dernière hypothèse, qui confine à l'histoire naturelle, ce ne serait pas M. de Charlus qu'on pourrait appeler un Guermantes **affecté** [4233 Adj-Epith-3] d'une tare et l'exprimant en partie à l'aide des traits de la race des Guermantes, mais le duc de Guermantes qui serait, dans une famille **pervertie** [4234 Adj-Epith-3], l'être d'exception que le mal héréditaire a si bien **épargné** [4235 V-TempA-2] que les stigmates extérieurs qu'il a **laissés** [4236 V-TempA-2] sur lui y perdent tout sens. Je me rappelais que le premier jour où j'avais **aperçu** [4237 V-TempA-0] Saint-Loup à Balbec, si blond, d'une matière si précieuse et si rare, contourner les tables, faisant voler son monocle devant lui, je lui avais **trouvé** [4238 V-TempA-0] l'air **efféminé** [4239 Adj-Epith-3 / Adj-Attr-2], qui n'était certes pas un effet de ce que j'apprenais de lui maintenant mais de la grâce particulière aux Guermantes, de la finesse de cette porcelaine de Saxe en laquelle la duchesse était **modelée** [4240 V-Pass-1] aussi. Je me rappelais son affection pour moi, sa manière tendre, sentimentale de l'exprimer et je me disais que cela non plus, qui eût **pu** [4241 V-TempA-0] tromper quelque autre, signifiait alors tout autre chose, même tout le contraire de ce que j'apprenais aujourd'hui. Mais de quand cela datait-il ? Si c'était de l'année où j'étais **retourné** [4242 V-TempE-1] à Balbec, comment n'était-il pas **venu** [4243 V-TempE-1] une seule fois voir le lift, ne m'avait-il jamais **parlé** [4244 V-TempA-0] de lui ? Et quant à la première année, comment eût-il **pu** [4245 V-TempA-0] faire attention à lui, passionnément amoureux de Rachel comme il était alors ? Cette première année-là, j'avais **trouvé** [4246 V-TempA-0] Saint-Loup particulier, comme étaient les vrais Guermantes. Or il était encore plus spécial que je ne l'avais **cru** [4247 V-TempA-2]. Mais ce dont nous n'avons pas **eu** [4248 V-TempA-0] l'intuition directe, ce que nous avons **appris** [4249 V-TempA-2] seulement par d'autres, nous n'avons plus aucun moyen, l'heure est **passée** [4250 V-TempE-1] de le faire savoir à notre âme ; ses communications avec le réel sont **fermées** [4251 V-Pass-1 / Adj-Attr-1] ; aussi ne pouvons-nous jouir de la découverte, il est trop tard. Du reste, de toutes façons, pour que j'en pusse jouir spirituellement, celle-là me faisait trop de peine. Sans doute, depuis ce que m'avait **dit** [4252 V-TempA-2] M. de Charlus chez Mme Verdurin à Paris, je ne doutais plus que le cas de Robert ne fût celui d'une foule d'honnêtes gens, et même **pris** [4253 Adj-Epith-3] parmi les plus intelligents et les meilleurs. L'apprendre de n'importe qui m'eût **été** [4254 V-TempA-0] indifférent, de n'importe qui **excepté** [4255 Prep] de Robert. Le doute que me laissaient les paroles d'Aimé ternissait toute notre amitié de Balbec et de Doncières, et bien que je ne crusse pas à l'amitié, ni en avoir jamais véritablement **éprouvé** [4256 V-TempA-0] pour Robert, en repensant à ces histoires du lift et du restaurant où j'avais **déjeuné** [4257 V-TempA-0] avec Saint-Loup et Rachel j'étais **obligé** [4258 V-Pass-1] de faire un effort pour ne pas pleurer.

Je n'aurais d'ailleurs pas à m'arrêter sur ce séjour que je fis du côté de Combray, et qui fut peut-être le moment de ma vie où je pensai le moins à Combray, si, justement par là, il n'avait **apporté** [4259 V-TempA-0] une vérification au moins provisoire à certaines idées que j'avais **eues** [4260 V-TempA-2] d'abord du côté de Guermantes, et une vérification aussi à d'autres idées que j'avais **eues** [4261 V-TempA-2] du côté de Méséglise. Je recommençais chaque soir, dans un autre sens, les promenades que nous faisions à Combray, l'après-midi, quand nous allions du côté de Méséglise. On dînait maintenant, à Tansonville, à une heure où jadis on dormait depuis longtemps à Combray. Et cela à cause de la saison chaude. Et puis, parce que, l'après-midi, Gilberte peignait dans la chapelle du château, on n'allait se promener qu'environ deux heures avant le dîner. Au plaisir de jadis, qui était de voir en rentrant le ciel pourpre encadrer le calvaire ou se baigner dans la Vivonne, succédait celui de partir à la nuit **venue** [4262 Adj-Epith-3], quand on ne rencontrait plus dans le village que le triangle bleuâtre, irrégulier et mouvant, des moutons qui rentraient. Sur une moitié des champs le coucher s'éteignait ; au-dessus de l'astre était déjà **allumée** [4263 Adj-Attr-1] la lune qui bientôt les baignerait tout entiers. Il arrivait que Gilberte me laissât aller sans elle et je m'avançais, laissant mon ombre derrière moi, comme une barque qui poursuit sa navigation à travers des étendues **enchantées** [4264 Adj-Epith-3]. Mais le plus souvent Gilberte m'accompagnait. Les promenades que nous faisions ainsi, c'était bien souvent celles que je faisais jadis enfant : or comment n'eussé-je pas **éprouvé** [4265 V-TempA-0], bien plus vivement encore que jadis du côté de Guermantes, le sentiment que jamais je ne serais capable d'écrire, auquel s'ajoutait celui que mon imagination et ma sensibilité s'étaient **affaiblies** [4266 V-TempE-1], quand je vis combien peu j'étais curieux de Combray ? Et j'étais **désolé** [4267 V-Pass-1] de voir combien peu je revivais mes années d'autrefois. Je trouvais la Vivonne mince et laide au bord du chemin de halage. Non pas que je relevasse des inexactitudes matérielles bien grandes dans ce que je me rappelais. Mais, **séparé** [4268 V-Sub-Pass-1] des lieux qu'il m'arrivait de retraverser par toute une vie différente, il n'y avait pas entre eux et moi cette contiguïté d'où naît, avant même qu'on s'en soit **aperçu** [4269 V-TempE-1], l'immédiate, délicieuse et totale déflagration du souvenir. Ne comprenant pas bien, sans doute, quelle était sa nature, je m'attristais de penser que ma faculté de sentir et d'imaginer avait **dû** [4270 V-TempA-0] diminuer pour que je n'éprouvasse pas plus de plaisir dans ces promenades. Gilberte elle-même, qui me comprenait encore moins bien que je ne faisais moi-même, augmentait ma tristesse en partageant mon étonnement. « Comment, cela ne vous fait rien éprouver, me disait-elle, de prendre ce petit raidillon que vous montiez autrefois ? » Et elle-même avait tant **changé** [4271 V-TempA-0] que je ne la trouvais plus belle, qu'elle ne l'était plus du tout. Tandis que nous marchions, je voyais le pays changer, il fallait gravir des coteaux, puis des pentes s'abaissaient. Nous causions, très agréablement pour moi – non sans difficulté pourtant. En tant d'êtres il y a différentes couches qui ne sont pas pareilles (c'étaient, chez elle, le caractère de son père, le caractère de sa mère) ; on traverse l'une, puis l'autre. Mais le lendemain l'ordre de superposition est **renversé** [4272 V-Pass-1]. Et finalement on ne sait pas qui départagera les parties, à qui on peut se fier pour la sentence. Gilberte était comme ces pays avec qui on n'ose pas faire d'alliance parce qu'ils changent trop souvent de gouvernement. Mais au fond c'est un tort. La mémoire de l'être le plus successif établit chez lui une sorte d'identité et fait qu'il ne voudrait pas manquer à des promesses qu'il se rappelle, même s'il ne les eût pas **contresignées** [4273 V-TempA-2]. Quant à l'intelligence elle était, chez Gilberte, avec quelques absurdités de sa mère, très vive. Je me rappelle que dans ces conversations que nous avions en nous promenant elle me dit des choses qui plusieurs fois m'étonnèrent beaucoup. La première fut : « Si vous n'aviez pas trop faim et s'il n'était pas si tard, en prenant ce chemin à gauche et en tournant ensuite à droite, en moins d'un quart d'heure nous serions à Guermantes. » C'est comme si elle m'avait **dit** [4274 V-TempA-0] : « Tournez à gauche, prenez ensuite à votre main droite, et vous toucherez l'intangible, vous atteindrez les inaccessibles lointains dont on ne connaît jamais sur terre que la direction, que (ce que j'avais **cru** [4275 V-TempA-2] jadis que je pourrais connaître seulement de Guermantes, et peut-être, en un sens, je ne me trompais pas) le « côté ». Un de mes autres étonnements fut de voir les « Sources de la Vivonne », que je me représentais comme quelque chose d'aussi extra-terrestre que l'Entrée des Enfers, et qui n'étaient qu'une espèce de lavoir carré où montaient des bulles. Et la troisième fois fut quand Gilberte me dit : « Si vous voulez, nous pourrons tout de même sortir un après-midi et nous pourrons aller à Guermantes, en prenant par Méséglise, c'est la plus jolie façon », – phrase qui, en bouleversant toutes les idées de mon enfance, m'apprit que les deux côtés n'étaient pas aussi inconciliables que j'avais **cru** [4276 V-TempA-0]. Mais ce qui me frappa le plus, ce fut combien peu, pendant ce séjour, je revécus mes années d'autrefois, désirai peu revoir Combray, trouvai mince et laide la Vivonne. Mais où Gilberte vérifia pour moi des imaginations que j'avais **eues** [4277 V-TempA-2] du côté de Méséglise, ce fut pendant une de ces promenades en somme nocturnes bien qu'elles eussent lieu avant le dîner – mais elle dînait si tard ! Au moment de descendre dans le mystère d'une vallée parfaite et profonde que tapissait le clair de lune, nous nous arrêtâmes un instant, comme deux insectes qui vont s'enfoncer au cœur d'un calice bleuâtre. Gilberte eut alors, peut-être simplement par bonne grâce de maîtresse de maison qui regrette que vous partiez bientôt et qui aurait **voulu** [4278 V-TempA-0] mieux vous faire les honneurs de ce pays que vous semblez apprécier, de ces paroles où son habileté de femme du monde sachant tirer parti du silence, de la simplicité, de la sobriété dans l'expression des sentiments, vous fait croire que vous tenez dans sa vie une place que personne ne pourrait occuper. Épanchant brusquement sur elle la tendresse dont j'étais **rempli** [4279 V-Pass-1] par l'air délicieux, la brise qu'on respirait, je lui dis : « Vous parliez l'autre jour du raidillon, comme je vous aimais alors ! » Elle me répondit : « Pourquoi ne me le disiez-vous pas ? je ne m'en étais pas **doutée** [4280 V-TempE-1]. Moi je vous aimais. Et même deux fois je me suis **jetée** [4281 V-TempE-1] à votre tête. – Quand donc ? – La première fois à Tansonville, vous vous promeniez avec votre famille, je rentrais, je n'avais jamais **vu** [4282 V-TempA-0] un aussi joli petit garçon. J'avais l'habitude, ajouta-t-elle d'un air vague et pudique, d'aller jouer avec de petits amis, dans les ruines du donjon de Roussainville. Et vous me direz que j'étais bien mal **élevée** [4283 Adj-Attr-1], car il y avait là dedans des filles et des garçons de tout genre, qui profitaient de l'obscurité. L'enfant de chœur de l'église de Combray, Théodore qui, il faut l'avouer, était bien gentil (Dieu qu'il était bien !) et qui est **devenu** [4284 V-TempE-1] très laid (il est maintenant pharmacien à Méséglise), s'y amusait avec toutes les petites paysannes du voisinage. Comme on me laissait sortir seule, dès que je pouvais m'échapper j'y courais. Je ne peux pas vous dire comme j'aurais **voulu** [4285 V-TempA-0] vous y voir venir ; je me rappelle très bien que, n'ayant qu'une minute pour vous faire comprendre ce que je désirais, au risque d'être **vue** [4286 V-Pass-1] par vos parents et les miens je vous l'ai **indiqué** [4287 V-TempA-2] d'une façon tellement crue que j'en ai honte maintenant. Mais vous m'avez **regardée** [4288 V-TempA-2] d'une façon si méchante que j'ai **compris** [4289 V-TempA-0] que vous ne vouliez pas. » Et tout d'un coup, je me dis que la vraie Gilberte – la vraie Albertine – c'étaient peut-être celles qui s'étaient au premier instant **livrées** [4290 V-TempE-1] dans leur regard, l'une devant la haie d'épines roses, l'autre sur la plage. Et c'était moi qui, n'ayant pas **su** [4291 V-TempA-0] le comprendre, ne l'ayant **repris** [4292 V-TempA-2] que plus tard dans ma mémoire – après un intervalle où par mes conversations tout un entre-deux de sentiment leur avait **fait** [4293 V-TempA-0] craindre d'être aussi franches que dans les premières minutes – avais tout **gâté** [4294 V-TempA-2] par ma maladresse. Je les avais « **ratées** [4295 V-TempA-2] » plus complètement – bien qu'à vrai dire l'échec relatif avec elles fût moins absurde – pour les mêmes raisons que Saint-Loup Rachel.

« Et la seconde fois, reprit Gilberte, c'est, bien des années après, quand je vous ai **rencontré** [4296 V-TempA-2] sous votre porte, l'avant-veille du jour où je vous ai **retrouvé** [4297 V-TempA-2] chez ma tante Oriane ; je ne vous ai pas **reconnu** [4298 V-TempA-2] tout de suite, ou plutôt je vous reconnaissais sans le savoir puisque j'avais la même envie qu'à Tansonville. – Dans l'intervalle il y avait **eu** [4299 V-TempA-0] pourtant les Champs-Élysées. – Oui, mais là vous m'aimiez trop, je sentais une inquisition sur tout ce que je faisais. » Je ne lui demandai pas alors quel était ce jeune homme avec lequel elle descendait l'avenue des Champs-Élysées, le jour où j'étais **parti** [4300 V-TempE-1] pour la revoir, où je me fusse **réconcilié** [4301 V-TempE-1] avec elle pendant qu'il en était temps encore, ce jour qui aurait peut-être **changé** [4302 V-TempA-0] toute ma vie si je n'avais **rencontré** [4303 V-TempA-0] les deux ombres s'avançant côte à côte dans le crépuscule. Si je le lui avais **demandé** [4304 V-TempA-2], me dis-je, elle m'eût peut-être **avoué** [4305 V-TempA-0] la vérité, comme Albertine si elle eût **ressuscité** [4306 V-TempA-0]. Et en effet, les femmes qu'on n'aime plus et qu'on rencontre après des années, n'y a-t-il pas entre elles et vous la mort, tout aussi bien que si elles n'étaient plus de ce monde, puisque le fait que notre amour n'existe plus fait de celles qu'elles étaient alors, ou de celui que nous étions, des morts ? Je pensai que peut-être aussi elle ne se fût pas **rappelé** [4307 V-TempE-0], ou eût **menti** [4308 V-TempA-0]. En tout cas cela n'offrait pas d'intérêt pour moi de le savoir, parce que mon cœur avait encore plus **changé** [4309 V-TempA-0] que le visage de Gilberte. Celui-ci ne me plaisait plus guère, mais surtout je n'étais plus malheureux, je n'aurais pas **pu** [4310 V-TempA-0] concevoir, si j'y eusse **repensé** [4311 V-TempA-0], que j'eusse **pu** [4312 V-TempA-0] l'être autant de rencontrer Gilberte marchant à petits pas à côté d'un jeune homme, et de me dire : « C'est **fini** [4313 V-TempE-1], je renonce à jamais la voir. » De l'état d'âme qui, cette lointaine année-là, n'avait **été** [4314 V-TempA-0] pour moi qu'une longue torture rien ne subsistait. Car il y a dans ce monde où tout s'use, où tout périt, une chose qui tombe en ruines, qui se détruit encore plus complètement, en laissant encore moins de vestiges que la Beauté : c'est le Chagrin.

Je ne suis donc pas **surpris** [4315 V-Pass-1] de ne pas lui avoir **demandé** [4316 V-TempA-0] alors avec qui elle descendait les Champs-Élysées, car j'ai déjà **vu** [4317 V-TempA-0] trop d'exemples de cette incuriosité **amenée** [4318 Adj-Epith-3] par le temps, mais je le suis un peu de ne pas avoir **raconté** [4319 V-TempA-0] à Gilberte qu'avant de la rencontrer ce jour-là, j'avais **vendu** [4320 V-TempA-0] une potiche de vieux Chine pour lui acheter des fleurs. Ç'avait **été** [4321 V-TempA-0], en effet, pendant les temps si tristes qui avaient **suivi** [4322 V-TempA-0], ma seule consolation de penser qu'un jour je pourrais sans danger lui conter cette intention si tendre. Plus d'une année après, si je voyais qu'une voiture allait heurter la mienne, ma seule envie de ne pas mourir était pour pouvoir raconter cela à Gilberte. Je me consolais en me disant : « Ne nous pressons pas, j'ai toute la vie devant moi pour cela. » Et à cause de cela je désirais ne pas perdre la vie. Maintenant cela m'aurait **paru** [4323 V-TempA-0] peu agréable à dire, presque ridicule, et « entraînant ». « D'ailleurs, continua Gilberte, même le jour où je vous ai **rencontré** [4324 V-TempA-2] sous votre porte, vous étiez **resté** [4325 V-TempE-1] tellement le même qu'à Combray, si vous saviez comme vous aviez peu **changé** [4326 V-TempA-0] ! » Je revis Gilberte dans ma mémoire. J'aurais **pu** [4327 V-TempA-0] dessiner le quadrilatère de lumière que le soleil faisait sous les aubépines, la bêche que la petite fille tenait à la main, le long regard qui s'attacha à moi. Seulement j'avais **cru** [4328 V-TempA-0], à cause du geste grossier dont il était **accompagné** [4329 V-Pass-1], que c'était un regard de mépris parce que ce que je souhaitais me paraissait quelque chose que les petites filles ne connaissaient pas, et ne faisaient que dans mon imagination, pendant mes heures de désir solitaire. Encore moins aurais-je **cru** [4330 V-TempA-0] que si aisément, si rapidement, presque sous les yeux de mon grand-père, l'une d'entre elles eût **eu** [4331 V-TempA-0] l'audace de le figurer.

Bien longtemps après cette conversation, je demandai à Gilberte avec qui elle se promenait avenue des Champs-Élysées, le soir où j'avais **vendu** [4332 V-TempA-0] les potiches : c'était Léa **habillée** [4333 Adj-Epith-3] en homme. Gilberte savait qu'elle connaissait Albertine, mais ne pouvait dire plus. Ainsi certaines personnes se retrouvent toujours dans notre vie pour préparer nos plaisirs ou nos douleurs.

Ce qu'il y avait **eu** [4334 V-TempA-0] de réel sous l'apparence d'alors m'était **devenu** [4335 V-TempE-1] tout à fait égal. Et pourtant, combien de jours et de nuits n'avais-je pas **souffert** [4336 V-TempA-0] à me demander qui c'était, n'avais-je pas **dû** [4337 V-TempA-0], en y pensant, réprimer les battements de mon cœur plus encore peut-être que pour ne pas retourner dire bonsoir jadis à maman dans ce même Combray. On dit, et c'est ce qui explique l'affaiblissement progressif de certaines affections nerveuses, que notre système nerveux vieillit. Cela n'est pas vrai seulement pour notre moi permanent, qui se prolonge pendant toute la durée de notre vie, mais pour tous nos moi successifs qui, en somme, le composent en partie.

Aussi me fallait-il, à tant d'années de distance, faire subir une retouche à une image que je me rappelais si bien, opération qui me rendit assez heureux en me montrant que l'abîme infranchissable que j'avais **cru** [4338 V-TempA-2] alors exister entre moi et un certain genre de petites filles aux cheveux **dorés** [4339 Adj-Epith-3] était aussi imaginaire que l'abîme de Pascal, et que je trouvai poétique à cause de la longue série d'années au fond de laquelle il me fallut l'accomplir. J'eus un sursaut de désir et de regret en pensant aux souterrains de Roussainville. Pourtant j'étais heureux de me dire que ce bonheur vers lequel se tendaient toutes mes forces alors, et que rien ne pouvait plus me rendre, eût **existé** [4340 V-TempA-0] ailleurs que dans ma pensée, en réalité si près de moi, dans ce Roussainville dont je parlais si souvent, que j'apercevais du cabinet sentant l'iris. Et je n'avais rien **su** [4341 V-TempA-2] ! En somme, elle résumait tout ce que j'avais **désiré** [4342 V-TempA-2] dans mes promenades, jusqu'à ne pas pouvoir me décider à rentrer, croyant voir s'entr'ouvrir, s'animer les arbres. Ce que je souhaitais si fiévreusement alors, elle avait **failli** [4343 V-TempA-0], si j'eusse seulement **su** [4344 V-TempA-0] le comprendre et la retrouver, me le faire goûter dès mon adolescence. Plus complètement encore que je n'avais **cru** [4345 V-TempA-0], Gilberte était à cette époque-là vraiment du côté de Méséglise.

Et même ce jour où je l'avais **rencontrée** [4346 V-TempA-2] sous une porte, bien qu'elle ne fût pas Mlle de l'Orgeville, celle que Robert avait **connue** [4347 V-TempA-2] dans les maisons de passe (et quelle drôle de chose que ce fût précisément à son futur mari que j'en eusse **demandé** [4348 V-TempA-0] l'éclaircissement !), je ne m'étais pas tout à fait **trompé** [4349 V-TempE-1] sur la signification de son regard, ni sur l'espèce de femme qu'elle était et m'avouait maintenant avoir **été** [4350 V-TempA-0]. « Tout cela est bien loin, me dit-elle, je n'ai jamais plus **songé** [4351 V-TempA-0] qu'à Robert depuis le jour où je lui ai **été** [4352 V-TempA-0] **fiancée** [4353 V-Pass-1]. Et, voyez-vous, ce n'est même pas ce caprice d'enfant que je me reproche le plus. »

**

Bibliographie

> ➤ Études et ouvrages généraux
> (ou n'étant pas centrés sur le participe passé)

Arrivé, M., Gadet, F. & Galmiche, M. (2002 [1986]). *La grammaire d'aujourd'hui : guide alphabétique de linguistique française*. Paris : Flammarion

Barbazan, M. (2006), *Le temps verbal. Dimensions linguistiques et psycholinguistiques*. Toulouse : PUM

Biard, J. (1997). *Guillaume d'Ockham. Logique et philosophie*. Paris : Presses universitaires de France, coll. « Philosophies »

Blanche-Benveniste, C., Bilger, M., Rouget, C. & Van den Eynde, K. (1997 [1990]). *Le français parlé. Études grammaticales* (participation de Piet Mertens ; préface de Dominique Willems). Paris : Centre national de la recherche scientifique, coll. « Sciences du langage »

Buyssens, E. (1975). *Les catégories grammaticales du français*. Bruxelles : Éditions de l'Université de Bruxelles

Chervel, A. (1977). *Et il fallut apprendre à écrire à tous les petits Français. Histoire de la grammaire scolaire*. Paris : Payot

Chevalier, J.-C., Blanche-Benveniste, C., Arrivé, M. & Peytard, J. (1997 [1964]). *Grammaire du français contemporain*. Paris : Larousse-Bordas

Choi-Jonin, I. & Delhay, C. (2005 [1998]). *Introduction à la méthodologie en linguistique. Application au français contemporain*. Strasbourg : Presses universitaires de Strasbourg

Colin, J.-P. (1997). *Dictionnaire des difficultés du français*. Paris : Le Robert, coll. « Les usuels »

Creissels, D. (2006). *Syntaxe générale. Une introduction typologique 1 : catégories et constructions*. Paris : Hermes / Lavoisier, coll. « Langues et syntaxe »

Creissels, D. (2006). *Syntaxe générale. Une introduction typologique 2 : la phrase*. Paris : Hermes / Lavoisier, coll. « Langues et syntaxe »

Damourette, J. & Pichon, E. (1911-1940). *Des mots à la pensée. Essai de grammaire de la langue française* (7 vol. ; Tome 4, Livre V, Chapitre IX. *Le participe*, pp. 8-98). D'Artrey

Denis, D. & Sancier-Chateau, A. (2013 [1994]). *Grammaire du français* (14e édition). Paris : Librairie générale française, coll. « Le Livre de Poche »

Dubois, J., Giacomo, M., Guespin, L., Marcellesi, C., Marcellesi, J.-B. & Mével, J.-P. (2005 [1994]). *Dictionnaire de linguistique*. Paris : Larousse

Ducrot, O. & Todorov T. (1972). *Dictionnaire encyclopédique des sciences du langage*. Paris : Seuil

Gaatone, D. (1997). L'objet direct comme notion formelle dans la formulation des règles syntaxiques. *Travaux de linguistique, 35*, 13-20

Gardes-Tamine, J. (2004 [1990]). *La grammaire – 2. Syntaxe* (3e édition revue et augmentée). Paris : Armand Colin / SEJER, coll. « Cursus »

Gernert, D. (2009). Ockham's Razor and its Improper Use. *Cognitive Systems, 7*, 133-138

Grand Dictionnaire des difficultés et pièges du français. Paris : Larousse, 2004

Grellard, C. & Ong-Van-Cung, K.S. (2005). *Le vocabulaire de Guillaume d'Ockham*. Paris : Ellipses, coll. « Vocabulaire de… »

Grevisse, M. (2003 [1995]). *Précis de grammaire française* (30e édition, 7e tirage). Bruxelles : De Boeck / Duculot

Grevisse, M. (2016 [1936]). *Le bon usage. Grammaire française* (refondue par André Goosse ; 15e édition revue, 9e tirage). De Boeck / Duculot / Nowela

Kleiber, G. (1988). Sur les relatives du type *Je le vois qui arrive*. *Travaux de Linguistique, 17*, 89-115

Marsac, F. (2008). Pour une analyse syntaxique des constructions infinitives régies par un verbe de perception en adéquation avec leurs propriétés sémantico-logiques et cognitives. *SCOLIA, 23*, 129-150

Marsac, F. (2010 [2006]). *Les constructions infinitives régies par un verbe de perception* (Thèse de doctorat ; version originale). Villeneuve d'Ascq : Atelier National de Reproduction des Thèses (ANRT)

Marsac, F. (2012). La *Fragmentation actancielle* : vers une analyse "interfacielle" des infinitives de perception directe. *Studia Romanica Posnaniensia, 39*, 85-97

Mercier-Leca, F. (2004 [2000]). *30 questions de grammaire française*. Paris : Nathan / SEJER, coll. « Fac. Linguistique »

Miller, P. & Lowrey, B. (2003). La complémentation des verbes de perception en français et en anglais. In P. Miller & A. Zribi-Hertz (dir.), *Essais sur la grammaire comparée du français et de l'anglais*. Saint-Denis : Presses universitaires de Vincennes, coll. « Sciences du Langage »

Milly, J. (1983 [1975]). *La Phrase de Proust, des phrases de Bergotte aux phrases de Vinteuil*. Paris : Champion

Moeschler, J. & Reboul, A. (1994). *Dictionnaire encyclopédique de pragmatique* (ouvrage publié avec le concours du Centre national du livre). Paris : Seuil

Muller, C. (2008 [2002]). *Les bases de la syntaxe. Syntaxe contrastive français – langues voisines* (seconde édition). Bordeaux : Presses universitaires de Bordeaux, coll. « Linguistica »

Rey-Debove, J. (1979). *Sémiotique*. Paris : Presses universitaires de France, coll. « Lexique »

Riegel, M., Pellat, J.-C. & Rioul, R. (2018 [1994]). *Grammaire méthodique du français* (7e édition « Quadrige »). Paris : Presses universitaires

de France, coll. « Quadrige Manuels »
Siouffi, G. & Van Raemdonck, D. (2005 [1999]). *100 fiches pour comprendre la linguistique*. Rosny : Bréal, coll. « 1er cycle universitaire »
Tesnière, L. (1959). *Éléments de syntaxe structurale*. Paris : Klincksieck
« Un appel de linguistes sur l'orthographe : "Moderniser l'écriture du français" » (article de presse), *Le Monde*, 07/02/1989
Wagner, R.L. & Pinchon, J. (2004 [1991]). *Grammaire du français classique et moderne* (ouvrage couronné par l'Académie française ; édition revue et corrigée ; 11e collection, 10e édition). Paris : Hachette Supérieur, coll. « HU Langue française »
« William of Ockham (Occam, c. 1280-c. 1349) » (article d'encyclopédie ; par Sharon Kaye), *Internet Encyclopedia of Philosophy*, 2015
Wilmet, M. (2007). « Le complément direct objet de mes ressentiments » (communication de Marc Wilmet à la séance mensuelle du 11 février 2006 ; en ligne). Bruxelles : Académie royale de langue et de littérature françaises de Belgique
Wilmet, M. (2010 [1997]). *Grammaire critique du français* (5e édition entièrement revue et corrigée). Louvain-la-Neuve / Paris : De Boeck Supérieur, coll. « Langue française – Ouvrages de référence »

➢ Travaux sur l'accord du participe passé

Audet, C.-H. (1997). L'accord du participe passé en une seule règle. *Bibliothèque des Cahiers de l'Institut de Linguistique de Louvain, 86*, 13-33
Audibert-Gibier, M. (1992). Étude de l'accord du participe passé sur des corpus de français parlé. *Langage et société, 61*, 7-30
Béguelin, M.-J. (2002). Faut-il simplifier les règles d'accord du participe passé ? *Travaux neuchâtelois de linguistique, 37*, 163-189
Billiez, J., Lucci, V. & Millet, A. (1999). L'orthographe en questions au 3615 ORTHOTEL ou « Est-ce que le participe passé dans les gâteaux sont fai- s'accorde ? ». *Langue française, 124*, 74-89
Blanche-Benveniste, C. (2006) : L'accord des participes passés en français parlé contemporain (pp. 33-49). In C. Guillot, S. Heiden & S. Prévost (éd.), *À la quête du sens. Études littéraires, historiques et linguistiques en hommage à Christiane Marchello-Nizia*. Paris : École normale supérieure, coll. « Langages »
Branca-Rosoff, S. (2007). Les accords du participe passé en français : notes pour une recherche. In M. Abecassis, L. Ayosso & É. Vialleton (éd.), *Le français parlé au XXIe siècle : normes et variations dans les discours et en interaction* (vol. 2, pp. 61-74). Paris : L'Harmattan, coll. « Espaces discursifs »
Brissaud C. & Cogis D. (2008). L'accord du participe passé. Reconsidération d'un problème ancien à la lumière de données récentes sur

l'acquisition. In J. Durand, B. Habert & B. Laks (éd.), *Congrès Mondial de Linguistique Française – CMLF2008* (pp. 413-424). Paris : Institut de Linguistique Française

Brissaud, C. (1999). La réalisation de l'accord du participe passé employé avec *avoir*. De l'influence de quelques variables linguistiques et sociales. *Langage et société, 88*, 5-24

Cordary, N. (2010). L'orthographe du participe passé : les entretiens métagraphiques pour évaluer et comprendre les difficultés des élèves en classe de seconde. *Synergies France, 6*, 77-84

Dańko, M. & Marsac, F. (2016). Étude des stratégies d'accord du participe passé d'étudiants polonais à partir d'un corpus écrit. *Roczniki Humanistyczne, 64-8*, 141-158

Englebert, A. (2007). *Accorder le participe passé. Les règles illustrées par l'exemple* (2e édition, 2e tirage). Bruxelles : De Boeck / Duculot, coll. « Entre guillemets »

Farid, G. (2013). Le participe passé entre la tradition et l'avenir. In F. Marsac & J.-C. Pellat (dir.), *Le Participe passé entre accords et désaccords* (pp. 83-97). Strasbourg : Presses universitaires de Strasbourg

Fayol, M. & Pacton, S. (2006). L'accord du participe passé : entre compétition de procédures et récupération en mémoire. *Langue française, 151*, 59-73

Gaucher, D. (2013). L'accord du participe passé en français parlé en tant que variable sociolinguistique. In F. Marsac & J.-C. Pellat (dir.), *Le Participe passé entre accords et désaccords* (pp. 115-129). Strasbourg : Presses universitaires de Strasbourg

Gruaz, C. (éd.) (2012). *Études pour une rationalisation de l'orthographe française* (4e fascicule : *L'accord du participe passé*). Limoges : Lambert-Lucas, coll. « Le débat orthographique »

Lapierre, L. (1996). Le participe passé en français : accord et classe d'appartenance. *Actes des colloques annuels de l'Association de linguistique des provinces atlantiques, 20*, 84-94

Lapierre, L. (1998). *Le participe passé en français. Sa syntaxe et ses fonctions dans le texte de spécialité*. Frankfurt am Main : Peter Lang, coll. « Leipziger Fachsprachen-Studien », vol. 13

Le Bellec, C. (2009). L'accord du participe passé dans les langues romanes. Entre pragmatique et syntaxe. *Revue Romane, 44*, 1-24

Le Bellec, C. (2013). Comment peut-on rendre les règles d'accord du participe passé cohérentes ? In F. Marsac & J.-C. Pellat (dir.), *Le Participe passé entre accords et désaccords* (pp. 99-113). Strasbourg : Presses universitaires de Strasbourg

Makassikis, M. (2013). Pistes didactiques pour l'accord du participe passé en français. In F. Marsac & J.-C. Pellat (dir.), *Le Participe passé entre accords et désaccords* (pp. 229-251). Strasbourg : Presses universitaires de Strasbourg

Marsac, F. & Dańko, M. (2016). Le participe passé à cinquante contre un. *Orbis Linguarum, 45*, 73-85

Marsac, F. & Marengo, S. (2013). L'accord du participe passé des verbes de perception régissant une construction infinitive : reconsidération en vue d'une représentation formelle en Théorie Sens-Texte. In F. Marsac & J.-C. Pellat (dir.), *Le Participe passé entre accords et désaccords* (pp. 31-47). Strasbourg : Presses universitaires de Strasbourg

Marsac, F. & Marengo, S. (2014). Verbes de perception régissant un infinitif et accord du participe passé : vers une règle prosodique ? *Travaux de l'Institut de Phonétique de Strasbourg – TIPS, 36*, 59-78

Marsac, F. & Pellat J.-C. (dir.) (2013). *Le Participe passé entre accords et désaccords*. Strasbourg : Presses universitaires de Strasbourg

Marsac, F. (2013). De l'accord du participe passé français : *si vis pacem, para... pacem !* In N. Gettliffe & J.-P. Meyer (éd.), *Dans la carrière des mots* (pp. 171-191). Strasbourg : Presses universitaires de Strasbourg

Marsac, F. (2014a). De la légitimité linguistique de la règle dite "de position" dans l'accord du participe passé français. *Orbis Linguarum, 41*, 97-108

Marsac, F. (2014b). Et au final, ces oiseaux, est-ce qu'on les aura vraiment entenduS chanter ? In A. Gautier, L. Pino Serrano, C. Valcárcel & D. Van Raemdonck (dir.), *ComplémentationS* (pp. 255-276). Bruxelles : Peter Lang

Marsac, F. (2016). *Histoire d'S ou le participe passé au Rasoir d'Ockham – Théorie et application* (Dixit Grammatica, n°1). Paris : L'Harmattan

Peeters, B. (1997). L'accord du participe passé et la notion d'objet affecté. *Le français moderne, 65*, 143-168

Peeters, B. (2013). Et si le participe passé s'accordait... avec l'objet affecté ? In F. Marsac & J.-C. Pellat (dir.), *Le Participe passé entre accords et désaccords* (pp. 67-81). Strasbourg : Presses universitaires de Strasbourg

Pellat, J.-C. (2002). Par où est passé l'accord du participe ? *Creliana, 2*, 79-85

Pellat, J.-C. (2013). L'accord du participe passé, entre poésie et grammaire. In F. Marsac & J.-C. Pellat (dir.), *Le Participe passé entre accords et désaccords* (pp. 17-30). Strasbourg : Presses universitaires de Strasbourg

Petitjean, L. (1991). Un vieux casse-tête : l'accord du participe passé. *Mots, 28*, 70-85

Pinsonneault, R. & Daviau, M.-J. (2013). L'importance des relations syntaxiques dans les phénomènes d'accord. In F. Marsac & J.-C. Pellat (dir.), *Le Participe passé entre accords et désaccords* (pp. 163-179). Strasbourg : Presses universitaires de Strasbourg

Smith, J.C. (1996). Surfonctionnalité et hyperanalyse. L'accord du participe passé dans les langues romanes à la lumière de deux théories récentes. *Faits de langues, 8*, 113-120

Sommant, M. (2004). *Accordez vos participes !* Paris : Albin Michel, coll. « Les dicos d'or »

Tanase, E. (1976). L'accord du participe passé dans le français oral. In M. Boudreault & F. Möhren (éd.), *Actes du XIIIe Congrès international de linguistique et philologie romanes* (vol. 1, pp. 475-482). Québec : Presses de l'Université Laval

Thomas, A. (2013). Grandeur et décadence de l'accord du participe passé. *Voix Plurielles, 10*, 71-80

Van Raemdonck, D. (2010). « Note critique sur les propositions de M. Wilmet » (document de travail de la Commission *Orthographe* du Conseil de la langue française et de la politique linguistique ; en ligne)

Van Raemdonck, D. (2013). L'accord du participe passé : réformes théorique et pratique. In F. Marsac & J.-C. Pellat (dir.), *Le Participe passé entre accords et désaccords* (pp. 253-272). Strasbourg : Presses universitaires de Strasbourg

Vinet, M.-T. (1989). Réflexions sur l'accord du participe passé. *ALFA, 2*, 167-181

Wilmet, M. (1999). *Le participe passé autrement. Protocole d'accord, exercices et corrigés.* Paris, Bruxelles : Duculot, coll. « Entre guillemets »

Wilmet, M. (2002). L'accord du *participe passé* avant la grammaire scolaire. In R. Sampson & W. Ayres-Bennett (éd.), *Interpreting the history of French. A Festschrift for Peter Rickard on the occasion of his eightieth birthday* (pp. 181-193). Amsterdam : Rodopi

Wilmet, M. (2009). L'accord du participe passé. Projet de réforme. In A. Dister, C. Gruaz, G. Legros, M. Lenoble-Pinson, M.-L. Moreau, C. Petit, D. Van Raemdonck & M. Wilmet (éd.), *Penser l'orthographe de demain* (pp. 8-34). Paris : Conseil international de la langue française

Wittwer, J. (1958). L'accord du participe passé avec *avoir* : aspects logiques et psychologiques. *Enfance, 11*, 269-274

➢ Textes officiels de référence en France

« Les Rectifications de l'orthographe » (document administratif du 19 juin 1990), *Journal Officiel de la République Française*, 06/12/1990

Terminologie grammaticale (2000 [1998] ; réimpression). Paris : Ministère de l'éducation nationale, Direction de l'enseignement scolaire – Inspection générale des lettres, Centre national de documentation pédagogique, coll. Horaires/Objectifs/Programmes/Instructions

« Tolérances grammaticales ou orthographiques » (arrêté du 26 février 1901, dit Arrêté Leygues), *Journal Officiel de la République Française*, 26/07/1901

« Tolérances grammaticales ou orthographiques » (arrêté du 28 décembre 1976, dit Arrêté Haby), *Journal Officiel de la République Française*, 09/02/1977

➢ Références anciennes (antérieures à 1900)

Auguis, P^{re}-R^{né} (1823). *Œuvres de Clément Marot* (nouvelle édition, revue sur toutes celles qui l'ont précédée ; avec des notes historiques et un glossaire des vieux mots ; tome troisième). Paris : Constant-Chantpie
Bouhours, D. (1682). *Remarques nouvelles sur la langue françoise* (3ᵉ éd.). Paris : Sébastien Mabre-Cramoisy
Livet, C.-L. (1859). *La grammaire française et les grammairiens du XVIe siècle*. Paris : Didier et Cie & Aug. Durand
Régnier-Desmarais, F.-S. (1707). *Traité de la grammaire françoise.* Amsterdam : Henri Desbordes
Thoulier d'Olivet, P.-J. (1771). *Remarques sur la langue françoise*. Paris : Barbou
Vaugelas, C.F. de (1663 [1647]). *Remarqves svr la langve françoise, vtiles à cevx qvi vevlent bien parler et bien escrire* (nouvelle édition, revue et corrigée). Paris : Lovis Billaine

➢ Éditions d'*Albertine disparue* (ou *La Fugitive*)

À la recherche du temps perdu, édition réalisée sous la direction de Jean-Yves Tadié, Paris, Gallimard, « Bibliothèque de la Pléiade », 4 vol., 1987-1989
Albertine disparue, Bibliothèque électronique du Québec (BeQ), coll. *À tous les vents*, vol. 551 (cette édition numérisée reprend le texte de l'édition Gallimard, Paris, 1946-47, en 15 volumes)
Albertine disparue (édition préfacée, établie et annotée par Luc Fraisse), Librairie Générale Française, « Le Livre de poche classique », Paris, 2009
La Fugitive. À la Recherche du temps perdu, VI. Œuvres complètes de Marcel Proust, 6. Édition de Luc Fraisse, Paris, Classiques Garnier, 2017

Table des matières

Préface. Par Luc Fraisse 7

Introduction 13

Chapitre 1. **Présentation du corpus** 21

1.1. Du texte source au corpus étiqueté 21
1.2. Un étiquetage alphanumérique 22
   1.2.1. Encodage alphabétique 23
      1.2.1.1. « V-TempA » et « V-TempE » 24
      1.2.1.2. « V-Pass » 27
      1.2.1.3. « V-Sub-TempA », « V-Sub-TempE », « V-Sub-Pass » et « V-Sub-Adj-Attr » 28
      1.2.1.4. « Adj-Epith » et « Adj-Attr » 32
      1.2.1.5. « Adv », « Prep » et « N » 34
   1.2.2. Encodage numérique 35
      1.2.2.1. « 1 » 36
         a) Auxilié temporel 36
         b) Auxilié passif 36
         c) Centre de proposition participiale 38
         d) Attribut du sujet 39
      1.2.2.2. « 2 » 40
         a) Auxilié temporel 40
         b) Centre de proposition participiale 40
         c) Attribut du complément d'objet direct 41
      1.2.2.3. « 3 » 42
      1.2.2.4. « 0 » 44
         A) Invariabilité 44
         B) Non-accord 47
            a) Auxilié temporel 47
            b) Centre de proposition participiale 48
            c) En emploi adjectival 49
1.3. Remarques stylistiques sur l'emploi du participe passé dans *Albertine disparue* 52
   1.3.1. Duplication, subordination et disjonction 52
      1.3.1.1. La duplication 52
      1.3.1.2. La subordination 54
      1.3.1.3. La disjonction 56
   1.3.2. Tendances quantitatives des emplois du participe passé dans Albertine disparue 60

Chapitre 2. **Corpus intégral annoté** 61

Chapitre premier. *Le chagrin et l'oubli* 61
Chapitre II. *Mademoiselle de Forcheville* 200
Chapitre III. *Séjour à Venise* 264
Chapitre IV. *Nouvel aspect de Robert de Saint-Loup* 292

Bibliographie 329
Table des matières 337

Structures éditoriales du groupe L'Harmattan

L'Harmattan Italie
Via degli Artisti, 15
10124 Torino
harmattan.italia@gmail.com

L'Harmattan Hongrie
Kossuth l. u. 14-16.
1053 Budapest
harmattan@harmattan.hu

L'Harmattan Sénégal
10 VDN en face Mermoz
BP 45034 Dakar-Fann
senharmattan@gmail.com

L'Harmattan Mali
Sirakoro-Meguetana V31
Bamako
syllaka@yahoo.fr

L'Harmattan Cameroun
TSINGA/FECAFOOT
BP 11486 Yaoundé
inkoukam@gmail.com

L'Harmattan Togo
Djidjole – Lomé
Maison Amela
face EPP BATOME
ddamela@aol.com

L'Harmattan Burkina Faso
Achille Somé – tengnule@hotmail.fr

L'Harmattan Guinée
Almamya, rue KA 028 OKB Agency
BP 3470 Conakry
harmattanguinee@yahoo.fr

L'Harmattan Côte d'Ivoire
Résidence Karl – Cité des Arts
Abidjan-Cocody
03 BP 1588 Abidjan
espace_harmattan.ci@hotmail.fr

L'Harmattan RDC
185, avenue Nyangwe
Commune de Lingwala – Kinshasa
matangilamusadila@yahoo.fr

L'Harmattan Algérie
22, rue Moulay-Mohamed
31000 Oran
info2@harmattan-algerie.com

L'Harmattan Congo
67, boulevard Denis-Sassou-N'Guesso
BP 2874 Brazzaville
harmattan.congo@yahoo.fr

L'Harmattan Maroc
5, rue Ferrane-Kouicha, Talaâ-Elkbira
Chrableyine, Fès-Médine
30000 Fès
harmattan.maroc@gmail.com

Nos librairies en France

Librairie internationale
16, rue des Écoles – 75005 Paris
librairie.internationale@harmattan.fr
01 40 46 79 11
www.librairieharmattan.com

Lib. sciences humaines & histoire
21, rue des Écoles – 75005 Paris
librairie.sh@harmattan.fr
01 46 34 13 71
www.librairieharmattansh.com

Librairie l'Espace Harmattan
21 bis, rue des Écoles – 75005 Paris
librairie.espace@harmattan.fr
01 43 29 49 42

Lib. Méditerranée & Moyen-Orient
7, rue des Carmes – 75005 Paris
librairie.mediterranee@harmattan.fr
01 43 29 71 15

Librairie Le Lucernaire
53, rue Notre-Dame-des-Champs – 75006 Paris
librairie@lucernaire.fr
01 42 22 67 13